KB124374

특수학교 음악 교수·학습 방법의 실제

조대현 · 김창호 · 박진홍 · 신연서 · 양소영 · 여선희
윤관기 · 윤성원 · 이정대 · 임은정 · 최유리 · 최은아
공저

THE PRACTICE OF MUSIC TEACHING AND
LEARNING METHODS IN SPECIAL SCHOOL

학지사

머리말

흔히 음악은 하나의 언어로 비유된다. 이는 음악이 가진 상징적 의미와 더불어 말을 배우는 과정과 유사한 음악학습의 성격을 보여 주는 예라고 할 수 있다. 즉, 언어를 익히는 것처럼 음악 경험과 학습 또한 이루어져야 한다는 것이다. 이러한 배경에서 음악교사의 음악에 대한 경험과 생활화된 활용 능력은 매우 강조된다. 이제 말을 배우려고 하는 어린아이에게 있어 엄마, 아빠와 같은 관계인은 매우 중요한 언어적 모델이 되기 때문이다.

음악 교사는 누구라도 될 수 있다. 교사가 되기 위한 양성 과정을 이수하고 사회가 정해 놓은 선발 기준을 통과한 사람은 모두 음악 교사가 될 수 있다. 그러나 이러한 과정을 통해 교사가 되었다고 해도 모든 이가 '유창한 교사'라고 말할 수는 없다. 왜냐하면 그 결과를 도출하는 과정과 그 과정에 임하는 개개인의 모습은 매우 다르기 때문이다.

교사란 남과의 비교를 통해 잘하고 못하고를 따지는 비교나 경쟁의 대상이 아니다. 다만, 교사라는 역할을 감당하고 있는 '나' 스스로에 대한 기대와 확신이 필요하고, 이러한 기대와 신념이 하나의 교사상(像)으로 발전해야 한다. 그리고 이때 기대하게 되는 교사상은 어제보다 나은 오늘, 그리고 오늘보다 나은 내일의 '나'를 만들기 위한 부단한 노력의 결과물이라고 할 수 있다.

이러한 배경에서 저자들은 지금보다 더 나은 모습의 교사를 꿈꾸며 노력하는 많은 예비교사와 현직 교사들을 위해 이 책을 집필하였다. 이 책은 주제별로 제시된 5개의 예시 수업안을 바탕으로 하여, 기본 개념과 활동 유형, 그리고 현장 상황에 따라 변형하여 적용할 수 있는 단위 활동들을 정리, 제시함으로써 현장과 학습자 상황에 맞는 '교사의 재구성' 가능성을 확보하고자 하였다.

주제별 기본 개념	주제별 수업 단위 활동 구분	주제별 교수·학습 유형과 활동명

저자들의 이러한 노력이 특수학교 음악 수업을 위해 고민하고 수고하는 많은 예비교사와 현직 교사들에게 작으나마 도움이 되기를 바라며, 나아가 함께하는 우리의 이러한 몸부림이 특수학교 음악 수업의 변화를 불러오는 의미 있는 마중물이 되기를 기대한다.

> "익힐 습(習)은 깃 우(羽)와 흰 백(白)이 합쳐진 글자로서 '날개가 하얗다'고 해석할 수 있습니다. 날개가 하얗다는 것은 어린 새가 공중에 자기 몸을 던져서 날개가 하얗게 보일 정도로 매우 빨리 움직이는 모습을 의미합니다. 새로운 것을 배우는 일도 어린 새처럼 날기 위해 낯설고 위험한 상황에 **기꺼이 몸을 던지는 용기와 죽기 살기로 몸부림치는 날갯짓의 절실함**을 가져야 합니다. 그런 용기와 절실함 없이 그저 바라기만 해서는 결코 변화와 성장이 이루어질 리가 만무합니다"(한재훈, 2014).

저자 일동

이 책을 통해 음악 수업을 준비하는 예비교사와 현직 교사를 위해 저자 직강 코너를 마련했습니다. 글로 전달되기에는 부족하고 아쉬운 부분이 있는 주제나 장의 경우 집필자가 직접 그 내용을 소개하고 설명합니다. 내용을 학습하고 이해하는 데 도움이 되기를 바랍니다.

차례

Ⅲ. 음악 교수·학습 실제의 심화

I

놀이적 요소를 활용한
경험 중심 교수·학습의 이해

특수학교 음악 교수 · 학습 방법의 실제

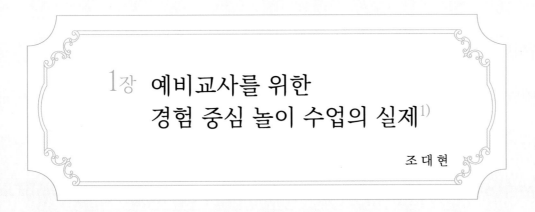

1장 예비교사를 위한
경험 중심 놀이 수업의 실제[1]

조 대 현

이 장에서는 전통적인 방법의 음악 교수·학습 방법을 학습하기 전에 다양한 음악 교수법에 있어 전제되는 학습자의 신체적·인지적·사회적 자발성을 유도하고, 이를 통해 음악에 대한 긍정적 경험 형성을 가능하게 하는 놀이적 요소와 경험 중심 교수·학습 방법에 대해 살펴보고자 한다. 이때 개념 위주의 일방적 학습이 아닌 학습자의 직접적 경험을 토대로 한 내용 이해를 목표로 하며, 이를 위해 놀이적 요소를 활용한 경험 중심 교수·학습 방법을 적용하고자 하였다. 궁극적으로는 이 장의 학습자가 자신의 활동 속에서 본 활동의 의미와 가치, 그리고 '놀이적 요소'와 '경험 중심'의 교육적 맥락을 발견하게 되길 기대한다.

1. 놀이 활동: "친구야 놀~자!"

1) 놀이에 대해 생각해 보자

본 활동을 시작하기에 앞서, 먼저 놀이와 관련한 다음의 질문에 대해 여러분의 생각을 정리해 보자. 그리고 오늘 수업이 마무리된 후 여러분이 정리한 놀이에 관한 생각을 오늘의 활동과 비교하여 그 의미에 대해 생각해 보자.

---

1. 놀이란 무엇인가?
2. 놀이에 대한 여러분의 기억은 어떠한가?
3. 이러한 놀이 활동을 통해 여러분이 얻게 된 것은 무엇이라고 생각하는가?

---

1) 이 장은 학술 논문 「놀이적 요소를 활용한 경험 중심 교수·학습 방법의 적용 가능성 탐구」(조대현, 2022)의 내용을 인용하여 재구성한 것임.

2) 놀이 활동에 담겨 있는 학습 목표와 주요 내용을 찾아보자

함께하는 놀이 활동 속에서, ① '친구야 놀~자!' 활동에 내재한 학습 목표와 내용, ② '친구야 놀~자!' 놀이 활동이 지닌 교육적 기능과 의의를 찾아보자. 학습 목표 및 내용은 현행 교육과정이 제시하는 내용 체계 영역 및 영역별 성취 기준을 고려하여 생각해 보자.

3) '친구야 놀~자!' 활동을 직접 경험해 보자

'친구야 놀~자!' 활동은 다음과 같이 크게 두 단계로 나뉘어 진행된다. 읽고 이해하기보다는 제시된 순서를 참고하여 그 내용을 직접 경험해 보자.

(1) 제재곡 익히고 부르며 자기소개하기
(2) 화음 가족별 구성음 익히고 화성 반주하기

(1) 제재곡 익히고 부르며 자기소개하기

① 넓은 공간에서 친구들과 함께 둥근 원 모양으로 정렬한다.
② 제재곡인 〈안녕 반갑습니다〉를 배우고 노래한다. 제재곡의 가사와 멜로디는 놀이하는 데 적합하도록 매우 간단한 내용과 형식으로 이루어져 있다. 따라서 교수자는 악보 제시 없이 교수자의 선창에 따라 학습자가 후창하는 방법으로 학습을 유도한다. 이러한 반복을 통한 자연스러운 제재곡의 암기는 학습자가 신체적 놀이 활동에

안녕 반갑습니다

조대현 작사 · 작곡

만 집중할 수 있는 전제조건이 된다. 제재곡 (1) ▓▓ 부분에는 가사에 학습자 자신
의 이름을 넣어 부르게 함으로써 친구들에게 자신을 소개하는 노래가 되게 한다.

③ 학습자들이 제재곡에 익숙해지면, 다음 (2) ▓▓ 부분과 같이 다장조 으뜸화음의
구성음(도-미-솔) 중 자신이 원하는 음 하나를 정해 노래하게 한다. 이때 음의 결
정은 본인의 희망에 따라, 그리고 가능한 한 자신을 드러낼 수 있는 의미와 이유
를 갖고 이루어지도록 유도한다. 예를 들어, '나는 높은 소리가 좋아.' 또는 '나는
진중한 사람이라 중립을 지킬 거야.' 등 자기만의 특별한 생각을 담아 결정하게
함으로써 노래 속에 자신을 드러낼 수 있도록 유도한다.

④ 자기를 소개하는 자신만의 음을 결정했다면 친구들과 함께 자기의 음으로 노래를
불러 본다. 이때 놀이 공간에는 학습자가 미리 의도하지 못했던 소리 간의 어울림
현상이 나타난다. 학습자 대부분은 분명 이러한 어울림에 놀라게 되며, 매우 흥미
로운 반응을 보일 것이다.

[그림 1-1] '친구야 놀~자!'의 놀이 대형

⑤ 이제부터 '친구야 놀~자!'의 본격적인 활동이 시작된다. 먼저, 앞서 학습한 제재 곡을 부르며 친해지고 싶은 친구를 찾아간다. 그리고 친구와 손을 잡고 자신의 이름이 들어간 제재곡을 함께 부르며 자기소개를 한다. 이때 손을 맞잡은 두 사람이 노래하는 (2) ▨▨ 부분의 음높이가 같으면 친구가 되고, 만약 서로 다른 음을 노래한다면 아쉽지만 인사를 하고 헤어진다. 음높이가 같은 친구를 만난 경우에는 함께 손을 잡고 또 다른 친구를 찾아 자기소개를 계속한다.

[그림 1-2] 친구에게 '나' 소개하기

⑥ 활동 ⑤를 반복함으로써 전체 학습자를 으뜸화음 구성음에 따른 '도, 미, 솔' 세 모둠으로 구분한다. 노래를 반복하여 부를 때, 교수자는 매번 준비박을 제시하여 노래를 같이 시작하게 하고 또한 마무리 사인을 통해 같이 마치도록 유도함으로써 놀이 속에서의 질서를 유지하는 것이 필요하다. 특히 마무리 단계에서는 자신의 이름을 부를 때 테누토(Tenuto: −)와 페르마타(Permata: ⌒)를 사용하여 학습자의 이름을 강조함과 동시에, 소리 간의 어울림을 시간적으로나 물리적으로 충분히 발견하고 경험할 수 있게 한다.

(2) 화음 가족별 구성음 익히고 화성 반주하기

① 먼저, 모둠별 음(도−미−솔)을 모둠별로 순차적으로 부르거나 한 번에 부르게 하며 음의 어울림을 경험하게 한다.

② 아름다운 어울림을 만든 학습자를 칭찬하며 교수자가 노래를 불러 주기로 한다. 이때 반주가 필요하다고 말하며, 교수자가 부를 노래에는 세 개의 화음 가족이 등장한다고 소개한다.

③ 첫 번째 가족은 학습자들이 지금까지 불렀던 I도 화음이다. 이를 첫 번째 어울림 가족으로 표현하며, 첫 번째 가족을 I도, 즉 으뜸화음 가족으로 소개한다. 그리고 으뜸화음 가족 구성원인 '도-미-솔' 음을 다시 불러 본다.

④ 두 번째 가족은 버금딸림화음 가족이다. '파-라-도'로 구성되었음을 알려 주고, 두 번째 화음 가족의 음을 소리 내며 그 어울림을 경험하게 한다.

⑤ 세 번째 가족은 딸림화음 가족이다. '시-레-솔'로 구성되어 있고, 역시 세 번째 화음 가족음을 소리 내어 보고 다른 화음 가족과의 차이를 경험하게 한다.

⑥ 세 화음 가족에 대해 어느 정도 익숙해졌을 때, 교수자는 I-IV-V-I 등의 화음 구성을 가진 노래[2]를 부르며, 손가락 사인을 통해 학습자의 화성 반주를 유도한다 ([그림 1-3] 참조). 처음에는 느리고 조심스럽게 부름으로써 학습자가 소리를 충분히 느낄 수 있도록 유도하고, 점차 익숙해질수록 빠르게 혹은 점점 크게 등 다양한 방법으로 연주한다.

⑦ 학습자들이 만든 멋진 반주에 대해 충분히 칭찬하고 고맙다는 인사를 전하며 놀이를 마무리한다.

[그림 1-3] 학습자의 화성 반주에 맞춰 노래하기

---

2) 대상에 따라 적합한 노래를 교수자가 선택할 수 있다. 다만, 선택한 노래는 학습자에게 흥미를 주는 곡이어야 하고, 교수자에게 익숙하여 다양한 방법으로 표현할 수 있어야 한다.

2. 놀이 활동의 이론적 배경

1) 음악교육의 목적

(1) 적용 가능한 학습 목표와 내용

본 활동에서 발견할 수 있는 학습 목표 및 주요 내용은 크게 음악적 영역과 비음악적 영역으로 구분된다. 음악적 영역에서는 노래 부르기, 악기 연주하기, 소리 구별하기, 어울림 느끼기와 같은 기능적 요소와 함께 주요 3화음 및 구조, 주요 3화음으로 구성된 선율 등에 대한 이해가 학습 목표로 제시될 수 있다. 비음악적 요소로는 친구와 신나게 놀기, 친구 사귀기, 활동에 대한 긍정적 경험 형성 등을 들 수 있으며, 두 경우 모두 재구성을 통한 심화가 가능하다는 특징이 있다.

궁극적으로 이러한 놀이를 활용한 활동은 학습자의 자발성을 담보함으로써 학습 내용에 대한 학습자 중심의 자연스러운 경험을 가능하게 하며, 결과적으로 학습자 중심 교육 그리고 유의미 학습으로서의 교육적 의의를 띠고 있다. 참고로 [그림 1-4] 왼쪽에

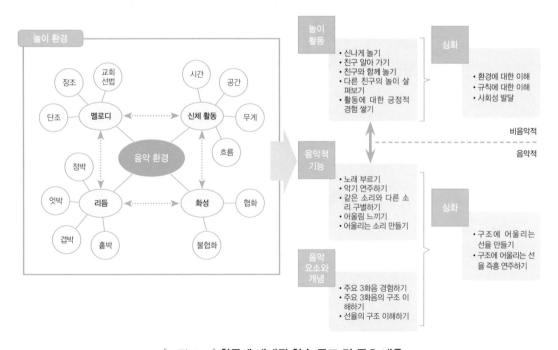

[그림 1-4] **활동에 내재된 학습 목표 및 주요 내용**

위치한 '놀이 환경'은 음악 놀이 환경을 구성하는 데 필요한 음악적 요소 간의 관계를 개념도로 제시한 하나의 예이다.

(2) 학습자 중심 유의미학습 환경

학교 음악교육의 목적은 새롭고 낯선 음악 환경을 학습자가 익숙한 관점에서 경험하고 이해하게 하여, 현 교육과정이 표방하는 '음악의 생활화'를 가능하게 하는 데 있다. 이는 학습자의 발달 정도 및 배경과 상황을 고려한 일반화의 단계에서부터 새롭고 특정한 단계, 즉 음악 활동이 목표하는 단계로의 '치환'을 목적하는 것으로서 '학습자 중심의 음악 활동'을 의미한다.

[그림 1-5] **학습자 중심 음악 활동의 과정**

[그림 1-5]의 '일반 단계'는 학습자가 현재 할 수 있는 단계, 알고 있는 수준의 내용, 그리고 관심 있어 하는 내용의 단계로서, 내용적으로 볼 때 이미 학습자에게 익숙한 일반화되어 있는 수준을 의미한다. '특정 목표 단계'는 학습자에게 필요한, 즉 활동을 통해 경험하고 학습하길 기대하는 단계이다. 이때 특정 목표 단계의 내용이 다시 학습자에게 익숙한 일반화의 단계로 발전하기 위해서는 학습자 중심의 유의미학습 환경의 설정이 전제된다.

다음의 인용문(조대현, 2010)은 학습자 중심, 즉 학습자의 자발적이고 직접적인 경험을 목표하는 음악 활동이 갖는 교육적 의미와 그 과정 및 결과를 설명하고 있다.

> 본질이란 다음과 같은 사전적 의미를 갖고 있다.
>
> 첫째, 본디부터 갖고 있는 사물 스스로의 성질이나 모습.
> 둘째, 사물이나 현상을 성립시키는 근본적인 성질.
> 셋째, 실존에 상대되는 말로 어떤 존재에 관해 '그 무엇'이라고 정의할 수 있는 성질.

그럼 '음악의 본질'은 어떻게 정의될 수 있는가? 우리가 앞에서 인용한 '본질'의 정의 중 첫 번째와 두 번째 관점에 따라 '음악'을 정의한다면, 음악은 '박자·가락·소리 등을 갖가지 형식으로 조화하고 결합하여 목소리나 악기를 통해 사상 또는 감정을 나타내는 예술'이 될 것이다. 따라서 음악적 현상을 성립시키는 근본적인 성질로 '박자·가락·소리'를 들 수 있고, 이러한 음악의 본질을 학습하고자 한다면 바로 이러한 특정 성질들을 교육현장에서 다루어야만 한다. 그러나 '본질'이란 의미가 갖고 있는 세 번째 사전적 의미에 따른 음악적 본질은 그 내용이 사뭇 달라질 수 있다. 왜냐하면 이는 사전지식으로 인한 고착(fixation: Roediger, 1991)이 일어나지 않은 또는 실존하는 물리적 그 자체가 아닌 그 어떤 존재에 대한 '그 무엇', 즉 '나로부터 의미 부여된 그 무엇'을 뜻하기 때문이다. 이를 독일의 음악교육학자 그룬(Gruhn, 2008)은 '내적(심미적) 표상'이라 정의하였고, 미국의 고든(Gordon, 1997)은 그러한 음악적 능력을 '오디에이션(Audiation)'으로 표현하였다. 다시 말하면, 어떠한 대상, 현상 또는 상황에 대해 하나의 연상 코드(code)를 부여함으로써 특별한 의미의 '그 무엇'으로 이해하게 되는 것이다. 이러한 연상 코드는 나의 주관적 배경, 예를 들면 사전 경험의 유무, 경험의 결과, 관심 영역, 흥미의 정도 등에 따라 개별적으로 부여되는 것으로 나에게만 의미 있는 나만의 결과물이다. 우리는 이러한 개성 있는 결과물을 창의적인 것으로 평가한다(임웅, 2008). 따라서 음악 본질에 대한 이해는 관여하는 각 요소들의 합으로만 결정되는 것이 아니라(Sternberg & Lubart, 1995), 내가 주체가 되어 이들 요인들을 '어떻게 상호작용하게 하는가'에 달려 있다고 할 수 있다.

이러한 음악 및 음악교육의 본질에 관한 내용은 교육과정에서도 발견된다. 교육과정에서 규정한 음악과의 성격은, 첫째 음악의 본질, 둘째 음악교육의 본질, 셋째 음악과의 목적으로 구분·제시되어 있는데, 음악의 본질에 있어서 학습자 중심 활동의 당위성을 다음과 같이 강조하고 있다.

"음악은 소리라는 매체를 통해 인간의 감정과 생각을 느끼고 표현하며 즐기는 기본적인 예술 형태로서(본질의 사전적 의미 1, 2) 인간의 삶에 큰 영향을 끼친다. 인간은 음악 활동을 통하여 미적 경험과 즐거움을 얻고 창의성을 계발하며, 인지, 정서, 언어, 사회성, 심신의 건강 등 인간의 기본 능력을 발달시키고, 음악의 사회적 역할과 가치를 인식함으로써 **자아를 실현하고 삶의 폭을 넓혀 간다**(본질의 사전적 의미 3) …… 〈중략〉 …… 음악과의 내용은 표현, 감상, 생활화의 세 영역으로 구성된다. '표현' 영역에서는 기본적인 음악적 지식과 기능을 익혀 음악의 아름다움을 경험하고, **자신의 생각과 음악적 느낌을 효율적으로 전달할 수 있는 능력**(본질의 사전적 의미 3)을 기른다. '감상' 영역에서는 음악의 아름다움과 분위기를 느끼며 바르게 감상하는 태도를 함양한다. 또한 여러 종류의 음악과 다양한 문화권의 음악을 감상하고 **느낌과 생각을 표현**(본질의 사전적 의미 3)할 수 있도록 한다. '생활화' 영역에서는 음악의 역할과 가치를 이해하고, 생활 속에서 다양한 음악을 활용할 수 있는 태도(본질의 사전적 의미 3)를 기르도록 한다"(교육부, 2015).

이러한 설명은 음악교육의 본질을 단지 기능 위주의 예술교육(Erziehung zur Musik: 음악을 위한 교육)으로만 한정하는 것이 아니라, 음악을 통한 또는 음악 환경 안에서의 더 많은 교육적(Erziehung durch Musik) 가능성을 보여 준다. 즉, 교사에 의한 지시적 환경에서의 음악교육이 아니라 학습자의 자발적이고 능동적인, 그리고 본인만의 이유 있는 행동을 통한 음악적 경험과 이에 따른 '음악의 생활화'를 목표하는 것이다. 이는 자연스러운 음악적 사고의 형성을 의미하며, 또한 음악적으로 익숙해지는 과정을 음악과의 본질과 목적으로 삼아야 함을 강조하고 있다. 결론적으로, 이러한 학습자 중심의 교육을 위해 전제되는 것은 '학습자에게 일반화되어 있는, 즉 학습자에게 익숙해져 있는 자연스러운 관점'을 찾는 교사의 역할이라고 할 수 있다.

2) 경험을 기초로 한 놀이의 교육적 가치

(1) 놀이의 정의

프뢰벨(Fröbel, F.)의 놀이에 대한 정의를 통해, 첫째, 놀이란 무엇이고 어떠한 성격을 지니고 있는가, 둘째, 놀이와 인간의 상관관계는 무엇인가, 셋째, 놀이를 교육에 활용하는 데 있어서 전제되는 요소는 무엇인가에 대해 생각해 보자. 특히 인용문에 밑줄로 표시된 주요 개념들을 다음 [그림 1-6]을 이용하여 설명해 보자.

"놀이는 어린이에게 가장 고귀하고 순결한 활동이며, 동시에 모든 인간이나 대상들 속에 잠재하고 있는 자연성의 발로이기도 하다. 놀이는 선의 모든 원천이기도 하다. 그의 신체가 피곤해질 때, 놀이 활동에 몰입하고 있는 아동은 그의 자신 및 타인의 복지 증진을 위해 헌신할 수 있는 사려 깊고 확고부동한 사람이 될 수 있다. 인간 본성을 진실로 이해하고 있는 온후하고 따뜻한 눈매를 가진 자에게 아동의 자발적 놀이는 인간 내면생활의 발로로 보이게 된다. 아동의 놀이는 모든 후기 생활을 위한 배종이다. 왜냐하면 성숙한 인간은 이러한 놀이 활동을 통해 자신의 내적 기질과 성향 등을 개발하여 왔다고 할 수 있기 때문이다"(Fröbel, 1826).

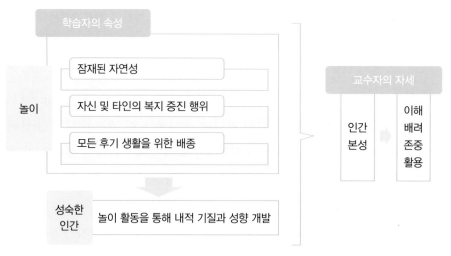

[그림 1-6] 프뢰벨 놀이의 정의에서 발견되는 학습자와 교수자에 대한 이해

(2) 놀이와 일의 구분

놀이를 정의하고 이해하는 데 있어 효과적인 방법의 하나는 상대적 의미를 갖고 있는 '일' 행위와 비교하는 것이다. 학자들이 개념적으로 구분하여 정리한 놀이와 일의 비교는 다음과 같다.

〈표 1-1〉 학자에 따른 놀이와 일의 비교

학자	비교 요소	세부 내용
Sponseller (1974)	행동의 이유 및 근원	• 외적(특정 목적을 동반한) 요인이 아닌 내적 요인에 의한 행동이 놀이 • 스트레스의 정도: 항상 스트레스(규칙성)가 동반되나 심각하지 않은 (자율성) 경우 놀이
Neuman & Sponseller (1974)	놀이를 정의하기 위한 세 가지 기준	• 통제의 근원 　－내부로부터의 통제: 놀이 　－외부로부터의 통제: 일 • 사실성 & 현실성 유무 　－현실을 무시하고 마치 ~인 것처럼(소공녀) 행동하면 놀이 　－외적 현실을 제지하고 내적 현실로 대체하면 놀이 • 동기의 유형 　－내적 동기 발현: 놀이 　－외적 동기 발현: 일
Lieberman(1977)	놀이다운 행동	신체적 자발성, 인지적 자발성, 사회적 자발성, 기쁨, 유머 내재

〈표 1-1〉에 의하면, 놀이와 일을 구분하는 기준은 다음과 같이 크게 세 가지로 정리할 수 있다.

첫째, 행위 시작 단계의 원인과 이유,

둘째, 행위 과정 중 계속된 행위를 유지하게 하는 통제 신념의 종류,

셋째, 주어진 '규칙'에 의한 스트레스가 있음에도 불구하고 마치 ~인 것처럼 행동할 수 있는 내적 '자율성'의 유무.

이러한 기준을 통해 학습자의 신체적·인지적·사회적 자발성이 담보되고 또한 그 과정을 극복하여 학습자가 기대한 결과를 향한 성장이 결과로 나타난다면 '놀이'라고 할 수 있으며, 이때 학습자는 과정을 통한 기쁨, 즉 긍정적 경험과 학습을 하게 된다.

(3) 놀이 환경 속에서의 성장

결론적으로, 놀이와 인간의 관계를 고려하여 정의할 수 있는 놀이의 교육적 의미와 내용은 다음과 같다. 화살표 A와 D는 놀이로의 접근을 의미하는 반면, 화살표 B와 C는 일에 가까운 방향성을 띠고 있다. 앞에서 언급한 놀이와 일을 구분하는 세 가지 기준을 적용하여 놀이 환경이 주는 개인적 성장과 일에 의한 획일화 과정에 대해 다양한 예를 통해 생각해 보자.

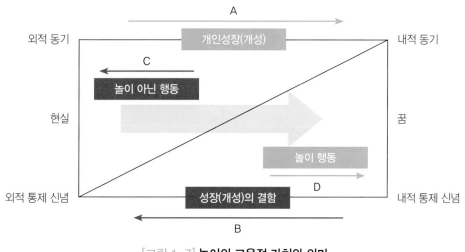

[그림 1-7] **놀이의 교육적 가치와 의미**

3. 놀이적 요소를 활용하기 위한 교사의 역할

"무엇인가 설명하려는 자는 알려지지 않은 것을 잘 알려진 것에 비유해서 사람들이 알아들을 수 있도록 해야 한다. 만일 그래서 유추라는 것이 없다면, 설명은 불가능하다"(고대 중국의 고사: 조대현, 2019에서 재인용).

이는 선행조직자(Advance Organizer: Ausubel, 1978)로서의 교사의 역할을 강조하는 말이다. 선행조직자란, 학습자가 습득한 기존의 학습 내용, 즉 개개인의 현상학적 장을 구성하고 있는 개별적 기본 경험(individuelle Grunderfahrung: Gruhn, 2008)과 이를 국가 수준 교육과정에 기반하여 계획한 새로운 학습 내용으로 연결해 주는, 그래서 이를 사전에 계획·준비하여 교육현장에 제공하는 역할을 하는 자로서, 학교 및 교사 수준의 교육과정을 시행하는 현장교사를 의미한다([그림 1-8] 참조).

이를 위해 선행조직자는 학습자에 대해 가능한 한 다양한 정보 확보가 선행되어야 하며, 이를 근거로 근접발달지대(ZPD: Vygotsky, 1976)를 설정하고, 나아가 현장에서의 단계적인 스캐폴딩(Scaffolding)을 통해 목표한 학습의 결과를 추구해야 한다.

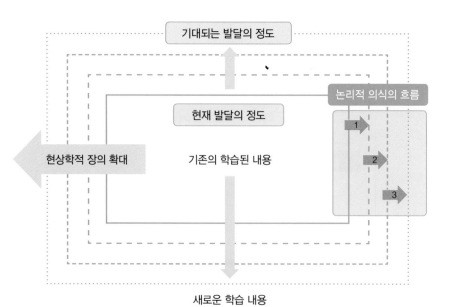

[그림 1-8] **근접발달지대 개념을 활용한 선행조직자의 역할**

　　교육심리학적 관점에서 볼 때, 가장 중요하게 다루어져야 하는 것이 바로 학습자를 위한 논리적인 '의식의 흐름'(Stream of Consciousness: Dewey, 1938)이다. 듀이(Dewey, J.)가 말하는 논리적 의식의 흐름이란 '물리적인 경험이나 학습 속에 동반되는 인지의 과정'을 말하는데, 이러한 과정이 현장교육에서 발현되기 위해서는 선행조직자가 특정 지식이나 현상에 대해 전체적 윤곽(일반화된 내용)에서부터 체계적인 세부화(특정 목표 내용)의 과정으로, 또는 역으로 주제의 가장 핵심적인 내용을 중심으로 하여 점점 복잡하고 풍부한 형태로 발전시키는, 자연스러운 사고 및 의식의 흐름을 유도할 수 있는 단계적 목표 설정이 요구된다. 바로 이러한 과정에 있어서 효율적 역할을 할 수 있는 것이 놀이이다.

　　오늘 수업에서 경험한 놀이적 요소를 활용한 활동 또한 이러한 선행조직자의 관점에서 구성되었으며, 이를 통해 학습자의 자발성을 담보하고 적극적인 활동을 유도하고자 하였다. 단순한 친구와의 놀이로 보이는 이 활동이 담고 있는 교육적 의미와 내용은 [그림 1-9]와 같다. 놀이 환경의 주요 구성 요소인 음악 개념 및 내용은 학습 대상을 고려하여 제시되었고, 이를 '놀이적 요소를 활용한 경험 중심 교수·학습 방법' 아래 재구성한 결과, 음악 및 비음악적 영역에서의 긍정적 성취 또는 그 이상의 가능성이 발견되었다. 결과적으로, 놀이적 요소를 활용한 경험 중심 교수·학습 방법은 학습자 중심의 교육을 목표하는 가운데 학습자의 자발적 동기부여를 통한 긍정적 경험을 유도하고, 학습자의 배경과 상황, 수준에 따른 유의미학습을 가능하게 한다. 그리고 이때 교사의 학습자를 이해하고자 하는 충분한 유추의 노력과 충실한 선행조직자로서의 노력과 수고가 전제된다.

[그림 1-9] 놀이적 요소를 활용한 경험 중심 음악 환경 구성의 과정

〈 토의 주제   Q ⋮

1. 오늘 활동한 놀이에 대해 예비음악교사의 관점에서 참관일지를 작성해 보자.
2. 다음 인용문에서 강조하는 '유추'의 과정과, 이때 놀이적 요소가 갖는 의미와 역할에 대해 설명해 보자.

   "무엇인가 설명하려는 자는 알려지지 않은 것을 잘 알려진 것에 비유해서 사람들이 알아들을 수 있도록 해야 한다. 만일 그래서 유추라는 것이 없다면, 설명은 불가능하다."

3. 학습자의 직접적이고 긍정적 음악 경험을 가능하게 하는 놀이적 요소가 담긴 활동 (Idea)에 대해 고민하고 발표해 보자.

♫ 참고문헌

교육부(2015). 기본 교육과정. 교육부 고시 제2015-81호 [별책 3].

김미숙, 현경실, 민경훈, 장근주, 김영미, 조성기, 김지현, 조대현, 송주현, 박지현, 최윤경, 김지현 (2015). 음악과 교재 연구. 서울: 학지사.

민경훈, 김미숙, 김선미, 김신영, 김영미, 김지현, 이가원, 장근주, 조대현, 조성기, 주희선, 현경실 (2017). 음악 교수 · 학습 방법. 서울: 학지사.

승윤희 · 민경훈 · 양종모 · 정진원(2013). 예비교사와 현장교사를 위한 초등 음악교육. 서울: 학지사.

임미경 · 현경실 · 조순이 · 김용희 · 이에스더(2010). 음악 교수법. 서울: 학지사.

조대현(2010). 학교 음악교육에서의 긍정적 현상학적 장 형성과 이를 위한 전제조건. 음악과 민족, 39, 281-314.

조대현(2019). 융합적 사고에 기초한 음악교육의 이해. 서울: 학지사.

조대현(2022). 놀이적 요소를 활용한 경험 중심 교수 · 학습 방법의 적용 가능성 탐구. 예술교육연구, 20-2, 57-72.

Ausubel, D. P. (1978). *Educational Psychology: A cognitive view*. Holt Rinehart and Winston.

Dewey, J. (1938). *Experience and education*. New York: Collier Books.

Fröbel, F. (1826). *The education of man*. N.Y. & London: Appelton and Company.

Gordon, E. E. (1997). *A Music Learning Theory for Newborn and Young Children*. Chicago: GIA Publications.

Gruhn, W. (2008) 아이들은 음악이 필요한다 – 어린아이들의 음악적 잠재력은 일찍부터 장려되고, 발달되어야 한다. (조대현 역). 서울: 도서출판 DanSing. (원본은 2003년 출간).

Lieberman, J. N. (1977). *Playfulness its relationship to imagination and creativity*. N.Y.: Piaget Academic Press.

Roediger III, H. L. (1991). *Recall as a self-limiting process*. Memory&Cognition. 6, 54-63.

Sternberg, R. J. & Lubart. T. I. (1995). *Defying the crowd: Cultivating creativity in a culture of conformity*. New York: Free Press.

Vygotsky, L. S. (1976). Play and its role in the mental development of the child. In: J. S. Bruner, A. Jolly & K. Sylva(Eds.), *Play: Its role in development and evolution*(537-554). N.Y.: Basic Books.

II

음악 교수·학습 실제의 기초

2장 노래 부르기 수업의 실제

최 유 리

이 장에서는 특수교육현장에서 노래 부르기 교수·학습 계획 및 수업의 실제에 도움이 될 수 있는 수업 활동 모듈을 제시하고, 모듈을 통하여 다섯 가지 교수·학습 활동을 안내한다. 노래 부르기 수업의 단계를 기초로 하여 리듬으로 표현하기, 가락으로 표현하기, 셈여림 및 빠르기를 표현하며 노래 부르기, 창의적으로 표현하기 등의 활동 주제로 학습자의 다양한 음악적 소통의 경험이 이루어지기를 기대한다.

1. 노래 부르기 수업의 이해

1) 노래 부르기 수업이란

노래 부르기는 언어에서 느끼는 감정을 사람의 목소리에 담아 표현하는 행위이다. 학교 음악교육에서의 노래 부르기의 의미는 다음과 같다. 첫째, 악기 없이 사람의 신체인 성대로 음악을 표현하기 때문에 모든 사람에게 기회가 주어진다. 둘째, 노래 부르기는 언어로 표현하기 때문에 문학과 음악이 융합되어 나타나는 활동이다. 셋째, 노래 부르기는 크게, 작게, 빠르게, 느리게, 높게, 낮게 등 소리의 다양한 표현이 가능하여 음악성을 높일 수 있는 활동이다. 넷째, 계이름과 음이름, 음계 등을 부르는 과정에서 음악적 개념을 형성할 수 있다. 다섯째, 함께 노래를 부르면서 다른 사람과의 관계를 이해하고 협동심이나 사회성에 대한 생각을 키울 수 있다(승윤희, 민경훈, 양종모, 정진원,

2013, p. 205).

2) 노래 부르기 수업의 원리

(1) 노래 부르기 수업의 교수·학습 방법

노래 부르기 수업을 시작할 때는 학생들의 수업 참여를 위하여 이전에 배운 노래를 함께 부르면 큰 도움이 되며, 목표는 교육과정에 근거하여 학생들의 흥미와 수준을 고려하여 제시한다. 가사를 이해하는 방법은 학생이 가사의 의미를 스스로 파악하거나 함께 소리 내어 읽고 발표를 하는 등 다양한 방법을 활용할 수 있다. 악곡을 익히는 단계는 가장 기본적인 요소가 되는 리듬부터 익힌 다음, 가락을 익히는 것이 효과적이다. 악곡을 익힌 후에는 악곡의 박자, 가락, 화성, 형식, 셈여림, 빠르기, 음색 등에 대한 내용을 이해하고 노래의 악상이나 빠르기 등을 표현한다. 악곡을 창의적으로 표현하는 단계에서는 가사와 가락에 알맞은 빠르기와 악상을 여러 방식으로 불러 보고, 학생의 호흡이나 소리의 특성을 고려하여 표현한다. 마지막으로 정리 단계에서는 음악적 개념과 관련 지식을 획득하고, 익힌 노래를 부르도록 한다(승윤희, 민경훈, 양종모, 정진원, 2013, pp. 207-211). 국악교육에서 노래 부르기 지도는 스토리보드에 의한 이야기 들려주기와 노래 따라 부르기로 접근하여 노래 부르며 율동하기, 악기 다루기, 놀이하기 등으로 표현과 창작으로까지 유도할 수 있다(권태룡, 권은주, 고은희, 2010, p. 33).

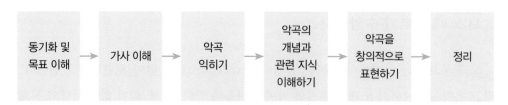

[그림 2-1] **노래 부르기 수업의 단계**

특수음악교육에서 노래 부르기 활동은 장애 정도나 수준에 관계없이 자신의 능력에 따라 참여할 수 있고, 인지적 부담이 적기 때문에 실패에 대한 두려움을 가지지 않아도 되며, 활동을 통하여 자신의 특성을 강점으로 발전시킬 수도 있는 장점이 있다. 그러나 노래를 부를 때 고함지르듯이 하거나 발음이 불분명한 소리를 내기 쉬우며, 정확한 음정의 표현이 어렵고, 높은음과 낮은음의 표현과 빠른 노래에 적응을 잘 하지 못하는 경향이 있다(김희규 외, 2011, p. 193). 학습자가 신체장애나 청각장애를 지닌 경우에는 노래를 부를 때 아동 신체의 한 부분을 가볍게 두드려 주거나, 북이나 벨을 사용하여 리듬감을 느끼게 도움을 주거나, 행동이나 반응을 미소, 눈짓, 손을 흔들거나 들어 주는 것 같은 단순한 행동으로 바꾸어 제시할 수 있다(Morris & Schulz, 1997, p. 188). 따라서 교사는 학습 집단에 대한 사전 이해를 토대로 학생의 장애 유형과 학습 수준을 고려하고, 학습 목표 및 활동 주제를 바탕으로 교수·학습을 재구성하여 노래 부르기 수업이 효과적으로 이루어지도록 한다.

(2) 노래 부르기 수업의 학습 활동

노래 부르기 수업의 지도 단계별 활동은 학습 목표와 제재곡의 특성에 따라 지도의 주안점이 달라질 수 있다. 이 장에서는 가사 익히기, 리듬 표현하기, 가락 표현하기, 빠르기 표현하기, 셈여림 표현하기, 음색 표현하기, 창의적으로 표현하기로 활동을 구분하였다. 각 단계별 활동에서 활용 가능한 세부 활동을 연결 지어 학습자 특성에 적절한 학습 활동으로 재구성하여 제시할 수 있다.

〈표 2-1〉 **노래 부르기 수업 활동명 구분**

번호		활동명*
가사 익히기	1	제재곡의 일부를 듣고 노래 부르기
	2	노랫말을 연결하여 노래 부르기
	3	노랫말의 일부를 지워 가며 외워서 부르기
	4	노랫말의 일부를 바꾸어 부르기
리듬 표현하기	5	낱말의 첫소리를 다양하게 부르고 모방하기
	6	말 리듬으로 인사하기
	7	말 리듬으로 소개하기
	8	생활 속 소리를 말 리듬으로 표현하기
	9	낱말을 말 리듬으로 표현하기
	10	말 리듬을 이어 부르기

	11	음의 높고 낮음을 달리하여 표현하기
가락 표현하기	12	말 리듬에 음을 붙여 노래 부르기
	13	가락선을 표현하며 노래 부르기
	14	음의 높고 낮음을 다양한 방법으로 표현하기
	15	계이름 알아보고 부르기
	16	계이름으로 노래 부르기
빠르기 표현하기	17	박의 빠름과 느림을 느끼며 신체/목소리로 표현하기
	18	빠르기를 표현하며 노래 부르기
셈여림 표현하기	19	노래에 어울리는 셈여림으로 부르기
	20	셈여림을 표현하며 노래 부르기
음색 표현하기	21	생활 속에서 들을 수 있는 소리 흉내 내기
	22	대상의 특징에 어울리는 목소리로 표현하기
	23	여러 가지 감정에 어울리는 목소리로 부르기
창의적으로 표현하기	24	바른 자세와 바른 발성으로 노래 부르기
	25	같거나 비슷한 소절을 표현하며 부르기
	26	제시하는 셈여림/빠르기에 알맞게 노래 부르기
	27	주고받는 형태로 노래 부르기
	28	제재곡을 돌림 노래 형태로 부르기
	29	제재곡의 일부분 또는 전체를 두 개 이상의 성부로 나누어 부르기
	30	친구들 앞에서 혼자 또는 여럿이 노래 부르기

＊ 상기 활동은 장애 학생들의 학년 및 장애 정도에 따라 교수자가 자유롭게 설정하여 제시할 수 있음.

2. 노래 부르기 교수·학습 방법의 실제

유형 1 리듬 표현 〈다양한 소리를 표현하고 말 리듬 부르기〉	유형 2 가락 표현 〈음의 높고 낮음을 표현하며 노래 부르기〉	유형 3 셈여림 표현 〈큰 소리와 작은 소리를 표현하며 노래 부르기〉	유형 4 빠르기 표현 〈빠르기를 표현하며 노래 부르기〉	유형 5 창의적 표현 〈전래 동요를 주고받는 형태로 부르기〉
21. 생활 속에서 들을 수 있는 소리 흉내 내기	11. 음의 높고 낮음을 달리하여 표현하기	22. 대상의 특징에 어울리는 목소리로 표현하기	17. 박의 빠름과 느림을 느끼며 신체/목소리로 표현하기	6. 말 리듬으로 인사하기
9. 낱말을 말 리듬으로 표현하기	12. 말 리듬에 음을 붙여 노래 부르기	1. 제재곡의 일부를 듣고 노래 부르기	2. 노랫말을 연결하여 노래 부르기	1. 제재곡의 일부를 듣고 노래 부르기
23. 여러 가지 감정에 어울리는 목소리로 부르기	14. 음의 높고 낮음을 다양한 방법으로 표현하기	19. 노래에 어울리는 셈여림으로 부르기	18. 빠르기를 표현하며 노래 부르기	27. 주고받는 형태로 노래 부르기
10. 말 리듬을 이어 부르기	15. 계이름 알아보고 부르기	20. 셈여림을 표현하며 노래 부르기	26. 제시하는 셈여림/빠르기에 알맞게 노래 부르기	30. 친구들 앞에서 혼자 또는 여럿이 노래 부르기
	16. 계이름으로 노래 부르기			

[그림 2-2] **노래 부르기 교수·학습 유형과 활동명**

2장 노래 부르기 수업의 실제

1) 노래 부르기 교수·학습 유형 1

❶ 개요

영역	표현(노래 부르기)	기능	반응하기, 표현하기, 탐색하기, 경험하기
학습 목표	다양한 소리를 표현하고 말 리듬을 부를 수 있다.		
평가 유형	■자기평가 ■상호평가 □ 관찰평가 □실음평가 □포트폴리오 □기타 (　　　　　　　　)		
교수·학습 자료	수업 환경	원을 그려 앉아 활동할 수 있는 공간	
	교사 준비물	낱말 카드, 표정 카드, 핸드 드럼(박을 맞추어 줄 수 있는 악기)	
	학생 준비물	말 리듬 카드, 활동지, 평가지	
개발 의도	노래 부르기 활동의 기초가 되는 말 리듬 부르기는 주변에서 자주 사용하는 낱말을 리듬감 있게 부르며 흥미를 갖게 하고 다양한 음악적 경험을 할 수 있는 활동이다. 여러 가지 낱말을 길거나 짧게 혹은 크거나 작게 표현함으로써 말놀이의 재미를 느낄 수 있다. 또한 감정을 표현한 목소리로 창의적으로 노래 부르고, 친구들과 함께 다양한 방법으로 말 리듬 부르기를 통하여 노래 부르기 활동의 기반을 마련할 수 있다. 학생의 수준에 따라 다양한 예시를 제시해 주고 모방하도록 하거나, 제시하는 낱말의 수준을 변형하여 활동할 수 있다.		

❷ 단계별 교수·학습 활동 및 평가 계획

학습 단계	활동명	교수·학습 활동	평가 계획
도입	21. 생활 속에서 들을 수 있는 소리 흉내 내기	• 동물을 제시하고 연관된 울음소리 예시를 제시한다. (예: 참새-짹짹짹짹, 호랑이-어흥, 강아지-멍멍) • 마음에 드는 동물을 고르고 울음소리로 표현한다.	• 동물과 울음소리 표현이 적절한가?
전개 1	9. 낱말을 말 리듬으로 표현하기	• 내가 고른 동물의 울음소리를 말 리듬 카드에 적는다. 멍 ＿ 멍 ＿ ／ 어 － － 흥 짹 짹 짹 짹 ／ 꼬 － 끼 오 • 교사가 먼저 모방 예시를 보이고 학생들이 따라서 부른다. • 학생 한 명씩 만든 말 리듬을 표현하고 함께 모방한다.	• 낱말을 말 리듬으로 표현할 수 있는가?
전개 2	23. 여러 가지 감정에 어울리는 목소리로 부르기	• 표정 카드를 보며 어떨 때 느끼는 감정인지 이야기를 나눈다. • 제시하는 표정 카드에 어울리도록 말 리듬을 표현한다. • 각자 말 리듬 카드와 표정 카드를 하나씩 고르고 표정과 어울리는 감정으로 말 리듬을 표현한다. (감정에 따라 목소리를 달리해야 하는 부분을 안내하여 목소리 크기도 달리할 수 있다.)	• 말 리듬을 다양한 감정에 어울리도록 표현할 수 있는가?
마무리	10. 말 리듬을 이어 부르기	• 2명/4명이 짝을 지어 전체 혹은 일부의 말 리듬을 연결 지어 표현한다. 2명) 멍 ＿ 멍 ＿ ／ 짹 짹 짹 짹 반복 4명) 멍 ＿ 멍 ＿ ／ 어 － － 흥 ／ 짹 짹 짹 짹 ／ 꼬 － 끼 오 • 말 리듬을 연결 지어 부른다.	• 다양한 방법으로 말 리듬을 연결 지어 표현할 수 있는가?

❸ 교수 · 학습 과정안

학습 주제	다양한 소리를 말 리듬으로 표현하기	수준	초등학교 3~4학년
활동명	반응하기, 표현하기, 탐색하기, 경험하기		
학습 목표	다양한 소리를 표현하고 말 리듬을 부를 수 있다.		

학습 단계	학습 과정 (모듈)	교수 · 학습 활동 교사	학생(수준, 장애 유형 등에 따른 내용 제시) A	B	C	자료 활용 및 유의점
도입	동기 유발	• 동물 사진을 보여 준다. (예: 사자 사진) • 여러 동물의 울음소리를 들려준다.	• 각 동물에 어울리는 울음소리를 흉내 낸다. (예: '어흥' 하고 소리를 낸다.) • 마음에 드는 동물의 소리를 실감 나게 표현한다.	• 마음에 드는 동물의 소리를 낱말로 써 보고 표현한다.	• 정해 준 동물의 소리를 따라 말한다.	• 학생들이 쉽게 예측할 수 있는 친근한 동물의 사진, 영상 등의 자료를 적절히 활용한다.
전개	〈활동 1〉	• 동물 소리를 말 리듬 카드로 옮겨 표현하도록 안내한다. • 교사-학생, 학생-학생 간 말 리듬을 모방한다.	• 내가 고른 동물의 울음소리를 말 리듬 카드에 적는다. 멍 | 멍 어 | - | - | 흥 • 만든 말 리듬을 표현하면 나머지 학생들이 따라 말한다.	• 소리 낱말 카드를 말 리듬 칸 안에 넣는다. 멍 | 멍 ↓ | ↓ 멍 | 멍 • 만든 말 리듬을 표현하면 손뼉으로 리듬을 쳐 보고, 리듬에 맞추어 말 리듬을 말한다.	• 제시된 말 리듬 카드에서 원하는 말 리듬을 고른다. 멍 | 멍 멍 멍 | • 카드를 보고 말 리듬을 말하기 어려워하면 교사의 도움을 받아 반복 후 천천히 말한다.	• 자료: 말 리듬 카드 • 손뼉, 핸드드럼 등으로 기본박을 연주하여 말 리듬 형태에 따라 다른 리듬으로 표현됨을 경험하도록 도움을 준다.
	〈활동 2〉	• 표정 카드를 소개하고 표정에 따른 다양한 감정에 대하여 살펴보도록 한다.	• 표정 카드를 보고 어떤 상황에서 느끼는 감정인지 이야기한다. 표정 / 상황 웃는 표정 / 맛있는 음식을 먹으려고 할 때 화나는 표정 / 동생이 내 물건을 안 줄 때 부끄러운 표정 / 친구들 앞에서 발표할 때 놀란 표정 / 뒤에서 나를 놀래킬 때 울상인 표정 / 내 물이 쏟아졌을 때 • 표정 카드를 따라 표정을 지어 본다. (움직일 수 있는 신체를 사용하여 표현한다.)			• 교사가 다양한 감정 예시를 보여 주거나 그림 카드 자료를 활용한다. • 자료: 표정 카드

정리	정리 평가				
		• 표정 카드에 어울리도록 말 리듬을 바꾸어 표현하도록 안내한다.	• 표정 카드를 골라 목소리를 달리하여 말 리듬을 표현한다. (예: '우는 표정'–흐느끼는 목소리로 〔멍〕〔멍〕 '화난 표정'–날카롭고 큰 소리로 〔어〕〔–〕〔–〕〔흥〕)		
		• 모둠별로 만든 말 리듬을 연결 지어 네 마디를 완성하도록 한다.	• 전체의 말 리듬을 연결한다. (예: 네 개의 말 리듬 연결) 〔멍〕〔멍〕 〔어〕〔–〕〔–〕〔흥〕 〔짹〕〔짹〕〔짹〕〔짹〕 〔꼬〕〔–〕〔끼〕〔오〕	• 일부의 말 리듬을 연결한다. (예: 두 개의 말 리듬 연결) 〔멍〕〔멍〕 〔어〕〔–〕〔–〕〔흥〕 〔멍〕〔멍〕 〔어〕〔–〕〔–〕〔흥〕	• 하나의 말 리듬을 골라 반복한다. 〔멍〕〔멍〕 〔멍〕〔멍〕 〔멍〕〔멍〕 〔멍〕〔멍〕	• 말 리듬 연결하기를 어려워하는 경우, 한 가지 말 리듬을 반복하여 말하고 점차 말 리듬 수를 늘려 갈 수 있다.
		• 말 리듬을 연결 지어 부르도록 예시를 보여 준다.	• 연결한 말 리듬을 목소리를 달리하여 부르고, 다른 학생들이 따라 부른다.		
		• 활동 후 느낀 점을 발표하고 평가한다.	• 말 리듬을 만들어 불러 본 소감과 느낌을 자유롭게 발표한다.		
		• 활동 후 느낀 점을 발표하고 평가한다.	• 자기평가와 상호평가를 하고 서로 잘한 점을 이야기 나눈다.		• 자료: 평가지

❹ 평가 도구

평가 목표	말 리듬을 연결하여 표현할 수 있다.		
평가 영역	표현(노래 부르기)		
평가 유형(방법)	자기평가, 상호평가		
평가 내용	말 리듬을 연결하여 표현할 수 있는가?		
평가 기준	평가 준거 ＼ 학생	네 개의 말 리듬을 연결하여 다양한 목소리로 부를 수 있다.	네 개의 말 리듬을 연결하여 부를 수 있다.	하나의 말 리듬을 반복하여 부를 수 있다.
	학생 A	독립 수행		
	학생 B		독립 수행	
	학생 C			단어/언어 촉진 수행
평가 환류 계획	학생에게 친숙한 소리를 활용하여 말 리듬을 만드는 기회를 제공한다. 혼자 하기 어려운 경우는 2~3명 정도의 모둠을 지어 주거나 교사가 기본박을 연주하며 함께 부르는 도움을 준다. 학생들이 생활 주변에서 쉽게 체험할 수 있는 친숙한 소리를 음악적으로 표현하는 데 중점을 둔다.		

❺ 활동지 자료

가. 말 리듬 카드

① 방법 A: 말 리듬 카드에 동물 울음소리 낱말을 쓴다.

나. 말 리듬 예시 카드

① 방법 B: 다음 카드를 오려 사용하거나 원하는 소리를 써서 넣어 본다.

멍	멍
어	훙
짹	짹

꼬	끼	오

② 방법 C: 만들어진 카드를 활용한다.

멍	멍		

멍		멍	

어	흥		

어			흥

다. 표정 카드

라. 동료평가와 자기평가 자료

모둠 활동 동료평가 및 자기평가

❶ 다른 모둠 친구들이 만든 말 리듬을 평가해 주세요.

모둠명	완성도 말 리듬 노래가 잘 만들어졌나요?			창의성 말 리듬 노래를 다양하게 표현하였나요?			발표 모둠 친구들이 즐겁게 참여했나요?		
1모둠	☺	😐	☹	☺	😐	☹	☺	😐	☹
2모둠	☺	😐	☹	☺	😐	☹	☺	😐	☹

❷ 오늘 나의 활동을 평가해 주세요.

평가 기준	☺	😐	☹
1. 나는 말 리듬 부르기 활동에 적극적으로 참여하였다.			
2. 나는 모둠별 활동에서 나의 역할을 잘 알고 있었다.			
3. 나는 모둠별 활동에서 모둠원들을 배려하고 협력하였다.			
4. 다른 친구의 소리를 들으며 말 리듬 노래를 조화롭게 표현하였다.			

❻ 한 걸음 더!

1. 생활 속 다양한 주제로 말 리듬 부르기 활동에서 활용할 수 있는 주제의 예시는 다음과 같다.

> **이름**: 한 글자의 성이나 이름, 혹은 성과 이름을 붙여서
> **과일**: 딸기, 블루베리, 토마토, 배, 바나나, 감 등
> **곤충**: 개미, 파리, 모기, 사마귀, 벌 등
> **나라**: 대한민국, 미국, 일본, 러시아, 뉴질랜드, 필리핀 등
> **운동**: 수영, 축구, 배드민턴, 테니스, 탁구 등
> **생활 속 소리**: 전화벨 소리, 우유 마시는 소리, 빗방울 떨어지는 소리 등
> **교실에서 들리는 소리**: 필기구 소리, 청소 소리, 시종 소리, 문 소리 등

낱말을 말 리듬으로 만드는 활동 지도 시에는 교사가 많은 예시를 보여 주고 직접 만드는 과정을 보여 주는 것이 중요하다. 호랑이의 울음소리 '어흥' 소리가 한 음절의 리듬을 길게 하거나 짧게 하여 | 어 | – | – | 흥 |, | 어 | | 흥 | |, | 어 | 흥 | | |과 같이 말 리듬으로 다양하게 표현할 수 있다는 것을 안내한다. 생활 속의 소리를 말 리듬으로 표현할 때는 다양한 소리를 들어 보도록 경험을 제공해 주도록 한다. 〈High school Jam〉(https://youtu.be/bJjSDZq9_vo) 영상을 참고하여 들리는 소리를 찾아보고 말 리듬으로 표현해 볼 수 있다.

2. 다양한 방법으로 말 리듬 부르기

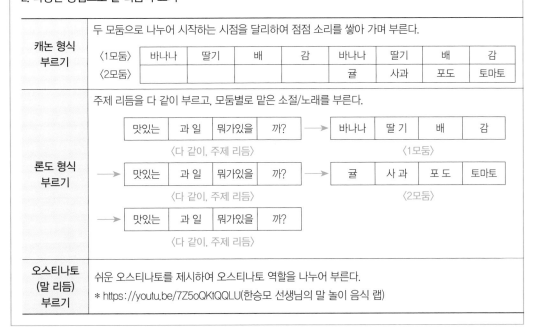

캐논 형식 부르기	두 모둠으로 나누어 시작하는 시점을 달리하여 점점 소리를 쌓아 가며 부른다.
론도 형식 부르기	주제 리듬을 다 같이 부르고, 모둠별로 맡은 소절/노래를 부른다.
오스티나토 (말 리듬) 부르기	쉬운 오스티나토를 제시하여 오스티나토 역할을 나누어 부른다. ＊https://youtu.be/7Z5oQKtQQLU(한승모 선생님의 말 놀이 음식 랩)

2) 노래 부르기 교수·학습 유형 2

❶ 개요

영역	표현(노래 부르기)	기능	탐색하기, 표현하기, 구별하기
학습 목표	음의 높고 낮음을 표현하며 노래를 부를 수 있다		
평가 유형	□자기평가 □상호평가 ■관찰평가 □실음평가 □포트폴리오 □기타 ( )		
교수·학습 자료	수업 환경	자유롭게 몸을 움직일 수 있는 공간 확보	
	교사 준비물	악보 〈허수아비 아저씨〉, 음원 〈허수아비 아저씨〉, 음 계단 교구 혹은 그림, 스카프, 글로켄슈필	
	학생 준비물	편한 복장, 스카프	
개발 의도	말 리듬 학습 후에 음의 높고 낮음을 경험하면 가락으로 표현할 수 있다. 학생들이 음의 높고 낮음을 구별할 수 있도록 몸으로 표현하거나 스카프, 음 계단, 블록 쌓기 등 사물을 이용할 수 있다. 이 유형에서는 학생이 음의 높고 낮음과 관련한 다양한 음악적 경험을 할 수 있도록 관련된 활동을 수준별로 제시하여 학년이나 교과서에 구애받지 않고 학생의 수준과 상황에 알맞게 활용하도록 안내하고자 한다. 제시하는 활동은 초등학교 5~6학년 수준을 고려하여 한 차시 분량으로 구상하였으나, 학년 수준을 낮추어 지도하거나 학급 내 장애 학생의 필요에 따라 두 차시(1차시: 도입 활동—전개 2, 2차시: 전개 3—마무리)로 재구성하여 지도할 수 있다.		

❷ 단계별 교수·학습 활동 및 평가 계획

학습 단계	활동명	교수·학습 활동	평가 계획
도입	11. 음의 높고 낮음을 달리하여 표현하기	• 노래를 부르며 손 유희를 한다. • '높은 별'과 '낮은 별'을 표현한다.	• 음의 높고 낮음을 구별하여 표현하는가?

⬇

| 전개 1 | 12. 말 리듬에 음을 붙여 노래 부르기 | • 가사를 말 리듬으로 부른다.
• 말 리듬에 음을 붙여 모방하며 익힌다.
• 반주에 맞추어 노래 부른다. | • 제재곡을 자연스럽게 부를 수 있는가? |

⬇

| 전개 2 | 14. 음의 높고 낮음을 다양한 방법으로 표현하기 | • 가사에 나오는 계이름 부분을 한 음씩 짚어 표현한다.
• 음의 높낮이를 표현한다. | • 음의 높고 낮음을 다양한 방법으로 표현할 수 있는가? |

⬇

| 전개 3 | 15. 계이름 알아보고 부르기 | • 음 계단을 짚어 보며 다장조의 계이름을 부른다.
• 제재곡의 계이름을 익힌다. | • 계이름을 알맞게 부를 수 있는가? |

⬇

| 마무리 | 16. 계이름으로 노래 부르기 | • 제재곡을 계이름으로 부른다.
• 제재곡을 부르며 음의 높고 낮음을 표현한다. | • 계이름으로 노래할 수 있는가? |

❸ 교수·학습 과정안

학습 주제	음의 높고 낮음을 표현하며 노래 부르기			수준	초등학교 5~6학년
활동명	탐색하기, 표현하기, 구별하기				
학습 목표	음의 높고 낮음을 표현하며 노래를 부를 수 있다.				

학습 단계	학습 과정 (모듈)	교수·학습 활동				자료 활용 및 유의점
		교사	학생(수준, 장애 유형 등에 따른 내용 제시)			
			A	B	C	
도입	동기 유발	•〈작은 별〉 노래를 부르며 손 유희를 보여 주고 모방하도록 한다. • '높은 별'(솔 음), '낮은 별'(도 음)을 들려준다.	• 교사의 손 유희를 보고 모방한다. • '높은 별'(머리 위에서 손을 반짝반짝), '낮은 별'(가슴 높이에서 손을 반짝반짝)을 표현한다. • 들리는 소리가 높을 때 손의 위치를 높이 하고, 들리는 소리가 낮을 때 손의 위치를 낮게 하는 것을 경험한다.			• 시각적으로 잘 보이도록 하기 위해서 스카프를 사용할 수 있다. • 노래 음원 및 악보: https://youtu.be/gqoDqN8DRAU(0'37"~1'36" 〈작은 별〉 노래 손유희 참고)
전개	〈활동 1〉	• 가사를 말 리듬으로 안내한다. • 말 리듬에 음을 붙여 모방하도록 안내한다. • 반주와 함께 노래를 들려주고 부르도록 한다.	• 말 리듬을 모방하여 듣고 가사를 따라 부른다. (연계 활동: 기본박을 치며 부르기-말 리듬을 따라 손뼉 치며 부르기-손뼉 리듬만 쳐 보기) • 소절별로 노래를 듣고 따라 부른다. • 노래 반주에 맞추어 노래를 부른다. • 곡의 분위기를 살려 노래를 부른다.			• 말 리듬 모방 시 충분한 반복을 하여 자연스럽게 익힌다. 교사가 기본박을 연주해 줄 수 있으며, 학생 활동에 제시한 연계 활동을 제시해도 좋다.
	〈활동 2〉	• 가사에 나오는 계이름을 표현하는 방법을 안내한다.	 도　레　미　파 솔　라　시　도 • '하루 종일 우뚝' 가사에서 한 음씩 신체로 표현해 본다 (예: '하'-도, '루'-레, '종'-미, '일'-파, '우'/'뚝'-솔).			• 일어서서 하기 어려운 경우에는 자리에 앉아서 스카프 등의 교구를 활용하여 음이 낮은 곳부터 차례대로 높이 움직여 보도록 한다.

		• 글로켄슈필로 '낮은 도'에서 '높은 도'까지의 음을 들려주고 표현해 보도록 한다.	• '낮은 도'에서 '높은 도'까지 8음을 다양하게 표현한다.	• '낮은 도'에서 '솔'까지 5음을 다양하게 표현한다.	• '낮은 도' '미' '솔' 3음을 다양하게 표현한다.	• 자료: 글로켄슈필
	〈활동 3〉	• 계이름을 불러 주며 음 계단에 따라 달라지는 음을 제시한다.	• 음 계단에서 음의 높낮이 변화를 경험하고 소리로 표현한다.			• 음 계단 악기나 교구가 없을 시에는 그림으로 제시하고 글로켄슈필을 활용한다. • 특수교육 음 계단 지도 방법 안내('클라스 티처박'–https://youtu.be/Ekvy3l1kQf0)
		• 다장조의 계이름을 안내한다. • 제재곡의 계이름을 안내한다.	• 소리를 듣고 직접 음 계단을 하나씩 짚어 본다. • 제재곡의 계이름을 듣거나 보고 따라 부른다.			• 기준이 되는 '도' 음부터 시작한다. • 손가락 인형이나 종이컵 인형 등을 이용하여 음의 위치를 직관적으로 보여 줄 수 있다.
정리	정리 평가	• 제재곡을 계이름으로 부르게 한다. • 제재곡을 음의 높고 낮음 변화를 표현하며 부르도록 안내한다.	• 제재곡 전체를 계이름으로 부른다. • 음의 높고 낮음 변화를 신체로 표현하며 부른다.	• 제재곡의 일부를 계이름으로 부른다. • 음의 높고 낮음 변화를 음 계단으로 표현하며 부른다.	• 제재곡의 계이름을 듣고 따라 부른다. • 음의 높고 낮음 변화를 스카프로 표현하며 부른다.	• 계이름으로 노래 부르며 음의 높고 낮음을 표현하기 어려워하는 경우 '노래 부르는 모둠' '음의 높고 낮음을 표현하는 모둠'으로 나누어 활동한다.

❹ 평가 도구

평가 목표	음의 높고 낮음의 변화를 다양한 방법으로 표현한다.		
평가 영역	표현(노래 부르기)		
평가 유형(방법)	관찰평가		
평가 내용	음의 높고 낮음의 변화를 표현하며 노래하는가?		
평가 기준	학생 \ 평가 준거	노래의 계이름을 신체로 표현하며 노래할 수 있다.	노래의 계이름을 음 계단으로 표현하며 노래할 수 있다.	노래의 계이름을 스카프로 표현하며 노래할 수 있다.
	학생 A	독립 수행		
	학생 B		독립 수행	
	학생 C			신체 촉진 수행
평가 환류 계획	음의 높고 낮음을 표현하며 노래 부르는 것을 어려워하면 학생이 스스로 음의 높낮이 표현을 할 수 있는지, 노래의 가락을 알맞게 부를 수 있는지 나누어서 평가한다. 학생이 표현하기 어려워하는 경우, 교사가 먼저 시범을 보이고 따라 하도록 도움을 준다.		

❺ 활동지 자료

가. 제재곡

허수아비 아저씨

김규환 작사 · 작곡

나. 음 계단

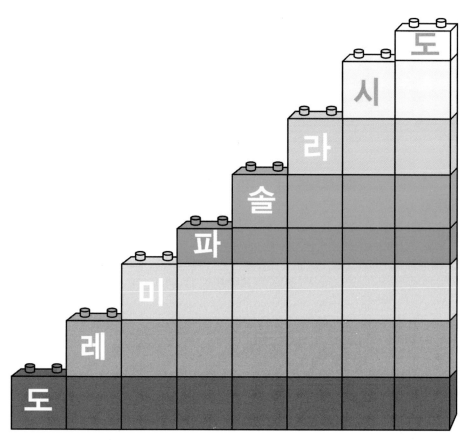

출처: 교육부(2019), p. 72.

❻ 한 걸음 더!

1. 음의 높낮이를 표현하며 노래 부르기 활동에 활용 가능한 제재곡

난이도	제재곡	사용되는 음
하	작은 별(윤석중 작사/모차르트 작곡)	도~솔 5음
하	똑같아요(윤석중 작사/외국곡 작곡)	도~라 6음
중	도롱뇽(최승호 작사/방시혁 곡)	도~높은 도 8음
중	소리를 따라해요(유승지 작사/작곡)	도~높은 도 8음
상	도레미 노래(송성근 작사/로저스 작곡)	도~높은 도 8음

2. 다양한 방법으로 가락을 표현하며 노래 부르기

　(1) 어울림 노래 부르기: 선율이 비슷한 두 개의 노래를 함께 부르며 선율의 어울림을 느낀다.

　　　예: 〈봄바람〉과 〈작은 별〉 노래 함께 부르기

　　　* 출처: 허정미, 천은영, 최춘지, 김민하(2018), p. 234.

봄바람

윤석중 작사/독일 민요

　(2) 대선율 부르기: 제재곡에 어울리는 단순한 대선율을 부른다. 마디 혹은 동기, 소절의 첫 음을 연결하여 쉽게 부를 수 있다.

　　　예: 노래 〈도레미 노래〉를 부를 때 동기의 첫 음 '도—레—미—파—솔—라—시—(높은) 도'로 대선율을 연결하여 부른다.

3) 노래 부르기 교수·학습 유형 3

❶ 개요

영역	표현(노래 부르기)	기능	반응하기, 표현하기, 탐색하기, 구별하기, 놀이하기
학습 목표	큰 소리와 작은 소리를 표현하며 노래를 부를 수 있다.		
평가 유형	□자기평가 □상호평가 ■관찰평가 □실음평가 □포트폴리오 □기타 ( )		
교수·학습 자료	수업 환경	몸을 충분히 움직일 수 있는 넓은 공간	
	교사 준비물	악보 〈잠자리〉, 음원 〈곰 세 마리〉, 〈잠자리〉, 그림 〈아빠 곰〉, 〈아기 곰〉	
	학생 준비물	활동지, 편한 복장, 놀이를 위한 학용품 몇 가지	
개발 의도	큰 소리와 작은 소리를 듣고 목소리와 몸으로 반응하기 위해 두 가지 이상 소리의 특징을 비교하여 큰 소리와 작은 소리로 구분할 수 있다. 이를 위해서 몸집이 크고 무거운 대상과 작고 가벼운 대상의 특징을 이해하고, 각 대상의 특징을 신체와 목소리로 표현해 보는 과정이 필요하다. 어릴 때부터 불러 온 친근한 노래 및 이야기 속에 등장하는 동물, 인물 등을 빗대어 대상의 발걸음을 따라 하거나 움직이면서 나는 소리 등을 탐구해 보고, 이를 자신의 목소리와 신체로 표현하도록 한다. 해당 학년이나 학생 수준에 맞추어 제재곡을 바꾸어 제시할 수 있으며, 필요시 각 활동 시간도 재구성하여 소리의 크고 작음을 충분히 경험하도록 한다.		

❷ 단계별 교수·학습 활동 및 평가 계획

학습 단계	활동명	교수·학습 활동	평가 계획
도입	22. 대상의 특징에 어울리는 목소리로 표현하기	• 노래(이야기)를 듣고 두 주인공의 특징을 비교한다. • 두 주인공의 걸음 소리를 표현한다.	• 대상의 특징을 알아보고 이를 목소리로 표현할 수 있는가?

⬇

| 전개 1 | 1. 제재곡의 일부를 듣고 노래 부르기 | • 노래의 한 소절을 듣고 따라 부른다.
• 반복하여 부르며 한 소절씩 익힌다.
• 노래 전체를 듣고 따라 부른다. | • 노래를 듣고 따라 부를 수 있는가? |

⬇

| 전개 2 | 19. 노래에 어울리는 셈여림으로 부르기 | • 두 가지 목소리로 노래를 불러 보고 노래에 어울리는 셈여림은 무엇인지 이야기 나눈다.
• 어울리는 셈여림으로 노래의 분위기를 살려 노래 부른다. | • 노래에 어울리는 셈여림으로 부를 수 있는가? |

⬇

| 마무리 | 20. 셈여림을 표현하며 노래 부르기 | • '물건은 어디에' 놀이 방법을 알아본다.
• 셈여림을 살려 노래 부르며 술래가 물건을 찾도록 한다. | • 셈여림을 살려 노래 부르며 놀이할 수 있는가? |

❸ 교수·학습 과정안

학습 주제	큰 소리와 작은 소리를 표현하며 노래 부르기	수준	초등학교 3~4학년
활동명	반응하기, 표현하기, 탐색하기, 구별하기, 놀이하기		
학습 목표	큰 소리와 작은 소리를 표현하며 노래를 부를 수 있다.		

학습 단계	학습 과정 (모듈)	교수·학습 활동				자료 활용 및 유의점
		교사	학생(수준, 장애 유형 등에 따른 내용 제시)			
			A	B	C	
도입	동기 유발	•〈곰 세 마리〉노래를 들려주고 대상의 특징을 질문한다.	•아빠 곰과 아기 곰의 특징을 비교하여 말한다. 생김새 / 발걸음 / 목소리 아빠 곰: 크다 / 쿵쿵 / 굵고 큰 목소리 아기 곰: 작다 / 콩콩 / 작고 여린 목소리			•자료: 활동지
		•다양한 목소리로 인사를 나누게 한다.	•아빠 곰-굵고 큰 목소리로 인사 나누기 아기 곰-작은 목소리로 인사 나누기			•목소리의 크기가 대조됨을 느낄 수 있도록 보조 발문을 한다.
전개	〈활동 1〉	•〈잠자리〉노래를 소절별로 반복하여 들려준다.	•들은 노래의 소절을 따라 부른다.	•들은 노래의 소절을 듣고 노랫말을 짚어 가며 부른다.	•노래의 가사를 교사와 함께 짚어 보며 소절을 듣고 부른다.	•노래를 제시할 때 음의 높낮이가 시각적으로 구분이 되는 학습지의 가락선 악보를 활용한다.
		•기본박을 들려주고 노래를 부르도록 한다.	•각 소절을 익힌 후 박에 맞추어 노래를 부른다.			
	〈활동 2〉	•아빠 곰과 아기곰 목소리로 노래를 부르게 한다.	•아빠 곰처럼 굵고 큰 목소리로 노래를 부른다. •아기 곰 목소리처럼 작고 귀여운 목소리로 노래를 부른다.			•노래를 부를 때 반주를 다 들려주거나 일정박을 제시하여 준다.
		•노래와 잘 어울리는 셈여림과 연결해 보도록 안내한다.	•노래와 잘 어울리는 목소리로 이야기한다. •목소리의 느낌과 어울리는 셈여림을 연결 짓는다. 아빠 곰: 센 목소리 → f 아기 곰: 여린 목소리 → p			•노래의 분위기와 어울리는 목소리를 자유롭게 이야기 나누도록 한다.
		•소절별로 어울리는 셈여림으로 부르도록 안내한다.	•소절별로 셈여림 변화를 주며 노래 부른다.	•소절별로 셈여림 변화를 주며 듣고 따라 부른다.	•소절별로 셈여림을 이야기하고 한 소절씩 듣고 따라 부른다.	
			(예: 첫 소절(세게) – f 가운데 소절(여리게) – p 끝 소절(세게)) – f			

정리	정리 평가	• 〈내 물건은 어디에〉 놀이를 소개한다.	• 놀이 방법을 확인한다. 술래는 교실 앞으로 나가 칠판을 보고 있고 미리 정한 학용품을 교실 한 곳에 숨긴다. 술래가 돌아보고 물건을 찾으러 다닌다. 물건이 술래와 멀리 있으면 작게, 가까이 있으면 크게 노래를 부른다.	• 놀이 방법에 대해 충분히 이해가 되도록 사전 예시를 보여 준다.
		• 배운 노래를 부르며 놀이하도록 안내한다. • 놀이를 통해 알게 된 점을 이야기하도록 한다.	• 교사 혹은 학생이 술래가 되고 나머지 친구들은 함께 노래를 부른다. (노래 부르기가 어려우면 '라라라' 소리로 부르거나 책상을 두드린다.) • 놀이를 하면서 어려웠던 점, 재미있었던 점 등을 이야기한다.	• 시각적 효과를 위해서는 교사가 스카프를 들고 소리의 세기를 보여 준다.

❹ 평가 도구

평가 목표	큰 소리와 작은 소리를 표현하며 노래를 부를 수 있다.			
평가 영역	표현(노래 부르기)			
평가 유형(방법)	관찰평가			
평가 내용	노래에 어울리는 셈여림을 표현하며 부르는가?			
평가 기준	평가 준거 / 학생	노래에 어울리는 셈여림을 직접 선택하고 알맞게 표현하여 노래 부를 수 있다.	노래에 어울리는 셈여림을 적절하게 표현하며 노래 부를 수 있다.	노래에 어울리는 셈여림을 표현하며 노래 부를 수 있다.
	학생 A	독립 수행		
	학생 B		독립 수행	
	학생 C			단어/언어 촉진 수행

	셈여림을 구분하기 어려워하는 경우, 학생이 구분할 수 있는 감각을 활용하여 셈여림을 구분하고 적절한 표현 방법을 찾아보도록 도움을 준다.		
평가 환류 계획	셈여림 / 활용할 수 있는 교구	세게	여리게
	스카프	위아래 폭이 크게 흔든다.	위아래 폭이 작게 흔든다.
	풍선	크게 분 풍선을 흔든다.	작게 분 풍선을 흔든다.
	부채	센 바람을 만들어 준다.	여린 바람을 만들어 준다.

❺ 활동지 자료

가. 제재곡 악보

잠자리

백악란 작사/손대업 작곡

잠 자리날 아 다 니 다   장 다리꽃에 앉 았 다

살 금 살 금 바 둑 이 가

잡 다가놓 처 버 렸 다   짖 다가날 려 버 렸 다

나. 활동지

❶ 노래에 등장하는 대상과 그 특징을 정리해 보자.

	아빠 곰	아기 곰
곰 세 마리	생김새: 발걸음: 목소리:	생김새: 발걸음: 목소리:

❷ '살 금 살 금 바 둑 이 가' 부분에 어울리는 목소리는 어떤 목소리인가요?

크고 우렁찬 목소리(**f**) , 작고 여린 목소리(**p**)

☞ □ 안에 어울리는 셈여림을 표시하고, 노래에 어울리는 목소리로 노래를 불러 보자.

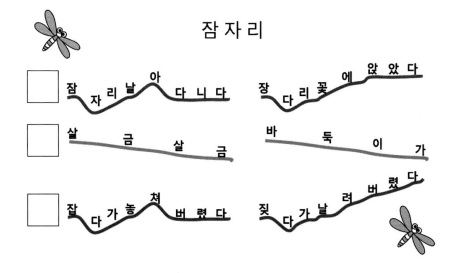

잠 자 리

□ 잠 자 리 날 아 다 니 다　장 다 리 꽃 에 앉 았 다
□ 살 금 살 금　바 둑 이 가
□ 잡 다 가 놓 쳐 버 렸 다　짓 다 가 날 려 버 렸 다

❻ 한 걸음 더!

노래 부르기 활동을 할 때 악곡의 느낌을 더욱 풍부하게 전달해 줄 수 있는 요소 중 하나가 셈여림이다.

- 셈여림의 기본 활동은 큰 소리와 작은 소리를 구분하는 것이다. 학생들의 음악적 경험 없이 "자, 노래를 크게 불러 볼까?"라고 한다면 어떠한 기준에 비추어 어떤 소리를 내야 하는지 어려워할 수 있다. 학생들이 쉽게 접하는 대상을 비교해 보고 탐색하기 위하여 〈활동 22〉 대상의 특징에 어울리는 목소리로 표현하기와 같이 직관적 비교를 통하여 몸집이 크면서 소리가 우렁찬 동물과 몸집이 작으면서 소리가 작은 동물의 차이를 알아볼 수 있다.
- 〈활동 23〉 여러 가지 감정에 어울리는 목소리로 부르기는 '화가 났을 때는 큰 소리' '졸릴 때는 작은 소리'로 연결 지을 수 있다. 학생들의 관심사나 타 교과의 주제와 연관시켜 보는 것도 좋은 방법이다. 이 장에서는 아빠 곰과 아기 곰의 몸집·발걸음·목소리 등을 비교하였는데, 그 외에도 다양한 특징을 비교하여 소리를 내어 볼 수 있다.
- 〈활동 20〉 셈여림을 표현하며 노래 부르기에서는 학생의 수준에 따라 셈여림 기호를 제시할 수 있다.

p(피아노)	*mp*(메조 피아노)	*mf*(메조 포르테)	*f*(포르테)
여리게	조금 여리게	조금 세게	세게

〈참고 자료〉
- 셈여림 노래 부르기: https://youtu.be/ec-xK8XBclc
- 셈여림표 알아보기: https://youtu.be/DcZ-kXseJF8
- 도입 활동 〈곰 세 마리〉 노래: http://jr.naver.com/s/love_song/view?contentsNo=100072
- 전개 활동 〈잠자리〉 노래: http://jr.naver.com/s/play_song/view?contentsNo=100172
- 딩동댕_온라인음악 수업_셈여림을 알려 줘요!: https://youtu.be/tgRgcOZaHDk−음악 시간

4) 노래 부르기 교수·학습 유형 4

❶ 개요

영역	표현(노래 부르기)		기능	탐색하기, 비교하기, 표현하기, 참여하기
학습 목표	빠르기를 달리하며 노래를 부를 수 있다.			
평가 유형	□자기평가 □상호평가 ■관찰평가 □실음평가 □포트폴리오 □기타 ( )			
교수·학습 자료	수업 환경	신체 활동을 할 수 있는 교실		
	교사 준비물	노랫말 카드, 음원 〈그대로 멈춰라〉, 그림 〈토끼〉〈거북이〉		
	학생 준비물	편한 복장		
개발 의도	교육과정에서 빠르기 요소는 빠른 음악이나 느린 음악을 듣고 몸으로 표현하거나 기본박에 맞추어 걷거나 손뼉을 치는 정도로 제시하였다. 이에 따라 이 유형에서는 제재곡에서 빠르기말을 제시하지는 않고 함께하는 놀이 활동을 통하여 빠르기를 달리하여 노래를 부를 수 있도록 구성하였다. 놀이를 함께하는 활동이기 때문에 학생들에게 비교적 친숙하고 반복되는 구절이 많은 노래를 부르는 것이 도움이 되도록 제재곡을 선정하도록 한다. 빠르기는 직관적인 구분을 위하여 〈토끼〉와 〈거북이〉처럼 대조가 되는 대상을 빗대어 표현하여 학생의 이해를 돕고자 한다.			

❷ 단계별 교수·학습 활동 및 평가 계획

학습 단계	활동명	교수·학습 활동	평가 계획
도입	17. 박의 빠름과 느림을 느끼며 신체 / 목소리로 표현하기	• 일정한 4박에 맞추어 움직인다. • 더 빠른 4박에 맞추어 움직인다. • 더 느린 4박에 맞추어 움직인다.	• 박의 빠름과 느림을 몸으로 표현하는가?

⬇

학습 단계	활동명	교수·학습 활동	평가 계획
전개 1	2. 노랫말을 연결하여 노래 부르기	• 노래를 들으며 가사 카드를 나열한다. • 모방 활동으로 말 리듬을 익히고 노래를 부른다.	• 가사를 말 리듬으로 부를 수 있는가?

⬇

학습 단계	활동명	교수·학습 활동	평가 계획
전개 2	18. 빠르기를 표현하며 노래 부르기	• 신체를 움직이며 노래를 부른다. • 빠르기를 달리하여 신체 표현을 하며 노래를 부른다.	• 노래를 빠르거나 느리게 부를 수 있는가?

⬇

학습 단계	활동명	교수·학습 활동	평가 계획
마무리	26. 제시하는 셈여림/빠르기에 알맞게 노래 부르기	• 제시하는 빠르기(빠르기 표현 카드)로 노래를 부른다.	• 놀이를 하며 빠르기의 변화를 표현할 수 있는가?

❸ 교수·학습 과정안

학습 주제	빠르기를 표현하며 노래 부르기		수준	초등학교 3~4학년		
활동명	탐색하기, 비교하기, 표현하기, 참여하기					
학습 목표	빠르기를 달리하며 노래를 부를 수 있다.					

학습 단계	학습 과정 (모듈)	교수·학습 활동				자료 활용 및 유의점
		교사	학생(수준, 장애 유형 등에 따른 내용 제시)			
			A	B	C	
도입	동기 유발	• 4박의 기본박을 더 빠르게(토끼박), 더 느리게(거북이박) 들려준다.	• 박에 맞추어 걸어 본다.	• 박에 맞추어 신체를 움직인다.	• 박의 변화를 느끼며 움직일 수 있는 신체로 반응한다.	• 편안한 분위기에서 기본박을 느끼도록 한다.
전개	〈활동 1〉	• 제재곡 노랫말을 들려주고 노랫말을 완성하도록 안내한다. • 말 리듬을 익히고 노래를 부르게 한다.	• 노래를 들으며 노랫말 카드를 하나씩 나열한다. • 말 리듬을 한 마디 혹은 두 마디씩 끊어서 듣고 따라 부른다. • 노래 소절을 한 마디 혹은 두 마디씩 끊어서 듣고 따라 부른다.	• 노래를 들으며 노랫말의 빈 곳에 알맞은 카드를 넣는다.	• 노랫말을 함께 살펴보며 손으로 짚어 가며 노래를 듣는다.	• 노랫말 카드는 학생의 수준에 맞추어 끊어서 제시한다. • 듣고 따라 부르기가 어려운 경우, 손가락으로 가락선을 그려 가며 따라 부르거나 그림 악보를 제시할 수 있다.
	〈활동 2〉	• 빠르기를 달리하여 노래를 부르게 한다.	• 거북이-느리게/토끼-빠르게로 신체를 움직이며 노래를 부른다. (예: 발 구르기, 손뼉치기 등)	• 거북이-느리게/토끼-빠르게로 신체를 움직이며 노래를 부른다. (예: 손가락 움직이기, 손-무릎 치기 등)	• 거북이-느리게/토끼-빠르게로 노래 부른다.	• 신체 반응은 학생이 가능한 수준에서 하도록 한다.
정리	정리 평가	• 빠르기를 제시하여 노래 부르기 방법을 안내한다.	• 함께 노래를 부르다가 〈토끼〉 그림을 보면 빨리 부르고, 〈거북이〉 그림을 보면 느리게 부른다.	• 함께 노래를 부르다가 〈토끼〉 그림을 보면 빨리 부르고, 〈거북이〉 그림을 보면 느리게 부른다.	• 함께 노래를 부르다가 〈토끼〉 그림을 보면 빨리 부르고, 〈거북이〉 그림을 보면 느리게 부른다.	• 기본 활동은 수준별로 비슷하나, 학생에 따라 소요되는 시간을 달리하여 즐겁게 놀이하도록 한다.

❹ 평가 도구

평가 목표	빠르기를 달리하여 노래를 부를 수 있다.		
평가 영역	표현(노래 부르기)		
평가 유형(방법)	관찰평가		
평가 내용	빠르기를 달리하여 노래를 부를 수 있는가?		
평가 기준	학생 \ 평가 준거	'빠르게'와 '느리게'를 신체로 표현하며 노래를 부를 수 있다.	'빠르게'와 '느리게'를 신체로 표현하며 노래를 부를 수 있다.	'빠르게'와 '느리게'를 표현하며 노래를 부를 수 있다.
	학생 A	독립 수행		
	학생 B		신체 촉진 수행	
	학생 C			신체 촉진 수행
평가 환류 계획	〈나비야〉 〈비행기〉 등 작은 두 도막 혹은 작은 세 도막 형식의 노래를 빠르기의 변화를 주어 심화·보충학습을 할 수 있다. 빠르기 변화 학습에서는 학생이 직접 신체의 움직임이나 촉감으로 감지할 수 있도록 도움을 줄 수 있다. 움직임이 가능한 경우 손뼉치기, 걷기 등을 경험하도록 하고, 움직임이 어려운 경우는 교사가 학생이 박을 느낄 수 있도록 손으로 가볍게 두드려 주거나 타악기를 연주해 줄 수 있다. 학생의 장애 정도에 따라서 빠르기를 느낄 수 있는 방법을 재구성하여 평가 내용과 수준을 달리하도록 한다.		

❺ 활동지 자료

가. 제재곡 악보

그대로 멈춰라

김방옥 작사 · 작곡

즐 겁 게   춤 을 추 다 가   그 대 로 멈 춰   라

즐 겁 게   춤 을 추 다 가   그 대 로 멈 춰   라

눈 도 감 지 말 고 웃 지 도 말 고   울 지 도 말 고   움 직 이 지 마

즐 겁 게   춤 을 추 다 가   그 대 로 멈 춰   라

즐 겁 게   춤 을 추 다 가   그 대 로 멈 춰   라

나. 노랫말 카드

즐겁게 춤을 추다가	그 대로 멈 춰 라
즐겁게 춤을 추다가	그 대로 멈 춰 라
눈 도 감지말고 웃 지도 말고	울 지도 말고 움직이지마
즐겁게 춤을 추다가	그 대로 멈 춰 라
즐겁게 춤을 추다가	그 대로 멈 춰 라

다. 빠르기 그림 카드

[그림 2-5] 토끼와 거북이 그림 카드

❻ 한 걸음 더!

빠르기에 관하여 노래 부르기 활동을 할 때는 개념 지도 전에 노래의 빠르고 느린 정도를 신체로 표현하도록 한다. 학생의 신체 움직임 정도에 따라 수업의 재구성이 필요하다.

- 교사의 기본박 연주에 맞추어 교실 안을 걸어다니기
  (기본박을 조금 더 빠르게, 조금 더 느리게 연주한다.)
- 빠르기가 빠른 대상과 느린 대상을 찾아보고 흉내 내어 움직이기
- 신체 움직임이 어려운 경우, 기본박을 들으며 색연필로 선을 그려 보거나 신체의 움직일 수 있는 부분으로 소리를 내어 보기
- 신체 유희를 하며 노래를 부르고, 빠르기를 달리하며 표현하기
  (참고 영상: 〈달팽이 집〉 노래를 부르며 신체 활동하기–https://youtu.be/FpbXtxUsC2A)
- 〈수건 돌리기〉 놀이: 배운 노래를 부르며 친구의 등 뒤에 손수건을 내려놓고 그 친구가 술래를 잡으면 새로운 술래가 된다. 노래를 듣거나 부르면서 놀이를 할 때 빠르기를 정하여 부르면 자연스럽게 노래의 빠르기에 따른 신체 움직임을 표현하게 된다.

5) 노래 부르기 교수·학습 유형 5

❶ 개요

영역	표현(노래 부르기)	기능	반응하기, 표현하기, 구별하기, 발표하기, 소통하기
학습 목표	전래 동요를 주고받는 형태로 부를 수 있다.		
평가 유형	□자기평가 ■상호평가 □관찰평가 □실음평가 □포트폴리오 □기타 ( )		
교수·학습 자료	수업 환경	신체 활동을 할 수 있는 넓은 공간, 노트북	
	교사 준비물	그림 악보 〈어깨동무〉, 음원 〈어깨동무〉	
	학생 준비물	활동지, 스카프, 간편한 복장	
개발 의도	본 활동은 단순한 말 리듬 문답 놀이에서 주고받는 형식의 전래 동요로 활동을 확장해 갈 수 있도록 구성하였다. 전래 동요에서 많이 쓰이는 '라' '솔' '미' 음을 활용하여 말 리듬을 인사 노래로 부르는 활동을 통해 노래 부르기 활동을 자연스럽게 익힐 수 있다. 또한 말 리듬 놀이를 하듯 노래를 주고받으며 부르는 활동을 통해 상호작용을 할 수 있다. 전래 동요의 노랫말을 바꾸어 부르기는 노랫말의 주제를 학생들의 실생활과 연관 지어 노랫말을 쉽게 떠올려 만들어 보도록 한다. 혼자가 아닌 여럿이 함께 불러야 하므로 협동과 협력이 요구되는 활동이다. 따라서 허용적이고 편안한 분위기 속에서 학생들의 자유로운 창작 활동까지 끌어낼 수 있도록 교사의 안내자 역할이 중요하다.		

❷ 단계별 교수·학습 활동 및 평가 계획

학습 단계	모듈	교수·학습 활동	평가 계획
도입	6. 말 리듬으로 인사하기	• 친구와 말 리듬으로 인사한다. • 인사 노래를 하며 말 리듬으로 응답한다.	• 말 리듬으로 인사를 주고받을 수 있는가?

⬇

학습 단계	모듈	교수·학습 활동	평가 계획
전개 1	1. 제재곡의 일부를 듣고 노래 부르기	• 그림 악보를 보며 말 리듬을 부른다. • 가락선을 그리며 소절을 익힌다. • 노래를 부른다.	• 전래 동요를 듣고 따라 부를 수 있는가?

⬇

학습 단계	모듈	교수·학습 활동	평가 계획
전개 2	27. 주고받는 형태로 노래 부르기	• 역할을 나눈다. (A, B) • 역할에 따라 노래를 부른다. • 주고받는 형태로 노래를 부른다.	• 주고받는 부분이 잘 드러나도록 노래를 부를 수 있는가?

⬇

학습 단계	모듈	교수·학습 활동	평가 계획
마무리	30. 친구들 앞에서 혼자 또는 여럿이 노래 부르기	• 주고받는 형태로 노래 부르기 발표를 한다.	• 발표를 보며 잘한 점, 느낀 점 등을 이야기할 수 있는가?

❸ 교수·학습 과정안

학습 주제	〈어깨동무〉 노래 부르기		수준	초등학교 5~6학년
활동명	반응하기, 표현하기, 구별하기, 발표하기, 소통하기			
학습 목표	전래 동요를 부르고, 노랫말의 일부를 바꾸어 부를 수 있다.			

학습 단계	학습 과정 (모듈)	교수·학습 활동				자료 활용 및 유의점
		교사	학생(수준, 장애 유형 등에 따른 내용 제시)			
			A	B	C	
도입	동기 유발	• 주고받으며 말 리듬 인사를 하도록 인사 예시를 보여 준다.	• 말 리듬으로 인사한다. 〈친구 들 안 녕 만나 서 반가 워〉			• '친구들' 부분에 친구 이름을 넣어 인사해 본다.
전개	〈활동 1〉	• 노래를 듣고 따라 부르도록 들려준다.	• 노래 전체를 들으며 박에 맞추어 손뼉친다. • 노랫말의 말 리듬을 듣고 따라 부른다. • 한 마디/두 마디씩 노래를 듣고 따라 부른다. • 소절로 연결하여 듣고 따라 부른다. • 박에 맞추어 노래 전체를 부른다.			• 반복을 통하여 충분히 듣고 따라 부르기를 한다.
	〈활동 2〉	• 노래의 부분을 나누어 부르게 한다.	• 노래의 부분을 나누어 부른다. 	A	B
---	---
동무동무 어깨동무	어디든지 같이 가고

동무동무 어깨동무	언제든지 같이 놀고	
		
		① A 부분은 큰 소리로 부르기
		  B 부분은 작은 소리로 부르기
		② A 부분은 내 손뼉 네 번 치며 노래 부르기
		  B 부분은 친구 손뼉 마주치며 노래 부르기
		③ A 부분은 손을 머리 위로 흔들며 노래 부르기
		  B 부분은 손을 아래로 내려 흔들며 노래 부르기
		④ A 부분은 선생님이 부르기
		  B 부분은 학생들이 부르기
					• 방법 ①~④는 하나의 예시이며 학생의 수준과 장애 유형에 따라 다양한 방법으로 재구성하여 음악적 경험을 풍부하게 갖도록 한다.

		• 모둠별로 A, B 부분을 정하여 주고 연습하도록 안내한다.	• 모둠별로 A, B 부분 역할을 맡는다. • 표현 방법을 정해 보고 연습한다.			• 자료: 활동지
정리	정리 평가	• 모둠별 발표 시간을 주고 평가하도록 한다.	• 모둠별로 A, B 부분을 정하여 주고받는 노래를 발표한다. • 서로 평가하고 이야기 나눈다.			

❹ 평가 도구

평가 목표	주고받는 형태로 노래를 부를 수 있다.		
평가 영역	표현(노래 부르기)		
평가 유형(방법)	상호평가		
평가 내용	주고받는 형태로 노래를 부를 수 있는가?		
평가 기준	학생＼평가 준거	주고받는 부분이 잘 표현되도록 노래를 부를 수 있다.	주고받는 부분이 잘 표현되도록 노래를 부를 수 있다.	주고받는 부분이 잘 표현되도록 노래를 부를 수 있다.
	학생 A	독립 수행		
	학생 B		신체 촉진 수행	
	학생 C			단어/언어 촉진 수행
평가 환류 계획	주고받는 부분을 나누어 노래 부르기를 어려워하는 경우, 짝/모둠 활동을 지어 주어 모방하는 기회를 제공한다. 노래를 부르고 싶은 방법에 알맞게 잘 부르는 학생들은 다른 전래 동요를 제시하여 부를 수 있다.		

❺ 활동지 자료

가. 제재곡

어깨동무

전래 동요

1.동 무 동 무 오 깨 동 무   어 디 든 지 같 이 가 고
2.동 무 동 무 어 깨 동 무   해 도 달 도 따 라 오 고

동 무 동 무 어 깨 동 무   언 제 든 지 같 이 놀 고
동 무 동 무 어 깨 동 무   너 도 나 도 따 라 놀 고

나. 그림 악보

어깨동무

전래 동요/국립국악원

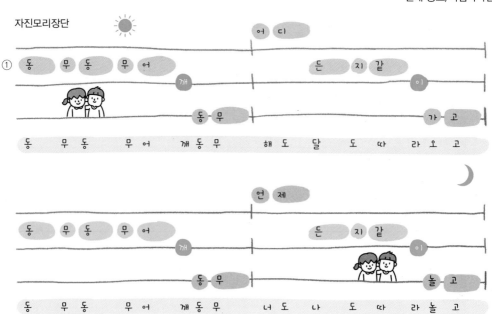

* 출처: 허정미, 천은영, 최춘지, 김민하(2018), p. 10.

다. 활동지 및 상호평가지

〈활동지〉 주고받는 노래 부르기

❶ 노래 부르는 역할을 나누고, 〈보기〉를 참고하여 부르는 방법을 정해 보세요.

〈보기〉

〈주는 부분〉	〈받는 부분〉
큰 소리로 부르기	작은 소리로 부르기
손뼉을 네 번 치며 부르기	발을 네 번 구르며 부르기
손을 머리 위로 흔들며 부르기	손을 아래로 내려 흔들며 부르기
앞으로 걸으며 부르기	제자리에서 걸으며 부르기
(직접 만들기)	(직접 만들기)

	〈주는 부분〉	〈받는 부분〉
노랫말	동 무 동 무 어 깨 동 무	어 디 든 지 같 이 가 고
표현 방법		
노랫말	동 무 동 무 어 깨 동 무	언 제 든 지 같 이 놀 고
표현 방법		

❷ 모둠 음악 활동을 평가해 보세요.

모둠명	완성도 주고받는 부분이 잘 드러나도록 불렀는가?			창의성 맡은 부분을 특색 있게 표현하였는가?			발표 맡은 역할에 최선을 다하며 발표했는가?		
1모둠	☺	😐	☹	☺	😐	☹	☺	😐	☹
2모둠	☺	😐	☹	☺	😐	☹	☺	😐	☹

❻ 한 걸음 더!

학생들의 의사소통과 상호작용을 촉진시키는 노래 부르기 활동 중 하나가 '주고받으며 노래 부르기' 이다. 리듬 문답은 오르프 교수법에서 창작 활동 방법으로도 제시되어 있고, 우리나라의 전래 동요에 서도 쉽게 찾아볼 수 있다.

수업을 시작할 때는 인사나 안부를 묻는 말 리듬의 형태로 시작하여 자연스럽게 학습 목표와 연결 지을 수 있다. '라' '솔' '미'와 같이 전래 동요 노래의 주요 음을 더하여 노래로 발전시켜 부르면 인사 노래를 자연스럽게 부를 수 있다. 전래 동요를 제시할 때는 교과서의 악보 그대로 제시하기보다 전래 동요 노랫말에 나오는 친숙한 대상을 그림으로 표현한 그림 악보로 제시하고, 주고받는 부분이 시각적으로 구별이 되어 있으면 학생들이 악보를 보고 부르기에 도움이 된다.

전래 동요	대문놀이-주니버, http://jr.naver.com/s/tradition_song/view?contentsNo=100118 우리형제-주니버, http://jr.naver.com/s/tradition_song/view?contentsNo=100127 어깨동무-주니버, http://jr.naver.com/s/tradition_song/view?contentsNo=100107
창작 동요	밖에 나가 놀자(내손 어린이 합창단, https://youtu.be/VoNmh12f970)

위 제시한 곡을 참고하여 주고받는 노래를 학생의 흥미나 수준을 고려하여 알맞게 선택할 수 있다. 노래를 지도할 때에는 노래 구절을 여러 번 반복하고, 학생의 신체 움직임 정도를 고려하여 동작을 재구성하도록 한다.

‹ 토의 주제   🔍 ⋮

1. 하나의 교수·학습 유형을 골라 학급 실태에 알맞은 장애 유형에 따라 재구성해 보자.
2. 노래 부르기 수업 단계 중 '창의적으로 표현하기'에서 할 수 있는 다양한 활동을 구상해 보자.
3. 전래 동요 중 '주고받으며 노래 부르기'에 적절한 노래를 고르고, 장애 학생 수업에서 활용할 수 있는 활동지를 만들어 보자.

🎵 참고문헌

교육부(2019). 초등학교 5~6학년군 음악 나. 서울: 미래엔.

권태룡, 권은주, 고영희(2010). 어린이 국악교육. 서울: 동문사.

김희규, 김찬수, 김현자, 민경훈, 손상희, 송민경, 이종열, 정동영(2011). 특수교육 음악교육론(제1판). 경기: 교육과학사.

승윤희, 민경훈, 양종모, 정진원(2013). 예비교사와 현장교사를 위한 초등 음악교육(2판). 서울: 학지사.

허정미, 천은영, 최춘지, 김민하(2018). 초등학교 (3~4학년군) 음악 3. 서울: 지학사.

허정미, 천은영, 최춘지, 김민하(2018). 초등학교 음악(3~4학년군) 3~4 지도서. 서울: 지학사.

Morris, L. R. & Schulz, L. (1997). 장애 아동을 위한 창조적 놀이 활동 (*Creative play activities for children with desabilities*). (이금진, 이경미, 박현주 공역). 서울: 학지사.

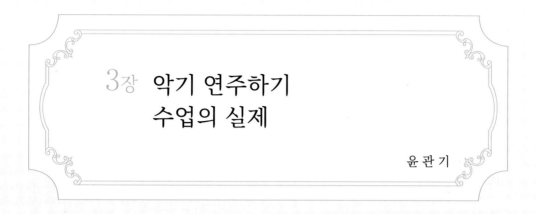

윤 관 기

이 장에서는 특수교육 기본 교육과정 음악과 교육의 목표에 따라 악기 연주하는 활동에 대해 알아보고자 한다. 이때 악기 연주에 필요한 기본적인 연주 자세와 주법과 같은 연주 능력을 함양하며, 나아가 음악을 창의적으로 표현할 수 있는 능력을 기르는 것을 목적으로 한다. 이를 통해 학생들이 혼자 또는 여럿이 악기를 연주하는 과정을 통해 학교 안과 밖에서 음악을 즐기고 생활화할 수 있기를 기대한다.

1. 악기 연주하기 수업의 이해

1) 악기 연주하기 수업이란

악기를 연주하는 것은 음악 교과의 여러 활동과는 다른 음악적 경험을 학생들에게 제공해 주기에 매우 중요한 의미가 있다. 첫째, 사람의 목소리로 표현할 수 없는 넓은 음역을 악기로 표현할 수 있으며, 다양한 악기가 가진 음색의 조화로움을 느낄 수 있게 해 준다. 둘째, 기악적 표현을 통해 리듬, 가락, 화성, 음색, 셈여림, 빠르기 형식 등의 음악적 개념 습득이 가능하며, 다양한 악기 연주 형태에 따라 소리의 어울림뿐만 아니라 타인과의 상호관계 속에서 협력, 연주력 향상 그리고 소통할 수 있는 능력을 함양할 수 있다. 셋째, 음악을 느끼고 생각하며 음악적으로 자유롭게 표현하는 즉흥 연주를 통해 개인의 창의성 향상을 돕는다. 마지막으로, 학생들이 지닌 음악 능력과 음악성을 악기 연주하기를 통해 꾸준히 계발할 수 있다(승윤희 외, 2019).

2) 악기 연주하기 수업의 원리

(1) 악기 연주하기 수업의 교수 · 학습 방법

음악교육에서 악기 연주하기 활동의 목적은 학생들이 다양한 악기를 접하고 악곡을 연주해 봄으로써 음악을 즐기고 표현할 수 있는 능력을 함양하는 데 있다. 아울러 초등학교에서의 기악 수업은 사회의 구성원으로서 평생 음악을 향유할 수 있는 기회 및 심상을 계발할 수 있고, 창의성 함양의 중요한 토대를 마련함으로써 보다 나은 연주 활동으로 타인과의 음악적 소통 능력을 향상시킬 수 있다. 악기를 지도하는 방법은 악기의 분류부터 시작하며, 각각의 악기가 가진 고유한 음색을 탐색하고 올바른 연주 자세와 주법을 익혀 좋은 소리를 만드는 것에 유의하며 지도해야 한다(길애경, 임미경, 2013; 김순제, 박준교, 1971).

특수교육에서 악기 연주하기 활동은 학생의 신체적 조건을 고려하거나 장애의 유형에 따라 수업 시간에 다룰 수 있는 악기를 준비하고 학생들이 선택하여 연주할 수 있도록 해야 한다. 악기 연주하기 활동에서는 신체(신체타악기), 타악기(무 · 유 선율타악기), 가락악기와 같이 다양한 모양, 재질의 악기를 통해 소리를 탐색할 수 있도록 하고, 그 과정에서 문지르기, 긁기, 두드리기, 흔들기와 같이 창의적으로 소리를 낼 수 있는 방법을 익히도록 한다. 무엇보다 학생들의 학습 특성과 수행 능력이 고려된 쉬운 악기들을 중심으로 다양하게 선택되고 제공되어야 하며, 장애의 특성상 양손 연주가 어려운 악기들은 손쉽게 연주할 수 있는 악기로 변경하거나 제작하여 수업에 활용함으로써 악기 연주하기 활동이 즐겁고 적극적인 참여가 가능한 수업이 될 수 있도록 준비되어야 한다(교육부, 2015).

(2) 악기 연주하기 수업의 학습 활동

악기 연주는 학습자가 다루어야 하는 악기에 대한 이해를 우선하며, 악기의 특징과 음색을 인식하고 창의적으로 새로운 소리를 만드는 활동까지 이어져야 한다. 신체를 이용하거나 주어진 악기로 소리를 탐색하며, 연주 자세와 주법을 익힘과 동시에 주어진 악보를 읽고 악곡에 나타난 다양한 표현 방법으로 연주 활동을 시작할 수 있다. 초등학교 3~4학년 수준에서의 학습 활동은 타악기를 중심으로 소리 내는 방법을 익히고 연주하는 과정을 통해 생활 속에서 음악의 즐거움을 경험하게 하며, 5~6학년의 경우는 선율을 가진 타악기 연주 능력을 함양하며 새로운 가락을 창작하는 과정을 통해 즉흥적으로 악기를 연주하는 활동을 경험할 수 있도록 하는 것이 좋다. 중학교 1~3학년에서는 학생의 수행 능력에 따라 다양한 가락악기를 연주할 수 있는 기회를 주며, 단음부터 화음 그리고 오스티나토를 연주하거나 반주하는 경험으로 가락과 화음에 대한 음악 감수성을 함양하게 된다. 고등학교 1~3학년에서는 현악기와 관악기를 이해하고 탐색하며, 합주라는 단합된 음악 경험을 통해 음악과 소통하고 아울러 창의성과 융합 능력을 기를 수 있도록 활동을 구성할 수 있다.

〈표 3-1〉 악기 연주하기 수업 활동명 구분

번호		활동명*
탐색하기	1	몸으로 만들 수 있는 소리를 탐색하기
	2	여러 가지 타악기 소리 탐색하기
	3	선율타악기의 종류와 소리를 탐색하기
표현하기	4	말 리듬을 만들고 몸으로 다양한 소리 표현하기
	5	말 리듬을 만들고 타악기로 표현하기
	6	여러 가지 타악기로 자연과 생활 주변 소리를 즉흥적으로 표현하기
	7	빠른 음악과 느린 음악을 몸(신체타악기) 또는 타악기로 표현하기
	8	큰 소리와 작은 소리를 몸(신체타악기) 또는 타악기로 표현하기
	9	음의 높고 낮음을 선율타악기로 표현하기
연주하기	10	선율타악기로 간단한 가락 연주하기
	11	3음, 5음을 사용하여 선율타악기로 즉흥 연주하기
	12	점점 빨라지거나 점점 느려지는 음악을 듣고 악기(타악기, 선율타악기)로 연주하기
	13	점점 커지거나 점점 작아지는 음악을 듣고 악기(타악기, 선율타악기)로 연주하기
	14	긴 음과 짧은 음으로 된 리듬을 악기로 연주하기
	15	가락악기의 종류와 소리를 탐색하고 바른 주법으로 연주하기
	16	실로폰, 리코더 건반악기 등의 가락악기를 연주하기
	17	타악기로 간단한 오스티나토 연주하기
	18	가락악기로 간단한 오스티나토 연주하기
	19	차례로 가는 가락과 뛰어가는 가락을 가락악기로 연주하기

	20	빠르기의 변화에 주의하며 악기(타악기, 선율타악기)로 연주하기
	21	셈여림의 변화에 주의하며 악기(타악기, 선율타악기)로 연주하기
	22	이야기의 장면에 어울리는 소리를 다양한 악기로 연주하기
경험하기	23	다양한 악기로 음악의 특징을 살려 합주를 경험하기
	24	합주를 통해 소리의 어울림을 경험하기

* 상기 활동은 장애 학생들의 학년 및 장애 정도에 따라 교수자가 자유롭게 설정하여 제시할 수 있음.

2. 악기 연주하기 교수·학습 방법의 실제

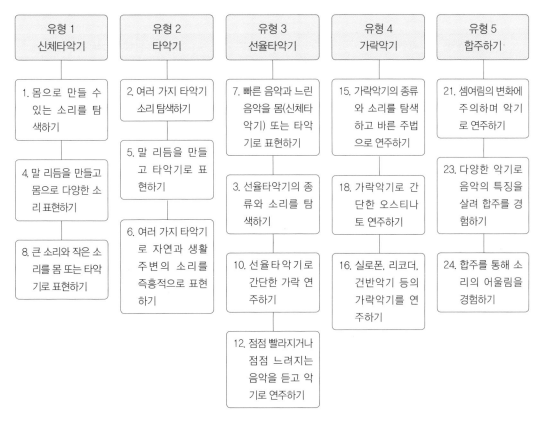

유형 1 신체타악기
1. 몸으로 만들 수 있는 소리를 탐색하기
4. 말 리듬을 만들고 몸으로 다양한 소리 표현하기
8. 큰 소리와 작은 소리를 몸 또는 타악기로 표현하기

유형 2 타악기
2. 여러 가지 타악기 소리 탐색하기
5. 말 리듬을 만들고 타악기로 표현하기
6. 여러 가지 타악기로 자연과 생활 주변의 소리를 즉흥적으로 표현하기

유형 3 선율타악기
7. 빠른 음악과 느린 음악을 몸(신체타악기) 또는 타악기로 표현하기
3. 선율타악기의 종류와 소리를 탐색하기
10. 선율타악기로 간단한 가락 연주하기
12. 점점 빨라지거나 점점 느려지는 음악을 듣고 악기로 연주하기

유형 4 가락악기
15. 가락악기의 종류와 소리를 탐색하고 바른 주법으로 연주하기
18. 가락악기로 간단한 오스티나토 연주하기
16. 실로폰, 리코더, 건반악기 등의 가락악기를 연주하기

유형 5 합주하기
21. 셈여림의 변화에 주의하며 악기로 연주하기
23. 다양한 악기로 음악의 특징을 살려 합주를 경험하기
24. 합주를 통해 소리의 어울림을 경험하기

[그림 3-1] **악기 연주하기 교수·학습 유형과 활동명**

1) 악기 연주하기 교수·학습 유형 1

❶ 개요

영역	표현(기악)		기능	반응하기, 탐색하기, 표현하기
학습 목표	• 말 리듬을 만들고 몸으로 다양한 소리를 표현할 수 있다. • 큰 소리와 작은 소리를 몸(신체타악기)로 표현할 수 있다.			
평가 유형	■자기평가 ■상호평가 □ 관찰평가 □실음평가 □포트폴리오 □기타 ( )			
교수·학습 자료	수업 환경	노트북, 피아노, 방음이 된 교실		
	교사 준비물	PPT 자료, 말 리듬 카드		
	학생 준비물	편한 복장과 신발		
개발 의도	악기 연주 활동에서 가장 기초가 되는 리듬을 익히는 방법으로 말 리듬을 활용하고, 이를 통해 학습자가 다양한 리듬을 리듬을 익힐 수 있는 활동으로 구성하였다. 말 리듬을 통해 단어가 가진 표정, 몸동작, 신체 표현 등을 학습자와 함께 활동한다면 더욱 효과적일 것이다. 그리고 말 리듬으로 만든 리듬을 자신의 신체를 이용해서 소리를 만들어 보도록 하는 활동은 학습자가 자신감 있게 리듬을 표현할 수 있도록 하며, 큰 소리와 작은 소리를 몸으로 만들어 보는 과정으로 음악이 가진 셈여림의 특징을 이해할 수 있을 것이다.			

❷ 단계별 교수·학습 활동 및 평가 계획

학습 단계	활동명	교수·학습 활동	평가 계획
도입	1. 몸으로 만들 수 있는 소리를 탐색하기	• 주변 사물(예: 필통, 책상, 의자, 가방, 연필, 볼펜 등)을 두드려서 낼 수 있는 다양한 소리를 낱말 카드로 제시한다. 교사의 목소리를 듣고 학생들이 소리를 모방한다.	• 주변 소리를 모방할 수 있는가?
전개 1	1. 몸으로 만들 수 있는 소리를 탐색하기	• 우리 몸의 구조와 소리를 만들 수 있는 부분을 소개한다. • 손가락, 손바닥, 팔꿈치, 무릎, 발가락, 발 등으로 소리를 만들고 그 특징에 대해 알아본다. • 낱말 카드에 다양한 소리를 적어서 제시하고 비슷한 소리를 신체를 이용해서 표현한다.	• 몸을 두드려서 다양한 소리를 표현할 수 있는가?
전개 2	4. 말 리듬 만들고 몸으로 다양한 소리 표현하기	• 활동지를 활용하는 방법과 교사의 간단한 예시를 통해서 몸으로 낼 수 있는 소리를 말 리듬으로 만드는 방법을 안내한다. 　쿵　짝　쿵　짝　　　쿵　짝　쿵　－ • '쿵'은 발구르기로 '짝'은 손뼉치기로 표현한다. • 활동지에 제시된 빈칸을 이용해서 다양한 소리를 적어 본다. 의성어나 의태어를 활용하여 표현한다.	• 말 리듬을 주어진 활동지의 빈칸에 적어 놓을 수 있는가?
전개 3	8. 큰 소리와 작은 소리를 몸 또는 타악기로 표현하기	• 로시니(Rossini, G.)의 〈윌리엄 텔 서곡〉 중에서 1부인 〈새벽(Prelude Dawn)〉과 2부인 〈폭풍(Storm)〉을 들려주고 큰 소리와 작은 소리를 구별하게 한다. • 큰 소리와 작은 소리에 어울리는 소리를 몸을 이용해서 만들도록 한 다음 표현한다.	• 큰 소리와 작은 소리를 몸으로 표현할 수 있는가?
마무리	4. 말 리듬을 만들고 몸으로 다양한 소리 표현하기	• 개별 또는 모둠이 만든 말 리듬과 함께 몸을 활용하여 다양한 소리를 표현한다. • 말 리듬을 만들고 큰 소리와 작은 소리로 표현해 본 소감에 대해 느낀 점을 이야기한다.	• 몸으로 다양한 소리를 표현할 수 있는가?

❸ 교수 · 학습 과정안

학습 주제	몸(신체타악기) 소리 만들기		수준	초등학교 3~4학년		
활동명	• 말 리듬을 만들고 몸으로 다양한 소리 표현하기 • 큰 소리와 작은 소리를 몸(신체타악기)으로 표현하기					
학습 목표	• 말 리듬을 만들고 신체타악기로 표현할 수 있다. • 큰 소리와 작은 소리를 몸(신체타악기)으로 표현할 수 있다.					

학습 단계	학습 과정 (모듈)	교수 · 학습 활동				자료 활용 및 유의점
		교사	학생(수준, 장애 유형 등에 따른 내용 제시)			
			A	B	C	
도입	동기 유발	• 생활 주변에서 사물이 낼 수 있는 다양한 소리를 제시하고 들려준다. 낱말 카드를 이용하여 교사의 목소리를 듣고 모방하도록 한다.	• 낱말 카드에 제시된 단어나 소리를 모방한다.			
전개	〈활동 1〉	◎ 몸으로 만들 수 있는 소리를 탐색하기 • 몸으로 소리 탐색하기 －우리 몸 이해하기: 우리 신체에 대해 설명을 하고 손가락, 손바닥, 팔꿈치, 무릎, 발가락, 발 등으로 소리를 낼 수 있는 부분을 찾아보도록 한다. －몸으로 소리 표현하기: 교사가 몸으로 표현한 소리를 듣고, 자신의 신체로 교사의 몸 소리를 찾아서 표현하거나 모방하도록 한다.	• 신체를 통해 만들 수 있는 다양한 소리를 찾아 표현하게 한다. • 교사의 몸에서 나는 소리를 듣고 자신의 신체와 같은 부분을 찾아서 발표한다.	• 신체를 통해 만들 수 있는 다양한 소리를 교사가 제시한 자료를 보고 모방하도록 한다. • 교사의 몸을 찾아 표현하기 어려운 경우, 학생들은 입으로 소리 내도록 한다.		• 활동지를 준비하고 제공한다.
	〈활동 2〉	◎ 말 리듬 만들고 몸으로 다양한 소리 표현하기 • 말 리듬 만들기 －말 리듬 이해하기: 말 리듬은 말(단어와 문장)의 형태를 이용해서 리듬을 익힐 수 있는 오르프의 교수 방법이다. －말 리듬 만들기: 교사는 학생의 수준에 맞춰서 간단한 단어 또는 교실 현장에서 손쉽게 접근할 수 있는 사물의 이름을 활용하여 말 리듬을 만들 수 있도록 한다.	• 단어와 문장의 형태를 이용해서 리듬을 익히고 교실이나 생활 주변 사물의 이름을 활용해서 말 리듬을 만든다.	• 단어와 문장의 형태를 이용해서 리듬을 익히고 교사가 지정해 준 사물의 이름을 활용해서 말 리듬을 만든다.	• 교사가 제시해 주거나 지정해 준 단어들을 이용해서 말 리듬을 만든다.	

	〈활동 3〉	• 큰 소리와 작은 소리를 몸으로 표현하기 -큰 소리와 작은 소리 찾아보기: 로시니(Rossini, G.)의 〈윌리엄 텔 서곡〉 중에서 1부인 '새벽(Prelude Dawn)'과 2부인 '폭풍(Storm)'을 들려주고 구별하도록 한다. -큰 소리와 작은 소리를 몸(신체타악기)으로 표현하기: 큰 소리와 작은 소리에 어울리는 신체 부위를 찾아 발표하고 큰 소리와 작은 소리를 만들어 보도록 한다.	• 큰 소리와 작은 소리를 듣고 소리 크기를 구별하여 표현한다. • 큰 소리와 작은 소리를 구별한 다음. 몸으로 소리를 표현해 보도록 한다.	• 큰 소리와 작은 소리가 표시한 푯말을 들어 구별하도록 한다. • 교사가 준비한 큰 소리와 작은 소리를 만드는 방법을 모방한다.	
정리	정리 평가	• 모둠이나 개별적으로 자신이 만들 말 리듬을 신체타악기로 표현하도록 한다. • 몸(신체타악기)으로 큰 소리와 작은 소리에 어울리도록 표현해 본 느낌에 대해 이야기하게 한다.	• 말 리듬을 만들고 자신 있게 신체타악기로 표현한다. • 몸(신체타악기)으로 큰 소리와 작은 소리를 표현해 본 느낌을 이야기한다.	• 말 리듬을 만들고 교사가 제시한 동작으로 표현한다.	• 말 리듬을 만들고 교사의 동작을 따라 표현한다.	

❹ 평가 도구

평가 목표	• 말 리듬을 만들고 신체악기로 표현할 수 있다. • 큰 소리와 작은 소리를 몸(신체타악기)으로 표현할 수 있다.	
평가 영역	악기 연주하기(기악)	
평가 유형(방법)	실기	
평가 내용	• 말 리듬을 만들고 몸으로 다양한 소리를 만들 수 있는가? • 큰 소리와 작은 소리를 몸(신체타악기)으로 표현할 수 있는가?	
평가 기준	잘함	말 리듬을 만들고 몸으로 다양한 소리를 표현하며, 큰 소리와 작은 소리를 몸(신체타악기)으로 표현할 수 있다.
	보통	말 리듬을 만들고 몸으로 한 가지 소리를 표현하며, 큰 소리와 작은 소리를 구별할 수 있다.
	노력 요함	말 리듬을 만드는 것을 이해하고, 큰 소리와 작은 소리의 구별은 그림이나 사진으로 표현할 수 있다.
평가 환류 계획	말 리듬을 만들고 몸으로 다양한 소리를 만드는 활동에 적극적으로 참여할 수 있도록 중점을 둔다.	

❺ 활동지 자료

가. 말 리듬 카드

나. 신체타악기 차트

	1	2	3	4
A				
B				
C				
D				

〈신체타악기 예시 추가〉

신체타악기명	손가락 팅기기	손뼉치기	무릎 치기	발 구르기
그림				
신체타악기명	손바닥 비비기	어깨 두드리기	배 두드리기	가슴 두드리기
그림				

다. 동료평가와 자기평가 자료

모둠 활동 동료평가 및 자기평가

❶ 다른 모둠 친구들의 활동을 평가해 주세요.

모둠명	발표한 내용이 적절했나요?			수업 활동에 대한 태도가 좋았나요?		
1모둠	☺	😐	☹	☺	😐	☹
2모둠	☺	😐	☹	☺	😐	☹
3모둠	☺	😐	☹	☺	😐	☹

❷ 오늘 나의 활동을 평가해 주세요.

평가 기준	☺	😐	☹
1. 나는 활동 시간에 내 생각을 잘 말했다.			
2. 나는 모둠별 활동에서 나의 역할을 잘 알고 있었다.			
3. 나는 모둠별 활동에서 모둠원을 배려하고 협력하였다.			
4. 나는 수업 시간에 바른 자세로 활동에 적극적으로 참여하였다.			

❻ 한 걸음 더!

말 리듬을 지도할 때 리듬에 중점을 두게 될 경우, 학생들이 어려워할 수 있다. 처음부터 말 리듬을 정확하게 만들기보다 재미있는 표정이나 몸짓을 통해 의성어나 의태어를 자유롭게 표현할 수 있도록 학생들과 친밀감을 이루는 것이 중요하다. 교사의 일정박에 맞춰 정확하게 리듬을 표현해야 하지만, 학생들의 장애 특성에 따라 일정박이 지켜지기 어렵다는 점을 감안하여 시작과 끝을 맞출 수 있도록 유연한 수업이 되는 것이 좋다.

• 로시니, 〈윌리엄 텔 서곡(William Tell Overture)〉
* 출처: https://www.youtube.com/watch?v=e4COv8-cHNU

• 줄거리 소개
–14세기 스위스의 궁사이면서 전설적인 독립투사였던 빌헬름 텔의 이야기를 프리드리히 실러가 희곡으로 옮기고, 로시니가 이를 바탕으로 오페라 'Guillaume Tell'(프랑스어)을 제작
–스위스는 신성 로마 제국의 지배 아래 있었으며 합스부르크가, 사보이가, 체린겐가 등에 의해 분할 통치되고 있었다. 그중에서 오스트리아 합스부르크가 주민들이 제일 많은 억압을 받았으며, 이로 인해 백성들은 힘든 삶을 영위하고 있었다. 광장에 있던 보리수 밑에 창을 꽂아 자신의 모자를 걸어둔 헤르만 게슬러(집행관)는 모자에 충성을 강요했으며, 윌리엄 텔은 이를 거부하여 게슬러의 노여움을 사게 된다. 이에 게슬러는 윌리엄 텔 아들의 머리 위에 사과를 놓고 그것을 활로 쏘라는 명령을 내린다. 다행히 아들의 머리 위에 사과는 명중을 하게 되었지만, 윌리엄은 자신이 실패했을 것을 염두하고 가슴에 화살 하나를 숨겼었는데 발각되면서 체포하게 된다. 이후 윌리엄 텔은 탈출에 성공하고 집행관인 게슬러를 응징하여 주민들 사이에서 영웅으로 여겨지게 된다.

• 악곡 소개
–제1부: 새벽(Prelude: Dawn), Andante E Major, 3/4박자
　첼로의 독주로 시작되는 느린 곡으로, 이후 다른 현악기들이 추가되면서 스위스의 새벽을 묘사한다.
–제2부: 폭풍(Storm), Allegro, 2/2박자
　바이올린과 비올라로 시작되어 폭풍우를 알리는 내용이 묘사되고, 관악기와 현악기 그리고 호른과 트럼펫, 트럼본과 베이스 드럼이 연주되며 거친 폭풍을 묘사한다.
–제3부: 목가의 선율(Ranz des vaches), Andante G Major, 3/8박자
　폭풍우가 가라앉은 뒤 플루트와 목관악기의 어울림으로 목자의 아름다운 피리 선율이 잉글리쉬 호른에 의해 연주되어 스위스의 평화를 상징한다.
–제4부: 피날레, 스위스 군대의 행진(March of the Swiss Soldiers), Allegro vivace E Major, 2/4박자
　트럼펫의 독주로 시작되어 다양한 악기들의 조화로 힘찬 연주가 이어지는데, 스위스에 평화를 가져온 군대의 행진과 민중의 끝없이 환호하는 정경을 묘사한다.
* 출처: https://jsksoft.tistory.com/9891

2) 악기 연주하기 교수·학습 유형 2

❶ 개요

영역	표현(기악)	기능	탐색하기, 표현하기, 발표하기
학습 목표	• 말 리듬을 만들고 여러 가지 타악기로 표현할 수 있다. • 여러 가지 타악기로 자연과 생활 주변의 소리를 즉흥적으로 표현할 수 있다.		
평가 유형	■자기평가 ■상호평가 □ 관찰평가 □실음평가 □포트폴리오 □기타 ( )		
교수·학습 자료	수업 환경	노트북, 피아노, 방음이 된 교실	
	교사 준비물	PPT 자료, 말 리듬 카드	
	학생 준비물	편한 복장과 신발	
개발 의도	악기 연주 활동에서 가장 기초가 되는 리듬은 다양한 방법으로 익히고, 초등학교 현장에서 사용 가능한 타악기를 살펴보며 악기가 가진 고유한 음색을 탐색한다. 여러 가지 타악기 중에서 신체장애가 있는 학생들을 고려하여 가장 기초적인 리듬악기를 준비하고, 탬버린, 자루캐스터네츠, 에그쉐이커 등 비교적 한 손으로 리듬 연주가 가능한 악기를 준비한다. 그리고 학생들은 타악기 종류 중에서 하나의 악기를 선택하여 자신이 만든 말 리듬을 연주할 수 있도록 한다. 또한 주변에서 찾아볼 수 있는 소리를 타악기로 즉흥적으로 표현함으로써 창의성 함양을 돕도록 한다.		

❷ 단계별 교수·학습 활동 및 평가 계획

학습 단계	활동명	교수·학습 활동	평가 계획
도입	2. 여러 가지 타악기 소리 탐색하기	• 동물의 울음소리가 적힌 낱말 카드를 다양하게 제시하고 목소리를 이용해서 비슷한 소리를 표현한다. • 여러 가지 타악기를 보여 주고 동물 울음소리와 비슷한 악기를 찾아서 모방한다.	• 다양한 동물 울음소리를 목소리로 표현할 수 있는가? • 동물 울음소리를 구별하고 타악기로 표현할 수 있는가?
⬇			
전개 1	2. 여러 가지 타악기 소리 탐색하기	• 타악기에 대한 정의를 학습판(칠판)에 안내하고 연주하는 자세와 주법을 안내한다. • 교사가 학생들에게 타악기 연주 주법과 소리를 들려주고, 들어 본 느낌에 관해 이야기를 나누도록 한다.	• 타악기의 개념을 이해하고 발표할 수 있는가? • 타악기의 연주 주법을 알고 연주할 수 있는가?
⬇			
전개 2	5. 말 리듬을 만들고 타악기로 표현하기	• 활동지를 활용하는 방법과 교사의 간단한 예시를 통해서 주변의 소리를 말 리듬으로 만드는 방법을 안내한다. • 활동지에 제시된 빈칸을 이용해서 다양한 소리들을 적어 본다. 의성어나 의태어를 활용하여 표현한다.	• 말 리듬을 만들 수 있는가? • 말 리듬을 만들고 신체로 표현할 수 있는가?
⬇			
전개 3	6. 여러 가지 타악기로 자연과 생활 주변의 소리를 즉흥적으로 표현하기	• 교사가 준비한 타악기 종류를 학생들에게 안내하고 함께 음색을 탐색한다. • 교사는 한 손으로 연주할 수 있는 종류의 리듬악기들을 준비하고 연주한다. • 학생들은 자연과 생활 주변에서 찾을 수 있는 소리를 낱말 카드에 적고, 타악기 음색을 탐색하고 비교하여 적절한 타악기로 표현한다.	• 여러 가지 타악기의 음색을 구별할 수 있는가? • 자연과 생활 주변의 소리를 찾아 타악기로 즉흥적으로 표현할 수 있는가?
⬇			
마무리	6. 여러 가지 타악기로 자연과 생활 주변의 소리를 즉흥적으로 표현하기	• 개별 또는 모둠별로 선택한 악기를 활용해서 말 리듬을 연주해 본다.	• 자신이 만든 말 리듬을 타악기를 이용하여 표현할 수 있는가?

❸ 교수 · 학습 과정안

학습 주제	말 리듬 만들고 여러 가지 타악기로 연주하기	수준	초등학교 3~4학년

활동명	• 말 리듬을 만들고 여러 가지 타악기로 표현하기 • 여러 가지 타악기로 주변의 소리를 즉흥적으로 표현하기

학습 목표	• 말 리듬을 만들고 여러 가지 타악기로 표현할 수 있다. • 여러 가지 타악기로 주변의 소리를 즉흥적으로 표현할 수 있다.

학습 단계	학습 과정 (모듈)	교수 · 학습 활동				자료 활용 및 유의점
		교사	학생(수준, 장애 유형 등에 따른 내용 제시)			
			A	B	C	
도입	동기 유발	• 지난 체험학습으로 다녀온 동물원의 사진을 보여 주며, 동물들의 울음소리를 준비된 타악기를 활용하여 교사와 함께 표현하도록 한다.	• 동물원에서 볼 수 있는 동물들의 사진을 제시하고, 동물의 울음소리를 활용해 타악기로 소리를 만든다.			
전개	〈활동 1〉	◎ 타악기 알아보기 • 타악기 소리 탐색하기 −타악기는 물체나 도구를 두드리거나, 흔들거나, 문지르고, 긁어서 진동(공명)하도록 하여 길거나 짧은소리를 내는 악기임을 알려 준다. −리듬악기는 소리의 높낮이가 없이 음의 길고 짧음만을 표현할 수 있는 악기를 뜻함을 알려 준다. −학생들이 말 리듬을 연주해야 하므로 비교적 소리가 명확한 타악기 중에서 리듬악기(우드블록, 캐스터네츠, 자루캐스터네츠, 에그쉐이커 등)를 보여 주고 소리를 탐색하며 학생들에게 소개한다.	• 타악기의 정의에 대해 이해하고, 여러 가지 리듬악기의 음색을 듣고 악기를 구별한다.	• 타악기의 정의에 대해 이해하고, 한 가지 리듬악기의 음색을 구별한다.	• 타악기의 정의에 대해 이해하고, 주어진 타악기의 음색을 탐색한다.	• 동물사진을 다양하게 준비한다. • 타악기 소리를 만들 때 동물 울음소리가 나는 악기도 함께 준비한다.

	〈활동 2〉	◎ 말 리듬 만들고 타악기로 표현하기 • 말 리듬 만들기 -교사는 영화음악인 〈어거스트 러쉬(August Rush)〉의 지하철 영상을 편집하여 보여 주고, 칠판에는 관련 소리를 탐색할 수 있는 낱말 카드를 보여 준다. -교사는 학생들에게 네모 빈칸으로 구성된 리듬 카드를 나눠 주고, 낱말 카드에 적힌 소리를 이용해서 말 리듬을 만든다. -짝과 함께 만든 말 리듬을 교사의 일정박에 맞춰 발표하도록 한다. -자신이 만든 말 리듬을 타악기로 표현하도록 한다.	• 짝과 함께 말 리듬을 만들고, 교사의 일정박에 맞춰 자신이 만든 말 리듬을 타악기로 표현한다.	• 자신이 만든 말 리듬을 손뼉치기로 표현한다.	• 교사가 제시한 말 리듬을 듣고 손뼉치기로 모방한다.	
	〈활동 3〉	◎ 여러 가지 타악기로 주변의 소리를 찾아 즉흥적으로 표현하기 • 타악기로 표현하기 -학교에 올 때 들었던 자연이나 주변의 다양한 소리를 찾아 적어 보게 한다. 짝과 함께 자신이 찾아 적은 소리를 소개하도록 한다. -개인 또는 짝과 함께 찾은 주변 소리를 표현하도록 한다. 교사는 일정한 시간을 주고 학생들이 표현하도록 한 다음에, 학생들에게 일정박을 안내하고 전체 학생들이 타악기로 연주하게 한다. -교사가 제시해 주는 주변의 소리를 학생들 앞에 놓인 타악기를 골라 즉흥적으로 표현하게 한다.	• 자신이 찾은 자연이나 주변의 소리를 다양한 타악기로 표현한다.	• 자신이 찾은 자연이나 주변의 소리를 한 가지 타악기로 표현한다.	• 교사가 자연이나 주변의 소리를 악기로 표현하면, 학생들은 타악기로 모방한다.	
정리	정리 평가	• 말 리듬을 만들고 타악기로 표현해 본 소감과, 주변의 소리를 말 리듬으로 만들고 여러 가지 타악기로 짝과 함께 연주해 본 소감을 이야기하게 한다.	• 여러 가지 타악기로 연주해 본 소감을 표현한다.	• 한 가지 타악기로 연주해 본 소감을 표현한다.	• 교사와 함께 손뼉치기해 본 소감을 표현한다.	

❹ 평가 도구

평가 목표		• 말 리듬을 만들고 여러 가지 타악기로 표현할 수 있다. • 여러 가지 타악기로 자연이나 주변의 소리를 즉흥적으로 표현할 수 있다.
평가 영역		악기 연주하기(기악)
평가 유형(방법)		실기
평가 내용		• 말 리듬을 만들고 여러 가지 타악기로 표현할 수 있는가? • 여러 가지 타악기로 자연이나 주변의 소리를 즉흥적으로 표현할 수 있는가?
평가 기준	잘함	말 리듬을 만들고 여러 가지 타악기로 표현하고, 자연이나 주변의 소리를 즉흥적으로 표현할 수 있다.
	보통	말 리듬을 만들고 한 가지 타악기로 표현하고, 자연이나 주변의 소리를 교사와 함께 표현할 수 있다.
	노력 요함	말 리듬을 만드는 것을 이해하고, 자연이나 주변의 소리를 나타내는 그림이나 사진으로 표현할 수 있다.
평가 환류 계획		여러 가지 타악기의 음색을 이해함과 동시에 주변의 소리를 즉흥적으로 표현하는 활동에 적극적으로 참여할 수 있도록 중점을 둔다.

❺ 활동지 자료

가. 말 리듬 카드

나. 주변의 소리를 찾아보아요.

학교 오는 길	
점심시간	
수업 시간	
학교 운동회	

다. 타악기 리듬차트

악기 \ 박자	1	2	3	4

라. 동료평가와 자기평가 자료

모둠 활동 동료평가 및 자기평가

❶ 다른 모둠 친구들의 활동을 평가해 주세요.

모둠명	발표한 내용이 적절했나요?			수업 활동에 대한 태도가 좋았나요?		
1모둠	☺	😐	☹	☺	😐	☹
2모둠	☺	😐	☹	☺	😐	☹
3모둠	☺	😐	☹	☺	😐	☹

❷ 오늘 나의 활동을 평가해 주세요.

평가 기준	☺	😐	☹
1. 나는 활동 시간에 나의 생각을 잘 말했다.			
2. 나는 모둠별 활동에서 나의 역할을 잘 알고 있었다.			
3. 나는 모둠별 활동에서 모둠원을 배려하고 협력하였다.			
4. 나는 수업 시간에 바른 자세로 활동에 적극적으로 참여하였다.			

❻ 한 걸음 더!

기본적으로 초등학교 음악 교과서에 제시된 타악기들은 신체장애가 있는 학생들이 연주할 수 없는 경우가 많다. 이에 교사들은 리듬악기를 학생들과 수업에서 활용하고자 할 때, 한 손으로 연주가 가능한 악기들을 구매하거나 확보해서 학생들에게 제공해 준다면 타악기를 수업에서 원활히 사용할 수 있을 것이다.

캐스터네츠	트라이앵글	에그쉐이커	탬버린	말렛
자루캐스터네츠	한 손 트라이앵글	미니 마라카스	라켓 탬버린	한 손 말렛

* 자루캐스터네츠는 자루로 된 부분을 한 손으로 잡고 연주할 수 있는 악기이다.
* 한 손 연주용 트라이앵글(One handed triangle)은 양손으로 연주해야 하는 트라이앵글을 한 손으로 연주할 수 있도록 제작된 악기이다.
* 미니 마라카스는 에그쉐이커와 같은 크기지만 손잡이가 달려 있어 한 손으로 연주가 가능한 악기이다.
* 리베라 라켓 탬버린(Rivera Racker Tambourine MT8)은 양손을 사용해야 하는 탬버린을 한 손으로 연주할 수 있도록 제작된 악기이다.
* 한 손 말렛은 잡고 연주하기 어려운 상황에서 한 손에 글러브를 끼고 구멍에 말렛을 부착해서 연주할 수 있도록 돕는 기구이다.

3) 악기 연주하기 교수·학습 유형 3

❶ 개요

영역	표현(기악)		기능	탐색하기, 비교하기, 표현하기
학습 목표	• 선율타악기의 종류와 소리를 탐색할 수 있다. • 점점 빨라지거나 점점 느려지는 음악을 듣고 선율타악기로 연주할 수 있다.			
평가 유형	■자기평가 ■상호평가 □ 관찰평가 □실음평가 □포트폴리오 □기타 ( )			
교수·학습 자료	수업 환경	노트북, 피아노, 방음이 된 교실		
	교사 준비물	PPT 자료, 말 리듬 카드		
	학생 준비물	편한 복장과 신발		
개발 의도	음악과 교육과정에서 음악 내용 요소로 제시된 점점 빠르게와 점점 느리게를 구별하고, 이를 선율타악기로 표현해 보는 활동을 제시하였다. 동기 유발로 제시되는 손 선풍기 또는 부채를 활용해서 짝 활동으로 바람의 세기에 따라 바람이 빠르게 또는 느리게 분다는 것을 알려 준다. 더 나아가 바람의 종류인 산들바람, 샛바람, 하늬바람, 마파람, 회오리바람 또는 비가 내리는 상태를 나타내는 여우비, 가랑비, 소나기, 장대비와 같이 자연환경에서의 빠르기와 연결하여 학생들에게 알려 주어 빠르기에 대한 개념을 이해할 수 있도록 하였다. 감상곡으로 그리그(Grieg)의 〈페르귄트 모음곡(Peer Gynt Suite No.1 Op. 46)〉〈산왕의 궁전(In the Hall of the Mountain)〉의 일부를 선율타악기로 표현하는 방법을 통해 자연스럽게 음악 요소와 개념을 표현하여 이해를 돕고자 한다.			

❷ 단계별 교수·학습 활동 및 평가 계획

학습 단계	활동명	교수·학습 활동	평가 계획
도입	7. 빠른 음악과 느린 음악을 타악기로 표현하기	• 손 선풍기를 보여 주고 동력이나 숫자의 단계를 조절하면서 바람의 세기가 어떻게 변하는지 알려 주고, 이를 통해 빠르기에 대한 흥미를 유발한다.	• 빠르고 느림을 구별할 수 있는가?

⬇

학습 단계	활동명	교수·학습 활동	평가 계획
전개 1	3. 선율타악기의 종류와 소리를 탐색하기	• 선율타악기를 소개한다. • 선율타악기를 준비하고, 준비된 음색과 연주 주법을 안내한다. • 학생들의 상황에 맞게 선율타악기를 나눠 주고 음색을 탐색하게 한다.	• 선율타악기의 종류에 대해 구별할 수 있는가?

⬇

학습 단계	활동명	교수·학습 활동	평가 계획
전개 2	10. 선율타악기로 간단한 가락 연주하기	• 장대비(소나기)와 구슬비가 내리는 장면을 보여 주고 비가 느리게 내리는 것을 이해한다. • 느린 음악에 맞춰 일정박을 찾아보도록 하고 교사가 준비한 간단한 가락을 선율타악기로 연주한다.	• 선율타악기로 간단한 가락을 연주할 수 있는가?

⬇

학습 단계	활동명	교수·학습 활동	평가 계획
전개 3	12. 점점 빨라지거나 점점 느려지는 음악을 듣고 악기로 연주하기	• 교사는 준비한 선율타악기를 나눠 주고 빠르기의 변화를 느끼며 선율타악기로 연주하도록 한다. • 학생들은 활동지에 제시된 악보를 보고 음악에 맞춰서 선율타악기를 연주한다.	• 점점 빨라지거나 점점 느려지는 음악에 맞춰 선율타악기를 연주할 수 있는가?

⬇

학습 단계	활동명	교수·학습 활동	평가 계획
마무리	12. 점점 빨라지거나 점점 느려지는 음악을 듣고 악기로 연주하기	• 제재곡에 맞춰 점점 빨라지는 부분과 점점 느려지는 부분을 선율타악기로 표현한다.	• 점점 빨라지거나 점점 느려지는 부분을 선율타악기로 연주한 느낌을 표현할 수 있는가?

❸ 교수·학습 과정안

학습 주제	선율타악기		기능	악기 연주하기(기악)		
활동명	• 선율타악기의 종류와 소리 탐색하기 • 점점 빨라지거나 점점 느려지는 음악을 듣고 선율타악기로 표현하기					
학습 목표	• 선율타악기의 종류와 소리를 탐색할 수 있다. • 점점 빨라지거나 점점 느려지는 음악을 듣고 선율타악기로 표현할 수 있다.					

학습 단계	학습 과정 (모듈)	교수·학습 활동				자료 활용 및 유의점
		교사	학생(수준, 장애 유형 등에 따른 내용 제시)			
			A	B	C	
도입	동기 유발	• 손 선풍기 또는 대형 선풍기를 준비하고 숫자의 단계를 올리면서 바람의 변화에 관해 이야기한다. 	• 선풍기 바람의 변화를 느끼고 빠르기 개념을 이해한다.			• 대형 선풍기와 손 선풍기를 준비한다.
전개	〈활동 1〉	• 선율타악기의 뜻을 알아보기 -선율타악기는 '타악기 종류로서 음의 높고 낮음이 명확히 표시된 악기 또는 여러 가지 음정을 낼 수 있는 악기'를 뜻함을 알려 준다. • 선율타악기의 종류에 대해 알아보기 -선율타악기의 종류로는 글로켄슈필(구 실로폰), 실로폰, 메탈로폰, 마림바 등이 있으며, 말렛(채)으로 악기를 두드려서 연주하는 악기임을 알려 준다. • 여러 가지 선율타악기의 음색을 탐색하기 -교사가 준비한 여러 가지 선율타악기의 음색을 들어 보도록 한다.	• 선율타악기의 종류를 알고 그 음색을 구별할 수 있다.			• 선율타악기를 준비하여 제시한다.
	〈활동 2〉	• 선율타악기로 간단한 가락 연주하기 -선율타악기로 연주하는 주제 선율 들어 보기 -간단한 가락을 학생들에게 들려준다. -유모레스크의 노래를 변형한 가락을 학생들에게 들려주며, 마지막 2마디를 느리게 연주하여 들려준다.	• 간단한 주제 선율을 선율타악기로 연주하는 것을 듣고 가락의 빠르기를 구별할 수 있다.			

	〈활동 3〉	• 점점 빨라지는 느낌을 알고 선율타악기로 표현하기 −학생들과 서둘러 본 경험과 급하게 행동했던 경험에 대해 이야기를 나누어 본다. 그리고 교사가 창작한 간단한 선율을 학생들에게 점점 빠르게 연주하여 들려준다. −자신의 경험과 교사가 들려주는 점점 빨라지는 선율타악기 소리를 생각하여 이야기를 나누게 한다. • 점점 느려지는 느낌을 알고 선율타악기로 표현하기 −유모레스크의 변형된 음악을 들어 보고 음악이 느려지는 부분을 느껴 보게 한다. 점점 느려지는 느낌에 대한 일상에서의 경험을 교사와 함께 나누도록 한다. −주어진 선율타악기를 가지고 간단한 가락을 점점 빨라지게 또는 점점 느려지게 연주하도록 한다.	• 점점 빨라지거나 점점 느려지는 음악을 듣고 선율타악기로 연주한다.	• 점점 빨라지거나 점점 느려지는 음악을 듣고 교사의 신호에 맞춰 빠르기를 구별하여 연주한다.	• 빠르기가 다른 두 음악을 듣고 교사가 준비한 빠르기 말 카드를 들고 표현한다.
정리	정리 평가	• 점점 빨라지거나 점점 느려지는 음악에 맞춰 선율타악기로 연주해 본 소감에 대해 이야기하도록 한다.	• 점점 빨라지거나 점점 느려지는 음악에 맞춰 리듬악기로 연주한다.	• 교사가 제시하는 빠르고 느린 음악에 맞춰 리듬악기를 연주한다.	• 교사가 제시하는 빠르고 느린 음악에 맞춰 손뼉치기를 모방한다.

*〈활동 2〉 참고자료 악보

❹ 평가 도구

평가 목표	• 선율타악기의 종류와 소리를 탐색할 수 있다. • 점점 빨라지거나 점점 느려지는 음악을 듣고 선율타악기로 연주할 수 있다.	
평가 영역	악기 연주하기(기악)	
평가 유형(방법)	실기	
평가 내용	• 선율타악기의 종류와 소리를 구별할 수 있는가? • 점점 빨라지거나 점점 느려지는 음악을 듣고 선율타악기로 연주할 수 있는가?	
평가 기준	잘함	선율타악기의 종류와 소리를 구별하고, 점점 빨라지거나 점점 느려지는 음악을 선율타악기로 연주할 수 있다.
	보통	선율타악기의 종류와 소리를 구별하고, 점점 빨라지거나 점점 느려지는 음악을 듣고 선율타악기를 몸짓으로 표현할 수 있다.
	노력 요함	선율타악기의 종류와 소리를 구별하기 어려우며, 점점 빨라지거나 점점 느려지는 음악을 듣고 선율타악기를 몸짓으로 표현할 수 있다.
평가 환류 계획	여러 가지 선율타악기의 음색을 이해함과 동시에, 점점 빨라지거나 점점 느려지는 음악을 듣고 선율타악기로 표현하는 활동에 적극적으로 참여할 수 있도록 중점을 둔다.	

❺ 활동지 자료

가. 자연 속에서 빠르고 느린 것을 찾아보기

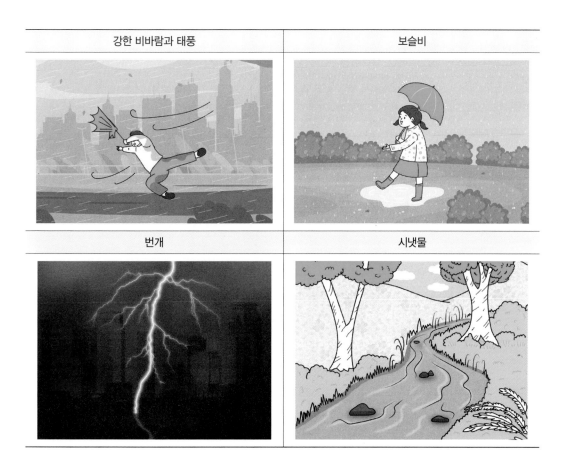

| 강한 비바람과 태풍 | 보슬비 |
| 번개 | 시냇물 |

나. 선율타악기 종류

악기 이름	종류	
글로켄슈필		
핸드벨		
터치벨		

다. 빠르고 느린 곡 들어 보기

• 그리그(Edvard Grieg)

〈페르퀸트 모음곡(Peer Gynt Suite)〉 중에서 〈산왕의 궁전에서(In the Hall of the Mountain King)〉

* 출처: https://www.youtube.com/watch?v=IwWKlX1DjGQ

■ 악곡 소개

그리그가 작곡한 〈페르퀸트 모음곡〉 중에서 한글 제목으로는 '산속 마왕의 궁전에서'로 해석되는 제목으로, 페르퀸트가 산속으로 도망을 가다 마왕의 딸을 만나 마왕의 궁전에 찾아간 장면에서 사용된 음악이다. 마왕의 딸을 유혹하려 마왕의 궁정까지 찾아갔지만 괴물들이 춤을 추고 떠드는 모습을 보고 겁에 질린 페르퀸트가 도망을 가는 장면으로, 처음에 느리고 음침한 선율로 시작하지만 나중에 점점 빠르게 타악기와 금관악기군이 가세하면서 긴장감을 불러일으킨다.

• 드보르작(Antonín Dvořák)

〈유모레스크(Humoreque)〉

* 출처: https://www.youtube.com/watch?v=TohQ4yRjKCs

■ 악곡 소개

〈유모레스크〉는 19세기 기악곡에 붙여진 명칭이지만 유머와 코믹한 성격을 가진 곡을 뜻하기도 하는데, 드보르작이 작곡한 8곡의 피아노 소품집에서 7번째 내림사장조의 곡이 가장 유명하며 바이올린, 피아노로도 편곡되어 널리 사용되고 있다. 2박자의 춤곡으로 유머스러우면서 우아한 기품도 있고 때로는 서정적인 느낌도 가진 감미로운 곡이다.

라. 동료평가와 자기평가 자료

모둠 활동 동료평가 및 자기평가

❶ 다른 모둠 친구들의 활동을 평가해 주세요.

모둠명	발표한 내용이 적절했나요?			수업 활동에 대한 태도가 좋았나요?		
1모둠	☺	😐	☹	☺	😐	☹
2모둠	☺	😐	☹	☺	😐	☹
3모둠	☺	😐	☹	☺	😐	☹

❷ 오늘 나의 활동을 평가해 주세요.

평가 기준	☺	😐	☹
1. 나는 활동 시간에 나의 생각을 잘 말했다.			
2. 나는 모둠별 활동에서 나의 역할을 잘 알고 있었다.			
3. 나는 모둠별 활동에서 모둠원을 배려하고 협력하였다.			
4. 나는 수업 시간에 바른 자세로 활동에 적극적으로 참여하였다.			

❻ 한 걸음 더!

음악 개념 요소인 빠르기에 대한 소재를 자연과 주변 환경에서 찾기 어려우면 학생들에게 제시하기 쉬운 동물들을 활용해도 좋다. 동물원에 있는 동물들을 중심으로 빠르게 이동하거나 달리는 동물들과 느리게 이동하거나 달리는 동물들을 비교한다면 개념을 더욱 쉽게 이해할 수 있을 것이다. 또는 주변 환경에서 빠르기를 비교해서 수업에 활용할 수 있는 것으로 이동수단의 종류에 따른 빠르기 비교도 좋다. 가령, 자전거, 오토바이, 자동차, 기차, 비행기 순으로 빠르기가 달라지는 것을 제시하는 것 또는 무거운 자동차는 느리다는 개념과 가벼운 자동차는 빠르다는 것으로 학생들에게 접근하는 것도 좋은 방법이 될 것이다.

〈학생의 유형과 수준에 따라 선율타악기로 제시할 수 있는 악기 종류〉

글로켄슈필		실로폰	
마림바		메탈로폰	

4) 악기 연주하기 교수·학습 유형 4

❶ 개요

영역	표현(기악)		기능	탐색하기, 구별하기, 발표하기
학습 목표	• 가락악기의 종류와 소리를 탐색하고 바른 주법으로 연주할 수 있다. • 가락악기로 간단한 오스티나토 연주를 할 수 있다.			
평가 유형	■자기평가　■상호평가　□ 관찰평가　□실음평가　□포트폴리오 □기타 (　　　　　　　　　　)			
교수·학습 자료	수업 환경	노트북, 피아노, 방음이 된 교실		
	교사 준비물	PPT 자료, 말 리듬 카드		
	학생 준비물	편한 복장과 신발		
개발 의도	가락악기의 종류를 살펴보고 바른 주법으로 익히는 것으로, 가락악기의 종류에는 선율타악기, 현악기, 관악기가 있다. 중학교 과정에서는 학생들이 쉽게 다룰 수 있는 가락악기를 선택하고 연주할 수 있도록 하며, 장애 정도에 따라 적합한 악기를 선택할 수 있도록 한다. 학생들은 다양한 가락악기를 다뤄 봄으로써 자신 있게 악기를 연주할 수 있는 연주 능력을 발전시킬 수 있기 때문에 건반악기, 리코더, 우쿨렐레, 멜로디언 등을 탐색하고 연주할 기회를 주어야 한다. 나아가, 계속 반복하여 연주하는 오스티나토 연주 방법을 경험하고 화음에 대한 음악적 감수성을 기르도록 구성하였다.			

❷ 단계별 교수·학습 활동 및 평가 계획

학습 단계	활동명	교수·학습 활동	평가 계획
도입	15. 가락악기의 종류와 소리를 탐색하고 바른 주법으로 연주하기	• 가락악기가 사용된 애니메이션 곡을 학생들과 감상 후에 악기의 음색이나 종류에 대해 알아본다.	• 연주에 사용된 가락악기의 종류를 구별할 수 있는가?
전개 1	15. 가락악기의 종류와 소리를 탐색하고 바른 주법으로 연주하기	• 가락악기 사진을 보여 주고 초등학교 과정에서 익혔던 가락악기에 관해 이야기를 나눈다. • 가락악기(예: 실로폰, 리코더, 멜로디언, 우쿨렐레 등)를 준비하여 보여 주고 각 악기의 음색을 들려준다. • 가락악기마다 연주하는 방법과 운지에 대해 안내하고 연주한다.	• 가락악기의 소리를 탐색하고 올바른 연주 주법으로 연주할 수 있는가?
전개 2	18. 가락악기로 간단한 오스티나토 연주하기	• 오스티나토의 정의에 대해 알려 주고 간단한 노래를 부르며 신체타악기 오스티나토를 만들어 표현한다. • 제재곡에 어울리는 가락 오스티나토를 만들고 연주한다.	• 신체타악기 오스티나토에 맞춰 노래를 부를 수 있는가? • 가락 오스티나토를 만들고 가락악기로 연주할 수 있는가?
전개 3	16. 실로폰, 리코더, 건반악기 등의 가락악기를 연주하기	• 실로폰 또한 글로켄슈필을 나눠 준 후 세로로 놓고(또는 색깔로 음정을 구분) 학생들이 가장 위쪽에 해당하는 짧은 음판의 음을 연주하게 하거나 넓은 음판의 아래쪽 음을 연주하도록 한다. • 짝 또는 모둠 활동을 통해서 서로가 연주하는 음이 낮은음인지 높은음인지를 듣고 맞추는 놀이 활동을 진행한다.	• 실로폰, 글로켄슈필, 리코더, 멜로디언, 피아노, 우쿨렐레 등의 가락악기로 연주할 수 있는가?
마무리	16. 실로폰, 리코더, 건반악기 등의 가락악기를 연주하기	• 가락악기를 이용해서 연주해 본 소감에 관해 이야기한다.	• 가락악기를 연주해 본 느낌을 이야기할 수 있는가?

❸ 교수·학습 과정안

학습 주제	가락악기			수준	중학교 1~3학년

활동명	• 가락악기의 종류와 소리를 탐색하고 바른 주법으로 연주하기 • 가락악기로 간단한 오스티나토 연주하기
학습 목표	• 가락악기의 종류와 소리를 탐색하고 바른 주법으로 연주할 수 있다. • 가락악기로 간단한 오스티나토 연주를 할 수 있다.

학습 단계	학습 과정 (모듈)	교수·학습 활동				자료 활용 및 유의점
		교사	학생(수준, 장애 유형 등에 따른 내용 제시)			
			A	B	C	
도입	동기 유발	• 학생들이 좋아하는 애니메이션 〈하울의 움직이는 성〉 중에서 리코더로 연주하는 영상을 보여 준다.	• 리코더 연주를 듣고 사용된 악기에 관해 소개한다.			• https://www.youtube.com/watch?v=1yjRuIVe5nM
전개	〈활동 1〉	◎ 가락악기의 종류와 소리를 탐색하고 바른 주법으로 연주하기 • 가락악기의 종류와 음색에 대해 알아보기 –가락악기는 '박자에 맞춰 가락을 연주할 수 있는 악기'로 선율악기라고도 하며, 현악기, 관악기, 건반악기, 선율타악기로 구분됨을 알려 준다. –리코더, 멜로디언, 글로켄슈필, 실로폰, 우쿨렐레의 음색을 들려주고 각 악기가 지닌 특징에 관해 이야기해 준다. • 가락악기의 주법을 알고 연주하기 –학생의 유형에 따라 리코더, 글로켄슈필, 실로폰, 멜로디언을 준비하고 각각의 주법을 알려 준다. –준비된 〈소년 한스〉 악보를 나눠 주고 가락악기로 연주하도록 한다. 	• 가락악기의 종류와 음색을 듣고 바른 주법을 익혀 〈소년 한스〉를 연주한다.	• 가락악기의 종류와 음색을 듣고, 가락악기의 바른 주법을 마디의 첫 음(솔, 파, 도, 솔)만 연주한다. 		• 리코더, 멜로디언, 글로켄슈필, 실로폰, 우쿨렐레를 준비한다. • 〈소년 한스〉 악보를 나눠 준다.

	〈활동 2〉	◎ 가락악기로 간단한 오스티나토 연주하기 • 오스티나토에 대해 알아보기 –오스티나토는 '간단한 리듬, 화음, 가락을 계속 반복하여 연주'하는 방법으로, 학생들과 가락 오스티나토를 익혀 보도록 한다. ◎ 간단한 가락 오스티나토 연주하기 –〈난 산이 좋아〉의 음원에 맞춰 간단한 가락 오스티나토 반주를 하게 한다. –2〜4마디 가락을 만들고 가락악기로 제재곡에 맞춰 오스티나토 반주를 하게 한다.	• 간단한 오스티나토 반주를 만들고 가락악기로 연주한다.	• 교사가 준비한 오스티나토 반주를 보고 가락악기로 연주한다.	• 오스티나토 개념 알려 주기 • 〈난 산이 좋아〉 음원 준비하기
	〈활동 3〉	◎ 실로폰, 리코더, 건반악기로 연주하기 • 건반악기로 연주하기 –실로폰(글로켄슈필), 리코더, 멜로디언 중에서 골라 주어진 제재곡을 연주하게 한다. –교사는 제재곡 〈고기잡이〉를 보여주고 학생의 유형에 따라 선택한 가락악기로 연주할 수 있게 한다.	• 실로폰, 리코더, 건반악기로 주어진 〈고기잡이〉를 연주한다.	• 실로폰, 리코더, 건반악기로 주어진 〈고기잡이〉의 각 마디의 첫 음만 연주한다.	• 〈고기잡이〉 제재곡 보여주기
정리	정리 평가	• 가락악기로 오스티나토를 만들고 연주해 본 소감에 관해 이야기하게 한다. • 실로폰, 리코더, 건반악기 등의 가락악기로 제재곡을 연주해 본 느낌에 관해 이야기하게 한다.	• 가락악기로 오스티나토를 만들고 제재곡에 맞춰 가락악기를 연주해 본 소감을 이야기한다.	• 가락악기로 교사의 연주를 듣고 모방해 본 소감을 이야기한다.	

❹ 평가 도구

평가 목표	• 가락악기의 종류와 소리를 탐색하고 바른 주법으로 연주할 수 있다. • 가락악기로 간단한 오스티나토 연주를 할 수 있다.	
평가 영역	악기 연주하기(기악)	
평가 유형(방법)	실기	
평가 내용	• 가락악기의 종류와 소리를 탐색하고 바른 주법으로 연주할 수 있는가? • 가락악기로 간단한 오스티나토를 연주할 수 있는가?	
평가 기준	잘함	가락악기의 종류와 소리를 탐색하여 바른 주법으로 연주하고, 간단한 오스티나토 연주를 할 수 있다.
	보통	가락악기의 종류와 소리를 탐색하여 바른 주법으로 연주하고, 한 마디의 간단한 오스티나토를 연주할 수 있다.
	노력 요함	가락악기의 종류와 소리를 탐색하여 바른 주법으로 연주하고, 간단한 오스티나토를 몸짓으로 표현할 수 있다.
평가 환류 계획	가락악기의 종류와 소리를 탐색하고 실로폰, 리코더, 건반악기를 선택하여 오스티나토를 연주함으로써 가락악기에 대한 이해화 화음에 대한 개념을 형성할 수 있도록 한다.	

❺ 활동지 자료

가. 가락악기 음색을 듣고 이름과 들리는 순서대로 번호를 적으세요.

가락악기	이름	번호

나. 간단한 오스티나토 만들기

다. 동료평가와 자기평가 자료

모둠 활동 동료평가 및 자기평가

❶ 다른 모둠 친구들의 활동을 평가해 주세요.

모둠명	발표한 내용이 적절했나요?			수업 활동에 대한 태도가 좋았나요?		
1모둠	☺	😐	☹	☺	😐	☹
2모둠	☺	😐	☹	☺	😐	☹
3모둠	☺	😐	☹	☺	😐	☹

❷ 오늘 나의 활동을 평가해 주세요.

평가 기준	☺	😐	☹
1. 나는 활동 시간에 나의 생각을 잘 말했다.			
2. 나는 모둠별 활동에서 나의 역할을 잘 알고 있었다.			
3. 나는 모둠별 활동에서 모둠원을 배려하고 협력하였다.			
4. 나는 수업 시간에 바른 자세로 활동에 적극적으로 참여하였다.			

❻ 한 걸음 더!

가락악기의 경우, 타악기와 달리 학생들의 장애 유형에 따라 연주가 어려운 경우가 많이 발생할 수 있다. 이에 가락악기 중에서도 양손을 사용하는 연주 주법을 가진 악기보다 한 손으로 채를 들고 연주가 가능한 실로폰 또는 글로켄슈필을 활용하도록 하여 다양한 가락악기에 관한 경험을 심어 주는 것이 효과적이다. 다만, 학생의 유형에 맞춰 수업을 구성하다 보면 다양한 종류의 악기들을 다룰 수 없다는 점에서, 교사는 되도록 연주가 어려운 악기들은 직접 연주하거나 연주 영상을 준비하여 아름다운 음색을 들려줌으로써 가락악기의 음색을 구분할 수 있도록 기회를 제공해 주는 것도 좋은 방법이라고 볼 수 있다.

〈가락악기 종류〉

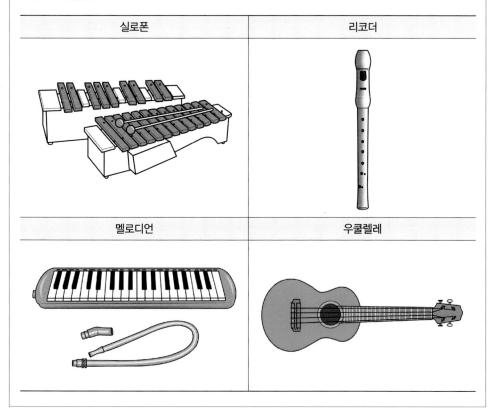

실로폰	리코더
멜로디언	우쿨렐레

5) 악기 연주하기 교수·학습 유형 5

❶ 개요

영역	표현(기악)		기능	비교하기, 경험하기, 참여하기, 발표하기
학습 목표	• 셈여림의 변화를 살려 악기를 연주할 수 있다. • 다양한 악기로 음악의 특징을 살려 합주할 수 있다.			
평가 유형	■자기평가 ■상호평가 □ 관찰평가 □실음평가 □포트폴리오 □기타 ( )			
교수·학습 자료	수업 환경	노트북, 피아노, 방음이 된 교실		
	교사 준비물	PPT 자료, 말 리듬 카드		
	학생 준비물	편한 복장과 신발		
개발 의도	고등학교 1~3학년 음악과 교육과정에서 악기 연주하기 형태는 현악기와 관악기 등을 포함한 다양한 악기를 탐색하도록 하며, 이를 통해 음악의 특징을 살려서 합주해 봄으로써 음악으로 학생들이 소통하는 능력과 서로를 이해하는 마음을 기를 수 있도록 한다. 나아가, 친구들과 함께 연습하는 과정에서 서로를 배려하는 마음을 기르고, 자신이 연주하는 악기를 통해 창의성을 함양함은 물론 음악을 느끼고 전달할 수 있는 즐거움도 함께 기를 수 있다.			

❷ 단계별 교수·학습 활동 및 평가 계획

학습 단계	활동명	교수·학습 활동	평가 계획
도입	24. 합주를 통해 소리의 어울림을 경험하기	• 타악기와 관악기, 현악기들이 함께 연주되는 영상을 보고 악기의 쓰임, 종류 그리고 음악을 감상한 느낌을 나눈다.	• 합주에 사용되는 악기들을 구별할 수 있는가?

⬇

학습 단계	활동명	교수·학습 활동	평가 계획
전개 1	21. 셈여림의 변화에 주의하며 악기로 연주하기	• 리듬악기 노래에 등장하는 리듬악기와 가락악기를 구분하여 안내하고 마디마다 변하는 셈여림 기호에 유의해서 연주한다.	• 셈여림의 변화를 구별하고 연주할 수 있는가?

⬇

학습 단계	활동명	교수·학습 활동	평가 계획
전개 2	23. 다양한 악기로 음악의 특징을 살려 합주를 경험하기	• 〈금강산〉을 들려주고 연주를 들어 본 소감에 대해 이야기한다. • 〈금강산〉을 연주할 때 리듬악기와 가락악기 모둠을 나누고 악곡의 특징을 살펴본다.	• 다양한 악기로 음악의 특징을 구별할 수 있는가?

⬇

학습 단계	활동명	교수·학습 활동	평가 계획
전개 3	24. 합주를 통해 소리의 어울림을 경험하기	• 〈금강산〉을 다 함께 연주하고 소리의 어울림을 경험한다.	• 합주를 통해 소리의 어울림을 경험할 수 있는가?

⬇

학습 단계	활동명	교수·학습 활동	평가 계획
마무리	24. 합주를 통해 소리의 어울림을 경험하기	• 다양한 악기(타악기, 관악기, 현악기, 가락악기)를 사용해서 합주해 본 소감을 이야기한다. • 합주에서 소리의 어울림을 경험한 느낌을 이야기한다.	• 다양한 악기를 이용해서 합주해 본 소감에 대해 이야기할 수 있는가?

❸ 교수 · 학습 과정안

학습 주제	합주하기	수준	고등학교 1~3학년

활동명	• 셈여림의 변화를 살려 악기를 연주하기 • 다양한 악기로 음악의 특징을 살려 합주하기

학습 목표	• 셈여림의 변화를 살려 악기를 연주할 수 있다. • 다양한 악기로 음악의 특징을 살려 합주할 수 있다.

학습 단계	학습 과정 (모듈)	교수 · 학습 활동				자료 활용 및 유의점
		교사	학생(수준, 장애 유형 등에 따른 내용 제시)			
			A	B	C	
도입	동기 유발	• 오케스트라 동영상을 보여 주고 사용된 악기에 관해 소개한다. • 악기를 구별해 보고 다양한 악기들의 음색을 들어 본 느낌을 이야기하게 한다.	• 다양한 악기들이 연주되는 영상을 보고 이야기를 나눈다.			• https://www.youtube.com/watch?v=FsQN6KN8BAg
전개	〈활동 1〉	◎ 셈여림의 변화에 주의하며 악기로 연주하기 • 셈여림의 변화에 대해 알아보기 –〈파란 마음 하얀 마음〉에 등장하는 셈여림 기호를 찾아보고 그 뜻을 이야기하게 한다(포르테 기호는 없지만 악곡의 특징에 따라 교사가 악보에 제시하여 제공할 수 있다). 표: f 포르테 세게 / mf 메조포르테 조금세게 / mp 메조피아노 조금 여리게 –타악기와 가락악기 모둠으로 학생들을 나눈다. 그리고 연습할 수 있는 시간을 안내하고 다 함께 연주해 보도록 한다.	• 셈여림 기호를 알려 주고 자신의 악기로 셈여림 기호에 맞는 셈여림을 연주한다.	• 교사가 제시하는 셈여림 카드에 맞게 자신의 악기로 표현한다.		• 〈파란 마음 하얀 마음〉

	〈활동 2〉	◎ 다양한 악기로 음악의 특징을 살려 합주하기 • 타악기와 가락악기 연습하기 • 〈금강산〉 제재곡을 학생들과 함께 감상하도록 한다. －타악기를 연주하는 모둠과 교사는 함께 연습하고, 연주할 때 유의점을 안내하도록 한다. 가락악기를 연주하는 모둠과 교사는 연습하고, 가락악기 연주 주법인 트레몰로 주법에서 '/'는 8분음표, '//'는 16분음표, '///'는 32이분음표로 주어진 박에 맞게 표현할 수 있도록 한다. • 모둠별로 연주하기 －개별 또는 모둠별로 연습하고 난 후에 합주해 보도록 한다.	• 타악기와 가락악기 모둠을 구성하고 합주한다. • 교사가 보여 주는 트레몰로 주법을 보고 자신의 악기로 표현한다.	• 가락 연주가 어려운 경우에는 타악기로 연습하고, 준비된 음원에 맞춰서 기악 합주한다. • 교사가 보여 주는 말 리듬 트레몰로 연주 방법을 보고 목소리로 표현한다. (또/ 또르/ 또르르르/ 때구르르 때구르르) 또　　또　르　또르르르르 때구르르때구르르	• 〈학교 가는 길〉 악보 준비하기 • 트레몰로 연주 방법 교구 준비하기
전개	〈활동 3〉	◎ 합주를 통해 소리의 어울림을 경험하기 • 합주하기 －타악기 모둠과 가락악기 모둠별로 자리에 배치하고 다 함께 합주하도록 한다. －학생들이 연주하는 영상을 촬영하거나 음원을 녹음해서 다 함께 감상하도록 한다.	• 합주를 통해 소리의 어울림을 경험한다.	• 가락악기 음원에 맞춰 타악기를 연주해 본다.	• 자리 배치도를 보여 주고 연주하기
정리	정리 평가	• 합주를 통해 소리의 어울림을 경험하기 －다양한 타악기와 가락악기가 어우러지는 합주를 경험해 본 소감에 관해 이야기하게 한다. －합주하며 소리의 어울림을 느껴 본 소감에 관해 이야기하게 한다.	• 합주를 통해 소리의 어울림을 느껴 본 소감을 이야기한다.	• 가락악기 음원에 맞춰 타악기를 연주해 본 소감을 이야기한다.	

❹ 평가 도구

평가 목표	• 셈여림의 변화를 살려 악기를 연주할 수 있다. • 다양한 악기로 음악의 특징을 살려 합주할 수 있다.	
평가 영역	악기 연주하기(기악)	
평가 유형(방법)	실기	
평가 내용	• 셈여림의 변화를 살려 연주할 수 있는가? • 다양한 악기로 음악의 특징을 살려 합주할 수 있는가?	
평가 기준	잘함	셈여림의 변화를 살려 연주하고, 다양한 악기로 음악의 특징을 살려 합주할 수 있다.
	보통	셈여림의 변화를 살려 연주하고, 타악기(가락악기)로 음악의 특징을 살려 합주할 수 있다.
	노력 요함	셈여림의 변화를 살려 연주할 수 있지만, 신체의 일부나 몸짓으로 음악의 특징을 살려 표현할 수 있다.
평가 환류 계획	다양한 악기를 경험하고 합주를 통해 소리의 어울림과 음악의 심미적 체험이 가능할 수 있도록 적극적으로 합주를 경험할 수 있도록 한다.	

❺ 활동지 자료

가. 셈여림의 변화를 느끼며 연주하기

파란 마음 하얀 마음

이효선 작사/한용희 작곡/김용희 편곡

나. 다양한 악기로 합주하기 -1

금강산

강소천 작사/나운영 작곡/허미경 편곡

다. 동료평가와 자기평가 자료

모둠 활동 동료평가 및 자기평가

❶ 다른 모둠 친구들의 활동을 평가해 주세요.

모둠명	발표한 내용이 적절했나요?			수업 활동에 대한 태도가 좋았나요?		
1모둠	☺	😐	☹	☺	😐	☹
2모둠	☺	😐	☹	☺	😐	☹
3모둠	☺	😐	☹	☺	😐	☹

❷ 오늘 나의 활동을 평가해 주세요.

평가 기준	☺	😐	☹
1. 나는 활동 시간에 나의 생각을 잘 말했다.			
2. 나는 모둠별 활동에서 나의 역할을 잘 알고 있었다.			
3. 나는 모둠별 활동에서 모둠원을 배려하고 협력하였다.			
4. 나는 수업 시간에 바른 자세로 활동에 적극적으로 참여하였다.			

❻ 한 걸음 더!

합주하기는 음악 교과 활동 영역 중에서도 매우 중요한 학생 활동으로, 음악을 통한 심미적 체험이 가능한 활동이라고 볼 수 있다. 합주는 다양한 악기(타악기, 관악기, 현악기, 건반악기 등)의 조화를 통해 사회성 및 자아존중감을 향상시킬 수 있으며, 나아가 다른 친구들을 배려하는 방법을 익힐 수 있으므로 매우 중요한 음악 활동이다. 특수교육현장에서 음악 수업은 학생의 장애 유형에 따라 다르게 전개될 수 있으므로, 교사는 매우 다양한 선택과 교수 방법으로 학생들이 합주라는 음악 활동을 적극적으로 경험할 수 있도록 도와야 한다.

〈합주하기〉

• 악기 선택

학생의 유형에 따라 악기 선택을 할 수 있도록 하며, 양손으로 또는 한 손으로 연주가 가능한 악기들도 구비해 놓는 것이 효과적인 수업을 위해 필요하다.

• 악보 선택

기본적인 총보(Full Score)는 학생들이 쉽게 볼 수 있도록 파트악보(Part Score)로 변환하거나 다시 제작하여 준비한다. 또한 학생의 장애 유형에 따라 연주 가능한 음표 또는 음정으로 편곡하여 수업 자료를 준비하고, 무엇보다 합주에 흥미와 동기 유발을 불러일으킬 수 있도록 적극적으로 독려하거나 권장하여 합주 활동에서 소외되는 학생들이 없도록 해야 할 것이다.

• 합주 형태

리듬악기와 가락악기가 함께 연주되는 형태의 합주를 경험하게 하는 것이 좋으나, 수업 환경 및 학생의 유형에 따라 소규모 형태의 합주 활동도 가능하도록 준비하는 것이 좋다.

• 자리 배치

합주의 자리는 가락악기가 앞쪽에 리듬악기가 뒤쪽이나 옆쪽에 배치하여 실제적으로 무대에서 연주하는 느낌을 가질 수 있도록 하는 것이 좋다. 이때 각자 연주할 수 있도록 파트악보와 보면대도 함께 제공해 준다면 수업이더라도 합주를 하는 간접 경험이 될 수 있을 것이다.

리듬악기	리듬악기	작은북	큰북
글로켄슈필 1	글로켄슈필 1	글로켄슈필 2	글로켄슈필 2
멜로디언 1	멜로디언 1	멜로디언 2	멜로디언 2
리코더 1	리코더 1	리코더 2	리코더 2

교탁

〈 토의 주제

1. 장애 학생들에게 기악 활동이 갖는 교육적 의의는 무엇인지 토의해 보자.
2. 기악 활동 수업에서 제재곡을 선정할 때 고려해야 하는 상황에 대해 토의해 보자.
3. 기악 활동 수업에서 제재곡을 선정할 때 그 기준과 과정에 대한 방법을 토의해 보자.

🎵 참고문헌

교육부(2015). 기본 교육과정. 교육부 고시 제201-81호 [별책 3].

길애경, 임미경(2013). 초등음악지도법. 서울: 수문당.

김순제, 박준교(1971). 기악교육: 합주의 이론과 실제. 대구: 학문사.

승윤희, 민경훈, 양종모, 정진원(2019). 예비교사와 현장교사를 위한 초등 음악교육. 서울: 학지사.

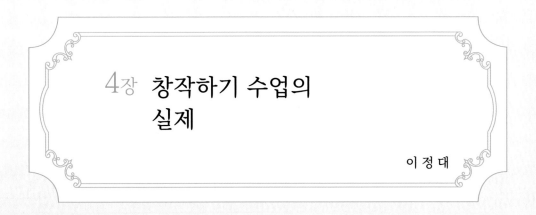

이 정 대

이 장에서는 장애 학생들의 음악 수업 중 창작하기 수업을 설계하기 위한 이론적 배경을 살펴보고, 학생들의 창의력을 개발하기 위한 다양한 창작 수업 활동에 대해 알아보고자 한다. 먼저, 창작하기 수업은 음악의 재료가 되는 소리를 탐색하고 모방하는 활동을 시작으로, 몸으로 표현하기·노래로 표현하기·악기 즉흥 연주하기·악기 만들어 표현하기 등을 통해 음악을 체감하고 창의적으로 음악을 표현할 수 있는 능력을 기르는 것을 목적으로 한다. 이를 통해 학생들이 다양한 방식으로 음악을 창작하여 표현하며, 창작하는 과정을 통해서 창의적인 사고와 표현력을 개발할 수 있기를 기대한다.

1. 창작하기 수업의 이해

1) 창작하기 수업이란

음악에서의 창작 활동이란 능동적이고 독창적인 사고를 바탕으로 하여 다양한 음악적 개념들과 형식, 구조 등을 스스로 경험하고 조직함으로써 자신의 음악을 창의적으로 만드는 모든 활동을 말한다(권덕원 외, 2008). 장애 학생들을 위한 음악 창작 수업은 주변의 소리를 인식하고 자신만의 내면화를 통해서 자유롭게 표현하는 것으로 시작할 수 있다. 이를 위해서 노랫말 바꾸기, 리듬 만들기, 즉흥적으로 표현하기, 가락선 그리기, 악기 만들기 등의 방법을 다양하게 시도할 수 있다.

2) 창작하기 수업의 원리

(1) 창작하기 수업의 교수 · 학습 방법

창작하기 수업은 창작 활동들을 통해서 학생들에게 자신의 생각과 기분을 음악적으로 표현할 수 있는 기회를 제공한다. 이를 위하여 먼저 음악의 재료가 되는 소리에 대해서 이해하고, 음악에서 사용되기 위해서 어떤 점이 필요한지 학습한다. 창작 활동은 학생들이 자신의 기분과 느낌, 생각 등을 자유롭게 말이나 행동, 몸짓으로 표현하는 것으로 시작하며, 이를 다양한 음악적 형태로 표현할 수 있도록 구성된다. 창작의 표현은 가장 기초적인 단계인 신체를 활용한 '자기소개 리듬 창작하기'를 시작으로, '계절의 소리 창작하기' '노랫말 창작하기' '가락선으로 표현하기' '악기 만들어 표현하기' 등 악기를 활용하여 표현하는 과정으로 점차 확대된다. 이러한 수업 과정 속에서 학생들은 확산적 사고를 바탕으로 창의력을 개발할 수 있다.

음악교육에서의 창작 활동은 악곡의 노랫말과 음악의 구성 요소를 활용하여 음악적 산출물을 자유롭게 만들고 이를 표현하도록 하고 있다. 이를 위해서 주변 환경의 소리를 재현하는 활동을 하거나, 주어진 노랫말을 자신의 느낌대로 바꾸어 부를 수 있으며, 노랫말의 의미에 부합하는 말붙임새로 만들어 표현할 수 있다. 또한 악곡의 리듬꼴과 장단꼴을 주어진 조건에 적합하게 바꾸어 노래 부르거나 악기로 연주하여 표현할 수 있다(교육부, 2015).

(2) 창작하기 수업의 학습 활동

창작하기 수업은 음악 창작의 소재가 되는 소리와 음에 대한 탐색과 이해를 위해서 음의 높고 낮음과 다양한 음색을 경험하는 활동을 우선으로 하며, 다양한 방법으로 음악을 표현하는 활동으로 이어져야 한다. 또한 모방과 즉흥 연주 활동을 통해서 음악 표현의 즐거움을 경험하게 하고, 이는 가락선 악보 읽기와 다양한 창작 활동으로 이어질 수 있다.

초등학교 3~4학년의 경우, 특수음악교육에서의 창작 활동은 악기 없이 말과 동작으로 할 수 있는 음악적 탐색과 표현을 경험하게 하고, 이후 악기를 사용한 즉흥 연주와 창작 활동으로 음악 창작을 경험하게 한다. 이를 위해서 일상생활을 주제로 한 짧고 재미있는 말 리듬을 표현하거나 리듬을 표정, 몸동작, 타악기 등으로 표현하고, 타악기의 다양한 소리를 탐색하여 생활 속의 사물들로 창의적으로 소리를 만드는 데 중점을 두고 있다. 초등학교 5~6학년의 경우에는 자유로운 음악의 표현하기 활동을 통해서 학생들의 음악 표현력을 개발하고, 다양한 악기로 즉흥 연주와 창작 활동을 경험할 수 있도록 하는 것이 좋다. 이를 위해서 말 리듬을 만들어 주고받으며 부르기, 노랫말을 바꾸어 부르기, 선율타악기로 즉흥 연주하기 등의 활동으로 창의적인 가락을 만들어 보는 경험을 제시하고 있다.

〈표 4-1〉 **창작하기 수업 활동명 구분**

번호		활동명*
탐색하기	1	좋아하는 음악 소개하기
	2	자기소개 구호 만들기
	3	자기소개 리듬 만들기
	4	자기소개 리듬으로 인사 주고받기 놀이
	5	계절의 소리 탐색하기
	6	악기 음색 탐색하기
	7	음의 높고 낮음 이해하기
표현하기	8	계절의 소리를 모방하여 표현하기
	9	계절의 소리를 악기로 표현하기
	10	리듬 치며 노랫말 표현하기
	11	메기고 받는 형식으로 가사 표현하기
	12	셈여림 바꾸어 표현하기
	13	빠르기를 바꾸어 표현하기
	14	가락선으로 음악의 느낌 표현하기
연주하기	15	오스티나토 합주하기
	16	자기소개 즉흥 연주하기
	17	사물악기로 창작 오스티나토 연주하기
	18	노랫말에 말 리듬 붙이기
	19	노랫말의 일부를 바꾸어 부르기
	20	가락선 악보 연주하기
	21	가락선 악보 연주 놀이하기
	22	타악기로 즉흥 연주하기
	23	창작 선율 연주하기
	24	실로폰 연주하기
	25	창작 타악기로 연주하기

창작하기	26	리듬 오스티나토 창작하기
	27	노랫말 창작하기
	28	주사위로 가락 창작하기
악기 만들기	29	관악기 만들기
	30	생활용품으로 타악기 만들기

* 상기 활동은 장애 학생들의 학년 및 장애 정도에 따라 교수자가 자유롭게 설정하여 제시할 수 있음.

2. 창작하기 교수·학습 방법의 실제

[그림 4-1] **창작하기 교수·학습 유형과 활동명**

1) 창작하기 교수·학습 유형 1

❶ 개요

영역	표현(창작)	기능	탐색하기, 표현하기, 경험하기
학습 목표	• 자기를 소개하는 말 리듬을 창작하여 표현할 수 있다. • 창작한 오스티나토 주제로 리듬 합주를 할 수 있다.		
평가 유형	■자기평가 ■상호평가 □ 관찰평가 □실음평가 □포트폴리오 □기타 ( )		
교수 · 학습 자료	수업 환경	노트북, 피아노, 방음이 된 교실	
	교사 준비물	PPT 자료, 감상 음원, 타악기(탬버린, 캐스터네츠, 트라이앵글, 터치벨, 리듬스틱 등) 등 교수 자료 제시	
	학생 준비물	노트, 필기구 학습 자료 제시	
개발 의도	자기소개 리듬 창작하기 수업 모형은 창작 수업에서 가장 중요한 자기탐색과 자기표현력을 높이기 위해서 설계되었다. 음악 창작의 기본적인 원리는 창작자의 의도를 음악적으로 표현하는 것이다. 이 수업에서는 스스로 어떤 사람인지를 생각해 보는 자기성찰을 시작으로, 이를 타인에게 소개함으로써 스스로에 대한 자존감을 갖추게 된다. 또한 자신을 표현할 수단으로 구호를 만들어 보면서 타인에게 자신을 소개할 수 있는 자신감을 형성하게 된다. 학생들은 음악적 창작의 기본 요소인 악기들의 소리를 탐색하는 것을 시작으로, 자신을 표현하는 구호를 말 리듬으로 창작해 보면서 음악의 창작을 경험하게 된다. 말 리듬으로 만들어진 리듬을 타악기로 표현함으로써 리듬 창작의 첫 단계를 완성하게 된다. 만들어진 자신만의 리듬 주제를 음악적 별명으로 삼고, 리듬 연주로 다른 학생들과 비언어적 소통을 할 수 있다.		

❷ 단계별 교수·학습 활동 및 평가 계획

학습 단계	활동명	교수·학습 활동	평가 계획
도입	1. 좋아하는 음악 소개하기	• 친구들과 인사를 나누고 자기소개를 한다. • 자신의 성격, 좋아하는 노래, 좋아하는 악기를 이야기한다.	• 자신 있게 자신을 소개할 수 있는가?
전개 1	16. 자기소개 즉흥 연주하기	• 다양한 악기 소리를 탐색한다. (예: 탬버린, 캐스터네츠, 트라이앵글, 터치벨, 리듬스틱 등) • 자신의 성격을 잘 나타낼 수 있는 악기를 선택한다. • 자신의 특징이 잘 드러나도록 즉흥 연주를 한다.	• 자신의 특징이 잘 드러나도록 즉흥 연주할 수 있는가?
전개 2	3. 자기소개 리듬 만들기	• 자신을 표현하는 구호를 만든다. (예: 멋진 희철) • 구호에 어울리는 말 리듬을 붙인다. • 악기로 구호의 말 리듬을 표현하여 자기소개 리듬을 만든다.	• 자기소개 구호에 말 리듬을 붙여서 표현할 수 있는가?
전개 3	15. 오스티나토 합주하기	• 자신의 리듬 주제를 오스티나토 주제로 삼아서 2~4명의 학생과 리듬 합주를 한다.	• 다른 파트의 리듬과 어울리도록 자신의 리듬 주제를 연주할 수 있는가?
마무리	4. 자기소개 리듬으로 인사 주고받기	• 친구와 자기소개 리듬으로 인사 주고받기 놀이를 한다. • 친구를 부를 때 친구의 리듬을 연주하면서 소통할 수 있도록 한다.	• 자기소개 리듬과 친구의 리듬을 연주할 수 있는가?

❸ 교수·학습 과정안

학습 주제	자기소개 리듬 창작하기			수준	초등학교 3~6학년

활동명	• 다양한 악기 소리를 탐색하고 즉흥 연주로 자기소개하기 • 자신을 표현하는 구호를 만들어서 소통하기

학습 목표	• 자기를 소개하는 말 리듬을 창작하여 표현할 수 있다. • 창작한 오스티나토 주제로 리듬 합주를 할 수 있다.

학습 단계	학습 과정 (모듈)	교수·학습 활동				자료 활용 및 유의점
		교사	학생(수준, 장애 유형 등에 따른 내용 제시)			
			A	B	C	
도입	동기 유발	• 친구들과 인사를 나누고 자기소개를 하게 한다. • 자신의 성격, 좋아하는 노래, 좋아하는 악기 등을 이야기하도록 한다.	• 자신의 성격과 좋아하는 것에 대해서 소개한다.			
전개	〈활동 1〉	• 다양한 악기 소리를 탐색하도록 한다(탬버린, 캐스터네츠, 트라이앵글, 터치벨, 리듬스틱 등). • 자신의 성격을 잘 나타낼 수 있는 악기를 선택하도록 한다. • 자신의 특징이 잘 드러나도록 자유롭게 즉흥 연주를 하게 한다.	• 악기 소리를 탐색하고 자신에게 어울리는 악기를 정한다. • 자신의 성격을 악기로 자유롭게 표현한다.		• 악기 소리를 탐색하고 자신에게 어울리는 악기를 정한다. • 악기를 자유롭게 소리 내어 본다.	• 타악기
	〈활동 2〉	• 자신을 표현하는 구호를 만들도록 한다. -자신을 표현하는 단어와 이름을 결합하여 짧은 문장의 구호를 만들도록 지도한다. -만들어진 소개 구호에 4/4박자 한 마디 길이의 개성적인 리듬꼴을 창작하여 음악적인 구호를 만들게 한다. <table><tr><td>멋</td><td></td><td>진</td><td></td><td>희</td><td></td><td>철</td><td></td></tr></table> • 정간의 한 칸은 8분음표 길이임을 설명한다. • 다양한 리듬의 예시를 보여 주면서 다양한 리듬꼴을 만들 수 있도록 유도한다. <table><tr><td>예</td><td>쁜</td><td></td><td></td><td>수</td><td></td><td>정</td></tr></table> <table><tr><td>키</td><td></td><td></td><td>큰</td><td>영</td><td>수</td><td></td></tr></table>	• 4/4박자의 한 마디 길이로 자신의 이름과 자신을 표현하는 단어를 넣어서 구호를 만든다. • 구호에 말 리듬을 붙여서 자기소개 리듬을 만든다.	• 자신을 표현하는 구호를 선택한다. • 구호에 말 리듬을 붙여서 자기소개 리듬을 만든다.	• 자신을 표현하는 구호를 선택한다. • 구호 붙은 말 리듬으로 제시된 자기소개 리듬을 읽어 본다.	• 정간 악보

		• 구호에 어울리는 말 리듬을 붙이도록 한다. ┌─┬─┬─┬─┐ │멋│진│희│철│ ├─┼─┼─┼─┤ │딴│딴│딴│딴│ └─┴─┴─┴─┘ • 악기로 자기소개 리듬 연주하기 ─구호의 말 리듬으로 만들 리듬꼴로 자기소개 리듬을 만들고, 악기로 표현하도록 한다. * 수정이의 리듬 ┌─┬─┬─┬─┬─┬─┐ │따│따│ │딴│ │따│ └─┴─┴─┴─┴─┴─┘ * 영수의 리듬 ┌─┬─┬─┬─┬─┬─┐ │딴│ │따│따│따│ │ └─┴─┴─┴─┴─┴─┘	• 자신의 구호에 붙은 말 리듬을 구음으로 표현해 본다. • 자신의 구호 말 리듬을 악기로 연주해 본다.	• 선생님의 도움을 받아 말 리듬을 만들어 본다. • 선택한 리듬을 악기로 연주해 본다.	• 자신을 표현하는 리듬을 선택한다. • 선택한 리듬을 말 리듬으로 표현한다.	• 리듬카드 • 정간악보
	〈활동 3〉	• 친구들과 자신의 리듬 주제로 오스티나토 리듬 합주를 하게 한다. ─2~4명의 학생을 한 팀으로 해서 자신의 소개 리듬을 오스티나토 리듬 주제로 삼아 반복해서 연주하면서 리듬 합주 연주를 하게 한다. ─먼저, 한 학생이 한 마디 길이의 리듬 주제를 악기로 연주하고, 순차적으로 2번째, 3번째, 4번째 학생이 자신의 리듬 주제를 도입하여 연주하도록 한다. ─도입된 주제는 악곡이 끝날 때까지 반복해서 연주하도록 한다. * 전체적인 음악의 빠르기에 유의하면서 정확한 리듬으로 연주하도록 지도한다.	• 자신의 리듬 주제를 오스티나토 주제로 삼아 리듬 합주를 한다.		• 자신의 리듬 주제를 악기로 연주해 본다.	• 정간악보
정리	정리 평가	• 전체 친구들과 둥근 모양으로 둘러앉아서 친구와 자기소개 리듬으로 인사 주고받기 놀이를 하도록 한다. • 친구를 부를 때 친구의 리듬을 연주하면서 소통할 수 있도록 한다.	• 자기를 소개하고 자기소개 리듬을 연주한다. • 친구를 부를 때 타악기로 친구의 리듬을 연주한다.	• 자기를 소개하고 자기소개 리듬을 연주한다. • 친구를 부를 때 손뼉으로 친구의 리듬을 연주한다	• 자기를 소개하고 자기소개 리듬을 연주한다. • 친구를 부를 때 친구의 구호를 부른다.	

❹ 평가 도구

평가 목표	• 자기를 소개하는 말 리듬을 창작하여 표현할 수 있다 • 창작한 오스티나토 주제로 리듬 합주를 할 수 있다.		
평가 영역	창작, 표현		
평가 유형(방법)	과정 평가 및 실기		
평가 내용	• 구호에 말 리듬을 붙여서 자기소개 리듬을 창작할 수 있는가? • 악기로 정확하게 리듬을 연주할 수 있는가?		
평가 기준	잘함		자신을 표현하는 구호에 다양한 말 리듬을 붙여서 악기로 정확하게 연주할 수 있다.
	보통		자신을 표현하는 구호를 만들었으며, 제시된 리듬꼴로 말 리듬을 붙여 연주할 수 있다.
	노력 요함		자신을 표현하는 구호를 말로 표현할 수 있다.
평가 환류 계획	자신을 표현하는 구호를 만들어 보도록 지도하고, 이에 어울리는 개성적인 리듬꼴을 창작하여 악기로 연주하는 활동에 적극적으로 참여할 수 있도록 지도한다.		

❺ 활동지 자료

가. 말 리듬 기록 정간보 악보

멋		진		희		철	

예	쁜			수			정

키			큰	영	수		

용	감	한		준		석	

나. 오스티나토 리듬 합주를 위한 악곡 예시

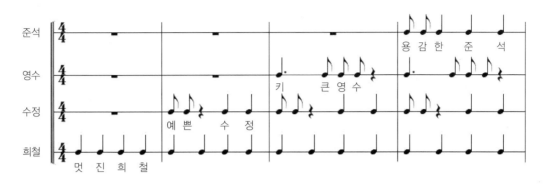

다. 동료평가와 자기평가 자료

모둠 활동 동료평가 및 자기평가

❶ 다른 모둠 친구들이 만든 음악을 평가해 주세요.

모둠명	완성도			창의성			발표		
	소개 구호 만들기			구호 리듬꼴 만들기			리듬 합주하기		
1모둠	☺	☻	☹	☺	☻	☹	☺	☻	☹
2모둠	☺	☻	☹	☺	☻	☹	☺	☻	☹
3모둠	☺	☻	☹	☺	☻	☹	☺	☻	☹

❷ 오늘 나의 활동을 평가해 주세요.

평가 기준	☺	☻	☹
1. 나는 소개 구호 만들기 창작 활동에 적극적으로 참여하였다.			
2. 나는 소개 구호에 어울리는 리듬꼴을 멋지게 창작했다.			
3. 나는 모둠별 활동에서 모둠원들을 배려하고 협력하였다.			
4. 다른 친구의 리듬 연주 소리를 들으며 나의 리듬 주제를 악기로 조화롭게 잘 표현하였다.			

❻ 한 걸음 더!

〈창작 리듬 수업에 대한 조언〉

음악의 창작을 지도하기 위해서는 창작의 목적이 표현에 있다는 사실을 인식해야 한다. 따라서 학생들이 스스로를 표현하는 데 익숙해지도록 지도 방안을 모색해야 한다. 우선, 자신을 소개하는 것을 시작으로 자신의 성격, 기호 등을 친구들과 나누게 하고, 이러한 활동을 음악적 활동으로 확산시켜 음악적 표현으로 이어 나가야 한다. 음악의 창작은 선율, 리듬, 화성에 대한 이해도가 결합되어 이루어지지만, 리듬을 창작하는 것으로 기초적인 창작 수업을 시작할 수 있다. 자신을 소개하고 소개 구호를 리듬꼴로 창작하여 음악화하는 작업은 학생들에게 흥미를 줄 수 있는 즐거운 활동이면서 다양한 음악적 리듬꼴을 탐색할 수 있는 기회를 줄 수 있다. 창작된 리듬꼴은 여러 가지 음악적 활동에서 사용할 수 있다. 특히 오스티나토 합주나 음악 놀이 등에서 자신만의 개성적인 주제를 만들어서 활동한다면, 학생들이 자신만의 리듬 주제에 애착을 가지면서 적극적으로 음악 활동할 수 있게 만드는 기회를 제공하게 될 것이다.

창작 리듬의 결과는 다양한 악기를 사용하여 연주할 수 있고, 이를 위해서 다양한 타악기를 준비할 필요가 있다. 타악기는 탬버린, 트라이앵글, 카바사와 같은 사용하기 손쉬운 악기부터 실로폰, 핸드벨과 같이 음정이 있는 선율타악기도 활용할 수 있다.

2) 창작하기 교수·학습 유형 2

❶ 개요

영역	표현(창작)		기능	탐색하기, 표현하기, 경험하기
학습 목표	• 계절의 소리를 타악기로 자유롭게 표현할 수 있다. • 계절의 소리에 어울리는 리듬 오스티나토를 창작하여 연주할 수 있다.			
평가 유형	■자기평가 ■상호평가 □ 관찰평가 □실음평가 □포트폴리오 □기타 ( )			
교수·학습 자료	수업 환경	노트북, 피아노, 방음이 된 교실		
	교사 준비물	PPT 자료, 감상 음원, 그림 카드, 타악기 등 교수 자료 제시		
	학생 준비물	필기구, 노트		
개발 의도	'계절의 소리 창작하기' 수업 모형에서는 학생들이 그림이나 풍경 등의 이미지를 내면화하여 음악으로 표현할 수 있도록 수업을 설계하고 있다. 특히 사계절이 뚜렷한 우리나라의 자연환경을 살펴보면서 계절을 느낄 수 있는 생활 속의 다양한 소리들을 탐색하고, 이를 음악으로 표현하기 위한 단계를 설정하고 있다. 학생들은 계절의 특징을 선택하고 이를 자유롭게 타악기로 연주하면서, 이미지와 음악의 연결 고리를 실습한다. 또한 학생들은 선택한 계절의 특징을 의성어로 표현하고, 이에 말 리듬을 붙여서 음악화시키는 과정을 통해서 음악적 창작의 과정을 경험하게 된다. 그리고 학생들은 만들어진 리듬 오스티나토를 혼자 혹은 함께 연주하면서 음악적 앙상블을 경험할 수 있다.			

❷ 단계별 교수·학습 활동 및 평가 계획

학습 단계	활동명	교수·학습 활동	평가 계획
도입	5. 계절의 소리 탐색하기	• 특정한 계절의 자연 풍경을 보여 주는 영상을 감상한다. • 해당 계절을 표현할 수 있는 어울리는 소리를 자유롭게 이야기한다.	• 계절에 어울리는 소리를 찾아서 발표할 수 있는가?

⬇

전개 1	8. 계절의 소리를 모방하여 표현하기	• 계절과 연관된 자연의 모습을 담은 카드를 감상한다. • 표현하고 싶은 계절의 소리를 정한다. (예: 여름, 시냇물 흐르는 소리, 천둥소리, 비 내리는 소리, 바닷가에서 아이들이 노는 소리 등) • 카드에 제시된 계절이 주는 느낌을 소리나 몸짓으로 표현해 보도록 지도한다.	• 자신이 선택한 계절 카드의 이미지를 잘 표현할 수 있는가?

⬇

전개 2	9. 계절의 소리를 악기로 표현하기	• 표현하고 싶은 계절의 소리를 정하고 어울리는 타악기를 선택한다. • 계절의 소리를 타악기로 자유롭게 표현한다.	• 타악기로 계절의 소리를 표현할 수 있는가?

⬇

전개 3	26. 리듬 오스티나토 창작하기	• 자유롭게 표현한 계절의 소리에 말 리듬을 붙여서 2마디 정도의 리듬 오스티나토를 창작한다. • 학생별로 타악기로 자신이 창작한 계절의 소리를 타악기 연주로 발표하고, 어떤 소리를 표현한 것인지 설명한다.	• 어울리는 리듬 오스티나토를 창작할 수 있는가?

⬇

마무리	17. 사물악기로 창작 오스티나토 연주하기	• 친구들과 함께 리듬 오스티나토를 합주한다.	• 친구들과 함께 리듬 오스티나토를 연주할 수 있는가?

❸ 교수·학습 과정안

학습 주제	계절의 소리 창작하기		수준	초등학교 3~6학년

활동명	• 계절의 소리 탐색하기 • 계절의 소리 모방하기 • 계절의 소리 리듬 오스티나토 창작하기

학습 목표	• 계절의 소리를 타악기로 자유롭게 표현할 수 있다. • 계절의 소리에 어울리는 리듬 오스티나토를 창작하여 연주할 수 있다.

학습 단계	학습 과정 (모듈)	교수·학습 활동				자료 활용 및 유의점
		교사	학생(수준, 장애 유형 등에 따른 내용 제시)			
			A	B	C	
도입	동기 유발	• 특정한 계절의 자연 풍경을 보여 주는 사진이나 영상을 제시하고, 제시된 계절의 특징을 자유롭게 이야기하도록 한다. −해당 계절을 표현할 수 있는 어울리는 소리가 무엇인지 질문한다. −다양한 자연의 소리를 들려주면서 학생들의 상상력을 자극하고, 새로운 소리를 이야기할 수 있도록 유도한다.	• 영상을 감상하고 계절에 어울리는 소리를 자유롭게 이야기한다.	• 영상을 감상하고 계절에 어울리는 소리를 간단하게 이야기한다.	• 영상을 감상하고 계절에 어울리는 소리가 적힌 카드를 고른다.	• 카드
전개	〈활동 1〉	• 계절과 연관된 자연의 모습을 담은 카드를 제시한다. −여름, 시냇물 흐르는 소리, 천둥소리, 비 내리는 소리, 바닷가에서 아이들이 노는 소리 등 • 카드에 제시된 계절이 주는 느낌을 소리나 몸짓으로 표현해 보도록 지도한다.	• 계절과 연관된 이미지 카드를 보면서 표현하고 싶은 내용을 정한다. • 카드에 제시된 계절이 주는 느낌을 말이나 몸짓으로 표현한다.			
	〈활동 2〉	• 표현하고 싶은 계절의 소리를 정하고 어울리는 타악기를 선택하여 표현한다. −선택한 이미지에 어울리는 소리의 특징을 지닌 악기를 선택하도록 지도한다. −타악기로 자유롭게 소리를 표현하도록 지도한다. −연주의 속도, 리듬의 표현에 따라서 어떻게 느낌이 달라지는지 질문을 통해서 지도한다.	• 타악기로 자유롭게 카드의 이미지를 표현해 본다.	• 타악기로 카드의 이미지를 간단하게 표현해 본다.	• 카드의 이미지를 간단하게 말로 표현해 본다.	

2. 창작하기 교수·학습 방법의 실제

	〈활동 3〉	• 자신이 정한 계절의 소리에 어울리는 말 리듬을 붙여서 2마디 길이의 리듬 오스티나토를 창작하도록 한다. • 자신이 고른 타악기로 창작한 계절의 소리를 연주할 수 있도록 하고, 어떤 소리를 표현한 것인지 설명하게 한다.	• 계절의 소리에 어울리는 말 리듬을 붙이고, 2마디 길이의 리듬 오스티나토를 창작한다. • 타악기로 연주하고 어떤 소리인지 발표한다.	• 계절의 소리에 어울리는 말 리듬을 붙인다. • 타악기로 창작한 말 리듬을 연주한다.	• 계절의 소리에 어울리는 말 리듬을 붙인다. • 창작한 말 리듬을 발표한다.	
정리	정리 평가	• 친구들과 함께 리듬 오스티나토를 합주하도록 한다.	• 친구들과 짝을 이루어 각자의 리듬 오스티나토를 함께 연주한다.	• 창작한 리듬 오스티나토를 타악기로 연주한다.	• 친구들이 연주하는 리듬 오스티나토를 듣고, 어떤 소리인지 답한다.	

❹ 평가 도구

평가 목표	• 계절의 소리를 타악기로 자유롭게 표현할 수 있다. • 계절의 소리에 어울리는 리듬 오스티나토를 창작하여 연주할 수 있다.	
평가 영역	창작, 표현	
평가 유형(방법)	과정 평가 및 실기	
평가 내용	• 카드에 제시된 계절의 풍경을 타악기로 자유롭게 표현할 수 있는가? • 계절의 소리에 어울리는 리듬 오스티나토를 창작하여 연주할 수 있는가?	
평가 기준	잘함	카드에 제시된 계절의 풍경을 자신만의 느낌과 다양한 음악적 리듬으로 자유롭게 악기로 표현할 수 있으며, 어울리는 리듬 오스티나토를 창작할 수 있다.
	보통	계절의 소리를 표현하는 자신만의 느낌과 표현이 있으나 제한된 음악적 리듬으로 표현할 수 있고, 단순한 리듬 오스티나토를 창작할 수 있다.
	노력 요함	계절의 소리를 자신만의 방법으로 표현할 수 있다.
평가 환류 계획	제시된 계절이 주는 이미지와 느낌을 말과 몸짓으로 표현하게 하여 계절의 소리를 탐색하게 하고, 이를 음악적으로 자유롭게 표현해 볼 수 있도록 유도한다. 특히 음악적 리듬을 반복해서 연주하는 오스티나토 합주에 적극적으로 참여할 수 있도록 유도한다.	

❺ 활동지 자료

가. 계절의 소리 탐색 카드 예시 자료

계절의 소리			
시냇물	천둥소리	파도 소리	산새 소리

나. 계절의 소리 탐색 카드가 주는 느낌을 자유롭게 표현해 보자.

다. 말 리듬 기록 정간보 악보 (2마디 리듬꼴 기록용)

라. 동료평가와 자기평가 자료

모둠 활동 동료평가 및 자기평가

❶ 다른 모둠 친구들이 만든 음악을 평가해 주세요.

모둠명	창의성			완성도			발표		
	계절의 소리 표현하기			오스티나토 리듬 창작하기			함께 연주하기		
1모둠	☺	😐	☹	☺	😐	☹	☺	😐	☹
2모둠	☺	😐	☹	☺	😐	☹	☺	😐	☹
3모둠	☺	😐	☹	☺	😐	☹	☺	😐	☹

❷ 오늘 나의 활동을 평가해 주세요.

평가 기준	☺	😐	☹
1. 나는 모둠의 계절의 소리 표현하기 활동에 적극적으로 참여하였다.			
2. 나는 오스티나토 리듬을 잘 창작하여 연주하였다.			
3. 나는 모둠별 활동에서 모둠원들을 배려하고 협력하였다.			
4. 함께 연주하기에서 다른 친구의 리듬 연주 소리를 들으며 나의 리듬 오스티나토 주제를 조화롭게 잘 표현하였다.			

❻ 한 걸음 더!

1. 오스티나토란?

오스티나토는 악곡 전체에서 리듬, 가락, 화성이 반복적으로 나타나는 작곡 기법이다. 이러한 반복 기법은 음악의 역사에서 오래전부터 사용되어 왔다. 오스티나토는 클래식 음악뿐만 아니라, 현대 음악, 재즈, 블루스, 록 등의 다양한 장르에서 사용되고 있다. 서양 음악의 형식에서는 주제 가락이나 리듬이 반복되면서 다양하게 변형되어 나타나는 것을 변주곡이라고 말한다. 즉, 오스티나토는 변주곡 형식의 하나로 볼 수 있다.

오스티나토는 라틴어로 '고집스러운'이라는 뜻을 가지는 단어 'obstinatus(옵스티나투스)'에서 유래했다. 즉, 하나의 주제를 고집스럽게 반복해서 연주하는 특징을 가지고 있다. 오스티나토 기법은 르네상스 시대부터 유래했으며, 13세기 모테트(motet)에서 사용되기 시작했다. 오스티나토는 주로 저음 파트에서 사용되는데, 이것을 바소 오스티나토(basso ostinato) 혹은 그라운드(ground)라고 부른다. 오스티나토 기법은 르네상스 시대에서 20세기 현대 음악에 걸쳐 폭넓게 사용되고 있다.

2. 오스티나토가 사용된 대표 악곡

오스티나토가 사용된 가장 대표적인 곡은 파헬벨의 〈캐논 변주곡〉과 바흐의 〈파사칼리아 다단조〉이다. 파헬벨의 캐논 첫 부분에서 제시된 주제가 악곡 전체에 걸쳐서 다양한 파트에서 등장하는 데 반해, 바흐의 파사칼리아에서는 주제가 주로 베이스 파트에서 반복되어 나타난다.

오스티나토를 사용한 또 다른 대표적인 작곡가로 라벨을 들 수 있다. 라벨은 프랑스 인상주의 악파의 작곡가로, 그의 작품 〈볼레로〉에서는 반복되는 주제 오스티나토를 악곡 전체에 걸쳐서 사용하면서 음악의 통일성을 만들어 내고 있다.

3) 창작하기 교수·학습 유형 3

❶ 개요

영역	표현(창작)		기능	표현하기, 비교하기, 경험하기
학습 목표	노랫말을 창작하여 표현할 수 있다.			
평가 유형	■자기평가 □상호평가 ■ 관찰평가 □실음평가 □포트폴리오 □기타 ( )			
교수·학습 자료	수업 환경	노트북, 피아노, 방음이 된 교실		
	교사 준비물	PPT 자료, 〈옹헤야〉 가창 음원, 녹음기, 말 리듬 창작학습지		
	학생 준비물	노트, 필기구		
개발 의도	'노랫말 창작하기' 수업 모형에서는 가사를 창작하여 표현하는 수업을 설계하고 있다. 먼저, 자신이 친구들에게 하고 싶은 이야기나 기분 등을 말로 표현해 보고, 이들 바탕으로 리듬감 있는 간단한 노랫말을 만들어 본다. 학생들은 언어의 리듬이 음악적 리듬으로 변화되는 것을 실습함으로써, 언어적 활동이 음악적 활동으로 변화되는 것을 체감하게 된다. 특히 메기고 받는 형식의 노래인 〈옹헤야〉의 가락과 장단을 바탕으로 주고받는 형태의 노래에 어울리는 노랫말을 창작하여 노래하면서 노랫말을 통한 음악적 소통을 경험할 수 있다.			

❷ 단계별 교수·학습 활동 및 평가 계획

학습 단계	활동명	교수·학습 활동	평가 계획
도입	10. 리듬 치며 노랫말 표현하기	• 이야기를 노랫말로 간추려 말한다. • 하고 싶은 이야기나 기분을 리듬감 있는 말로 표현한다.	• 표현하고 싶은 이야기를 리듬감 있는 말로 표현할 수 있는가?

⬇

학습 단계	활동명	교수·학습 활동	평가 계획
전개 1	18. 노랫말에 말 리듬 붙이기 12. 셈여림 바꾸어 표현하기	• 간단한 노랫말에 말 리듬을 붙여서 표현한다. • 노랫말에 악상 기호를 붙여서 표현한다. (예: 여리게, 세게)	• 노랫말에 어울리는 말 리듬을 붙여 표현할 수 있는가?

⬇

학습 단계	활동명	교수·학습 활동	평가 계획
전개 2	11. 메기고 받는 형식으로 가사 표현하기	• 노래로 표현하고 싶은 이야기를 말한다. • 메기고 받는 형식으로 가사를 표현한다.	• 메기고 받는 형식에 맞게 가사를 표현할 수 있는가?

⬇

학습 단계	활동명	교수·학습 활동	평가 계획
전개 3	27. 노랫말 창작하기	• 민요 〈옹헤야〉의 가락에 어울리는 메기고 받는 형식의 노랫말을 창작한다.	• 〈옹헤야〉 리듬에 맞추어 메기고 받는 형식으로 노랫말을 창작할 수 있는가?

⬇

학습 단계	활동명	교수·학습 활동	평가 계획
마무리	11. 메기고 받는 형식으로 가사 표현하기	• 〈옹헤야〉 가락에 맞추어 메기고 받는 형식으로 창작한 노랫말 노래를 부른다.	• 〈옹헤야〉 가락에 맞게 창작한 노랫말을 노래할 수 있는가?

❸ 교수 · 학습 과정안

학습 주제	노랫말 창작하기		수준	초등학교 3∼6학년	
활동명	• 기분을 리듬감 있는 말(랩)로 표현하기 • 노랫말을 만들고 말 리듬 붙이기 • 메기고 받는 형식의 노랫말 만들어 노래하기				
학습 목표	노랫말을 창작하여 표현할 수 있다.				

학습 단계	학습 과정 (모듈)	교수 · 학습 활동				자료 활용 및 유의점
		교사	학생(수준, 장애 유형 등에 따른 내용 제시)			
			A	B	C	
도입	동기 유발	• 학생들이 하고 싶은 이야기나 오늘의 기분을 한 문장의 리듬감 있는 말로 표현하도록 한다(랩 형태). −오늘의 기분을 말로 표현하게 한다. −친구에게 하고 싶은 이야기를 말로 표현하게 한다.	• 하고 싶은 이야기나 오늘의 기분을 한 문장으로 리듬감 있게 말로 표현한다.	• 하고 싶은 이야기나 오늘의 기분을 단어로 리듬감 있게 말로 표현한다.	• 주어진 카드에서 오늘에 기분에 어울리는 단어를 택하여 말로 표현해 본다.	• 카드
전개	〈활동 1〉	• 자신의 감정을 표현한 간단한 노랫말을 만들고 말 리듬을 붙여 보도록 한다. • 말 리듬에 악상 기호를 넣어서 다양하게 표현해 보도록 한다.	• 자신이 만든 노랫말 문장에 말 리듬을 붙여 본다. • 말 리듬에 악상 표현을 넣어서 표현해 본다.	• 자신이 만든 노랫말 단어에 말 리듬을 붙여 본다. • 말 리듬에 악상 표현을 넣어서 표현해 본다	• 선택한 단어에 말 리듬을 붙여 본다. • 말 리듬을 큰 소리 작은 소리로 표현해 본다.	• 학습지
	〈활동 2〉	• 민요 〈옹헤야〉를 함께 노래하도록 한다. • 메기고 받는 형식 연습하기 −〈옹헤야〉의 장단에 맞추어 선생님의 메기는 소리에 학생들이 자유로운 가사로 받는 소리를 답할 수 있도록 놀이 형식으로 지도한다. −선생님의 장구 장단에 맞추어 학생들이 가사를 말할 수 있도록 지도한다.	• 민요 〈옹헤야〉를 신나게 노래 부른다. • 장단에 맞추어 메기고 받는 소리로 가사 주고받기 놀이를 한다.	• 민요 〈옹헤야〉를 신나게 노래 부른다. • 메기고 받는 소리로 가사 주고받기 놀이를 한다.	• 민요 〈옹헤야〉를 신나게 노래 부른다. • 장단에 맞추어 자유롭게 노랫말을 노래한다.	• 학습지

	〈활동 3〉	• 〈옹헤야〉의 가락에 어울리는 메기고 받는 형식의 노랫말을 창작하도록 한다. –학생들이 〈옹헤야〉 장단에 어울리는 메기는 소리를 자유롭게 표현할 수 있도록 지도한다. –선생님의 타악기 장단에 맞추어서 창작한 노랫말을 부르도록 한다.	• 〈옹헤야〉 가락에 어울리는 노랫말을 창작하고 악상 표현을 붙여 본다.	• 〈옹헤야〉 가락에 어울리는 노랫말을 창작한다.	• 〈옹헤야〉 가락에 어울리는 노랫말을 선택해서 불러 본다.	• 정간보 악보
정리	정리 평가	• 학생들을 두 팀으로 나누고 메기고 받는 형식으로 창작한 노랫말을 노래 부르도록 한다.	• 민요 〈옹헤야〉의 반주에 맞추어 창작한 노랫말을 악상 표현을 하면서 노래한다.	• 민요 〈옹헤야〉의 반주에 맞추어 창작한 노랫말을 노래한다.	• 제시된 가사를 참조하여 〈옹헤야〉 가락에 맞추어 노래한다.	

❹ 평가 도구

평가 목표	노랫말을 창작하여 표현할 수 있다.		
평가 영역	창작, 표현		
평가 유형(방법)	과정 평가 및 실기		
평가 내용	• 메기고 받는 형식에 맞게 가사를 표현할 수 있는가? • 〈옹헤야〉 리듬에 맞추어 메기고 받는 형식으로 노랫말을 창작하여 노래할 수 있는가?		
평가 기준	잘함		〈옹헤야〉 장단과 가락에 어울리는 자신만의 노랫말을 창작하여 메기고 받는 형식으로 노래할 수 있다.
	보통		자신만의 노랫말을 창작하여 메기고 받는 형식으로 표현할 수 있으며, 제한된 수준의 가락과 장단으로 표현할 수 있다.
	노력 요함		선생님이 제시하는 노랫말을 제한된 수준의 가락과 장단으로 표현할 수 있다.
평가 환류 계획	가사를 창작하기 전 단계로 자유롭게 감정을 말로 표현하는 것으로 표현력을 높이고, 〈옹헤야〉 노래의 악곡을 익혀 장단이 주는 느낌을 살려서 가사를 표현하도록 지도한다. 놀이 형태로 자유롭고 즐거운 분위기에서 가사 창작이 이루어지도록 하고, 자연스럽게 익힌 가사의 말 리듬을 정간악보에 기록해 본다.		

❺ 활동지 자료

가. <옹헤야> 악곡의 가사 정간보 악보

옹		헤	야	옹		헤	야	어	절	시	고	옹		헤	야

저	절	시	구	옹		헤	야	잘	도	논	다	옹		헤	야

헤	에	헤	에	옹		헤	야	어	절	시	구	옹		헤	야

잘	도	논	다	옹		헤	야								

나. <옹헤야> 장단에 어울리는 가사 창작하기

－〈옹헤야〉의 가사를 참고하여 자신의 생각을 자유롭게 가사로 표현한다.

－메기는 소리는 이야기를 만들고, 받는 소리는 자유롭게 정해서 표현한다.

〈손씻기 노래 창작 예〉

손		씻	자	손		씻	자	학	교	오	면	손		씻	자

밥	먹	기	전	손		씻	자	놀	고	나	서	손		씻	자

헤	에	헤	에	손		씻	자	생	각	나	면	손		씻	자

집	에	서	도	손		씻	자								

다. 동료평가와 자기평가 자료

모둠 활동 동료평가 및 자기평가

❶ 다른 모둠 친구들이 만든 음악을 평가해 주세요.

모둠명	창의성			완성도			발표		
	노랫말 표현하기			옹혜야 가락에 어울리는 노랫말 창작하기			함께 연주하기		
1모둠	☺	😐	☹	☺	😐	☹	☺	😐	☹
2모둠	☺	😐	☹	☺	😐	☹	☺	😐	☹
2모둠	☺	😐	☹	☺	😐	☹	☺	😐	☹

❷ 오늘 나의 활동을 평가해 주세요.

평가 기준	☺	😐	☹
1. 나는 노랫말 표현하기 창작 활동에 적극적으로 참여하였다.			
2. 나는 〈옹혜야〉 가락에 어울리는 노랫말 창작 모둠별 활동에서 나의 역할을 잘 알고 있었다.			
3. 나는 모둠별 활동에서 모둠원들을 배려하고 협력하였다.			
4. 모둠별 노래 부르기에서 장단에 맞추어 다른 학생들과 노랫말을 조화롭게 잘 표현하였다.			

❻ 한 걸음 더!

1. 민요 〈옹헤야〉의 어원

'옹헤야'의 어원은 알 수 없으며 '옹헤' '엉헤' '어화' '에화' 등의 외마디소리가 '옹헤야'와 유사한 기능으로 불린다. 보리농사를 지어 수확하는 시절인 초여름에 보리타작을 하게 되는데, 이때 주로 〈옹헤야〉를 부른다. 그래서 '보리타작소리' 또는 '타작소리' '도리깨질소리' '마당질소리' '타맥요'라고도 한다. 빠른 소리는 유희화되어 빠른 템포의 경쾌한 통속민요로도 널리 불린다. 보리타작을 할 때 도리깨질을 하면서 이 소리를 부를 때는 앞소리를 메기는 목도리깨군과 뒷소리를 받는 여러 명의 종도리깨군이 소리를 메기고 받는다. 이때 종도리깨군이 받는 뒷소리 중의 하나가 '옹헤야'이다. 빠른 속도로 일이 진행되며 박자를 잘 맞추어야 하기 때문에 〈옹헤야〉는 일의 기능과 긴밀하게 연관되어 있다.

2. 지역별 사례

〈옹헤야〉가 언제부터 불렸는지는 모를 일이지만 〈옹헤야〉의 중심권은 고령, 대구권으로 파악된다. 대구, 고령, 영천권의 〈옹헤야〉는 대구 북부권 지역, 즉 안동권보다는 남부권에서 더 많이 불린다. 논매는 소리로 〈옹헤야〉를 부르는 지역은 청도, 경산, 고령 개진면이다. 〈옹헤야〉는 울산시 울주군에서도 불린다. 이로 보아 〈옹헤야〉가 고령 중심의 대가야 문화에서 비롯되었을 가능성이 크다. 여타 지역에서는 '옹헤야' 대신에 '에화' '호호야' 등의 소리를 사용한다.

3. 특징 및 의의

〈옹헤야〉는 도리깨를 힘 있게 내리칠 때 입에서 저절로 터져 나오는 단순하고 원시적인 형태의 소리이다. 노랫말은 무엇이든 사용할 수 있다. 빠른 장단으로 메기고 받는 형식으로 불리며 신명을 내고 단합하기에 좋은 노래이기 때문에 통속민요화되어 놀이 현장에서도 많이 불린다. 전통문화의 현대화라는 관점에서 볼 때 〈옹헤야〉는 활용도가 높다(국립민속박물관 한국민속문학사전–민요 편 참조).

4) 창작하기 교수·학습 유형 4

❶ 개요

영역	표현(창작)		기능	표현하기, 탐색하기, 놀이하기
학습 목표	• 가락선으로 표현하여 선율을 창작할 수 있다. • 가락선 악보를 악기로 표현할 수 있다.			
평가 유형	■자기평가 ■상호평가 □ 관찰평가 □실음평가 □포트폴리오 □기타 ( )			
교수·학습 자료	수업 환경	노트북, 피아노, 방음이 된 교실		
	교사 준비물	PPT 자료, 감상 음원, 3선 악보, 3음(5음) 실로폰		
	학생 준비물	노트, 필기구		
개발 의도	'가락선 표현을 통한 선율 창작하기' 수업 모형에서는 자신의 기분이나 느낌을 가락선으로 먼저 표현하게 하면서, 음악에서 악보의 의미와 필요성을 이해하게 한다. 특히 음의 높낮이를 가락선으로 표기해 봄으로써 음악에서 음의 높낮이가 주는 의미를 인식하게 한다. 이 수업 모형에서는 가락선을 그림의 형태로만 표현하는 것에서 한 걸음 나아가 5선 악보를 읽을 수 있는 전 단계의 역할을 할 수 있도록 수업을 설계하고 있다. 이를 위해서 3선 악보를 제시하고 있는데, 학생들이 3선 악보 위에서 가락선을 그려 봄으로써 가락선으로 표현된 음높이의 변화를 좀 더 구체적으로 인식할 수 있도록 하였다. 3선 악보에서 그려진 가락선은 저음·중음·고음의 3음 실로폰으로 연주할 수 있으며, 학생들은 놀이를 통하여 즐겁게 가락선 악보의 음악을 실로폰으로 연주하면서 악보를 읽고 연주하는 능력을 자연스럽게 학습하게 된다.			

❷ 단계별 교수·학습 활동 및 평가 계획

학습 단계	활동명	교수·학습 활동	평가 계획
도입	14. 가락선으로 음악의 느낌 표현하기	• 자신의 기분이나 느낌을 가락선으로 자유롭게 표현한다. • 음악을 들으며 가락선으로 음악을 표현한다.	• 감상한 음악의 특징을 선으로 표현할 수 있는가?

⬇

학습 단계	활동명	교수·학습 활동	평가 계획
전개 1	7. 음의 높고 낮음 이해하기	• 음의 높낮이를 이해하고 가락선으로 높고 낮은 음을 표현한다. • 전래 동화를 듣고 이야기를 바탕으로 3선 악보 위에 가락선으로 자유롭게 표현한다.	• 음의 높낮이를 이해하고 가락선 악보로 표현할 수 있는가?

⬇

학습 단계	활동명	교수·학습 활동	평가 계획
전개 2	20. 가락선 악보 연주하기	• 3선 가락선 악보를 보면서 3음 실로폰으로 연주하는 방법을 익힌다. • 자신이 그린 가락선 악보를 참고하여 3음 실로폰으로 연주한다.	• 3선 악보에 표시된 가락선을 참고하여 3음 실로폰으로 연주할 수 있는가?

⬇

학습 단계	활동명	교수·학습 활동	평가 계획
전개 3	21. 가락선 악보 연주 놀이하기	• 〈찰떡궁합〉 가락선 연주하기 놀이를 한다.	• 모둠원과 조화롭게 연주하기 놀이를 할 수 있는가?

⬇

학습 단계	활동명	교수·학습 활동	평가 계획
마무리	21. 가락선 악보 연주 놀이하기	• 〈토끼와 거북이〉 가락선 연주하기 놀이: 3~4개 팀으로 나누어 2분간 가장 많은 음을 연주한 팀을 뽑는다.	• 친구와 함께 가락선 악보를 연주할 수 있는가?

❸ 교수·학습 과정안

학습 주제	가락선을 활용한 선율 창작과 연주하기		수준	초등학교 5~6학년	
활동명	기분이나 감정을 가락선으로 표현하기				
학습 목표	• 가락선으로 표현하여 선율을 창작할 수 있다. • 가락선 악보를 악기로 표현할 수 있다.				

학습 단계	학습 과정 (모듈)	교수·학습 활동				자료 활용 및 유의점
		교사	학생(수준, 장애 유형 등에 따른 내용 제시)			
			A	B	C	
도입	동기 유발	• 도화지에 자신의 기분이나 느낌을 선으로 자유롭게 표현하도록 한다. • 음악을 들으며 수평으로 흘러가는 가락선으로 음악의 느낌을 표현하도록 한다.	• 자신의 기분을 백지에 자유롭게 가락선으로 그려 본다. • 음악을 들으며 느낌을 가락선으로 표현한다.			• 백지
전개	〈활동 1〉	• 시간의 흐름에 따른 음의 높낮이 변화를 설명하고, 가락선으로 높고 낮은 음을 표현해 보도록 한다. –전래 동화 영상을 감상하면서 이야기의 내용을 바탕으로 3선 악보 위에 가락선으로 느낌을 표현하도록 한다.	• 음의 높낮이를 이해하고, 음의 높고 낮은 변화를 인식하며 가락선을 그려 본다.			
	〈활동 2〉	• 3선 가락선 악보를 보고 3음 실로폰으로 연주하는 방법을 가르치고, 선생님이 제시하는 가락선 악보를 보고 실로폰으로 연주하도록 지도한다. (가락선이 3선과 만나는 부분을 참고하여 음의 높고 낮음을 구분하고 저음·중음·고음 세 개의 음으로 표현하도록 한다.) * 한 걸음 더: 5선 악보 위에 가락선을 그리고 5음 실로폰으로 연주하도록 한다.	• 5선 가락선 악보를 보고 5음 실로폰을 연주한다.	• 3선 가락선 악보를 보고 3음 실로폰을 연주한다.	• 가락선 악보를 참고하며 실로폰을 자유롭게 연주한다.	• 3선 악보 • 3음 실로폰
	〈활동 3〉	• 〈찰떡궁합〉 가락선 연주하기 놀이를 하도록 한다. (짝을 지어서 한 친구는 가락선을 보면서 연주할 음을 지시봉으로 짚어 주고, 파트너는 3음 실로폰으로 음을 연주하도록 한다.)	• 친구가 지시하는 가락선 악보의 음을 보면서 실로폰으로 연주한다.			

| 정리 | 정리
평가 | • 〈토끼와 거북이〉 가락선 연주하기 놀이를 하도록 한다. (3~4개 팀으로 나누어 2분간 가장 많은 음을 연주한 팀을 뽑는다.) | • 파트너와 호흡을 맞추어 5선 악보 가락선의 음들을 5음 실로폰으로 연주한다. | • 파트너와 호흡을 맞추어 3선 악보 가락선의 음들을 3음 실로폰으로 연주한다. | • 가락선 악보를 참고하며 실로폰을 자유롭게 연주한다. | |

❹ 평가 도구

평가 목표	• 가락선으로 표현하여 선율을 창작할 수 있다. • 가락선 악보를 악기로 표현할 수 있다.	
평가 영역	창작, 표현	
평가 유형(방법)	과정 평가 및 실기	
평가 내용	• 음의 높낮이를 이해하고 가락선 악보로 표현할 수 있는가? • 가락선 악보를 보고 실로폰으로 연주할 수 있는가?	
평가 기준	잘함	음의 높낮이를 인식하고 가락선으로 선율을 표현할 수 있으며, 실로폰으로 가락선 악보를 잘 연주할 수 있다.
	보통	음악의 높낮이를 인식하고 가락선으로 선율을 표현할 수 있으나, 실로폰으로 가락선 악보를 간단하게 연주할 수 있다.
	노력 요함	음악의 높낮이를 인식할 수 있으며, 자유로운 방법으로 선율을 표현할 수 있다.
평가 환류 계획	음악적 소리를 탐색하여 음의 높낮이를 인식하는 것을 시작으로, 음악에서의 시간 흐름에 따른 음의 수평적 진행을 인식시킨다. 이를 통해 가락선 악보로 선율을 표현하도록 지도하고, 실로폰으로 연주하여 선율 창작과 연주의 개념을 형성할 수 있도록 지도한다.	

❺ 활동지 자료

가. 가락선 악보 예시 자료

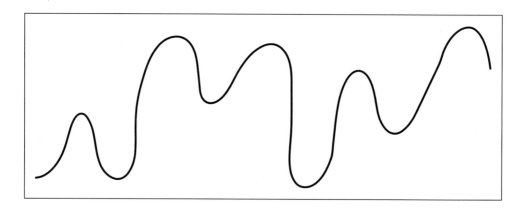

나. 3선 가락선 악보 예시 자료

−3선이 표시된 가락선 악보에 선율을 그리면 가락선과 3선이 만나는 지점을 찾아서 3음 실로폰으로 악보를 연주할 수 있다.

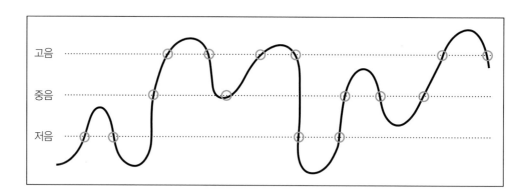

다. 학생용 3선 가락선 악보

고음

중음

저음

고음

중음

저음

라. 동료평가와 자기평가 자료

모둠 활동 동료평가 및 자기평가

❶ 다른 모둠 친구들이 만든 음악을 평가해 주세요.

모둠명	창의성 가락선으로 선율 표현하기			완성도 가락선을 실로폰으로 연주하기			발표 모둠 친구들이 즐겁게 참여했나요?		
1모둠	☺	😐	☹	☺	😐	☹	☺	😐	☹
2모둠	☺	😐	☹	☺	😐	☹	☺	😐	☹
3모둠	☺	😐	☹	☺	😐	☹	☺	😐	☹

❷ 오늘 나의 활동을 평가해 주세요.

평가 기준	☺	😐	☹
1. 나는 가락선 표현하기 창작 활동에 적극적으로 참여하였다.			
2. 나는 가락선으로 표현한 선율을 실로폰으로 연주할 수 있다.			
3. 나는 모둠별 활동에서 모둠원들을 배려하고 협력하였다.			
4. 모둠별 가락선 연주 놀이에서 다른 학생들과 조화롭게 활동하였다.			

❻ 한 걸음 더!

〈가락선 악보와 선율 창작 수업〉

가락선 악보는 선율의 윤곽을 선으로 표시한 것이다. 오선악보에서 음표의 머리를 선으로 이었을 때 선으로 이루어진 그래프가 만들어진다. 가락선을 사용하면 음의 높낮이의 개념과 시간 예술로서 음악이 수평적으로 흘러간다는 개념을 표현할 수 있다. 가락선 악보는 선율의 단순한 윤곽을 파악하는 데도 사용되지만, 가로로 그어진 기준선 위에서 그려질 경우 정확한 음고를 표기할 수 있다. 이러한 가락선은 서양 음악의 수업에서도 사용되며, 국악 교육에서도 사용되고 있다.

이번 차시에서는 이러한 가락선의 특징을 이용하여 창작 수업에 활용하고 있다. 가락선을 보고 음악을 이해하고 표현하는 것과 더불어, 학생들 스스로 자유롭게 가락선을 창작해 봄으로써 선율에서 사용되는 음의 높낮이와 시간적 예술로서의 음악적 흐름을 체감할 수 있도록 하였다. 또한 가락선의 음들을 실로폰으로 연주하는 활동을 통해서 창작과 연계한 표현 활동을 체험할 수 있도록 하였으며, 연주 놀이를 통하여 즐겁게 수업에 참여할 수 있도록 유도하고 있다.

〈계명가락 도드리 세피리 선율의 가락선 악보〉

5) 창작하기 교수·학습 유형 5

❶ 개요

영역	표현(창작)		기능	표현하기, 탐색하기, 활용하기
학습 목표	• 음의 높낮이를 이해하고, 주사위로 선율을 창작할 수 있다. • 악기를 제작하여 연주할 수 있다.			
평가 유형	■자기평가 ■상호평가 □ 관찰평가 □실음평가 □포트폴리오 □기타 ( )			
교수·학습 자료	수업 환경	노트북, 피아노, 방음이 된 교실		
	교사 준비물	PPT 자료, 감상 음원, 공, 탬버린, 리듬 막대 등 교수 자료		
	학생 준비물	노트, 필기구		
개발 의도	'숟가락 실로폰으로 연주하는 나만의 음악'에서는, 먼저 악기의 재료가 되는 물질들의 특징을 탐색하고, 악기가 만들어지기 위해서 필수적인 음의 높낮이를 만들어 내는 원리를 이해하도록 수업을 설계하고 있다. 학생들은 실로폰 금속의 길이에 따라서 음의 높이가 달라짐을 실습을 통해서 이해하고, 숟가락 실로폰을 만들어서 음들을 차례대로 배열해 보면서 음악 예술의 기초인 조율의 원리를 체험하게 된다. 또한 학생들은 주사위를 활용하여 4음으로 구성된 가락을 창작하고, 이를 숟가락 실로폰으로 연주하는 체험을 통해서 작곡과 연주의 과정을 경험하게 된다.			

❷ 단계별 교수·학습 활동 및 평가 계획

학습 단계	활동명	교수·학습 활동	평가 계획
도입	6. 악기 음색 탐색하기	• 여러 가지 물건들의 성질을 이야기한다. (예: 숟가락–단단하다, 나무–따뜻하다) • 악기에 사용된 재료를 알아본다. • 비슷하지만 다른 재료로 만들어진 악기의 음색을 비교한다.	• 악기에 사용된 물질의 특징을 이야기할 수 있는가?
전개 1	7. 음의 높고 낮음 이해하기	• 음의 높고 낮음이 악기 금속의 길이와 관련 있음을 이해한다. • 다른 길이의 실로폰을 연주해 보고 음의 높고 낮음을 비교해 본다.	• 음의 높고 낮음과 소리 막대의 길이와의 관계를 이해할 수 있는가?
전개 2	30. 생활용품으로 타악기 만들기	• 숟가락에 실을 매달아 음높이의 순서로 배열하여 4음 숟가락 실로폰을 만든다.	• 음의 높이를 낮은음에서 높은음으로 바르게 배열하여 악기를 완성할 수 있는가?
전개 3	28. 주사위로 가락 창작하기	• 주사위를 던져서 나온 숫자로 계이름을 정해서 2분음표 8개로 이루어진 4마디의 악곡을 창작한다.	• 숟가락 실로폰의 음의 길이를 순서대로 배열할 수 있는가? • 주사위를 던져서 나온 숫자로 음악을 완성할 수 있는가?
마무리	25. 창작 타악기로 연주하기	• 친구들과 직접 만든 악기로 창작한 음악을 연주해 본다.	• 창작한 음악의 악기로 연주할 수 있는가?

❸ 교수·학습 과정안

학습 주제	숟가락 실로폰으로 연주하는 나만의 음악		수준	초등학교 5~6학년

활동명	• 음의 높고 낮음 이해하기 • 숟가락 실로폰 만들기 • 주사위로 선율 창작하여 연주하기

학습 목표	• 음의 높낮이를 이해하고, 주사위로 선율을 창작할 수 있다. • 악기를 제작하여 연주할 수 있다.

학습 단계	학습 과정 (모듈)	교수·학습 활동				자료 활용 및 유의점
		교사	학생(수준, 장애 유형 등에 따른 내용 제시)			
			A	B	C	
도입	동기 유발	• 여러 가지 물건들의 성질을 물어본다. (예: 숟가락–단단하다, 나무–따뜻하다, 수건–부드럽다) • 악기 카드를 제시하면서 어떤 재료로 만들어졌는지 물어본다. • 비슷하지만 다른 재료로 만들어진 악기의 음색을 비교하여 감상하게 한다.	• 선생님이 제시하는 물건의 느낌을 이야기한다. • 그림 카드를 보면서 악기의 재료를 이야기한다. • 비슷한 재료의 두 악기 소리를 감상하고 느낌을 이야기한다.		• 선생님이 제시하는 물건의 느낌을 카드에서 고른다. • 그림 카드를 보면서 악기의 재료를 이야기한다. • 악기 감상의 느낌을 감정 카드로 표현한다.	
전개	〈활동 1〉	• 실로폰 음의 높고 낮음이 악기의 금속 막대 길이와 관련 있음을 설명한다. • 다른 길이의 소리막대들을 실로폰으로 연주해 보고 음의 높고 낮음을 비교해서 음의 높낮이를 구별할 수 있도록 지도한다.	• 음의 높낮이와 금속 막대 길이의 관련성을 이해한다. • 길이가 다른 실로폰 소리막대들을 연주해 보고 음의 상대적 높낮이를 구별한다.	• 음의 높낮이와 금속 막대 길이의 관련성을 이해한다. • 길이가 다른 실로폰 소리막대들을 연주해 보고 음의 높낮이 차이를 체험한다.	• 음의 높낮이와 금속 막대 길이의 관련성을 이해한다. • 길이가 다른 실로폰 소리막대들을 연주해 보고 음의 차이를 체험한다.	• 실로폰
	〈활동 2〉	• 숟가락에 실을 매달아 음 높이의 순서로 배열하여 4음 숟가락 실로폰을 만들도록 한다.	• 숟가락을 저음에서 고음으로 배열하여 실로폰을 만들어 본다.	• 숟가락 실로폰을 만들어 본다.		• 숟가락, 실, 스탠드

	〈활동 3〉	• 주사위의 숫자를 각각 4음에 적용하여 4마디 길이의 악곡을 창작하도록 한다. 	1	2	3	4	5	6
도	레	미	솔	도	레 | • 학생들의 수준에 따라서 리듬은 정해 두고(4분음표, 2분음표) 가락만 창작하게 하거나, 2개의 주사위를 사용하여 하나는 음을 선택하여 가락을 창작하고, 하나는 준비된 리듬 카드의 숫자에 맞게 선택하여 리듬으로 가락을 완성하게 할 수 있다.	• 주사위 1을 던져서 나온 숫자로 음을 선택하고, 주사위 2를 던져서 나온 숫자로 리듬 카드를 선택한다. • 음과 리듬을 조합하여 가락을 완성한다.	• 주사위 1을 던져서 나온 숫자로 음을 선택한다. • 4분음표의 리듬을 음과 조합하여 가락을 완성한다.	• 주사위 1을 던져서 나온 숫자로 음을 선택한다. • 2분음표의 리듬을 음과 조합하여 가락을 완성한다.	• 주사위 • 음 카드
정리	정리 평가	• 숟가락 실로폰에 계이름을 붙이고 창작한 음악을 연주하도록 한다.	• 다양한 리듬으로 만들어진 가락을 숟가락 실로폰으로 연주한다.	• 4분음표로 만들어진 가락을 숟가락 실로폰으로 연주한다.	• 2분음표로 만들어진 가락을 연주하거나 자유롭게 즉흥 연주한다.	

❹ 평가 도구

평가 목표	• 음의 높낮이를 이해하고, 주사위로 선율을 창작할 수 있다. • 악기를 제작하여 연주할 수 있다.	
평가 영역	창작, 표현	
평가 유형(방법)	과정 평가 및 실기	
평가 내용	• 음의 높낮이를 이해하고 소리막대의 길이와 음높이의 상관관계를 이해할 수 있는가? • 숟가락을 음높이 순서로 배열하여 실로폰을 만들고, 주사위를 활용하여 가락을 창작할 수 있는가?	
	잘함	소리막대의 길이와 음높이의 상관관계를 이해하고, 음높이의 순서로 숟가락을 배열하여 실로폰을 만들 수 있으며, 주사위로 다양한 리듬의 가락을 창작할 수 있다.
	보통	소리막대의 길이와 음높이의 상관관계를 이해하고, 숟가락 실로폰을 만들 수 있으며, 주사위로 단순한 리듬의 가락을 창작할 수 있다.
	노력 요함	소리막대의 길이와 음높이의 상관관계를 이해할 수 있다.
평가 환류 계획	실로폰 만들기 실습 이전에 소리막대의 길이와 음의 높이가 어떤 관계가 있는지 설명하고 실습하는 시간을 가진다. 악기 만들기 실습에서는 음높이의 순서로 숟가락을 배열하면서 악기 제작에 필수적인 음들의 배열을 체감하게 한다. 주사위를 이용한 선율 창작에 있어서는 학생들의 수준을 고려하여 다양한 리듬꼴, 단순한 리듬꼴의 선율을 선택해서 활동하도록 지도한다.	

❺ 활동지 자료

가. 숟가락 실로폰 만들기 예시 자료

–숟가락 실로폰 만들기 : 스탠드 두 개에 막대를 고정하고, 계량스푼에 실을 묶어 길이 순
　서대로 매단다.

–숟가락 실로폰 연주하기 : 나무젓가락으로 계량스푼을 두드리며 소리를 낸다.

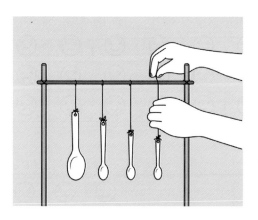 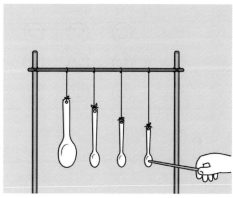

나. 주사위로 선율 만들기 오선지

다. 동료평가와 자기평가 자료

모둠 활동 동료평가 및 자기평가

❶ 다른 모둠 친구들이 만든 음악을 평가해 주세요.

모둠명	완성도			창의성			발표		
	숟가락 실로폰 만들기			주사위로 선율 창작하기			숟가락 실로폰 연주하기		
1모둠	☺	😐	☹	☺	😐	☹	☺	😐	☹
2모둠	☺	😐	☹	☺	😐	☹	☺	😐	☹
3모둠	☺	😐	☹	☺	😐	☹	☺	😐	☹

❷ 오늘 나의 활동을 평가해 주세요.

평가 기준	☺	😐	☹
1. 나는 소리막대의 길이와 음높이가 어떤 관계가 있는지 이해하였다.			
2. 나는 숟가락 실로폰 만들기 활동에 적극적으로 참여하였다.			
3. 나는 주사위로 선율을 창작하는 방법을 잘 이해하고 활동하였다			
4. 나는 모둠별 활동에서 모둠원들을 배려하고 협력하였다.			

❻ 한 걸음 더!

생활에서 자주 볼 수 있는 용품들을 사용해서 다양한 악기를 제작하고 연주할 수 있다. 이때 단순히 악기만을 만드는 수업이 아니라, 악기의 재료가 어떻게 음의 높낮이를 만드는지 학습하면서 활동할 필요가 있다. 특히 악기 제작에서는 다양한 재료와 도구가 사용되므로 안전사고에 주의하면서 활동해야 한다.

1. 생활용품으로 선율타악기 만들기

- 유리병 실로폰 만들기
  - 모양과 크기가 같은 유리병에 양을 달리하여 물을 넣는다.
  - 물의 양에 따라 물감으로 색깔을 다르게 한다.
- 유리병 실로폰 연주하기
  - 나무젓가락으로 실로폰을 두드려서 연주한다.

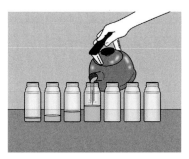 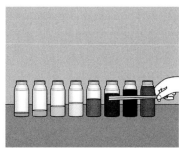

2. 생활용품으로 관악기 만들기

- 빨대 피리 만들기
  - 준비한 말랑말랑한 빨대의 한쪽 끝을 눌러 납작하게 만들고 가위로 뾰족하게 자른다.
- 빨대 피리 연주하기
  - 뾰족하게 자른 부분에 입을 대고 불어 소리를 낸다. 바람을 세게, 약하게 불어서 소리의 변화를 들어 본다.

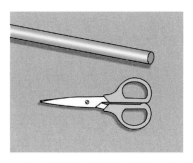 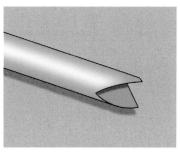

< **토의 주제**   🔍 ⋮

1. 장애 학생들에게 창작 활동이 주는 음악교육적 의미가 무엇인지 토의해 보자.
2. 창작 활동 수업에서 학생들의 창의력을 높이기 위해서 교사가 할 수 있는 방법에 대해서 토의해 보자.
3. 창작 활동 수업을 놀이와 연계하여 즐거운 음악 수업이 될 수 있는 방안에 대해서 토의해 보자.

🎵 참고문헌

교육부(2015). 기본 교육과정. 교육부 고시 제201-81호 [별책 3].

권덕원, 석문주, 최은식, 함희주(2008). 음악교육의 기초(개정판). 경기: 교육과학사.

민경훈, 김신영, 김용희, 방금주, 승윤희, 양종모, 이연경, 임미경, 장기범, 조순이, 주대창, 현경실
     (2010). 음악교육학 총론. 서울: 학지사.

방금주, 김용희(2000). 음악 창작 아카데미. 서울: 학문사.

석문주, 최은식, 함희주, 권덕원(2006). 음악교육의 이해와 실천. 경기: 교육과학사.

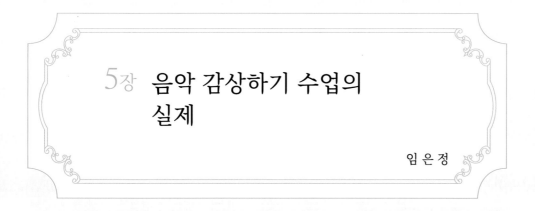

5장 음악 감상하기 수업의
실제

임 은 정

이 장에서는 음악 감상의 특징과 활동의 종류들을 알아보고 모듈 기반의 단계별 음악 감상하기 수업 방법들을 탐색하는 것을 목적으로 한다. 다양한 소리의 특징을 바탕으로 효과적인 음악 감상 학습 방법들을 알아보며, 음악 감상하기 수업을 구성할 수 있는 교수–학습 능력을 개발하고자 한다.

1. 음악 감상하기 수업의 이해

1) 음악 감상하기 수업이란

음악 감상은 소리를 감각적으로 감지하는 청각 능력과 소리를 이해하는 인지 능력을 기반으로 하는 활동으로서, 음악의 아름다움을 소리로 듣고 느끼는 음악적 감수성을 개발하기 위한 활동이다. 음악 감상은 청감각 기관에 전달되는 공기의 파동이 소리 자극으로 전이되어 신경 조직에 감지되고, 감지된 소리 정보가 지각과 인지 과정을 거쳐 음악으로 인식하고 기억하게 된다. 이 과정에서 음악의 인식은 소리의 규칙성과 불규칙성을 비교하고 구분하는 활동에서 시작되어, 소리의 유사성과 비유사성을 분류하고 음악의 형식에 부합하는 소리들을 구조화하여 음악으로 인지하는 과정이다.

2) 음악 감상하기 수업의 원리

(1) 음악 감상하기 수업의 교수·학습 방법

음악 감상하기 수업은 음악의 인지 과정에서 요구되는 소리 감지의 민감성을 발달시키고 감지한 소리의 지각 능력을 높여 지각된 소리의 음악적 인지 능력 향상과 음악적 감성을 표현할 수 있는 청각 기반의 음악적 감수성 향상을 목적으로 한다. 이를 위해 음악 감상하기 수업은 다양한 장르의 음악과 여러 문화권의 음악을 듣고 경험하면서 음악과 문화의 다양성을 이해하도록 한다. 음악 감상하기 수업은 소리의 특성에 따른 음악 구성 요소에 대한 이해와 이러한 구성 요소로 만들어진 음악에 대한 주관적 감성과 객관적 지식 활동이 함께 실행되는 수업으로서, 소리를 감지하는 듣기 능력과 음악 구성 요소를 이해하는 인지 능력을 적용하여 감상학습을 실시하도록 한다.

특수교육에서 음악 감상하기 수업은 학습자들의 장애 정도와 장애 분류에 따라 수업의 내용과 순서가 상이하게 구성될 수 있다. 장애아들은 의지에 따라 적합한 음악을 선택하고 듣는 능동적 감상 활동에 어려움이 따르기 때문에, 수동적 감상 활동 경험이 점차 능동적 감상 활동으로 발전할 수 있게 구성하도록 한다(정현주, 2005, pp. 68-89). 특수교육에서 음악 감상하기 수업은 소리와 음악을 감상하는 활동에서 각 음악 구성 요소들이 뚜렷하게 구분되는 음악 요소들을 적용하여 장애아들의 감지 활동을 돕도록 하며, 또한 소리와 음악의 느낌을 지각하여 인지하기 어려운 장애아들에게 소리와 음악의 특성에 어울리는 촉감 활동, 시각 활동, 후각 활동 등을 병행하여 감상 활동의 효과를 촉진하도록 한다(장혜성, 장혜원, 황은영, 김은영, 2017, pp. 23-32).

특수교육에서 음악 감상하기 수업은 학습자들의 청각, 인지, 행동, 정서 등에서 발생하는 세부적 장애 증상들에 따라 다각적인 학습 활동을 구성하기 위한 많은 제한이 따른다(김희규, 김찬수, 김현자, 민경훈, 손상희, 송민경, 이종열, 정도영, 2011, pp. 254-260). 특히 음악에 대한 장애아들의 내재적 정서 반응과 외재적 행동 반응의 상관성이 명확하지 않아 감상 활동의 학습 계획, 학습 과정, 학습 평가의 결과를 분석하고 판단하기 위한 정확성 확보에 어려움이 있다. 따라서 특수교육에서 음악 감상하기 수업은 학습자들의 듣기와 표현 활동을 기반으로 동일하게 구성하더라도 학습자들의 듣기 능력, 감지 능력, 인지 능력, 표현 능력에 따라 학습 활동의 구성과 결과가 상당히 다르게 나타날 수 있다(하정희, 조영진, 강혜정, 2015, pp. 122-128).

(2) 음악 감상하기 수업의 학습 활동

특수교육 음악과 교육과정에서 초등학교 감상하기는 음악의 기초적인 구성 요소들을 익히며 여러 가지 소리를 탐색하고 바른 태도로 음악을 감상하는 능력을 기르도록 구성되어 있다. 감상 영역의 핵심 개념은 음악의 특징과 음악의 분위기로 구분되어 있으며, 여러 가지 소리, 음색, 소리와 움직임, 음악과 느낌을 내용 요소로 하고 있다. 감상하는 음악은 음악의 여러 가지 소리, 음악의 형태, 음악의 문화적 요소를 반영하며, 여러 가지 소리, 음색을 내용 요소를 반영하고 또한 음악 소리의 특성, 주제와 이야기, 장면 등을 바탕으로 다양한 분위기를 형성하는 음악들을 감상하도록 한다. 이에 따라 다음 〈표 5-1〉에 제시되는 감상 활동들은 특수교육 음악 감상하기 수업에 적용할 수 있는 활동들의 예시로서, 학습자들의 다양한 음악 능력 수준에 따라 개별 활동으로 구성하거나 상호 연계 활동으로 구성할 수 있다. 특수음악 감상하기 수업에서는 학습자들의 장애 종류, 상태, 관심, 흥미, 기초학습 능력, 음악 기능에 따라 적절한 활동의 종류와 수준을 선정하여 특수교육의 음악 감상하기 수업을 구성하도록 한다.

〈표 5-1〉 **음악 감상 수업 활동명 구분**

번호		활동명 *
듣고 탐색하기	1	소리-음악 감지하기
	2	소리-음악 집중하여 듣기
	3	소리-음악이 들리는 장소, 환경 등을 탐색하기
듣고 인지하기	4	음악의 형식과 종류 인지하기
	5	음악을 듣고 부분·전체 기억하기
	6	여러 가지 음악을 듣고 비교하기
	7	여러 가지 음악을 듣고 구분·분류하기
	8	음악의 변화 알기
	9	음악의 구성 요소를 알기
듣고 표현하기	10	음악의 표현 대상을 연계하기
	11	소리-음악을 듣고 표현 내용을 상상하기
	12	소리-음악을 듣고 신체, 언어, 소리, 음악 등으로 반응하기
	13	소리-음악을 듣고 소리-음악을 모방하여 전달하기
	14	소리-음악을 듣고 신체, 언어, 소리, 음악 등으로 표현하기
	15	소리-음악을 듣고 느낌과 생각을 발표하기
	16	소리-음악에 관해 설명하기

듣고 활용하기	17	다양한 음악 감상 활동에 참여하기
	18	음악 감상의 올바른 태도 알고 실천하기
	19	감상한 음악을 생활에 적용하고 활용하기
	20	일상에서 음악을 듣고 즐기는 태도 갖기

＊ 상기 활동은 장애 학생들의 학년 및 장애 정도에 따라 교수자가 자유롭게 설정하여 제시할 수 있음.

2. 음악 감상하기 교수·학습 방법의 실제

유형 1 소리의 신체 표현	유형 2 소리의 악기 표현	유형 3 음악의 요소	유형 4 음악의 변화	유형 5 음악의 종류
1. 소리–음악 감지 하기	2. 소리–음악 집중 하여 듣기	1. 소리–음악 감지 하기	1. 소리–음악 감지 하기	1. 소리–음악 감지 하기
2. 소리–음악 집중 하여 듣기	4. 음악의 형식과 종 류 인지하기	2. 소리–음악 집중 하여 듣기	2. 소리–음악 집중 하여 듣기	2. 소리–음악 집중 하여 듣기
3. 소리–음악이 들 리는 장소, 환경 등을 탐색하기	5. 음악을 듣고 부 분·전체 기억하기	4. 음악의 형식과 종 류 인지하기	4. 음악의 형식과 종 류 인지하기	4. 음악의 형식과 종 류 인지하기
10. 음악의 표현 대 상을 연계하기	7. 여러 가지 음악을 듣고 구분하기	5. 음악을 듣고 부 분·전체 기억하기	5. 음악을 듣고 부 분·전체 기억하기	5. 음악을 듣고 부 분·전체 기억하기
14. 소리–음악을 듣 고 신체, 언어, 소리, 음악 등으 로 표현하기	10. 음악의 표현 대 상을 연계하기	6. 여러 가지 음악을 듣고 비교하기	7. 여러 가지 음악을 듣고 구분하기	7. 여러 가지 음악을 듣고 구분하기
16. 소리–음악에 관 해 설명하기	11. 소리–음악을 듣 고 표현 내용을 상상하기	7. 여러 가지 음악을 듣고 구분하기	8. 음악의 변화 알기	10. 음악의 표현 대 상을 연계하기
20. 일상에서 음악 을 듣고 즐기는 태도 갖기	12. 소리–음악을 듣 고 신체, 언어, 소리, 음악 등으 로 반응하기	8. 음악의 변화 알기	10. 음악의 표현 대 상을 연계하기	11. 소리–음악을 듣 고 표현 내용을 상상하기
	14. 소리–음악을 듣 고 신체, 언어, 소리, 음악 등으 로 표현하기	9. 음악의 구성 요소 를 알기	14. 소리–음악을 듣 고 신체, 언어, 소리, 음악 등으 로 표현하기	13. 소리–음악을 듣 고 소리–음악을 모방하여 전달 하기
	18. 음악 감상의 올 바른 태도 알고 실천하기	14. 소리–음악을 듣 고 신체, 언어, 소리, 음악 등으 로 표현하기	15. 소리–음악을 듣 고 느낌과 생각 을 발표하기	14. 소리–음악을 듣 고 신체, 언어, 소리, 음악 등으 로 표현하기
		17. 다양한 음악 감 상 활동에 참여 하기	17. 다양한 음악 감 상 활동에 참여 하기	

[그림 5-1] **음악 감상하기 교수·학습 유형과 활동명**

1) 음악 감상하기 교수 · 학습 유형 1

❶ 개요

영역	• 음악 감상의 기초 능력과 표현 • 감상, 이해, 창작	기능	감지하기, 소리듣기, 구분하기, 인지하기, 기억하기, 표현하기
학습 목표	다양한 물소리를 듣고 소리의 특징을 파악하여 신체 움직임으로 표현할 수 있다.		
평가 유형	■자기평가　■상호평가　■ 관찰평가　□실음평가　□포트폴리오 □기타 (　　　　　　　　)		
교수 · 학습 자료	수업 환경	야외 산책 활동, 창문이 열리는 교실, 신체 활동 공간	
	교사 준비물	다양한 물소리 음원, 물, 컵, 수조, 레인스틱, 물 영상/사진 자료, 멀티미디어	
	학생 준비물	편한 복장과 신발, 종이, 사인펜, 색연필	
개발 의도	이 학습 유형은 음악 수업에 참여하는 장애 학생들의 소리에 대한 기초 감각을 발달시키고, 감지한 소리에 대한 느낌과 감성을 다양한 방법으로 표현하는 능력을 발달시키는 데 활동의 목적이 있다. 소리에 대한 감각 발달 수업은 이 수업에 구성된 물소리뿐만 아니라 다양한 자연과 생활 주변의 소리들을 학습 주제로 선정하여 소리의 감각적 감지와 소리 인지 능력을 키우도록 수업을 구성할 수 있다. 또한 몸의 움직임(신체 활동) 외에 그림, 색채, 소리, 연주 등의 다양한 표현 방법으로 장애 학생들이 자신의 느낌과 소리 인지 결과를 표출할 수 있도록 한다.		

❷ 단계별 교수·학습 활동 및 평가 계획

학습 단계	활동명	교수·학습 활동	평가 계획
도입	1. 소리–음악 감지하기 2. 소리–음악 집중하여 듣기 3. 소리–음악이 들리는 장소, 환경 등을 탐색하기	• 다양한 물소리를 들어 본다. • 물소리가 나는 장소–환경을 추측해 본다.	

⬇

학습 단계	활동명	교수·학습 활동	평가 계획
전개 1	2. 소리–음악 집중하여 듣기 3. 소리–음악이 들리는 장소, 환경 등을 탐색하기 10. 음악의 표현 대상을 연계하기	• 물소리를 집중하여 들어 본다. • 다양한 물소리의 종류를 알아본다.	

⬇

학습 단계	활동명	교수·학습 활동	평가 계획
전개 2	14. 소리–음악을 듣고 느낌을 신체, 언어, 소리, 음악 등으로 표현하기	• 좋아하는 물소리를 선택한다. • 물소리의 느낌을 신체로 표현한다.	• 관찰평가

⬇

학습 단계	활동명	교수·학습 활동	평가 계획
마무리	16. 소리–음악에 관해 설명하기 20. 일상에서 음악을 듣고 즐기는 태도 갖기	• 생활 주변의 자연의 소리를 이야기 한다.	• 자기평가 • 상호평가

❸ 교수·학습 과정안

학습 주제	자연의 소리를 신체 움직임으로 표현하기			수준	기초적 소리 감지와 표현 능력

| 활동명 | • 소리 감지하기
• 소리 집중하여 듣기
• 소리가 들리는 장소, 환경 등을 탐색하기
• 소리를 표현 대상과 연계하기 | | | • 소리를 듣고 느낌을 신체로 표현하기
• 소리에 관해 설명하기
• 일상에서 듣고 즐기는 태도 갖기 | |

| 학습 목표 | 다양한 물소리를 듣고 소리의 특징을 파악하여 신체 움직임으로 표현할 수 있다. | | | | |

학습 단계	학습 과정 (모듈)	교수·학습 활동			자료 활용 및 유의점
		교사	학생(수준, 장애 유형 등에 따른 내용 제시)		
			A	B	C	

학습 단계	학습 과정 (모듈)	교사	A	B	C	자료 활용 및 유의점
도입	동기 유발	• 다양한 물의 소리 음원을 들려주거나, 물소리를 직접 학습자들에게 들려주도록 한다. • 어떤 물소리인지 생각해 보도록 한다. • 오늘의 학습 목표, 학습 순서, 학습 내용을 학생들에게 안내한다.	• 소리가 들리기 시작하면 귀를 기울여 소리를 들어 본다. • 물소리가 나는 장소, 환경, 상황 등을 함께 생각해 본다. • 오늘의 학습 목표를 함께 읽어 본다. • 오늘의 학습과 내용을 순서대로 살펴본다.			• 물, 수조, 물소리 음원, 멀티미디어, 레인스틱
전개	〈활동 1〉	• 들려준 물소리의 종류를 확인하고 어떤 장소, 날씨, 상황에서 나는 소리인지 표현하도록 한다.	소리를 다시 듣고 물소리가 들리는 장소, 날씨, 상황 등을 언어로 나타낸다.	소리를 다시 듣고 물소리가 들리는 장소, 날씨, 상황 등을 동작으로 나타낸다.	소리를 다시 듣고 물소리가 들리는 장소, 날씨, 상황 등을 도움을 받아 언어나 동작으로 표현한다.	• 물, 수조, 물소리 음원, 멀티미디어, 레인스틱, 물 영상 자료

	〈활동 2〉	• 다양한 물소리를 듣고 좋아하는 물소리를 선택하도록 한다. • 선택한 물소리 장면에 어울리는 색으로 도화지에 다양한 선, 도형, 모양, 글씨 등으로 물소리의 느낌을 표현하도록 한다. • 선택한 물소리의 느낌을 자신의 신체를 움직여 표현하도록 한다.	• 소리가 나는 장면의 사진을 보면서 물소리를 듣고 선호하는 장면 1가지를 선택한다.			• 물소리 나는 장면 사진, 소리 음원, 사인펜, 색연필, 도화지
			• 선택한 소리에 어울리는 색으로 도화지에 다양한 표현을 한다.	• 선택한 소리에 어울리는 색으로 도화지에 도형을 활용하여 표현한다.	• 선택한 소리에 어울리는 색으로 선을 활용하여 표현한다.	• 선택한 소리에 어울리는 색을 선택하고 그림으로 표현하는 두 개의 활동이 함께 나타나게 되어 어려워하는 학생들은 두 개의 단계를 분리하여 실행하도록 한다. • 관찰평가
			• 선택한 물소리의 특징과 느낌에 어울리는 신체 움직임을 3개 이상 표현한다.	• 선택한 물소리의 특징과 느낌에 어울리는 신체 움직임을 1~2개로 표현한다.	• 선택한 물소리의 특징과 느낌에 어울리는 신체 움직임을 도움을 받아 표현한다.	
정리	정리 평가	• 물소리 표현 활동에 대한 생각을 발표하도록 한다.	• 물소리 표현 활동의 과정을 다시 생각한다. • 물소리를 표현한 활동의 재미있던 점과 어려운 점을 발표한다.			• 자기평가 • 상호평가

❹ 평가 도구

평가 목표		물의 다양한 소리를 듣고 물소리의 특징을 파악하여 신체 움직임으로 표현할 수 있다.
평가 영역		소리 듣기의 기초 능력과 표현
평가 유형 (방법)		관찰 및 과정 평가
평가 내용		다양한 물소리들을 신체 움직임으로 표현할 수 있는가?
평가 기준	잘함	물의 다양한 소리를 듣고 소리의 특징을 신체 움직임으로 표현할 수 있다.
	보통	물의 다양한 소리를 듣고 소리의 특징을 신체 움직임으로 일부분 표현할 수 있다.
	노력 요함	물의 다양한 소리를 듣고 도움을 받아 소리의 특징을 신체 움직임으로 표현할 수 있다.
평가 환류 계획		물소리를 듣고 소리의 특징을 신체로 표현하기 어려운 경우, 소리를 다시 듣고 표현해 보도록 한다.

❺ 활동지 자료

가. 물소리의 색채 및 신체 표현 예시 자료

음악형식	색채 표현 (모양, 도형, 선)		
빗소리			
샤워기 물소리			
폭포소리			
파도소리			

나. 동료평가와 자기평가 자료

모둠 활동 동료평가 및 자기평가

❶ 다른 친구들의 물소리에 어울리는 신체 표현을 평가해 주세요.

친구 이름	소리를 몸으로 표현하기			소리를 색으로 표현하기			표현하는 자세		
	신체 움직임으로 표현함			도화지에 색으로 표현함			자신감 있게 표현함		
○○○	☺	☺	☹	☺	☺	☹	☺	☺	☹
○○○	☺	☺	☹	☺	☺	☹	☺	☺	☹
○○○	☺	☺	☹	☺	☺	☹	☺	☺	☹

❷ 오늘 나의 활동을 평가해 주세요.

평가 기준	☺	☺	☹
1. 나는 소리를 집중해서 들었다.			
2. 나는 내가 좋아하는 물소리를 기억하고 선택하였다.			
3. 나는 내가 좋아하는 물소리를 색을 선택하여 도화지에 나타내었다.			
4. 나는 내가 좋아하는 물소리를 몸의 움직임으로 표현하였다.			

❻ 한 걸음 더!

장애 학생들에게 소리 듣기는 학생들의 기초적 소리 감지 및 소리 인지 감각을 유지시키고 발달시킬 뿐만 아니라, 저하된 소리에 대한 감각을 일깨우는 음악적 경험의 기회가 될 수 있다. 장애 학생들이 일상생활에서 접하게 되는 자연의 소리, 이동 수단 소리, 도구를 사용하는 소리, 교실 물건 소리, 가족의 목소리 등 일상적인 소리를 주제로 하는 활동은 소리에 대한 학생들의 민감성과 집중력을 높이는 데 도움이 될 수 있다. 또한 소리에 대한 장애 학생들의 선호도를 미리 수업 계획 단계에서 확인하고, 각 소리에 대한 학생들의 느낌을 다양하게 표현하도록 하는 수업은 장애 학생들의 생활 주변 소리와 환경에 대한 정서적 반응과 주변과의 관계 형성 정도를 함께 확인할 수 있다. 소리와 음악을 듣고 그에 따른 느낌과 감성을 표현하는 활동은 장애 학생들의 내면 상태를 이해하는 데 중요한 결과물로 활용될 수 있다.

2) 음악 감상하기 교수·학습 유형 2

❶ 개요

영역	• 음악 내용에 어울리는 신체 표현 • 감상, 이해, 창작	기능	인지하기, 기억하기, 반응하기, 표현하기 감상하기, 구분하기, 상상하기, 연계하기
학습 목표	이야기를 표현한 음악을 듣고 이야기의 내용을 신체와 악기로 표현할 수 있다.		
평가 유형	■자기평가　□상호평가　■ 관찰평가　□실음평가　□포트폴리오 □기타 (　　　　　　　　　　)		
교수·학습 자료	수업 환경	신체 활동 공간, 멀티미디어 영상 시청 가능	
	교사 준비물	감상 영상 자료, 탬버린, 트라이앵글	
	학생 준비물	탬버린, 트라이앵글	
개발 의도	이 학습 유형은 장애 학생들이 영상을 통해 몸의 움직임과 음악의 어울림을 경험하고 음악 감상을 통한 다양한 소리의 변화를 신체 움직임으로 직접 표현하는 데 목적이 있다. 대사 없이 주인공들의 동작과 이야기가 구성된 음악 만화 영화 〈스노우맨〉에서 겨울을 표현하는 음악의 특징과 신체 움직임을 함께 감상하도록 한다. 또한 눈이 내리는 겨울에 소년과 눈사람의 우정을 영상과 음악으로 표현한 작품 속에서 겨울에 눈이 내리는 모습, 눈사람의 움직임, 신체 움직임에 따라 어울리는 음악적 표현들을 경험하도록 한다.		

❷ 단계별 교수·학습 활동 및 평가 계획

학습 단계	활동명	교수·학습 활동	평가 계획
도입	11. 소리–음악을 듣고 표현 내용을 상상하기	• 눈이 내리는 겨울 풍경을 떠올려 본다. • 눈의 다양한 소리를 들어 본다.	

⬇

전개 1	2. 소리–음악 집중하여 듣기 18. 음악 감상의 올바른 태도 알고 실천하기	• 만화 영화 〈스노우맨〉 중 〈Walking In The Air〉 영상을 감상한다.	

⬇

전개 2	4. 음악의 형식과 종류 인지하기 7. 여러 가지 음악을 듣고 구분하기 12. 소리–음악을 듣고 신체, 언어, 소리, 음악 등으로 반응하기	• 음악 만화 영화의 특징을 살펴본다. • 〈Walking In The Air〉에 나타난 신체 움직임과 음악을 구분하여 듣는다. • 스노우맨과 소년의 움직임을 표현한다.	• 관찰평가

⬇

전개 3	10. 음악의 표현 대상을 연계하기 14. 소리–음악을 듣고 신체, 언어, 소리, 음악 등으로 표현하기	• 〈Walking In The Air〉 음악에서 표현한 대상을 알아본다. • 〈Walking In The Air〉의 선율을 탬버린으로 표현한다.	• 관찰평가

⬇

마무리	5. 음악을 듣고 부분·전체 기억하기	• 〈Walking In The Air〉를 들으며 음악을 신체 동작과 악기로 표현한다.	• 자기평가

❸ 교수·학습 과정안

학습 주제	음악을 듣고 신체와 악기로 표현하기		수준	소리의 기초 감상 능력과 표현 능력

활동명	• 음악 집중하여 듣기 • 음악의 형식과 종류 인지하기 • 음악의 부분 또는 전체 기억하기 • 음악을 듣고 구분하기 • 음악을 표현 대상과 연계하기		• 음악을 듣고 표현 내용, 표현 느낌 등을 상상하기 • 음악을 듣고 신체로 반응하기 • 음악을 듣고 느낌과 생각을 음악으로 표현하기 • 음악 감상의 올바른 태도 알고 실천하기	
학습 목표	이야기를 표현한 음악을 듣고, 이야기의 내용을 신체와 악기로 표현할 수 있다.			

학습 단계	학습 과정 (모듈)	교수·학습 활동				자료 활용 및 유의점
		교사	학생(수준, 장애 유형 등에 따른 내용 제시)			
			A	B	C	
도입	동기 유발	• 눈이 내리는 겨울 풍경 영상과 눈 밟는 발자국 소리를 들려주고 장면을 상상하도록 한다.	• 영상과 소리를 감상하고 눈이 내리는 겨울 풍경을 상상한다.			• 멀티미디어, 눈 내리는 겨울 풍경 영상, 눈 발자국 소리 음원
		• 오늘의 학습 목표, 학습 순서, 학습 내용을 학생들에게 안내한다.	• 오늘의 학습 목표를 함께 읽어 본다. • 오늘의 학습과 내용을 순서대로 살펴본다.			
전개	〈활동 1〉	• 만화 영화 〈스노우맨〉의 〈Walking In The Air〉 영상을 보여 주고 줄거리를 설명한다.	• 만화 영화 〈스노우맨〉 중 〈Walking In The Air〉 영상을 시청한다. • 줄거리를 알아본다.			• 영상과 음악만으로는 내용 이해가 어려울 수 있으므로, 등장인물과 줄거리를 함께 설명하도록 한다.
	〈활동 2〉	• 음악 만화 영화의 특징을 살펴보도록 한다.	• 음악 만화 영화의 특징을 찾아 2가지 이상 발표한다.	• 음악 만화 영화의 특징을 찾아 1가지를 발표한다.	• 음악 만화 영화의 특징을 도움을 받아 찾을 수 있다.	• 짝 활동이 어려운 상황에서는 교사와 함께 또는 혼자 하는 활동으로 구성한다. • 관찰평가
		• 소년과 스노우맨의 영상을 음악 없이 다시 보여 준다.	• 음악을 듣지 않고 영상에 나타난 소년과 스노우맨의 움직임을 집중하여 관찰한다.			
		• 영상 없이 음악만을 들려주고 소년과 스노우맨의 움직임을 상상하도록 한다.	• 영상 없이 음악을 들으면서 소년과 스노우맨의 움직임을 상상해 본다.			
		• 음악을 들으며 스노우맨과 소년의 동작 일부분을 짝과 함께 표현해 보도록 한다.	• 음악을 들으며 스노우맨과 소년의 동작을 짝과 2개 이상 함께 표현해 본다.	• 음악을 들으며 스노우맨과 소년의 동작 중 하나를 혼자서 표현해 본다.	• 음악을 들으며 스노우맨과 소년의 동작 중 하나를 도움을 받아 표현해 본다.	

	〈활동 3〉	• 〈Walking In The Air〉 선율에 어울리는 탬버린·트라이앵글의 연주 방법을 익혀 연주하도록 한다.	• 탬버린과 트라이앵글의 기본 연주 자세와 주법을 교사의 시범을 보고 익힌다.	• 탬버린과 트라이앵글 중 한 가지의 기본 연주 자세와 주법을 교사의 시범을 보고 익힌다.	• 탬버린 또는 트라이앵글 중 한 가지의 기본 연주 자세와 주법을 도움을 받아 익힌다.	• 탬버린, 트라이앵글 • 관찰평가
정리	정리	• 〈Walking In The Air〉에 어울리는 신체 움직임을 표현하도록 한다.	• 〈Walking In The Air〉를 들으며 음악과 장면에 어울리는 신체 동작을 자유롭게 표현한다. • 재미있었던 활동과 어려웠던 활동에 대해 이야기한다.			• 자기평가

❹ 평가 도구

가. 평가 도구 1

평가 목표	만화 영화 〈스노우맨〉 중 〈Walking In The Air〉 선율에 어울리는 신체로 표현할 수 있다.	
평가 영역	음악 내용에 어울리는 신체 표현	
평가 유형(방법)	관찰 및 과정 평가	
평가 내용	음악을 들으며 〈Walking In The Air〉에 어울리는 신체 표현을 할 수 있는가?	
평가 기준	잘함	〈Walking In The Air〉를 들으며 어울리는 신체 동작을 표현할 수 있다.
	보통	〈Walking In The Air〉를 들으며 어울리는 신체 동작을 부분적으로 표현할 수 있다.
	노력 요함	〈Walking In The Air〉를 들으며 어울리는 신체 동작을 1~2개 정도 표현할 수 있다.
평가 환류 계획	〈Walking In The Air〉를 들으며 어울리는 신체 동작을 표현이 어려울 경우, 다시 듣고 교사와 함께 표현해 보도록 한다.	

나. 평가 도구 2

평가 목표	만화 영화 〈스노우맨〉 중 〈Walking In The Air〉의 선율에 어울리는 탬버린·트라이앵글의 연주 방법을 익혀 연주할 수 있다.	
평가 영역	음악 선율에 어울리는 리듬악기 연주	
평가 유형(방법)	관찰 및 과정 평가	
평가 내용	음악을 들으며 〈Walking In The Air〉에 어울리는 리듬악기를 연주할 수 있는가?	
평가 기준	잘함	〈Walking In The Air〉에 어울리는 탬버린·트라이앵글 주법을 익혀 연주할 수 있다.
	보통	〈Walking In The Air〉에 어울리는 탬버린·트라이앵글 주법 중 한 개를 익혀 연주할 수 있다.
	노력 요함	〈Walking In The Air〉에 어울리는 탬버린·트라이앵글 주법 중 한 개를 도움을 받아 연주할 수 있다.
평가 환류 계획	〈Walking In The Air〉에 어울리는 탬버린·트라이앵글 주법을 익혀 연주하기 어려운 경우, 다른 쉬운 리듬악기로 대체하여 연주할 수 있도록 한다.	

❺ 활동지 자료

가. <Walking In The Air>에 어울리는 리듬악기 연주하기

리듬악기로 표현하기

나. 자기평가 자료

자기평가

❶ 오늘 〈스노우맨〉 음악에 맞춰 했던 악기 연주와 신체 표현 활동에 대해 스스로 평가해 주세요.

평가 기준	☺	😐	☹
1. 나는 〈스노우맨〉의 영상을 집중하여 시청하였다.			
2. 나는 탬버린과 트라이앵글의 연주 방법을 익혀 연주하였다.			
3. 나는 음악에 어울리는 신체 움직임을 표현하였다.			
4. 나는 친구들과 함께 오늘 수업에 즐겁게 참여하였다.			

❻ 한 걸음 더!

장애학습자들이 주어진 상황에서 자신의 느낌을 자각하고 이를 구체적인 감정으로 분류하여 인지하는 활동은 조금 더 시간이 요구되는 활동이다. 장애학습자들이 음악을 듣고 언어나 글로 자신의 생각과 느낌을 표현하는 활동은 감상곡과 관련된 사진, 영상, 이미지 자료들을 함께 구성하여 학습자의 감성이 구체적으로 인식될 수 있도록 한다. 만화 영화 〈스노우맨〉은 등장인물의 대사 없이 음악과 영상만으로 이야기를 표현함으로써 장애학습자들에게 시각과 청각을 통해 곡의 내용을 더 쉽게 전달할 수 있다는 장점이 있다. 본 수업에서 〈Walking In The Air〉 주인공들의 움직임을 관찰하면서 음악을 집중해서 듣고, 소년과 스노우맨의 신체 움직임을 모방하며 이야기의 내용을 이해하도록 한다. 제재곡을 표현하기 위해 탬버린과 트라이앵글과 같은 간단한 타악기로 주요 선율에 어울리는 간단한 리듬을 연주하여 곡의 흐름을 좀 더 쉽게 이해하고 표현할 수 있는 기회를 제공하도록 한다.

3) 음악 감상하기 교수·학습 유형 3

❶ 개요

영역	• 음악 요소 감지와 형식 구분 • 감상, 이해, 창작	기능	감지하기, 감상하기, 집중하기, 인지하기, 비교하기, 구분하기, 부분듣기, 전체듣기, 반응하기, 표현하기
학습 목표	변주곡의 특징을 알고 음악 요소들의 변화를 느낄 수 있다.		
평가 유형	■자기평가 □상호평가 ■ 관찰평가 □실음평가 □포트폴리오 □기타 ( )		
교수 · 학습 자료	수업 환경	신체 활동 공간, 음향기기, 멀티미디어	
	교사 준비물	〈작은 별 변주곡〉 음원, 리듬 막대, 모차르트 사진, 음악 구성 요소 단어 카드	
	학생 준비물	편한 복장과 신발	
개발 의도	이 학습 유형은 음악의 다양한 변화를 포함하고 있는 모차르트의 〈작은 별 변주곡〉을 장애 학생들이 감상함으로써, 청각을 통한 음악 감지 능력을 발달시키고 음악의 다양한 표현 방법을 감각적으로 인지하는 데 목적이 있다. 장애 학생들이 〈작은 별 변주곡〉에 나타난 음악 요소들의 변화를 그냥 듣기로 우선 감지하고, 점차 집중 듣기와 반복 듣기로 각 변주 부분의 차이를 스스로 찾아보는 기회를 갖도록 한다. 학생들의 변주곡 탐색 활동 이후, 음악 요소들의 변화를 신체로 표현해 보도록 한다. 학생들의 장애 정도, 청각 능력, 인지 능력, 신체 표현 능력에 따라 음악 요소들의 변화를 다양한 방법과 수준으로 표현해 보도록 한다. 장애 학생들이 '변주곡'이라는 용어와 용어의 의미를 정확하게 인지하지 못하더라도, 하나의 주제 가락이 다양하게 변화되는 음악의 변화 감지 활동에 중점을 두어 지도하도록 한다.		

❷ 단계별 교수·학습 활동 및 평가 계획

학습 단계	활동명	교수·학습 활동	평가 계획
도입	1. 소리-음악 감지하기	• 〈작은 별 변주곡〉의 주제와 변주를 감상한다.	

⬇

학습 단계	활동명	교수·학습 활동	평가 계획
전개 1	2. 소리-음악 집중하여 듣기 5. 음악을 듣고 부분·전체 기억하기	• 〈작은 별 변주곡〉의 각 변주 부분을 듣는다 • 〈작은 별 변주곡〉 전체를 듣는다.	

⬇

학습 단계	활동명	교수·학습 활동	평가 계획
전개 2	6. 여러 가지 음악을 듣고 비교하기 14. 소리-음악을 듣고 신체, 언어, 소리, 음악 등으로 표현하기	• 〈작은 별 변주곡〉 주요 변주의 신체 표현을 따라 한다. • 〈작은 별 변주곡〉 주요 변주 부분을 신체로 표현한다.	• 관찰평가

⬇

학습 단계	활동명	교수·학습 활동	평가 계획
전개 3	4. 음악의 형식과 종류 인지하기 7. 음악을 듣고 구분하기 8. 음악의 변화 알기 9. 음악의 구성 요소를 알기	• 〈작은 별 변주곡〉의 각 변주를 듣고 비교한다. • 〈작은 별 변주곡〉의 각 변주를 구분한다. • 변주곡의 특징을 이해한다.	• 관찰평가

⬇

학습 단계	활동명	교수·학습 활동	평가 계획
마무리	14. 소리-음악을 듣고 신체 표현하기 17. 다양한 음악 감상 활동에 참여하기	• 〈작은 별 변주곡〉을 들으며 신체로 표현한다.	• 자기평가

❸ 교수·학습 과정안

학습 주제	변주곡의 특징 이해하기		수준	음악 요소의 구분 및 변화 감지 능력

활동명	• 음악을 감지하기 • 음악 집중하여 듣기 • 음악의 형식과 종류 인지하기 • 음악을 듣고 부분–전체 기억하기 • 음악을 듣고 비교하기	• 음악을 듣고 구분하기 • 음악의 변화 알기 • 음악을 듣고 신체 표현하기 • 다양한 음악 감상 활동에 참여하기

학습 목표	변주곡의 특징을 이해하고, 음악 요소들의 변화를 신체 표현으로 나타낼 수 있다.

학습 단계	학습 과정 (모듈)	교수·학습 활동				자료 활용 및 유의점
		교사	학생(수준, 장애 유형 등에 따른 내용 제시)			
			A	B	C	
도입	동기 유발	• 모차르트의 〈작은 별 변주곡〉의 주요 변주 부분을 들려준다. • 오늘의 학습 목표, 학습 순서, 학습 내용을 학생들에게 안내한다.	• 모차르트의 〈작은 별 변주곡〉의 주요 변주 3가지를 각각 감상한다. • 3가지의 변주에서 서로 다른 부분을 발표해 본다. • 오늘의 학습 목표를 함께 읽어 본다. • 오늘의 학습과 내용을 순서대로 살펴본다.			• 정명훈의 〈작은 별 변주곡〉 연주 https://youtu.be/ MYSk2r9YqeU • 음원 • 멀티미디어
전개	〈활동 1〉	• 곡의 이름과 작곡가 모차르트에 대해 설명한다. • 〈작은 별 변주곡〉의 주제를 반복하여 들려준다. • 〈작은 별 변주곡〉의 변주 부분들을 들려준다.	• 모차르트의 사진을 보면서 작곡가와 곡의 이름에 대해 알아본다. • 〈작은 별 변주곡〉의 주제 부분을 반복해서 들으면서, 주제 부분의 선율을 허밍 또는 단순 모음으로 소리 내며 듣는다. • 〈작은 별 변주곡〉의 각 변주 부분들을 들으면서 각 부분의 차이점을 생각하며 듣는다.			• 모차르트의 사진

		• 각 변주 부분의 차이를 발표하도록 한다.	• 각 변주 부분의 차이점들을 언어, 표정, 그림 등 여러 가지 방법으로 발표한다.		• 변주 부분의 차이점 표현은 학생들에게 익숙하고 쉬운 방법으로 나타내도록 한다.
	〈활동 2〉	• 〈작은 별 변주곡〉 주요 변주 부분의 특징을 신체로 표현해 보도록 한다.	• 주요 변주 부분의 특징을 스스로 신체로 표현한다.	• 주요 변주 1~2개 부분의 특징을 신체로 표현한다.	• 주요 변주 1~2개 부분의 특징을 도움을 받아 신체로 표현한다.	• 특징이 잘 드러나는 3~4가지 정도의 변주 부분을 미리 정하여 제시해 주도록 한다. • 관찰평가
	〈활동 3〉	• 〈작은 별 변주곡〉의 변주를 듣고 비교하여 구분해 보도록 한다.	• 주요 변주를 듣고 비교하여 구분할 수 있다.	• 주요 변주를 듣고 비교하여 1~2개를 구분할 수 있다.	• 주요 변주를 듣고 도움을 받아 비교하여 구분할 수 있다.	• 각 변주 부분을 편집한 음원을 반복하여 듣도록 하여 구분이 용이하도록 한다.
		• 변주곡의 특징을 알고 단어로 나타낼 수 있도록 한다.	• 주어진 단어 카드를 선택 후 나열하여 변주곡의 특징을 나타내는 문장을 만들어 본다.		• 관찰평가 • 변주곡 특징 단어 카드
정리	정리	• 〈작은 별 변주곡〉을 들으며 신체 표현을 하도록 한다.	• 자유롭게 신체 표현을 하며 〈작은 별 변주곡〉을 감상한다.		• 자기평가

❹ 평가 도구

평가 목표		음악 요소들의 변화에 따른 변주곡의 특징을 신체로 표현할 수 있다.
평가 영역		감상, 이해, 창작
평가 유형(방법)		관찰 및 과정 평가
평가 내용		주요 변주에 나타난 음악 요소의 변화를 신체 표현으로 나타낼 수 있는가?
평가 기준	잘함	주요 변주에 나타난 음악 요소의 변화를 신체 표현으로 나타낼 수 있다.
	보통	주요 변주에 나타난 음악 요소의 변화 가운데 1~2개를 신체 표현으로 나타낼 수 있다.
	노력 요함	주요 변주에 나타난 음악 요소의 변화 가운데 일부분을 도움을 받아 신체 표현으로 나타낼 수 있다.
평가 환류 계획		주요 변주에 나타난 음악 요소의 변화를 신체로 표현하기 어려운 경우, 반복학습과 교사의 도움을 받아 교사와 함께 표현해 보도록 한다.

❺ 활동지 자료

가. 모차르트의 〈작은 별 변주곡〉 주요 변주 방법을 찾아 표현하기

구분	변주 방법 찾아보기	변주 방법을 그림 또는 악보로 표현해 보기
변주( )		
변주( )		
변주( )		
변주( )		

나. 자기평가 자료

자기평가

❷ 오늘 나의 활동을 평가해 주세요.

평가 기준	☺	😐	☹
1. 나는 〈작은 별 변주곡〉을 집중해서 들었다.			
2. 나는 〈작은 별 변주곡〉의 각 변주 부분들의 특징을 구분할 수 있었다.			
3. 나는 〈작은 별 변주곡〉에서 각 변주 부분들의 특징을 신체로 표현할 수 있었다.			
4. 나는 변주곡의 특징이 무엇인지 이해하고 단어를 선택하여 나타낼 수 있었다.			

❻ 한 걸음 더!

변주곡 형식을 감상과 이해 활동으로 구성하여 장애 학생들을 지도하는 것은 어려운 수업이 될 수 있다. 그러나 익숙한 주제 부분이 음악 요소들에 따라 변화하는 소리를 느껴 보는 활동은 음악적 호기심을 불러일으키는 탐구 수업이 될 수 있다. 변주곡 형식을 이해하기 위해서는 주제 부분을 구성하고 있는 기초 음악 요소들의 특징을 인지하고, 주제 부분과 뒤따르는 변주 부분들을 상호 비교하여 주제와의 공통점과 차이점을 찾아보는 학습 과정이 필요하다. 학생들이 반복 듣기와 주제 선율 소리 내며 들어 보기로 더욱 명확한 주제 인지와 변주 부분의 비교가 이루어지도록 한다. 장애 학생들은 박·박자·리듬·조성 등에 대한 용어와 이해가 어려울 수 있으므로, 학생들이 음악 요소들을 나타내는 단어·표현 예시·설명어 등을 선택하여 변주곡의 특징을 이해할 수 있도록 한다.

4) 음악 감상하기 교수 · 학습 유형 4

❶ 개요

영역	• 빠르기의 변화와 민속놀이요 • 감상, 이해, 신체 표현	기능	감지하기, 감상하기, 집중하기, 인지하기, 구분하기, 기억하기, 부분듣기, 전체듣기, 표현하기, 참여하기
학습 목표	〈강강술래〉의 빠르기 변화에 어울리는 신체 표현 놀이를 할 수 있다.		
평가 유형	■자기평가 ■상호평가 ■관찰평가 □실음평가 □포트폴리오 □기타 ( )		
교수 · 학습 자료	수업 환경	신체 활동 공간	
	교사 준비물	〈강강술래〉 영상 자료, 〈강강술래〉 음원, 멀티미디어, 빠르기 시각 자료	
	학생 준비물	편한 복장과 신발	
개발 의도	이 학습 유형은 〈강강술래〉에 나타난 빠르기의 변화를 듣기와 신체 활동으로 인식하도록 하는 수업이다. 〈강강술래〉의 시작부터 〈남생아 놀아라〉〈개고리 개골청〉〈고사리 꺾자〉〈청어역자〉〈덕석몰자〉〈대문놀이〉〈강강술래〉로 순환되는 전체학습은 장애 학생들에게 어려울 수 있으므로, 이 수업에서는 먼저 감상 활동을 통해 〈강강술래〉를 구성하고 있는 곡들의 음원 듣기와 영상 보기를 통해 빠르기 변화를 이해하도록 한다. 한배의 변화를 경험하기 위하여 장애 학생에게 무리가 되지 않는 활동 수준에서 서로의 손을 잡고 〈강강술래〉와 〈자진강강술래〉를 천천히 시작하여 빠른 속도로 끝내는 원형 돌기 활동으로 경험해 보도록 한다. 더 나아가, 학생들의 이해와 인지 수준에 따라 〈강강술래〉의 역사적 배경과 쓰임에 대해 알아보는 학습 자료와 학습 기회를 구성하도록 한다.		

❷ 단계별 교수·학습 활동 및 평가 계획

학습 단계	활동명	교수·학습 활동	평가 계획
도입	1. 소리–음악 감지하기 10. 음악의 표현 대상을 연계하기	•〈강강술래〉놀이 영상과 음악을 감상한다.	
전개 1	2. 소리–음악을 집중하여 듣기	•〈강강술래〉놀이에 구성된 곡의 주요 부분을 들어 본다.	
전개 2	4. 음악의 형식과 종류 인지하기 5. 음악을 듣고 부분·전체 기억하기 8. 음악의 변화 알기	•〈강강술래〉와〈자진강강술래〉를 비교하며 들어 본다. • 한배에 따른 장단의 빠르기 변화를 알아본다.	
전개 3	7. 여러 가지 음악을 듣고 구분하기 14. 소리–음악을 듣고 신체, 언어, 소리, 음악 등으로 표현하기	•〈강강술래〉와〈자진강강술래〉를 듣고 따라 불러 본다. •〈강강술래〉와〈자진강강술래〉를 부르며 놀이를 익혀 본다.	• 관찰평가
마무리	15. 소리–음악을 듣고 느낌과 생각을 발표하기 17. 다양한 음악 감상 활동에 참여하기	•〈강강술래〉와〈자진강강술래〉를 부르며 함께 놀이한다.	• 자기평가 • 상호평가

❸ 교수·학습 과정안

주제	빠르기의 변화와 민속놀이요 익히기		수준	기초 음악 변화 감지와 신체 표현 능력	
활동명	• 음악 감지하기 • 음악을 집중하여 감상하기 • 음악의 형식과 종류 인지하기 • 음악의 부분 또는 전체 듣고 기억하기			• 음악을 듣고 구분하기 • 음악을 듣고 신체로 표현하기 • 음악 감상 활동에 참여하기	
학습 목표	〈강강술래〉의 빠르기 변화에 어울리는 신체 표현 놀이를 할 수 있다.				

학습 단계	학습 과정 (모듈명)	교수·학습 활동				자료 활용 및 유의점
		교사	학생(수준, 장애 유형 등에 따른 내용 제시)			
			A	B	C	
도입	동기 유발	• 〈강강술래〉 놀이 영상 또는 음악을 들려주도록 한다. • 오늘의 학습 목표, 학습 순서, 학습 내용을 학생들에게 안내한다.	• 〈강강술래〉 놀이 영상을 감상한다. • 〈강강술래〉를 감상하고 느낌이나 생각을 발표한다. • 오늘의 학습 목표를 함께 읽어 본다. • 오늘의 학습과 내용을 순서대로 살펴본다.			• 〈강강술래〉 동영상 https://youtu.be/zjg757sy8k8
전개	〈활동 1〉	• 〈강강술래〉 놀이에 구성된 곡들의 주요 부분을 다시 들려준다. • 〈강강술래〉 놀이를 구성하고 있는 주요 곡들의 차이점을 찾아보도록 한다.	• 〈강강술래〉 놀이에 구성된 곡들의 주요 부분을 집중하여 다시 들어 본다. • 〈강강술래〉 놀이를 구성하고 있는 주요 곡들의 차이점들을 자유롭게 표정, 손짓, 언어 등으로 표현해 본다.			• 〈강강술래〉 놀이요의 주요 부분들을 편집하여 들려주도록 한다. • 〈강강술래〉 음원 멀티미디어
	〈활동 2〉	• 〈강강술래〉와 〈자진강강술래〉를 비교하며 들어 보도록 한다. • 〈강강술래〉와 〈자진강강술래〉를 교차하여 들으며 빠르기의 변화를 표현하도록 한다.	• 〈강강술래〉와 〈자진강강술래〉를 비교하며 다시 들어 본다. • 〈강강술래〉와 〈자진강강술래〉의 빠르기 차이를 깃발을 들어 나타낸다.		• 〈강강술래〉와 〈자진강강술래〉의 빠르기 차이를 도움을 받아 나타낸다.	• 〈강강술래〉 〈자진강강술래〉 편집음원 • 빠르기의 변화를 나타내는 그림 깃발
	〈활동 3〉	• 〈강강술래〉와 〈자진강강술래〉를 듣고 따라 익히도록 한다. • 〈강강술래〉와 〈자진강강술래〉를 부르며 빠르기의 변화에 따라 신체 놀이를 하도록 한다.	• 〈강강술래〉와 〈자진강강술래〉를 악보를 보며 듣고 따라 부르기로 익힌다. • 〈강강술래〉와 〈자진강강술래〉를 부르며 빠르기의 변화에 따라 신체 놀이를 한다.		• 도움을 받아 〈강강술래〉와 〈자진강강술래〉의 빠르기 변화를 표현한다.	• 〈강강술래〉 〈자진강강술래〉 음원 • 서로의 손을 잡고 〈강강술래〉와 〈자진강강술래〉를 천천히 시작하여 빠른 속도로 끝내는 원형 돌기 활동을 한다. • 관찰평가

| 정리 | 마무리 | •〈강강술래〉와 〈자진강강술래〉를 부르며 함께 놀이하도록 한다. | •〈강강술래〉와 〈자진강강술래〉를 부르며 빠르기의 변화를 다양하게 하며 신체 표현 놀이를 한다. | • 자기평가
• 상호평가 |

❹ 평가 도구

평가 목표		〈강강술래〉의 빠르기 변화에 어울리는 신체 표현 놀이를 할 수 있다.
평가 영역		감상, 이해, 신체 표현
평가 유형(방법)		관찰 및 과정 평가
평가 내용		〈강강술래〉의 빠르기 변화에 어울리는 신체 표현 놀이를 할 수 있는가?
평가 기준	잘함	〈강강술래〉의 빠르기 변화에 어울리는 신체 표현 놀이를 스스로 할 수 있다.
	보통	〈강강술래〉의 빠르기 변화에 어울리는 신체 표현 놀이에 도움을 받아 참여할 수 있다.
	노력 요함	〈강강술래〉의 빠르기 변화에 어울리는 신체 표현 놀이에 도움을 받아 부분적으로 참여할 수 있다.
평가 환류 계획		〈강강술래〉의 한배의 변화 감지가 어려운 경우, 다시 음악을 듣고 교사의 도움을 받아 빠르기에 따른 신체 움직임을 함께해 보도록 한다.

⑤ 활동지 자료

가. 빠르기의 변화를 나타내는 그림 깃발 자료

구분	느린 장단 (느린 빠르기)	빠른 장단 (빠른 빠르기)
빠르기 깃발 그림		

나. 동료평가와 자기평가 자료

모둠 활동 동료평가 및 자기평가

❶ 친구들이 〈강강술래〉와 〈자진강강술래〉의 빠르기 변화에 따라 놀이 활동을 잘했는지 평가해 주세요.

친구 이름	노래 익혀 부르기 〈강강술래〉를 부를 수 있음			빠르기의 변화 표현 빠르기를 다르게 하여 놀이에 참여함			놀이 참여 자세 친구들과 함께 손을 잡고 놀이에 참여함		
○○○	☺	😐	☹	☺	😐	☹	☺	😐	☹
○○○	☺	😐	☹	☺	😐	☹	☺	😐	☹
○○○	☺	😐	☹	☺	😐	☹	☺	😐	☹

❷ 오늘 나의 〈강강술래〉 활동을 평가해 주세요.

평가 기준	☺	😐	☹
1. 나는 〈강강술래〉 노래를 집중해서 들었다.			
2. 나는 〈강강술래〉에 나오는 노래들의 빠르기가 다르다는 것을 찾았다.			
3. 나는 〈강강술래〉와 〈자진강강술래〉의 빠르기 변화를 깃발을 들어 표현했다.			
4. 나는 친구들과 함께 손을 잡고 〈강강술래〉 놀이에 즐겁게 참여하였다.			

❻ 한 걸음 더!

장애 학생들에게 빠르기의 변화를 감지하는 활동은 다소 쉽게 학습이 될 수 있지만, 인지한 빠르기의 변화를 신체 활동으로 적용하여 표현하는 과정은 어려울 수 있다. 그러나 장애 학생들은 인지한 빠르기의 변화를 구체적인 신체 활동에 적용시키는 과정을 거치면서 음악에 대한 감지 능력, 음악에 대한 인지 능력, 음악 인지의 구체적 표현 능력을 연계하여 발달시킬 수 있게 될 것이다.

장애 학생들이 빠르기의 변화를 노래 부르기와 신체 표현하기에 동시 적용이 어려울 경우, 학생들의 장애 유형별·신체 조건별·인지 능력별로 노래 부르기와 신체 표현하기를 분리하거나 표현의 시간을 축소하여 적용할 수 있다. 다른 친구들과 손을 잡은 상태에서 옆걸음으로 이동하거나 뛰는 움직임이 어려운 장애 학생들을 위해서 상당히 느린 속도에서 일상적인 걷기 속도로 높여 빠르기의 변화를 느껴 보는 데 중점을 두어 지도할 수 있다. 또한 교사가 함께 놀이에 참여하여 빠르기의 변화를 이끌어 나가면서 학생들이 놀이에 참여하는 부담을 낮춰 주는 것도 도움이 될 수 있다.

5) 음악 감상하기 교수·학습 유형 5

❶ 개요

영역	• 판소리의 특징 이해 • 감상, 이해, 가창	기능	감지하기, 감상하기, 부분듣기, 전체듣기, 연계하기, 상상하기, 구분하기, 인지하기, 반응하기, 표현하기
학습 목표	판소리 〈흥보가〉 중 〈화초장타령〉을 듣고 판소리의 특징을 표현할 수 있다.		
평가 유형	□자기평가 ■상호평가 ■관찰평가 □실음평가 □포트폴리오 □기타 ( )		
교수·학습 자료	수업 환경	신체 활동 공간, 필기도구	
	교사 준비물	〈화초장타령〉 음원 또는 영상, 멀티미디어, 북, 돗자리, 학습지, 색칠 도구	
	학생 준비물	편한 복장, 부채	
개발 의도	이 학습 유형은 장애 학생들이 판소리 감상을 통해 판소리의 특징을 구분하며 직접적인 음악 표현 활동으로부터 판소리의 특징을 인식하도록 하는 활동이다. 음악 기초 활동에서 형성된 음악적 능력을 감상 활동에 종합적으로 적용해 보도록 함으로써, 소리와 음악에 관한 기초 감각뿐만 아니라 다양한 표현 방법을 적용하여 음악 장르의 특징을 살펴보는 데 목적이 있다. 이 수업의 제재인 판소리 〈흥보가〉 중 〈화초장타령〉은 〈흥보와 놀보〉 이야기의 줄거리에 대한 장애 학생들의 관심과 흥미를 높이고, 놀보가 흥보를 찾아오는 장면부터 판소리의 영상을 통해 장르의 특징을 찾아볼 수 있도록 한다. 장애 학생들의 장애 정도와 인지 능력에 따라 수업 이해와 표현 수준에 차이를 두어 화초장타령의 일부분을 듣고 따라 부르도록 한다.		

❷ 단계별 교수·학습 활동 및 평가 계획

학습 단계	활동명	교수·학습 활동	평가 계획
도입		• 〈흥보와 놀보〉 이야기의 줄거리를 알아본다. • 〈흥보와 놀보〉 이야기의 주요 장면을 그려 본다.	
전개 1	1. 소리–음악 감지하기 2. 소리–음악 집중하여 듣기 10. 음악과 표현 대상을 연계하기 11. 소리–음악을 듣고 표현 내용을 상상하기	• 판소리 〈흥보가〉 중 〈화초장타령〉을 들어 본다. • 〈화초장타령〉의 장면을 상상하며 들어 본다.	
전개 2	4. 음악의 형식과 종류 인지하기 7. 여러 가지 음악을 듣고 구분하기	• 판소리의 특징을 찾아본다. • 판소리의 주요 3요소를 알아본다.	
전개 3	2. 소리–음악 집중하여 듣기 5. 음악을 듣고 부분·전체 기억하기 13. 소리–음악을 듣고 소리–음악을 모방하여 전달하기	• 〈화초장타령〉의 한 대목 부분을 반복하여 듣는다. • 〈화초장타령〉의 한 대목 부분을 듣고 따라 부른다.	• 관찰평가
마무리	4. 음악의 형식과 종류 인지하기 14. 소리–음악을 듣고 느낌을 신체, 언어, 소리, 음악으로 표현하기	• 〈화초장타령〉의 한 대목을 발림을 표현하며 부른다.	• 상호평가

❸ 교수·학습 과정안

주제	판소리의 특징 표현하기		수준	소리 및 음악 인지와 표현 능력	
활동명	• 음악 감지하기 • 음악 집중하여 듣기 • 음악의 형식과 종류 인지하기 • 음악을 듣고 부분 기억하기 • 음악을 듣고 구분하기		• 음악의 표현 대상 연계하기 • 음악을 듣고 표현 내용과 느낌을 상상하기 • 음악을 듣고 모방하기 • 음악을 듣고 느낌을 신체, 언어, 소리 등으로 표현하기		
학습 목표	판소리 〈흥보가〉 중 〈화초장타령〉을 듣고 판소리의 특징을 표현할 수 있다.				

학습 단계	학습 과정 (모듈명)	교수·학습 활동				자료 활용 및 유의점
		교사	학생(수준, 장애 유형 등에 따른 내용 제시)			
			A	B	C	
사전학습	사전학습	• 〈흥보와 놀보〉 이야기를 함께 읽어 본다.	〈흥보와 놀보〉 이야기의 줄거리를 이해하고 단어 카드를 선택하여 주요 내용을 학습지에 정리한다.			• 〈흥보와 놀보〉 줄거리 읽기 자료 • 이야기 주요 단어 카드, 학습지
도입	동기 유발	• 〈흥보와 놀보〉 이야기의 장면들을 간단한 그림으로 표현하도록 한다.	• 〈흥보와 놀보〉 이야기의 주요 장면들을 간단한 그림으로 표현한다.	• 〈흥보와 놀보〉 이야기의 주요 장면1~2개를 간단한 그림으로 표현한다.	• 〈흥보와 놀보〉 이야기의 주요 장면1~2개를 선이나 도형으로 표현한다.	• 〈흥보와 놀보〉 그림 및 영상 자료
		• 오늘의 학습 목표, 학습 순서, 학습 내용을 학생들에게 안내한다.	• 오늘의 학습 목표를 함께 읽어 본다. • 오늘의 학습과 내용을 순서대로 살펴본다.			• 학습지, 그림 재료
전개	〈활동 1〉	• 판소리 〈흥보가〉 중 〈화초장타령〉을 들려준다.	〈흥보와 놀보〉 이야기와 연계하여 〈화초장타령〉의 장면을 상상하며 들어 본다.			• 〈화초장타령〉 영상 https://youtu.be/z-aoaokUaV0 • 화초장타령 음원
		• 〈화초장타령〉을 다시 들으며 판소리의 특징을 찾도록 한다.	• 〈화초장타령〉에서 판소리의 특징 3가지를 찾는다.	• 〈화초장타령〉에서 판소리의 특징 2가지를 찾는다.	• 〈화초장타령〉에서 판소리의 특징을 도움을 받아 찾을 수 있다.	• 판소리의 특징을 찾기 어려운 학생들은 판소리 특징이 표현된 그림 카드를 활용하여 찾을 수 있도록 한다.
	〈활동 2〉	• 판소리의 주요 3요소인 '아니리' '소리' '발림'이 표현된 부분을 다시 들려준다.	• 판소리의 주요 3요소인 '아니리' '소리' '발림'이 표현된 부분을 다시 들어 본다.			

	〈활동 3〉	• 〈화초장타령〉의 한 대목을 정간보를 보며 반복하여 듣고 따라 부르도록 한다. • 〈화초장타령〉의 한 대목 부분에 어울리는 발림을 표현해 보도록 한다.	• 〈화초장타령〉의 한 대목 부분을 정간보를 보며 반복하여 듣고 따라 부른다.			• 화초장타령의 정간보 • 관찰평가
			• 〈화초장타령〉의 한 대목 부분에 어울리는 발림을 표현한다.	• 〈화초장타령〉의 한 대목에 어울리는 발림을 일부분 표현한다.	• 〈화초장타령〉의 한 대목에 어울리는 발림을 도움을 받아 표현한다.	
정리	마무리	• 〈화초장타령〉의 한 대목을 발림을 표현하며 부르도록 한다.	• 〈화초장타령〉의 한 대목을 발림을 표현하며 부른다.			• 상호평가

❹ 평가 도구

평가 목표	판소리 〈흥보가〉 중 〈화초장타령〉의 한 대목을 판소리의 특징을 살려 표현할 수 있다.	
평가 영역	감상, 가창, 이해	
평가 유형	관찰 및 과정 평가	
평가 내용	〈화초장타령〉 한 대목의 소리를 발림 표현하며 부를 수 있는가?	
평가 기준	잘함	〈화초장타령〉 한 대목의 소리를 하며 발림을 함께 표현할 수 있다.
	보통	〈화초장타령〉 한 대목의 소리 또는 발림 중 한 가지를 표현할 수 있다.
	노력 요함	〈화초장타령〉 한 대목의 소리 또는 발림 중 한 가지를 도움을 받아 표현할 수 있다.
평가 환류 계획	〈화초장타령〉의 한 대목을 부르기 어려운 학생들은 〈화초장타령〉 한 대목의 소리를 발림과 함께 다시 익혀 표현해 보도록 한다.	

❺ 활동지 자료

가. 사전 활동 및 동기 유발 자료, <흥보와 놀보> 이야기의 흐름을 정리하고 주요 장면을 간단히 그려 보기

이야기의 흐름	이야기의 주요 단어	주요 장면 그려 보기
1. 흥보를 구박하는 놀보		
2. 제비 다리를 고쳐 주고 박씨를 얻은 흥보		
3. 커다란 박을 켜는 흥보		
4. 부자 흥보를 찾아온 놀보		
5. 흥보에게 화초장을 받아 가는 놀보		
6. 제비 다리를 부러뜨리고 박씨를 얻은 놀보		
7. 커다란 박을 켜고 벌을 받는 놀보		

나. <흥보가> 중 <화초장타령>에 나온 아니리, 소리, 발림 표현을 정리해 보기

구분	<흥보가> 중 <화초장타령>
아니리	흥보: 놀보: 흥보: 놀보:

소리1

첫째 단 (왼쪽 / 오른쪽)

	1	2	3	4	5	6	7	8	‖	1	2	3	4	5	6	7	8
미	화								‖	화							
도시									‖								
라		초	장	화	초	장	화	초	‖		초	장	하	나			
솔									‖							를	었
미						장			‖						얻		
도시									‖								다
장단	①			○					○	○			○	○			○	‖ ①			○					○	○			○	○			○

둘째 단 (왼쪽 / 오른쪽)

	1	2	3	4	5	6	7	8	‖	1	2	3	4	5	6	7	8
미									‖								
도시						얻			‖								
라			얻	었		네		었	‖		화	초	장	하	나		
솔									‖							를	었
미	어						네		‖						얻		
도시									‖								다
장단	①			○					○	○			○	○			○	‖ ①			○					○	○			○	○			○

발림

다. 상호평가 자료

친구들의 〈화초장타령〉 부르기

❶ 친구들의 〈흥보가〉 중 〈화초장타령〉 부르기는 어떠했나요?

친구들의 활동을 표정에서 선택해 주세요.

친구 이름	〈화초장타령〉 한 대목 표현하기						발표 자세		
	판소리 부르기(소리)			어울리는 신체 표현하기 (발림)			자신 있게 표현하기		
○○○	☺	😐	☹	☺	😐	☹	☺	😐	☹
○○○	☺	😐	☹	☺	😐	☹	☺	😐	☹
○○○	☺	😐	☹	☺	😐	☹	☺	😐	☹

❻ 한 걸음 더!

음악 장르 특징을 인지하기 위한 장애 학생들의 음악 감상 활동은 다소 어려운 학습 과정이 될 수 있다. 학생들은 장애의 종류, 소리에 대한 민감성, 음악 인지 수준에 따라 음악 활동을 통해 판소리의 특징을 다르게 감지하게 된다. 장애 학생들이 판소리 감상 활동 과정에서 이전 음악 경험에서 인지된 음악들과 비교하고 구분하며 스스로 판소리의 특징을 감지하고 찾아낼 수 있도록 한다. 학생들이 판소리를 듣고 특징을 찾는 데 어려움을 겪을 경우 교사의 도움이 반드시 필요하며, 판소리의 3요소인 '소리' '아니리' '발림' 등이 표현된 부분을 부분듣기로 반복하여 학생들에게 들려주어 인지를 돕도록 한다. 제재곡인 〈흥보가〉의 〈흥보와 놀보〉 주요 줄거리를 이해하는 활동과 주요 장면을 그림으로 표현하는 활동은 국어, 미술 교과 등과 연계—융합 수업으로 구성할 수 있다.

< 토의 주제

1. 음악 감상 활동은 다른 음악 활동들과 어떤 관계가 있는지 생각해 보자.
2. 장애학습자들에게 음악 감상 활동이 미치는 긍정적 영향에 대해 생각해 보자.
3. 장애 유형별로 적합한 소리 듣기 방법과 음악 감상 활동에는 어떤 것들이 있는지 생각해 보자.

🎵 참고문헌

김희규, 김찬수, 김현자, 민경훈, 손상희, 송민경, 이종열, 정도영(2011). 특수교육 음악교육론. 서울: 교육과학사.

양은주, 김일영, 염동식, 조아영, 이동희, 강민선, 김형석, 최진형, 한태동, 김승연(2018). 고등학교 음악 감상과 비평. 서울: ㈜와이비엠.

장혜성, 장혜원, 황은영, 김은영(2007). 장애아 음악 활동의 이론과 실제. 서울: 교육과학사.

정현주(2005). 음악치료학의 이해와 적용. 서울: 이화여자대학교 출판부.

하정희, 조영진, 강혜정(2015). 유아음악교육. 경기: 공동체.

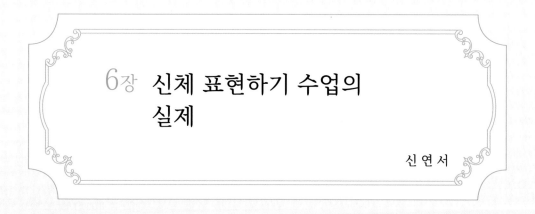

6장 신체 표현하기 수업의
실제

신 연 서

이 장에서는 장애 학생의 음악 수업에서 신체 표현하기의 이론적 배경을 살펴보고, 다양한 신체 표현하기 수업에 대해 알아보고자 한다. 이때 신체 표현하기 음악 수업의 내용은 음악의 강세·박자·선율 등 음악의 미적 요소를 아는 것을 목적으로 한다. 이를 통해 수업 계획서를 설계하여 예비교사가 수업을 구성할 때 신체 표현하기 수업에 적용할 수 있기를 기대한다.

1. 신체 표현하기 수업의 이해

1) 신체 표현하기 수업이란

신체 표현하기 수업은 장애 학생이 음악 수업에서 음악을 신체로 표현하여 음악 작품의 미적인 내용을 즐기는 경험이며, 장애 학생에게 내재되어 있는 음악적 표현력을 기르고, 음악 작품을 만들고, 음악 이론을 이해하는 과정이다(이종열, 신현기, 2016). 음악교육에 참여할 수 있는 가장 기초적인 음악 활동인 신체 표현을 통해 장애 학생이 음악적 요소를 이해하고 감정을 표현하게 함으로써 적극적인 수업 참여를 유도할 수 있는 활동이다.

2) 신체 표현하기 수업의 원리

(1) 신체 표현하기 수업의 교수·학습 방법

신체 표현하기 활동은 기본 동작 활동과 음악 반응에 따른 신체 표현하기로 나누어 수업을 진행할 수 있다.

① 기본 동작 활동

- 비이동 동작: 장소를 이동하지 않고 한 장소에서 몸을 축으로 하여 신체의 다른 부분을 움직이는 동작으로, 균형 잡기·돌기·뻗기·구부리기·떨기·회전하기·흔들기·꼬기·당기기·밀기·들어올리기 등이 해당된다.
- 이동 동작: 공간 속에서 위치를 옮기며 신체 전체를 움직이는 동작으로, 엎드려 기기·기어가기·걷기·달리기·두발 모아 뛰기·뛰어넘기·빙빙 돌며 움직이기 등의 동작이 해당된다.
- 조작 동작: 학생이 물체를 사용하며 움직이는 동작으로, 던지기·받기·차기·때리기 등이 해당되며 이동 동작과 비이동 동작이 모두 포함된다.

② 음악 반응에 따른 신체 표현하기

- 정형화된 음율 활동: 교사가 지시하는 동작을 그대로 따라 하거나 음악에 맞추어 정해진 대로 움직이는 활동, 노랫말에 맞추어 그대로 동작을 하는 활동을 말한다.
- 비정형화된 음율 활동: 교사가 음악이나 노랫말에 의해 기초적인 동작은 제시하지만 그 해석과 표현은 자유롭게 하도록 하여 창의적 표현 활동을 할 수 있게 한다.
- 창의적 신체 표현: 어떤 동작이나 지시를 주지 않고 음악에 대한 학생의 느낌이나 생각을 자유롭게 자신의 방법대로 표현해 보는 활동이다.

특수교육에서 신체 표현하기 활동은 장애 학생의 발달 상황과 장애 유형에 따라 수업 내용을 조절해야 한다. 시각장애와 청각장애, 지체장애 같은 감각장애 학생들도 신체 표현하기 활동에 적극적으로 참여할 수 있는 안전한 공간과 수업 체계를 통해 다양한 음악적 표현을 할 수 있도록 지도해야 한다. 더불어 이 장의 수업을 계획할 때 교사는 음악적인 심미성과 이론에 초점을 두고 신체 표현하기 활동을 계획함으로써, 학생들이 음악의 아름다움을 느끼며 수업에 참여할 수 있도록 설계해야 한다.

(2) 신체 표현하기 수업의 학습 활동

신체 활동은 장애 학생이 음악의 특징과 음색을 이해하는 것을 바탕으로, 창의적으로 새로운 움직임과 표현을 만드는 활동으로 수업을 마무리해야 한다. 이 장에서는 음악의 빠르기를 이해하여 느리고 빠른 음악의 차이를 신체로 반응한다. 국악 영역의 장단 익히기는 소고나 장구를 다루기 전이나 후 신체 활동을 통하여 장단을 익힐 수 있다. 또한 신체를 움직이며 음악을 만드는 활동을 통해 장애 학생의 신체상을 확립할 수 있으며, 음악을 이해하고 표현하는 창작 활동으로 이어진다.

〈표 6-1〉 **신체 표현하기 수업 활동명 구분**

번호		활동명*
빠르기	1	음악에 맞춰 자유롭게 움직이기
	2	일정박에 맞게 박수 치기
	3	박자에 맞추어 파라슈트 활용하기
장단 익히기	4	인사장단 박수 쳐 보기
	5	장단을 들으며 모둠발 뛰기
	6	발바닥 악보 매트 위를 걸으며 장단 말하기
	7	구음을 말하며 손뼉으로 장단 치기
소리 내기	8	입으로 소리 내기
	9	양쪽 손등을 마주쳐 소리 내기
	10	손뼉 세게 치기
신체 움직임	11	친구와 손잡고 걷기
	12	책상 두드리기
	13	긴소리 몸동작으로 표현하기
	14	짧은소리 몸동작으로 표현하기
	15	음악을 감상하며 소리에 맞게 몸동작으로 표현하기
	16	악기 연주 자세 표현하기

* 상기 활동은 장애 학생들의 학년 및 장애 정도에 따라 교수자가 자유롭게 설정하여 제시할 수 있음.

2. 신체 표현하기 교수·학습 방법의 실제

[그림 6-1] **신체 표현하기 교수·학습 유형과 활동명**

1) 신체 표현하기 교수·학습 유형 1

❶ 개요

영역	신체 표현		기능	표현하기, 감상하기, 비교하기
학습 목표	빠른 음악, 느린 음악을 감상하며 일정박을 파라슈트를 활용하여 표현할 수 있다.			
평가 유형	■자기평가 ■상호평가 ■관찰평가 □실음평가 □포트폴리오 □기타 ( )			
교수·학습 자료	수업 환경	노트북, 피아노, 방음이 된 교실		
	교사 준비물	PPT 자료, 감상 음원, 파라슈트, 소리 나는 공		
	학생 준비물	편한 복장과 신발		
개발 의도	이 수업은 장애 학생이 음악을 들었을 때 느리고 빠른 박자를 이해하고 몸으로 움직임을 표현하도록 구성되어 있다. 느린 곡과 빠른 곡의 음악을 들으며 음악에 집중하고, 그것에 대한 움직임을 생각하며 실제 표현하는 수업이다. 파라슈트를 음악 수업에 사용하면 감상하는 음악에 따라 많은 움직임을 만들 수 있다는 장점이 있다. 통합교육 상황에서 발달장애 학생이 참여하는 수업이나 시각장애 또는 청각장애 학생들도 친구들과 함께 움직이는 것을 통해 음악을 느끼고 신체로 표현할 수 있다. 장애 학생들이 음악 수업에서 빠르고 느린 박자의 일정박을 아는 음악적 요소를 파악하고, 수업 참여에 즐거움을 느낄 뿐만 아니라 사회성과 협력을 배우며 참여하는 수업이다.			

❷ 단계별 교수·학습 활동 및 평가 계획

학습 단계	활동명	교수·학습 활동	평가 계획
도입	1. 음악에 맞춰 자유롭게 움직이기	• 지난 시간 배운 음악에 맞춰 몸을 자유롭게 움직인다.	

⬇

학습 단계	활동명	교수·학습 활동	평가 계획
전개 1	2. 일정박에 맞게 박수 치기 3. 박자에 맞추어 파라슈트 활용하기	• 느린 음악 감상: 브람스의 〈자장가〉를 들으며 일정박에 맞게 박수를 친다. • 음악을 들으며 학생들이 둥글게 파라슈트를 잡고 일정박에 맞춰 한 방향으로 걷는다.	• 느린 음악에 맞춰 일정박의 박수를 칠 수 있는가? • 느린 음악에 맞춰 파라슈트를 잡고 일정박에 따라 걸을 수 있는가?

⬇

학습 단계	활동명	교수·학습 활동	평가 계획
전개 2	2. 일정박에 맞게 박수 치기 3. 박자에 맞추어 파라슈트 활용하기	• 빠른 음악 감상: 요한 슈트라우스의 〈라데츠키 행진곡〉을 들으며 일정박에 맞게 박수를 친다. • 빠른 음악 감상: 음악을 들으며 학생들의 일정박에 맞춰 파라슈트 위에 공을 띄우게 한다.	• 빠른 음악에 맞춰 일정박의 박수를 칠 수 있는가? • 빠른 음악에 맞춰 파라슈트를 잡고 일정박에 따라 걸을 수 있는가?

⬇

학습 단계	활동명	교수·학습 활동	평가 계획
마무리	3. 박자에 맞추어 파라슈트 활용하기	• 느린 음악과 빠른 음악을 듣고 일정박에 맞춰 파라슈트를 함께 흔든다.	• 느린 음악과 빠른 음악을 듣고 일정박에 맞춰 파라슈트를 흔들 수 있는가?

❸ 교수·학습 과정안

학습 주제	빠르고 느린 움직임 표현하기		수준	초등학교 3~4학년
활동명	빠르고 느린 움직임 신체 표현하기			
학습 목표	빠른 음악, 느린 음악을 감상하며 일정박을 파라슈트를 활용하여 표현할 수 있다.			

학습 단계	학습 과정 (모듈)	교수·학습 활동				자료 활용 및 유의점
		교사	학생(수준, 장애 유형 등에 따른 내용 제시)			
			A	B	C	
도입	동기 유발	• 지난 시간 배운 음원을 학생들에게 들려주고 음악에 따라 몸을 움직이 도록 유도한다.	• 지난 시간 배운 음악에 맞춰 일어나서 몸을 자유롭게 움직인다.			
전개	〈활동 1〉 느린 음악 신체 표현	• 브람스의 〈자장가〉를 들으며 일정박에 맞게 박수를 치게 한다. • 음악을 다시 듣고 일정박에 따라 학생들이 파라슈트를 둥글게 잡고 걷도록 지도한다.	• 브람스의 〈자장가〉를 듣고 일정박에 맞춰 박수를 친다. • 친구들과 파라슈트를 잡고 음악을 들으며 일정박에 맞춰 한 방향으로 걷는다.	• 브람스의 〈자장가〉를 들으며 선생님의 모습을 보고 음악을 들으며 박수를 친다. • 친구들과 파라슈트를 잡고 음악을 들으며 한 방향으로 걷는다.	• 브람스의 〈자장가〉를 들으며 몸을 움직인다.	• 학생이 걷지 못할 경우, 앉거나 누워서 파라슈트를 흔든다
	〈활동 2〉 빠른 박자 신체 표현	• 요한스트라우스의 〈라데츠키 행진곡〉을 들려준다. 일정박에 맞춰 박수를 치게 한다. • 음악을 다시 듣고 파라슈트 위에 소리 나는 공을 띄우고 일정박에 맞춰 공을 띄우도록 유도한다.	• 요한스트라우스의 〈라데츠키 행진곡〉을 듣고 일정박에 맞춰 박수를 친다. • 음악을 들으며 일정박에 맞춰 방울이 들어 있는 소리 나는 공을 파라슈트 위에 띄운다.	• 요한스트라우스의 〈라데츠키 행진곡〉을 듣고 선생님의 모습을 보고 음악을 들으며 박수를 친다. • 음악을 들으며 방울이 들어 있는 소리 나는 공을 파라슈트 위에 띄운다.	• 요한스트라우스의 〈라데츠키 행진곡〉을 듣고 몸으로 반응한다. • 친구들과 파라슈트를 잡고 소리 나는 공을 띄운다.	
정리	정리 평가	• 느린 음악과 빠른 음악을 듣고 파라슈트를 흔들게 한다.	• 느린 음악과 빠른 음악이 나올 때 박자에 따라 파라슈트를 흔든다.	• 느린 음악이나 빠른 음악이 나올 때 박자에 따라 파라슈트를 흔든다.	• 음악을 듣고 파라슈트를 흔든다.	

❹ 평가 도구

평가 목표	빠른 음악, 느린 음악을 감상하며 일정박을 파라슈트를 활용하여 표현할 수 있다.		
평가 영역	과정 평가		
평가 유형(방법)	관찰평가, 자기평가, 상호평가		
평가 내용	빠른 음악, 느린 음악을 감상하며 일정박을 파라슈트를 활용하여 표현할 수 있는가?		
평가 기준	수행 방법＼기준	느린 음악이나 빠른 음악을 듣고 듣고 일정박을 박수 치기와 파라슈트 잡고 걷기로 표현할 수 있다.	느린 음악이나 빠른 음악을 들으며 박수 치기와 파라슈트 잡고 걷기로 표현할 수 있다.	느린 음악이나 빠른 음악을 들으며 일정박에 따라 몸을 움직인다.
	독립 수행	학생 A		
	단어/언어 촉진 수행		학생 B	
	신체 촉진 수행			학생 C
평가 환류 계획	신체 활동을 통해 일정박에 대한 개념을 표현하는 것에 초점을 둔다.		

❺ 활동지 자료

가. 느린 음악 빠른 음악 비교하기 활동 내용

수업 형식	순서	내용
도입	1	• 음악에 맞춰 자유롭게 움직이기
전개	2	• 일정박에 맞게 박수 치기 • 느린 박자에 따라 파라슈트를 둥글게 잡고 걷기
	3	• 일정박에 맞게 박수 치기 • 빠른 박자에 파라슈트 위에 공을 띄우기
정리	4	• 느린 음악과 빠른 음악이 나올 때 박자에 따라 파라슈트를 흔들기

나. 동료평가와 자기평가 자료

파라슈트로 표현하기 동료평가 및 자기평가

❶ 다른 친구들이 수업에 잘 참여했는지 평가해 주세요.

친구 이름	박자에 맞게 파라슈트를 흔들었어요.			수업 태도가 좋았어요.		
○○○	☺	😐	☹	☺	😐	☹
○○○	☺	😐	☹	☺	😐	☹
○○○	☺	😐	☹	☺	😐	☹

❷ 오늘 나의 활동을 평가해 주세요.

평가 기준	☺	😐	☹
1. 나는 느리고 빠른 음악을 들으며 파라슈트 놀이에 적극적으로 참여하였다.			
2. 나는 친구들과 함께 참여하고 음악을 표현하였다.			
3. 나는 바른 자세로 수업에 참여하였다.			

❻ 한 걸음 더!

- 파라슈트의 음악 수업 활용은 일정박 외의 음악의 요소에 따라 신체로 표현할 수 있고, 학생들의 적극적인 참여를 이끌어 낼 수 있는 다양한 구성으로 활용할 수 있다.
- 다음 차시에서 박자가 바뀌는 음악으로 수업을 진행하면 음악 요소 중 박자의 변화에 따른 신체 움직임을 표현할 수 있다.
- 장애 영역별로 이 수업 참여에 대한 내용 설명을 자세히 살펴보면 다음과 같다.
  - 시각장애 학생들은 파라슈트를 먼저 만져 보게 하고 형태를 인지할 수 있는 시간을 준다. 교사나 친구의 도움을 받으며 파라슈트까지 이동한 후에는 교사의 지시에 따라 함께 같은 방향으로 움직이거나 소리 나는 공을 띄우기 위한 활동에 무리가 없다.
  - 청각장애 학생이 일정박의 의미를 알 수 있도록 시각적으로 일정박에 따라 조명으로 비추거나, 교사의 일정박 박수 시범 또는 손을 잡고 박자에 맞춰 걸어 보는 활동을 먼저 시작한 후 파라슈트 활동에 들어가도록 한다.
  - 지체장애 학생이 누워서 수업을 받거나 휠체어를 사용하는 경우, 참여를 위해 파라슈트를 앉아서 활용하면 수업에 소외되지 않고 함께 참여할 수 있다.

2) 신체 표현하기 교수·학습 유형 2

❶ 개요

영역	표현		기능	표현하기, 감상하기, 소통하기
학습 목표	자진모리장단을 신체로 표현할 수 있다.			
평가 유형	■자기평가　■상호평가　■관찰평가　□실음평가　□포트폴리오 □기타 (　　　　　　　　　　)			
교수·학습 자료	수업 환경	노트북, 피아노, 방음이 된 교실		
	교사 준비물	PPT 자료, 감상 음원, 색깔 링, 소고		
	학생 준비물	편한 복장과 신발		
개발 의도	국악교육은 장애 학생들에게 우리 음악에 대한 올바른 이해와 문화의 정체성을 알려 줄 수 있다. 국악을 이해하기 위해서는 장단을 반드시 알아야 하며, 장단은 초등 과정에서부터 체계적으로 다루어져야 한다. 이 수업에서는 자진모리장단을 학생들이 장구나 소고로 연주하기 전, 신체 활동 놀이를 통하여 즐겁고 자연스럽게 장단을 익힐 수 있도록 구성하였다			

❷ 단계별 교수·학습 활동 및 평가 계획

학습 단계	활동명	교수·학습 활동	평가 계획
도입	4. 인사장단 박수 쳐 보기	• 지난 시간 배운 인사장단을 손뼉치며 표 현한다.	

⬇

학습 단계	활동명	교수·학습 활동	평가 계획
전개 1	5. 장단을 들으며 모 둠발 뛰기	• 모둠발을 뛰며 장단 익히기, 장단으로 치 는 교사의 소고 소리를 들으며 모둠발을 뛰어 앞으로 한 칸 옮긴다.	• 모둠발로 장단에 맞춰 뛰기

⬇

학습 단계	활동명	교수·학습 활동	평가 계획
전개 2	6. 발바닥 악보 매트 위를 걸으며 장단 말하기	• 장단에 맞춰 발바닥 악보 매트 위를 걸 으며 장단을 말한다.	• 발바닥 악보 위를 걸으며 장단 말하기

⬇

학습 단계	활동명	교수·학습 활동	평가 계획
마무리	7. 구음을 말하며 손뼉 으로 장단 치기	• 자진모리장단 구음을 말하며 손뼉으로 쳐 본다.	• 자진모리장단 손뼉치기

❸ 교수·학습 과정안

학습 주제	자진모리장단 표현하기		수준	초등학교 3~4학년
활동명	자진모리장단 신체 표현하기			
학습 목표	자진모리장단을 신체로 표현할 수 있다.			

학습 단계	학습 과정 (모듈)	교수·학습 활동				자료 활용 및 유의점
		교사	학생(수준, 장애 유형 등에 따른 내용 제시)			
			A	B	C	
도입	전시 학습 / 동기 유발	• 지난 시간에 배운 인사장단 시범을 보인다. (덩덩–덩덩–더덕 덩덩 덩–덕)	• 지난 시간 배운 인사장단을 손뼉으로 친다.	• 지난 시간 배운 인사장단을 교사의 시범을 보며 손뼉으로 친다.	• 지난 시간 배운 인사장단에 맞춰 몸을 움직인다.	
전개	〈활동 1〉 모둠발을 뛰며 장단 익히기	• 교사는 자진모리장단을 소고로 치며 구음을 붙여 장단을 익히게 한다. • 자진모리장단을 소고 소리로 들려주고 모둠발을 뛰어 장단을 익히게 한다.	• 자진모리장단을 구음으로 따라 한다. • 소고 소리를 들으며 장단에 맞게 모둠발을 뛴다.	• 자진모리장단을 구음으로 부분적으로 따라 한다. • 소고 소리를 들으며 모둠발을 뛴다.	• 자진모리장단을 들으며 몸을 움직인다.	
	〈활동 2〉 발바닥 악보 매트 위를 걸으며 장단 말하기	• 교사가 소고로 자진모리장단을 치면 학생들은 장단에 맞춰 발바닥 악보를 뛰고 장단을 말하게 한다.	• 장단에 맞춰 발바닥 악보 위를 건너며 구음으로 장단을 말한다.	• 장단에 맞춰 발바닥 악보 위를 건너간다.	• 장단에 맞춰 몸을 움직인다.	
정리	정리 평가	• 학생들이 자진모리장단의 구음을 말하고 손뼉치며 마무리하게 한다.	• 자진모리장단의 구음을 말하며 손뼉치기를 한다.	• 교사를 모방하며 자진모리장단 손뼉치기를 한다.	• 교사가 자진모리장단을 구음으로 말하면 몸을 움직일 수 있다.	

❹ 평가 도구

평가 목표	자진모리장단을 신체로 표현할 수 있다.			
평가 영역	과정 평가			
평가 유형(방법)	관찰평가, 자기평가, 상호평가			
평가 내용	자진모리장단을 신체로 표현할 수 있는가?			
평가 기준	수행 방법 \ 기준	자진모리장단의 구음을 모둠발 뛰기로 표현하고, 구음을 말하며 발바닥 악보 위를 건널 수 있다.	자진모리장단의 구음을 모둠발 뛰기로 표현하고 발바닥 악보 위를 건널 수 있다.	자진모리장단의 구음에 따라 신체 움직임을 표현할 수 있다.
	독립 수행	학생 A		
	단어/언어 촉진 수행		학생 B	
	신체 촉진 수행			학생 C
평가 환류 계획	자진모리장단의 구음을 다양한 신체 활동을 통해 익힐 수 있는 것에 초점을 둔다.			

❺ 활동지 자료

가. 자진모리장단 모둠 활동판 예시 자료

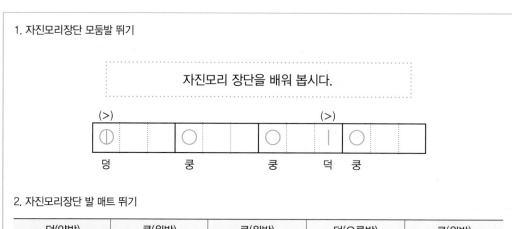

나. 동료평가와 자기평가 자료

자진모리장단 표현하기 동료평가 및 자기평가

❶ 다른 친구들이 수업에 잘 참여했는지 평가해 주세요.

친구 이름	자진모리장단을 표현했어요.			수업 태도가 좋았어요.		
○○○	☺	😐	☹	☺	😐	☹
○○○	☺	😐	☹	☺	😐	☹
○○○	☺	😐	☹	☺	😐	☹

❷ 오늘 나의 활동을 평가해 주세요.

평가 기준	☺	😐	☹
1. 나는 자진모리장단을 발박자로 표현하였다.			
2. 나는 친구들과 함께 참여하고 장단을 표현하였다.			
3. 나는 바른 자세로 수업에 참여하였다.			

❻ 한 걸음 더!

- 장단을 익히기 시작하면 민요를 더 재미있고 구성지게 부를 수 있다. 앞으로 중등까지 연계되는 활동이니 장단을 치고 배우는 다양한 활동을 통해 학생들이 장단을 익힐 수 있도록 계획해 보자.
- 장애 영역별로 이 수업 참여에 대한 내용에 대한 설명을 자세히 살펴보면 다음과 같다.
  - 지적장애 학생에게 발바닥 악보를 사용하면 학생의 움직임을 유도하여 음악적 인지를 높일 수 있는 도구로 사용될 수 있다.
  - 시각장애 학생은 들으면서 음악적 요소를 이해하고 청각장애 학생은 보면서 음악적 요소를 이해하므로, 교사는 각 장애 영역 학생들의 특징을 알고 수업을 준비한다. 또한 시각중복장애 학생들이 참여하는 음악 수업은 음악을 듣고 활동을 하면서 음악적 요소를 이해하도록 돕는다. 시각장애 학생은 활동 반경에 대해 미리 알려 주면 서로 부딪히지 않거나 다치지 않을 수 있다. 또한 시각장애 학생에게 발바닥 매트 위를 걷게 하는 것은 촉각적으로 분별이 어려워 수업의 진행에 방해가 될 수 있으니 교사의 설명과 신체 접촉을 통해 발장단을 이해할 수 있게 한다. 저시력 학생의 경우, 발바닥 악보를 사용할 때 학생의 시각적 대비 감도에 따라 색상을 선택하도록 한다.
  - 청각장애 학생은 장단을 그림으로 먼저 보여 주고, 교사가 박수를 치거나 장구를 치면서 장단의 개념을 먼저 알려 준 뒤 신체 활동을 시작한다.
  - 중도장애 학생이 포함된 장애 유형이나 신체의 움직임이 어려운 상황에서도 수업에 함께 참여할 수 있는 방법이다. 작은 움직임이라도 교사가 관심을 가지고 학생들의 움직임을 격려하도록 한다.

3) 신체 표현하기 교수·학습 유형 3

① 개요

영역	표현		기능	표현하기, 소통하기, 비교하기, 구별하기
학습 목표	큰 소리와 작은 소리를 듣고 몸으로 표현한다.			
평가 유형	■자기평가 ■상호평가 ■관찰평가 □실음평가 □포트폴리오 □기타 ( )			
교수·학습 자료	수업 환경	노트북, 피아노, 방음이 된 교실		
	교사 준비물	PPT 자료, 감상 음원		
	학생 준비물	편한 복장과 학습 자료 제시		
개발 의도	이 수업은 신체 활용을 통하여 음악의 강약을 배우는 시간으로, 장애 학생들이 소리를 변별하고 소리에 관심을 가지고 주의집중할 수 있도록 구성하였다. 교사의 안내를 통해 자신의 몸을 탐색하고, 신체를 두드리거나 만지는 것을 통해 자신의 신체상을 확립하는 데 도움이 된다. 이와 더불어 신체를 활용하고 제어하는 과정은 인지적으로 긍정적인 영향을 줄 수 있다. 친구와 함께 걸어가는 활동과 크고 작은 소리를 함께 구현해 가는 활동을 바탕으로, 장애의 정도에 따라 서로 도움을 주기도 하고 받기도 하며 반 구성원들과 친밀감을 형성할 수 있다.			

❷ 단계별 교수·학습 활동 및 평가 계획

학습 단계	활동명	교수·학습 활동	평가 계획
도입	8. 입으로 소리 내기	• 교사의 시범에 따라 입에 손을 모아 큰 소리를 내고, 입술을 다물고 작은 소리 내는 것을 표현한다.	
전개 1	9. 양쪽 손등을 마주쳐 소리 내기 10. 손뼉 세게 치기	• 음악을 감상하며 작은 소리가 나는 양쪽 손등을 마주쳐 작게 소리를 낸다. • 음악을 감상하며 손뼉을 세게 치며 소리를 낸다.	• 음악을 들으며 손등과 손뼉치며 큰 소리, 작은 소리를 낼 수 있는가?
전개 2	11. 친구와 손잡고 걷기	• 음악을 감상하며 친구와 손을 잡고 발소리가 나지 않게 가볍게 걷는다. • 음악을 감상하며 친구와 손을 잡고 쿵쿵거리며 걷는다.	• 음악을 들으며 친구와 가볍게 걷고, 쿵쿵거리며 걷기를 통해 큰 소리와 작은 소리를 표현할 수 있는가?
마무리	12. 책상 두드리기	• 손가락 끝으로 책상을 가볍게 두드리며 작은 소리를 내고, 주먹으로 책상을 쾅쾅 세게 치며 큰 소리를 낸다.	• 손가락과 주먹을 치며 큰 소리와 작은 소리를 구별할 수 있는가?

❸ 교수·학습 과정안

학습 주제	큰 소리, 작은 소리 표현하기		수준	초등학교 3~4학년
활동명	큰 소리, 작은 소리 신체 표현하기			
학습 목표	큰 소리와 작은 소리를 듣고 몸으로 표현한다.			

학습 단계	학습 과정 (모듈)	교수·학습 활동				자료 활용 및 유의점
		교사	학생(수준, 장애 유형 등에 따른 내용 제시)			
			A	B	C	
도입	동기 유발	• 교사는 입에 손을 모아 '아' 크게 소리를 내는 것을 보여준다. • 교사는 입술을 다물고 작게 '음' 소리를 낸다.	• 교사의 지시에 따라 입에서 내는 소리를 따라 한다. • 입에 손을 모아 크게 '아' 소리를 내고, 입술을 다물고 작게 '음' 소리를 낸다.			
전개	〈활동 1〉 음악을 감상하며 큰 소리와 작은 소리 표현하기	• 비발디 〈사계〉 중 〈봄〉을 감상하며 큰 소리와 작은 소리를 구별시킨다. • 음악을 감상하면서 작은 소리가 나면 양쪽 손등으로 작은 소리가 나게 하고, 큰 음악 소리가 나면 손뼉으로 크게 치도록 한다.	• 음악을 감상하며 큰 소리와 작은 소리를 구별하며 말할 수 있다. • 비발디 〈사계〉를 들으며 작은 소리가 날 때는 양쪽 손등으로, 큰 소리가 날 때는 손뼉을 크게 친다.	• 음악을 감상하며 큰 소리와 작은 소리를 구별하며 음악을 듣는다. • 비발디 〈사계〉를 들으며 작은 소리가 날 때는 작게 손뼉을 치고, 큰 소리가 날 때는 손뼉을 크게 친다.	• 음악을 들으며 몸을 움직인다.	• 음악의 일부분을 들려주며 큰 소리와 작은 소리를 구별한 다음 음악 전체를 들려준다.
	〈활동 2〉 친구와 손을 잡고 표현하기	• 비발디 〈사계〉 중 〈봄〉을 감상하며 친구와 손을 잡고 걸으면서 음악의 강약을 표현하게 한다.	• 음악을 감상하며 친구와 손을 잡고 박자에 맞춰 걷는다. 큰 소리는 발을 쿵쿵거리며 걷고, 작은 소리는 발꿈치를 떼고 살금살금 걷는다.	• 음악을 감상하며 친구와 손을 잡고 박자에 맞춰 걷는다.	• 음악을 들으며 친구와 함께 몸을 움직인다.	
정리	정리 평가	• 음악을 들으며 큰 소리로 책상을 두드리도록 한다. • 음악을 들으며 손가락 끝으로 책상을 가볍게 두드리도록 한다.	• 음악을 들으며 큰 소리는 주먹으로 책상을 크게 두드리거나 손가락 끝으로 책상을 가볍게 두드린다.	• 음악을 들으며 큰 소리는 주먹으로 책상을 크게 두드리거나 손가락 끝으로 책상을 가볍게 두드린다.	• 소리의 크기를 느끼며 몸을 움직인다.	

❹ 평가 도구

평가 목표	큰 소리와 작은 소리를 듣고 몸으로 표현할 수 있다.			
평가 영역	신체 표현하기(신체)			
평가 유형(방법)	관찰평가, 상호작용평가, 자기관찰평가			
평가 내용	큰 소리와 작은 소리를 듣고 몸으로 표현할 수 있는가?			
평가 기준	수행 방법 \ 기준	음악을 들으며 큰 소리와 작은 소리를 몸으로 표현할 수 있다.	음악을 들으며 큰 소리나 작은 소리 중 1개를 택하여 몸으로 표현할 수 있다.	음악을 들으며 몸을 움직일 수 있다.
	독립 수행	학생 A		
	단어/언어 촉진 수행		학생 B	
	신체 촉진 수행			학생 C
평가 환류 계획	음악을 감상하며 크고 작은 소리에 대해 이해하고 신체를 활용하여 적극적으로 참여할 수 있는 데 중점을 둔다.			

⑤ 활동지 자료

음악 형식	순서	내용	
A	1	• 입에 손을 모아 크게 소리 내기 • 입술을 다물고 작게 소리 내기	
	2	• 양쪽 손등을 마주쳐 소리 내기 • 손뼉 세게 치기	
	3	• 친구와 손을 잡고 가볍게 살금살금 걷기 • 친구와 손을 잡고 쿵쿵거리면서 걷기	
B		• 손가락 끝으로 책상을 가볍게 두드리기 • 주먹으로 책상을 쾅쾅 세게 두드리기	

가. 동료평가와 자기평가 자료

모둠 활동 동료평가 및 자기평가

❶ 다른 모둠 친구들이 표현한 신체 활동을 평가해 주세요.

친구 이름	큰 소리, 작은 소리 표현하기			친구와 함께 표현하기		
○○○	☺	😐	☹	☺	😐	☹
○○○	☺	😐	☹	☺	😐	☹
○○○	☺	😐	☹	☺	😐	☹

❷ 오늘 나의 활동을 평가해 주세요.

평가 기준	☺	😐	☹
1. 나는 소리 내기 활동에 적극적으로 참여하였다.			
2. 나는 친구들과 소리 내기를 할 때 적극적으로 협력하였다.			
3. 나는 바른 자세로 수업에 참여하였다.			

❻ 한 걸음 더!

- 이 수업은 큰 소리와 작은 소리에 대한 개념을 신체 활용을 통해 학생들이 직접적으로 표현하도록 간단한 동작부터 친구와 함께 협력하는 동작까지 모듈을 구성했다.
- 바로크시대 음악인 비발디 〈사계〉 중 〈봄〉을 듣고 큰 소리·작은 소리의 감상 부분을 표현하도록 했다. 음악사적으로 소리의 크기가 대조를 이루는 시기이니 학생들이 듣고 소리의 크기를 변별하기 쉽도록 음악을 선별했다.
- 다양한 장애 유형을 가진 학생들이 서로 친구를 모방하거나 도움을 받으며 신체 활동을 통한 수업에 참여하도록 도울 수 있다.

4) 신체 표현하기 교수·학습 유형 4

❶ 개요

영역	표현		기능	표현하기, 소통하기, 비교하기, 구별하기
학습 목표	음의 길고 짧음을 몸동작으로 표현한다.			
평가 유형	■자기평가 ■상호평가 ■관찰평가 □실음평가 □포트폴리오 □기타 ( )			
교수·학습 자료	수업 환경	노트북, 피아노, 방음이 된 교실		
	교사 준비물	PPT 자료, 공명실로폰, 음반		
	학생 준비물	편한 복장과 신발		
개발 의도	장애 학생들에게 생활 속에서 들을 수 있는 다양한 소리의 길고 짧음을 탐색하는 시간을 제공함으로써, 학생들이 주의집중할 수 있고 주변 환경에 관심을 가질 수 있다. 또한 소리의 길고 짧음을 탐색하면서 신체를 활용하여 자유롭게 표현하는 기회를 가질 수 있다. 악곡을 감상하면서 학생들이 신체를 활용하여 자유롭게 표현하는 과정을 통해 음악적 표현 및 심미성을 느낄 수 있는 기회가 된다.			

❷ 단계별 교수·학습 활동 및 평가 계획

학습 단계	모듈	교수·학습 활동	평가 계획
도입	8. 입으로 소리 내기	• 목소리로 긴소리와 짧은소리를 낸다.	
전개 1	13. 긴소리 몸동작으로 표현하기 14. 짧은소리 몸동작으로 표현하기	• 긴소리에 맞춰 앉아서 손 들고 있기 • 짧은소리에 맞춰 앉아서 박수 치기	• 긴소리와 짧은소리를 몸동작으로 표현할 수 있는가?
전개 2	15. 음악을 감상하며 소리에 맞게 몸동작으로 표현하기	• 음악을 감상하며 긴소리에 맞춰 팔을 벌리기 • 음악을 감상하며 짧은소리에 맞춰 손뼉 치기	• 음악을 감상하며 긴소리와 짧은소리를 표현할 수 있는가?
마무리	15. 음악을 감상하며 소리에 맞게 몸동작으로 표현하기	• 음악을 듣고 긴소리와 짧은소리를 몸동작으로 표현하면서 다른 점을 이야기하기	• 음악에 맞게 긴소리와 짧은소리를 구분하며 이야기할 수 있는가?

❸ 교수·학습 과정안

학습 주제	긴소리, 짧은소리 표현하기		수준	초등학교 5~6학년	
활동명	긴소리, 짧은소리 신체 표현하기				
학습 목표	음의 길고 짧음을 몸동작으로 표현한다.				

학습 단계	학습 과정 (모듈)	교수·학습 활동				자료 활용 및 유의점
		교사	학생(수준, 장애 유형 등에 따른 내용 제시)			
			A	B	C	
도입	동기 유발	• 교사는 목소리로 긴소리와 짧은소리를 내고 따라 하게 한다.	• 교사의 지시에 따라 목소리로 긴소리와 짧은소리를 따라 한다.			
전개	〈활동 1〉 긴소리, 짧은소리 몸동작으로 표현하기	• 공명실로폰으로 긴소리가 나는 동안 손을 들고 서 있도록 지도한다. • 짧은소리가 날 때는 공명실로폰 소리에 맞춰 짧게 박수를 치도록 지도한다.	• 교사의 공명실로폰 소리를 들으며 긴소리가 나면 손을 박자에 맞춰 들고 있다. • 짧은소리가 나면 박자에 맞춰 박수를 친다.	• 교사의 공명실로폰 소리를 들으며 지시에 따라 긴소리가 나면 손을 들고 있다. • 짧은소리가 나면 박수를 친다.	• 음악을 들으며 몸을 움직인다.	
	〈활동 2〉 음악을 감상하며 긴소리와 짧은소리를 몸동작으로 표현하기	• 〈베토벤 교향곡 제5번–운명〉을 들으며 긴소리에는 팔을 벌리고 있고, 짧은소리에는 박수를 치게 한다.	• 음악을 감상하면서 긴소리가 날 때는 박자에 맞춰 팔을 벌린다. • 짧은소리가 날 때는 박자에 맞춰 박수를 친다.	• 음악을 감상하면서 교사의 지시에 따라 긴소리가 날 때는 팔을 벌린다. • 짧은소리가 날 때는 교사의 지시에 따라 박수를 친다.	• 음악을 들으며 친구와 함께 몸을 움직인다.	
정리	정리 평가	• 긴소리와 짧은소리를 몸동작으로 표현하면서 다른 점을 이야기하게 한다.	• 음악을 듣고 긴소리와 짧은소리를 몸동작으로 표현하면서 다른 점을 이야기한다.			

❹ 평가 도구

평가 목표	음의 길고 짧음을 몸동작으로 표현한다.			
평가 영역	과정 평가			
평가 유형(방법)	관찰평가, 자기평가, 상호평가			
평가 내용	음의 길고 짧음을 몸동작으로 표현할 수 있는가?			
평가 기준	수행 방법 ＼ 기준	음악을 들으며 음의 길고 짧음을 몸동작으로 박자에 맞춰 표현할 수 있다.	음악을 들으며 음의 길고 짧음을 몸동작으로 표현할 수 있다.	음악을 들으며 움직임을 표현할 수 있다.
	독립 수행	학생 A		
	단어/언어 촉진 수행		학생 B	
	신체 촉진 수행			학생 C
평가 환류 계획	음악을 감상하며 음의 길이에 대해 알도록 주의집중하며 신체 표현을 할 수 있도록 지도한다.			

❺ 활동지 자료

가. 긴소리와 짧은소리가 들릴 때 다음과 같이 표현해 보세요.

긴소리	짧은소리

나. 동료평가와 자기평가 자료

모둠 활동 동료평가 및 자기평가

❶ 다른 모둠 친구들이 표현한 신체 활동을 평가해 주세요.

친구 이름	긴소리, 짧은소리 몸동작 표현			음악을 듣고 긴소리, 짧은소리 몸동작 표현		
○○○	☺	😐	☹	☺	😐	☹
○○○	☺	😐	☹	☺	😐	☹
○○○	☺	😐	☹	☺	😐	☹

❷ 오늘 나의 활동을 평가해 주세요.

평가 기준	☺	😐	☹
1. 나는 신체 표현 활동에 적극적으로 참여하였다.			
2. 나는 친구들과 신체 표현을 할 때 적극적으로 협력하였다.			
3. 나는 바른 자세로 수업에 참여하였다.			

❻ 한 걸음 더!

- 긴소리와 짧은소리를 구분하는 데는 학생들의 주의집중이 중요하다. 조용하고 집중할 수 있는 공간을 활용하고, 신체만을 사용해서 표현하여 집중력이 흐트러지지 않도록 유의한다.
- 다양한 감상곡이나 가창 활동 안에서 신체 활동을 통해 긴소리와 짧은소리를 이해할 수 있다.

5) 신체 표현하기 교수·학습 유형 5

❶ 개요

영역	표현		기능	표현하기, 구별하기, 비교하기,소통하기
학습 목표	양악기(서양 악기)와 국악기의 특징을 알고 연주 자세를 표현할 수 있다.			
평가 유형	■자기평가 ■상호평가 ■관찰평가 □실음평가 □포트폴리오 □기타 (　　　　　　　　　)			
교수·학습 자료	수업 환경	노트북, 피아노, 방음이 된 교실		
	교사 준비물	PPT 자료, 음원		
	학생 준비물	편한 복장과 신발		
개발 의도	다양한 악기의 주법을 배우기 전 현악기와 관악기의 차이를 먼저 배우고, 양악기와 국악기의 차이를 그림으로 배우며 학생들은 연주하는 방법에 대해 이야기한다. 오케스트라의 연주를 감상하거나 국악 연주 공연을 감상하면서 적극적으로 참여할 수 있도록 기초가 되는 수업이다.			

❷ 단계별 교수·학습 활동 및 평가 계획

학습 단계	모듈	교수·학습 활동	평가 계획
도입	1. 음악에 맞춰 자유 롭게 움직이기	• 지난 시간 배운 음악을 감상하며 자유롭게 움직인다.	

⬇

학습 단계	모듈	교수·학습 활동	평가 계획
전개 1	16. 악기 연주 자세 표현하기	• 바이올린과 가야금의 생김새와 특징을 알아 보고 감상한다. • 바이올린과 가야금의 연주 자세를 표현한다.	• 바이올린과 가야금의 특징을 알고 연주 자세 를 표현할 수 있는가?

⬇

학습 단계	모듈	교수·학습 활동	평가 계획
전개 2	16. 악기 연주 자세 표현하기	• 플루트와 태평소의 생김새와 특징을 알아 보고 감상한다. • 플루트와 태평소의 연주 자세를 표현한다.	• 플루트와 태평소의 특 징을 알고 연주 자세를 표현할 수 있는가?

⬇

학습 단계	모듈	교수·학습 활동	평가 계획
마무리	16. 악기 연주 자세 표현하기	• 배운 악기들의 연주 자세를 표현해 보고 악 기의 특징을 이야기한다.	• 악기들의 특징을 알고 연주 자세를 표현할 수 있는가?

❸ 교수·학습 과정안

학습 주제	악기 연주 자세 표현하기		수준	초등학교 5~6학년
활동명	악기 연주 자세 신체 표현하기			
학습 목표	양악기와 국악기의 특징을 알고 연주 자세를 표현할 수 있다.			

학습 단계	학습 과정 (모듈)	교수·학습 활동				자료 활용 및 유의점
		교사	학생(수준, 장애 유형 등에 따른 내용 제시)			
			A	B	C	
도입	전시 학습 / 동기 유발	• 지난 시간 감상했던 음악을 들으며 자유롭게 신체 표현을 하도록 지도한다. • 음원에 사용된 악기의 이름에 대해 말하도록 지도한다.	• 지난 시간 배운 감상곡을 감상하며 자유롭게 신체 표현을 한다. • 음원에 사용된 악기의 이름과 연주 자세에 대해 이야기한다.			
전개	〈활동 1〉 바이올린과 가야금의 연주 자세 표현하기	• 〈베토벤 바이올린 소나타 5번–봄〉을 감상하며 바이올린의 4개 현의 개수와 활을 써서 소리를 내는 특징에 대해 설명하고 연주 자세를 따라 하도록 지도한다. • 〈성금연류 가야금 산조〉를 감상하며 가야금의 12현의 개수와 손으로 튕겨서 소리 내는 특징에 대해 설명하고 연주 자세를 따라 하도록 지도한다.	• 바이올린과 가야금의 연주를 감상한다. • 바이올린의 자세와 가야금의 차이를 이해하고 연주 자세를 따라 할 수 있다.	• 바이올린과 가야금의 연주를 감상한다. • 바이올린과 가야금의 연주 자세를 따라 할 수 있다.	• 바이올린과 가야금의 연주를 들으며 몸으로 반응한다.	
	〈활동 2〉 플루트와 태평소 연주 자세 표현하기	• 〈모차르트 플루트 협주곡 1번〉을 감상하며, 높은 음역대를 가지고 있고 가로로 부는 관악기인 플루트의 특징과 연주 자세에 대해 설명해 준다. • 〈태평소 시나위〉를 감상하며, 태평소는 세로로 부는 국악기로서 운지법에 따라 음의 높이가 달라지는 특징과 연주 자세에 대해 설명해 준다.	• 플루트와 태평소의 연주곡을 감상한다. • 플루트와 태평소의 연주 자세 차이를 이해하고 연주 자세를 따라 할 수 있다.	• 플루트와 태평소의 연주곡을 감상한다. • 플루트와 태평소의 연주 자세를 따라 할 수 있다.	• 플루트와 태평소의 연주곡을 감상하며 몸으로 반응할 수 있다	

정리	정리 평가	• 양악기와 국악기의 연주 자세의 특징을 이해하고 이야기하게 한다.	• 배운 악기들의 연주 자세를 표현해 보고 악기의 특징을 이야기한다.	

❹ 평가 도구

평가 목표	양악기와 국악기의 특징을 알고 연주 자세를 표현할 수 있다.			
평가 영역	과정 평가			
평가 유형(방법)	관찰평가, 자기평가, 상호평가			
평가 내용	양악기와 국악기의 특징을 알고 연주 자세를 표현할 수 있는가?			
평가 기준	수행 방법 ＼ 기준	바이올린과 가야금, 플루트와 태평소 악기의 특징과 연주 자세를 표현할 수 있다.	바이올린과 가야금, 플루트와 태평소 악기 중 2가지의 특징과 연주 자세를 표현할 수 있다.	바이올린과 가야금, 플루트와 태평소 악기 중 1가지의 특징을 말하거나 연주 자세를 표현할 수 있다.
	독립 수행	학생 A		
	단어/언어 촉진 수행		학생 B	
	신체 촉진 수행			학생 C
평가 환류 계획	양악기와 국악기의 특징을 알고, 연주 자세를 표현하는 것에 적극적으로 참여할 수 있도록 지도한다.			

❺ 활동지 자료

가. 다음 양악기와 국악기의 이름을 써 보세요.

악기	이름

나. 동료평가와 자기평가

모둠 활동 동료평가 및 자기평가

❶ 다른 모둠 친구들이 표현한 신체 활동을 평가해 주세요.

친구 이름	바이올린과 가야금 연주 자세 따라 하기			플루트와 태평소 연주 자세 따라 하기		
○○○	☺	😐	☹	☺	😐	☹
○○○	☺	😐	☹	☺	😐	☹
3모둠	☺	😐	☹	☺	😐	☹

❷ 오늘 나의 활동을 평가해 주세요.

평가 기준	☺	😐	☹
1. 나는 악기 표현 활동에 적극적으로 참여하였다.			
2. 나는 친구들과 악기 표현을 할 때 적극적으로 협력하였다.			
3. 나는 바른 자세로 수업에 참여하였다.			

❻ 한 걸음 더!

- 양악기와 국악기의 연주 특징을 이해하고, 연주 자세 활동을 하면서 기악 활동에 관심을 가질 수 있다.
- 교과서에 수록된 감상곡을 통해 악기의 특징을 이해할 수 있고 다양한 악기의 연주 자세를 표현하도록 할 수 있다.
- 다음 차시에 실생활에서 구할 수 있는 간단한 재료로 악기를 만들어 연주할 수 있도록 지도한다.

〈 토의 주제   Q :

1. 음악교육 시 신체 활동을 통해 표현할 수 있는 음악적 요소를 생각해 보자.
2. 가창 · 기악 · 감상 · 창작 영역에 맞춰 장애 영역별로 신체 표현하기 활동을 생각해 보자.
3. 장애 영역별 신체 표현하기와 관련된 활동을 할 때 유의해야 할 점을 생각해 보자.

🎵 **참고문헌**

이종열, 신현기(2016). 음악교육의 새로운 패러다임–특수음악교육학개론. 서울: 시그마프레스.

III

음악 교수·학습 실제의 심화

7장 달크로즈·코다이·오르프
교수법 활용 수업의 실제

윤성원

달크로즈 교수법, 코다이 교수법, 오르프 교수법은 1900년대를 관통하며 100여 년간 지속적으로 수정·보완을 거쳐 발전하여 현재의 음악 교수·학습 현장에서 널리 활용되고 있다. 따라서 달크로즈 교수법, 코다이 교수법, 오르프 교수법은 어느 개인이 특정 시기에 활용 혹은 특정 영역을 위한 것이라기보다는 오늘날 존재하는 모든 음악 교수법의 총화라고 할 수 있다. 이 장은 3대 음악 교수법인 달크로즈 교수법, 코다이 교수법, 오르프 교수법의 핵심 교수 기법을 융합한 수업의 실제이다. 이 장에서는 신체 표현하기, 노래 부르기, 악기 연주하기, 감상하기, 음악 만들기 등의 유형을 제시한다.

1. 달크로즈·코다이·오르프 교수법 활용 수업의 이해

1) 달크로즈·코다이·오르프 교수법 활용 수업이란

달크로즈·코다이·오르프 교수법 활용 수업의 이해는 20세기의 저명한 음악교육자들이며 음악 교수법 연구자들인 달크로즈(Emile Jaques-Dalcroze, 1865–1950), 코다이(Zoltan Kodaly, 1882–1967), 오르프(Carl Orff, 1895–1982)의 교수법을 지탱하고 있는 철학 또는 핵심 원리에 대한 이해에서 출발한다.

먼저, 달크로즈 교수법의 특징은 다음과 같다. ① 음악은 감각적이어야 한다. ② 듣기 훈련이 모든 음악학습의 우선이 되어야 한다. ③ 음악적 경험은 개인의 수준에 따라 단계적으로 이루어져야 하고, 개개인의 개인성과 독창성은 극도로 중시되어야 한다. ④ 음악적 이해를 위한 신체와 정신 간의 상호작용에 초점을 두어야 한다. ⑤ 음악적 느낌이나 생각은 신체를 통해 표현되어야 하며, 음악적 생각, 느낌 그리고 음악의 개념들은 신체와 연계하여 학습되어야 한다. ⑥ 근운동 감각은 음악과 관련되는 하나의 중요한 기능이므로 음악과 연계하여 훈련해야 한다.

　다음으로, 코다이 교수법의 특징은 다음과 같다. ① 음악교육은 모든 국민을 대상으로 실시되어야 한다. ② 모든 사람이 글처럼 음악도 읽고 쓸 수 있어야 한다. ③ 음악교육은 조기에 시작되어야 한다. ④ 음악교육은 아이의 선천적 악기인 목소리로 시작해야 한다. ⑤ 음악적 모국어인 민요로 음악교육을 시작해야 한다. ⑥ 민요나 예술 음악과 같은 좋은 음악만을 경험해야 한다. ⑦ 음악은 교육과정의 핵심이어야 하며 교육의 기초가 되어야 한다. ⑧ 음악은 노래를 잘 부르며 기악 연주와 작곡 능력을 갖춘, 바르게 교육받은 훌륭한 음악교사에 의해 가르쳐져야 한다.

　마지막으로, 오르프 교수법의 특징은 다음과 같다. ① 원초적 음악은 몸동작, 춤 그리고 언어와 결합되어야 한다. 원초적 음악은 스스로 해야 한다. 원초적 음악은 기초지식을 갖지 못한 어린이에게도 적합하며, 누구든지 배울 수 있고 체험할 수 있다. ② 어린이가 음악 수업을 통해 즐거움에 몰입할 수 있도록 놀이 형태로 시작한다. ③ 수업 절차마다 특별한 의미를 두어 일종의 작은 의식처럼 진지함과 흥미로움을 더해 학습하게 한다. ④ 그룹별 활동을 강조한다. ⑤ 모든 나이에 적용이 가능하다. ⑥ 원초적인 음악교육의 실현을 위해서는 인격적인 품성과 교육에 관한 열정, 전문적 기량을 두루 갖춘 특별한 지도자가 요구된다.

2) 달크로즈·코다이·오르프 교수법 활용 수업의 원리

(1) 달크로즈·코다이·오르프 교수법 활용 수업의 교수·학습 방법

　달크로즈·코다이·오르프 교수법에 의한 수업은 이 교수법들에서 주요하게 다루는 리듬과 가락의 훈련을 위해 활용하는 각 교수법별 교수·학습 방법에 의한다. 교수법별로 이를 열거하면, 달크로즈 교수법에 의한 수업은 빠르게 반응하기, 따라 하기, 모방하기, 계이름 부르기, 내청 훈련하기, 신체 동작하기, 악보 읽기와 쓰기, 즉흥 연주하기 등이다. 코다이 교수법에 의한 수업은 리듬감 지도, 리듬 활동 지도, 선율 지도, 음계 지도, 화음 지도, 다성 음악 지도, 형식 지도 등이다. 오르프 교수법에 의한 수업은 말하기와 노래하기의 결합 활동, 신체악기를 포함한 악기 연주하기 활동, 신체 움직임과 춤추기 활동, 주제에 따른 통합 활동, 음악극 활동 등이다.

특수교육에서 달크로즈·코다이·오르프 교수법에 의한 수업 방법은 학생들의 장애 정도와 장애 분류에 따라 다를 수 있겠지만 대체적으로 매우 유용하다. 특수교육에서 달크로즈·코다이·오르프 교수법에 의한 수업의 교수·학습 방법은 궁극적으로 학생들의 신체 훈련을 기본으로 하며, 리듬과 가락을 감각적이며 원초적인 음악학습의 자료로 활용할 수 있도록 유도한다. 학생들은 이를 통해 긍정적 자아상 확립과 사회성 발달, 정서적 안정과 언어 발달, 문제 행동의 감소, 성취감과 자존감의 제고, 참여와 협력의 유도 등 음악 교과에서 이루고자 하는 궁극적인 목표인 즐거운 생활을 영위할 수 있는 태도를 함양할 수 있을 것이다(국립특수교육원, 2015, pp. 626-629). 달크로즈·코다이·오르프 교수법에 의한 수업은 이를 위한 구현 매체로 신체, 목소리, 다양한 악기 등을 활용한다.

(2) 달크로즈·코다이·오르프 교수법 활용 수업의 학습 활동

〈표 7-1〉 **달크로즈·코다이·오르프 교수법 활용 수업 활동명 구분**

번호	활동명*
1	신체로 빠르게 반응하기
2	동작으로 따라 하기
3	모방하기
4	계이름 부르기
5	내청 훈련하기
6	신체 동작하기
7	악보 읽기와 쓰기
8	즉흥 연주하기
9	신체 동작을 사용한 리듬감 익히기
10	리듬감 향상 활동하기
11	듣고 노래 부르기
12	말하기와 노래하기
13	신체악기를 포함한 악기 연주하기
14	신체 움직임과 춤추기

번호	활동명
1. 신체로 빠르게 반응하기	교사가 피아노로 박자, 다이나믹, 빠르기, 느낌 등 곡에 다양한 변화를 주면서 즉흥 연주하여 그 음악적 변화에 빠르게 반응하도록 한다. 음악에 대한 집중력과 반응력을 키우며, 음악을 듣지 않고 습관적으로 움직이는 것을 방지할 수 있다. 빠르게 반응하기는 매시간 활동하는 것이 좋다.
2. 동작으로 따라 하기	교사가 곡을 연주하면 학생들은 이를 듣고 신체로 표현하거나 신체 소리를 내도록 한다. 이러한 활동으로 학생들의 표현력, 집중력, 음악 듣기 능력이 향상된다. 비이동 동작(손뼉치기, 흔들기, 돌기, 지휘하기, 잡아당기기, 밀기, 뻗기, 구부리기)과 이동 동작(걷기, 달리기, 뛰기, 기어 다니기, 뛰어넘기, 미끄러지기, 말뛰기, 스킵하기, 호핑하기)을 활용하여 지도한다.
3. 모방하기	1) 메아리 모방하기: 교사가 목소리, 악기, 동작으로 리듬 패턴(리듬 음절)을 보여 주면 학생이 그것을 기억하여 그대로 따라 한다. 일정한 길이의 쉼을 주고, 리듬 패턴(리듬 음절)에 다양한 변화를 주어 여러 가지 표현을 할 수 있도록 한다. 2) 연속 모방하기: 돌림 노래처럼 교사가 한두 마디 또는 그 이상을 먼저 연주하면 학생은 그것을 기억하여 한두 마디 뒤에 그대로 따라 연주한다. 기억력·집중력·적응력·인지력 발달에 도움이 된다.
4. 계이름 부르기	음높이와 음이름을 자유롭게 연결할 수 있도록 지도한다. 처음에는 높은 소리의 음악이 나오면 팔을 올리고, 낮은 소리의 음악이 나오면 몸을 숙일 수 있도록 지도한다. 점차적으로 도는 배, 레는 가슴, 미는 어깨로 신체 표현을 할 수 있도록 지도한다. 상황에 맞게 다양하게 응용하여 지도하되, 솔파지도법, 손기호 등을 활용하여 계이름을 부를 수 있도록 지도한다.
5. 내청 훈련하기	내청은 교육과 훈련을 통해 소리의 내재된 질서를 머리로 파악하고 마음속으로 그 소리를 듣고 상상할 수 있는 것을 말하며, 발성할 소리를 생각하는 과정이다. 노래 숨기 지도법(학생이 노래를 부르다가 교사가 신호를 하면 그 노래를 마음속으로만 부르고, 교사가 다시 신호를 하면 학생이 다시 노래를 부르게 하는 지도법)이나 노래 완성 지도법(가사 없이 리듬이나 가락을 들려주고 노래를 완성하도록 하는 지도법)을 활용하여 내청 훈련하기를 지도한다. 손가락 5선보, 날으는 음표, 음 계단과 음 사다리 등의 교수 매체를 활용하여 지도할 수도 있다.
6. 신체 동작하기	손동작으로 음의 높낮이를 익힐 수 있도록 지도한다. 음의 높낮이 개념을 중심으로 두 손을 위, 중간, 아래로 구분시키는 연습을 하도록 지도한다. 양팔을 몸 옆으로 붙인 동작에서 출발해 점차적으로 만세 자세까지 팔을 펼쳐 한 옥타브를 표현할 수 있도록 지도한다. 이때 계이름과 음정을 익힐 수 있도록 지도한다.
7. 악보 읽기와 쓰기	고정도법으로 악보를 보고 부르기를 지도한다. 처음에는 높이의 차가 심한 두 소리를 다루다가 점차적으로 좁은 음역의 음정을 다룬다. 2줄 악보를 활용하여 지도한다.
8. 즉흥 연주하기	피아노로 지도한다. 몇 개의 음을 가지고 즉석에서 만들어 쳐 보다가 점점 화음에 어울리는 복잡한 수준의 즉흥 연주에 도달하도록 지도한다. 본시에 선행학습한 리듬이나 가락을 활용하여 속도나 박자 또는 음정을 창의적으로 바꾸어 연주할 수 있도록 지도한다.

9. 신체 동작을 사용한 리듬감 익히기	걷기, 뛰기, 발 구르기, 무릎치기, 손뼉치기 같은 신체 동작을 활용하여 리듬감을 익히도록 지도한다. 기본박을 지도할 때는 하나의 신체 동작으로 일관되게 표현하며, 여러 가지 리듬꼴을 지도할 때는 '타아아아, 타아, 타, 티티, 타 이티, 싱코파, 트리올라, 팀리, 리팀, 티리리리, 티 티리, 레스트, 툼, 투움, 타티, 티타, 티티티' 등의 리듬 음절을 활용하여 지도한다.
10. 리듬감 향상 활동하기	리듬감 향상을 위해 리듬 응답, 리듬 이어 가기, 리듬 돌림, 리듬 채우기, 리듬 오스티나토 등을 지도한다.
11. 듣고 노래 부르기	듣고 노래를 부를 수 있도록 지도한다.
12. 말하기와 노래하기	말하기 훈련은 리듬 지도를 위해서만이 아니라 발성 훈련을 위한 것이기도 하다. 모든 말하기 훈련은 다양한 목소리의 일상적인 상태 및 가성, 허밍, 속삭임, 비음 등의 변형과 목소리의 크기를 고려하여 지도한다. 문장을 자연스럽게 말하도록 하고 차츰 리듬 형식에 따라 말에 리듬을 싣도록 지도한다. 교사는 노래하기 훈련에 학생이 즐겁게 참여할 수 있도록 학생의 노래 부르기 실력을 간파하고 있어야 한다. 무엇보다도 학생 스스로 자유롭게 노래할 수 있는 분위기를 조성하여 지도한다.
13. 신체악기를 포함한 악기 연주하기	어떤 악기를 연습하기 전에 먼저 신체악기 활동이 충분히 요구된다. 이 같은 활동은 실제 악기 연주하기를 빠르고 정확하게 지도하기 위해서는 필수적이다. 악기 연주하기 지도는 한 가지 악기를 집중적으로 연습할 수 있는 기회와 합주군으로 모아서 연습할 수 있는 기회를 번갈아 주며 지도한다.
14. 신체 움직임과 춤추기	음악 없이 신체 움직임과 춤추기를 지도한다. 필요한 경우, 교사나 학생들은 춤추기에 적당한 음악을 노래로 부르거나 악기로 연주할 수 있다. 이때의 음악은 전문적일 필요도 잘할 필요도 없다. 또한 상상력을 적용하여 빠르기의 변화를 주거나 다양하고 새로운 시도를 할 수 있도록 분위기를 조성하여 지도한다. 음악을 듣고 신체로 느끼고 춤으로 완성될 수 있도록 지도한다.

＊상기 활동은 장애 학생들의 학년 및 장애 정도에 따라 교수자가 자유롭게 설정하여 제시할 수 있음.

2. 달크로즈 · 코다이 · 오르프 교수법 활용 교수 · 학습 방법의 실제

[그림 7-1] **달크로즈 · 코다이 · 오르프 교수법 활용 교수 · 학습 유형과 활동명**

1) 달크로즈·코다이·오르프 교수법 활용 교수·학습 유형 1

❶ 개요

영역	신체 표현하기	기능	표현하기, 반응하기, 구별하기, 비교하기, 경험하기, 놀이하기, 참여하기
학습 목표	제재곡 〈소리를 따라 해요〉에 맞추어 신체 표현을 할 수 있다.		
평가 유형	■자기평가 ■상호평가 □관찰평가 ■실음평가 □포트폴리오 □기타 ( )		
교수·학습 자료	수업 환경	노트북, 피아노, 방음이 된 교실	
	교사 준비물	PPT 자료, 감상 음원, 리듬 막대	
	학생 준비물	편한 복장	
개발 의도	달크로즈·코다이·오르프 교수법에 의한 수업에서 신체 표현하기 활동은 음악을 뒤따르는 몸의 움직임으로서의 신체 표현이 아니라 음악과 함께 음악 리듬에서 느껴지는 이미지나 아이디어를 움직임으로 표현하는 활동이다. 교사는 학생들이 신체 표현하기 활동을 통해 리듬과 가락에 민감하게 반응할 수 있도록 지도한다. 즉, 박자와 음의 길이, 강약, 음정의 변화, 속도의 변화 등을 고려하여 신체 표현을 할 수 있도록 지도하여야 한다. 특수교육의 음악 수업에서 신체 표현하기 활동은 가창, 기악, 창작, 감상 등의 기본 영역과 함께 별도의 영역으로 인식될 만큼 중요도가 크다. 이에 달크로즈·코다이·오르프 교수법에 의한 수업에서 신체 표현하기 활동은 반드시 다루어야 할 활동이다. 달크로즈의 유리드믹스 교수 방법에서 비이동 동작(손뼉치기, 흔들기, 돌기, 지휘하기, 잡아당기기, 밀기, 뻗기, 구부리기)과 이동 동작(걷기, 달리기, 뛰기, 기어 다니기, 뛰어넘기, 미끄러지기, 말뛰기, 스킵하기, 호핑하기)을 적절히 배합하여 생동감 있는 수업이 되도록 해야 할 것이다.		

❷ 단계별 교수·학습 활동 및 평가 계획

학습 단계	활동명	교수·학습 활동	평가 계획
도입	1. 빠르게 반응하기 2. 동작으로 따라 하기	• 교사가 피아노로 박자, 다이나믹, 빠르기, 느낌 등 제재곡에 다양한 변화를 주면서 즉흥 연주하여 학생들이 그 음악적 변화를 신체로 빠르게 반응하여 표현하도록 지도한다. • 교사가 제재곡을 연주하면 학생들은 이를 듣고 신체로 표현하도록 지도한다.	

⬇

전개 1 리듬 익히기	9. 신체 동작을 사용한 리듬감 익히기 10. 리듬감 향상 활동하기	• 걷기, 뛰기, 발 구르기, 무릎치기, 손뼉치기 같은 신체 동작을 활용하여 리듬감을 익히도록 지도한다. 기본박을 지도할 때는 하나의 신체 동작으로 일관되게 표현하며, 여러 가지 리듬꼴을 지도할 때는 '타아아아, 타아, 타, 티티, 타 이티, 싱코파, 트리올라, 팀리, 리팀, 티리리리, 티 티리, 레스트, 툼, 투움, 타티, 티타, 티티티' 등의 리듬 음절을 활용하여 신체 표현하기를 할 수 있도록 지도한다. • 리듬감 향상을 위해 리듬 응답, 리듬 이어 가기, 리듬 돌림, 리듬 채우기, 리듬 오스티나토 등을 활용하여 신체 표현하기를 지도한다.	• 비이동 동작(손뼉치기, 흔들기, 돌기, 지휘하기, 잡아당기기, 밀기, 뻗기, 구부리기)과 이동 동작(걷기, 달리기, 뛰기, 기어 다니기, 뛰어넘기, 미끄러지기, 말뛰기, 스킵하기, 호핑하기)을 적절히 배합하여 신체 동작으로 리듬감을 익힐 수 있는가? • 리듬감 향상을 위해 놀이식의 다양한 신체 표현하기를 할 수 있는가?

⬇

전개 2 가락 익히기	6. 신체 동작하기	• 손동작으로 음의 높낮이를 익힐 수 있도록 지도한다. 음의 높낮이 개념을 중심으로 두 손을 위, 중간, 아래로 구분시키는 연습을 하도록 신체 표현하기를 지도한다. 양팔을 몸 옆으로 붙인 동작에서 출발해 점차적으로 만세 자세까지 팔을 펼쳐 한 옥타브를 표현할 수 있도록 신체 표현하기를 지도한다. 이때 계이름과 음정을 익힐 수 있도록 지도한다.	

⬇

마무리	14. 신체 움직임과 춤추기	• 제재곡에 맞추어 신체 움직임과 춤추기를 지도한다. 춤추기에 적당하도록 노래로 부른다. 이때의 제재곡 연주는 전문적일 필요도 잘할 필요도 없다. 또한 상상력을 적용하여 빠르기에 변화를 주거나 다양하고 새로운 시도를 할 수 있도록 분위기를 조성하여 지도한다. 음악을 듣고 신체로 느끼고 춤으로 완성될 수 있도록 지도한다.	

❸ 교수 · 학습 과정안

학습 주제	리듬과 가락을 지켜 노래 부르기		수준	초등학교 5~6학년		
활동명	• 빠르게 반응하기 • 동작으로 따라 하기 • 신체 동작을 사용한 리듬감 익히기		• 리듬감 향상 활동하기 • 신체 동작하기 • 신체 움직임과 춤추기			
학습 목표	제재곡 〈소리를 따라 해요〉에 맞추어 신체 표현을 할 수 있다.					

학습 단계	학습 과정 (활동명)	교수 · 학습 활동				자료 활용 및 유의점
		교사	학생(수준, 장애 유형 등에 따른 내용 제시)			
			A	B	C	
도입	동기 유발	• 피아노로 박자, 다이나믹, 빠르기, 느낌 등 제재곡에 다양한 변화를 주면서 즉흥 연주하여 그 음악적 변화에 빠르게 반응하도록 지도한다. • 제재곡을 연주하면 학생들이 이를 듣고 신체로 표현하거나 신체 소리를 낼 수 있도록 지도한다.	• 교사의 피아노 연주를 듣고 음악적 변화를 파악하여 빠르게 반응한다. • 교사가 제재곡을 연주하면 이를 듣고 신체로 표현한다.			• 교사가 제재곡을 연주하면서, 이를 듣고 신체 소리로도 표현할 수 있도록 유도한다.
전개	〈활동 1〉 리듬 익히기	• 신체 동작을 사용한 리듬감 익히기를 지도한다. • 교사가 리듬 치기를 먼저 연주하면 학생은 그것을 기억하여 그대로 따라 리듬 치기를 하게 한다.	• 비이동 동작(손뼉 치기, 흔들기, 돌기, 지휘하기, 잡아당기기, 밀기, 뻗기, 구부리기)과 이동 동작(걷기, 달리기, 뛰기, 기어 다니기, 뛰어넘기, 미끄러지기, 말뛰기, 스킵하기, 호핑하기)을 적절히 배합하여 신체 동작으로 리듬감을 익힌다.	• 기본박을 지도할 때는 하나의 신체 동작으로 일관되게 표현하며, 여러 가지 리듬꼴을 지도할 때는 '타아아아, 타아, 타, 티티, 타 이티, 싱코파, 트리올라, 팀리, 리팀, 티티리리, 티 티리, 레스트, 툼, 투움, 타티, 티타, 티티티' 등의 리듬 음절을 활용하여 신체 표현하기를 한다.	• 걷기, 뛰기, 발 구르기, 무릎치기, 손뼉치기 같은 신체 동작을 활용하여 리듬감을 익힌다.	• 리듬감 향상을 위해 리듬 응답, 리듬 이어 가기, 리듬 돌림, 리듬 채우기, 리듬 오스티나토 등을 지도한다.

	〈활동 2〉 가락 익히기	• 가락에 맞춰 신체 동작하기를 지도한다.	• 양팔을 몸 옆으로 붙인 동작에서 출발해 점차적으로 만세 자세까지 팔을 펼쳐 한 옥타브를 표현할 수 있도록 신체 표현을 한다. 이때 계이름과 음정을 익힌다.	• 양팔을 몸 옆으로 붙인 동작에서 출발해 점차적으로 만세 자세까지 팔을 펼쳐 한 옥타브를 표현할 수 있도록 신체 표현을 한다.	• 손동작으로 음의 높낮이를 익힐 수 있도록 지도한다. 음의 높낮이 개념을 중심으로 두 손을 위, 중간, 아래로 구분시키는 연습을 하도록 신체 표현을 한다.	
정리	정리 평가	• 빠르기의 변화를 주거나 다양하고 새로운 시도를 할 수 있도록 분위기를 조성하여 지도한다.	• 제재곡에 맞추어 신체 움직임과 춤추기를 한다. 춤추기에 적당하도록 노래로 부른다. 음악을 듣고 신체로 느끼고 춤으로 완성한다.			

❹ 평가 도구

평가 목표	리듬과 가락에 맞춰 신체 표현을 할 수 있다.	
평가 영역	표현	
평가 유형	자기평가, 상호평가	
평가 내용	리듬과 가락에 맞춰 신체 표현을 할 수 있는가?	
평가 기준	잘함	리듬과 가락에 맞춰 신체 표현을 한다.
	보통	리듬이나 가락에 맞추어 신체 표현을 한다.
	노력 요함	리듬이나 가락에 맞지 않게 신체 표현을 한다.
평가 환류 계획	리듬과 가락은 신체 표현하기에서 중요한 포인트이다. 따라서 리듬과 가락에 대한 훈련은 음악과 신체 표현, 춤의 시작이라고 할 수 있다. 리듬과 가락의 지도에서는 리듬과 가락이 맞지 않게 신체 표현을 할 경우, 일정박에 의한 리듬의 신체 표현하기를 우선적으로 훈련할 필요가 있다. 이후 자유롭고 편안한 분위기로 가락에 맞는 신체 표현하기가 일어날 수 있도록 지도하여야 할 것이다.	

❺ 활동지 자료

가. 제재곡 <소리를 따라 해요>의 리듬과 가락에 맞춰 신체 표현하기

소리를 따라 해요

나. 비이동 동작

뻗기

구부리기

회전하기

돌리기

다. 이동 동작

걷기

달리기

발끝으로 걷기

한 발 들고 뛰기(호핑)

두 발 번갈아 뛰기(스키핑)

라. 동료평가와 자기평가 자료

모둠 활동 동료평가 및 자기평가

❶ 다른 모둠 친구들의 신체 표현하기를 평가해 주세요.

모둠명	리듬의 표현			가락의 표현			발표 태도		
							발표 태도의 진지함, 적극성, 공감		
1모둠	☺	😐	☹	☺	😐	☹	☺	😐	☹
2모둠	☺	😐	☹	☺	😐	☹	☺	😐	☹
3모둠	☺	😐	☹	☺	😐	☹	☺	😐	☹

❷ 오늘 나의 활동을 평가해 주세요.

평가 기준	☺	😐	☹
1. 나는 모둠 활동에 적극적으로 참여하였다.			
2. 나는 모둠 활동에서 나의 역할을 잘 알고 있었다.			
3. 나는 모둠 활동에서 모둠원들을 배려하고 협력하였다.			
4. 모둠원들의 노래를 들으며 리듬과 가락에 맞게 신체 표현을 하였다.			

❻ 한 걸음 더!

이 수업에서는 제재곡을 〈소리를 따라 해요〉로 제시하고 있다. 다양한 음악적 아이디어를 갖게 하는 곡이다. '소리가 올라갑니다 슝!'에서 '슝'을 다른 소리로 표현해 볼 수도 있고, '슝' 부분의 이미지를 신체로 표현할 수도 있다. 또한 소리가 올라가는 것에 대해 창의적으로 신체 표현을 할 수도 있다.

이와 같이 달크로즈·코다이·오르프 교수법에 의한 수업에서 신체 표현하기 활동은 단지 음악을 뒤따르는 몸의 움직임으로서의 신체 표현이 아니다. 제재곡을 통해 갖게 되는 음악 리듬에서 느껴지는 이미지나 아이디어를 움직임으로 표현하는 활동이라고 할 수 있다. 이때 교사는 학생들이 신체 표현하기 활동을 통해 리듬과 가락에 민감하게 반응할 수 있도록 지도하여야 한다. 다양한 표현의 고민이 요구된다.

2) 달크로즈 · 코다이 · 오르프 교수법 활용 교수 · 학습 유형 2

❶ 개요

영역	노래 부르기	기능	표현하기, 노래 부르기, 탐색하기, 반응하기, 구별하기, 비교하기, 경험하기, 놀이하기
학습 목표	제재곡 〈도롱뇽〉을 정확한 리듬과 가락으로 노래를 부를 수 있다.		
평가 유형	■자기평가 ■상호평가 □관찰평가 ■실음평가 □포트폴리오 □기타 ( )		
교수 · 학습 자료	수업 환경	노트북, 피아노, 방음이 된 교실	
	교사 준비물	PPT 자료, 감상 음원, 리듬 막대	
	학생 준비물	편한 복장	
개발 의도	달크로즈 · 코다이 · 오르프 교수법에 의한 수업은 특정 제재에 얽매이기보다 리듬과 가락의 훈련을 중심으로 교수 · 학습을 전개하는 것이 적당하다. 따라서 음악 수업에서 대표적 영역이라고 할 수 있는 노래 부르기 활동에서도 리듬과 가락의 훈련에 집중하여야 한다. 그리고 그 과정에서 도입에서는 달크로즈 교수법 유리드믹스의 빠르게 반응하기, 동작으로 따라 하기, 전개 1에서는 리듬 익히기 활동으로 달크로즈 교수법 유리드믹스의 모방하기와 코다이 교수법의 리듬감 향상 활동하기 등을, 전개 2에서는 가락 익히기 활동으로 코다이 교수법의 듣고 부르기, 달크로즈 교수법 솔페지의 계이름 부르기 등의 활동을 배치한다. 정리에서는 오르프 교수법의 말하기와 노래하기를 통해 정확한 리듬과 가락으로 익힌 노래를 자연스럽고 즐겁게 부를 수 있게 하였다. 특수교육의 음악 수업에서 노래 부르기 활동을 할 경우, 학생들에게 리듬과 가락의 지도는 더욱 세심히 이루어져야 할 것이다. 예컨대, 말 리듬에 어울리는 표정 · 몸동작을 모방하게 한다거나, 말 리듬을 따라 부르게 한다거나, 타악기나 신체로 말 리듬을 표현하도록 지도하여야 할 것이다. 아울러 학생들의 상태에 따라, 가능하다면 가락의 높낮이를 몸동작과 가락선으로 표현하게 하는 활동도 적절할 것이다.		

❷ 단계별 교수·학습 활동 및 평가 계획

학습 단계	활동명	교수·학습 활동	평가 계획
도입	1. 빠르게 반응하기 2. 동작으로 따라 하기	• 교사가 피아노로 박자, 다이나믹, 빠르기, 느낌 등 제재곡에 다양한 변화를 주면서 즉흥 연주하여 그 음악적 변화에 빠르게 반응하도록 지도한다. • 교사가 제재곡을 연주하면 학생들은 이를 듣고 신체로 표현하거나 신체 소리를 내어 따라 하도록 지도한다.	
전개 1 리듬 익히기	3. 모방하기 10. 리듬감 향상 활동 하기	• 메아리 모방하기: 교사가 악기, 동작으로 리듬을 보여 주면 학생이 그것을 기억하여 그대로 따라 한다. • 연속 모방하기: 돌림 노래처럼 교사가 두 마디의 리듬 치기를 먼저 연주하면 학생은 그것을 기억하여 그대로 따라 리듬 치기한다. • 리듬감 향상을 위해 리듬 응답, 리듬 이어 가기, 리듬 돌림, 리듬 채우기, 리듬 오스티나토 등을 지도한다.	• 정확한 리듬으로 노래를 부를 수 있는가?
전개 2 가락 익히기	11. 듣고 부르기 4. 계이름 부르기	• 교사가 부르는 제재곡을 듣고 노래를 부를 수 있도록 지도한다. • 음높이와 음이름을 자유롭게 연결할 수 있도록 지도한다. 처음에는 높은 소리의 음악이 나오면 팔을 올리고, 낮은 소리의 음악이 나오면 몸을 숙일 수 있도록 지도한다. 점차적으로 도는 배, 레는 가슴, 미는 어깨로 신체 표현을 할 수 있도록 지도한다. 심화 과정에서는 다양하게 응용하여 지도하되, 솔파지도법, 손기호 등을 활용하여 계이름을 부를 수 있도록 지도한다.	• 정확한 가락으로 노래를 부를 수 있는가?
마무리	12. 말하기와 노래하기	• 말하기 훈련은 리듬 지도를 위해서만이 아니라 발성 훈련을 위한 것이기도 하다. 모든 말하기 훈련은 다양한 목소리의 일상적인 상태 및 가성, 허밍, 속삭임, 비음 등의 변형과 목소리의 크기를 고려하여 지도한다. • 가사의 문장을 자연스럽게 말하도록 하고, 차츰 이미 학습한 리듬 형식에 따라 말에 리듬을 싣도록 지도한다. 노래하기 훈련은 학생이 즐겁게 참여할 수 있도록 지도한다. 무엇보다도 학생 스스로 자유롭게 노래할 수 있는 분위기를 조성하도록 한다.	

❸ 교수·학습 과정안

학습 주제	리듬과 가락을 지켜 노래 부르기		수준	초등학교 5~6학년			

활동명	• 빠르게 반응하기 • 동작으로 따라 하기 • 모방하기 • 리듬감 향상 활동하기			• 듣고 부르기 • 계이름 부르기 • 말하기와 노래하기			
학습 목표	제재곡 〈도롱뇽〉을 정확한 리듬과 가락으로 노래를 부를 수 있다.						

학습 단계	학습 과정 (모듈)	교수·학습 활동				자료 활용 및 유의점
		교사	학생(수준, 장애 유형 등에 따른 내용 제시)			
			A	B	C	
도입	동기 유발	• 피아노로 박자, 다이나믹, 빠르기, 느낌 등 제재곡에 다양한 변화를 주면서 즉흥 연주하여 그 음악적 변화에 빠르게 반응하도록 지도한다. • 제재곡을 연주하면 학생들이 이를 듣고 신체로 표현하거나 신체 소리를 낼 수 있도록 지도한다.	• 교사의 피아노 연주를 듣고 음악적 변화를 파악하여 빠르게 반응한다. • 교사가 제재곡을 연주하면 이를 듣고 신체로 표현한다.			• 교사가 제재곡을 연주하면서, 이를 듣고 신체 소리로도 표현할 수 있도록 유도한다.
전개	〈활동 1〉 리듬 익히기	• 교사가 리듬 치기를 먼저 연주하면 학생은 그것을 기억하여 그대로 따라 리듬 치기를 하게 한다.	• 돌림 노래처럼 교사가 두 마디의 리듬 치기를 먼저 연주하면 학생은 그것을 기억하여 그대로 따라 리듬 치기 한다.	• 교사가 악기로 리듬을 보여 주면 학생이 그것을 기억하여 그대로 따라 한다.	• 교사가 동작으로 리듬을 보여 주면 학생이 그것을 기억하여 그대로 따라 한다.	• 리듬감 향상을 위해 리듬 응답, 리듬 이어 가기, 리듬 돌림, 리듬 채우기, 리듬 오스티나토 등을 지도한다.
	〈활동 2〉 가락 익히기	• 교사가 부르는 제재곡을 듣고 노래를 부를 수 있도록 지도한다.	• 손기호 등을 활용하여 계이름을 부를 수 있다.	• 도는 배, 레는 가슴, 미는 어깨로 신체 표현을 할 수 있다.	• 높은 소리의 음악이 나오면 팔을 올리고, 낮은 소리의 음악이 나오면 몸을 숙일 수 있다.	• 음높이와 음이름을 자유롭게 연결할 수 있도록 지도한다.

| 정리 | 정리
평가 | • 말하기와 노래를 부르기를 통해 본시 학습 목표를 달성할 있도록 지도한다. | • 말하기 훈련과 함께 노래 부르기 훈련에 적극적으로 참여한다. | • 이미 학습한 리듬 형식에 따라 말에 리듬을 실어 노래를 부를 수 있다. | • 가사의 문장을 자연스럽게 말하며 노래를 부를 수 있다. | • 노래하기 훈련은 학생이 즐겁게 참여할 수 있도록 지도한다.
• 말하기 훈련은 리듬 지도를 위해서만이 아니라 발성 훈련을 위한 것이기도 하다. 따라서 모든 말하기 훈련은 다양한 목소리의 일상적인 상태 및 가성, 허밍, 속삭임, 비음 등의 변형과 목소리의 크기를 고려하여 지도한다. |

❹ 평가 도구

평가 목표		정확한 리듬과 가락으로 노래를 부를 수 있다.
평가 영역		가창
평가 유형		자기평가, 상호평가
평가 내용		정확한 리듬과 가락으로 노래를 부를 수 있는가?
평가 기준	잘함	정확한 리듬과 가락으로 노래를 부른다.
	보통	리듬과 가락에 맞추어 노래를 부른다.
	노력 요함	리듬과 가락이 맞지 않게 노래를 부른다.
평가 환류 계획		리듬과 가락은 노래 부르기에서 중요한 포인트이다. 따라서 리듬과 가락에 대한 훈련은 정확한 노래 부르기의 시작이라고 할 수 있다. 리듬과 가락의 지도에서는 리듬과 가락이 맞지 않게 노래를 부를 경우, 리듬을 우선적으로 익힌 후 가락을 붙이는 방법으로 지도하여야 할 것이다.

❺ 활동지 자료

가. 제재곡 <도롱뇽>을 정확한 리듬과 가락으로 노래 부르기

도롱뇽

나. 손기호

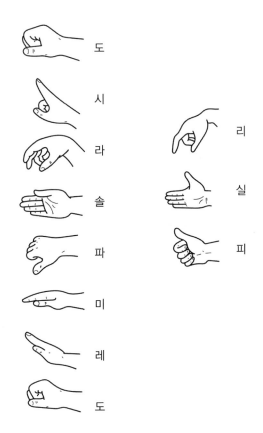

다. 계명에 따른 신체 동작

라. 동료평가와 자기평가 자료

모둠 활동 동료평가 및 자기평가

❶ 다른 모둠 친구들의 노래 부르기를 평가해 주세요.

모둠명	리듬의 완성도			가락의 완성도			발표 태도		
							발표 태도의 진지함, 적극성, 공감		
1모둠	☺	😐	☹	☺	😐	☹	☺	😐	☹
2모둠	☺	😐	☹	☺	😐	☹	☺	😐	☹
3모둠	☺	😐	☹	☺	😐	☹	☺	😐	☹

❷ 오늘 나의 활동을 평가해 주세요.

평가 기준	☺	😐	☹
1. 나는 모둠 활동에 적극적으로 참여하였다.			
2. 나는 모둠 활동에서 나의 역할을 잘 알고 있었다.			
3. 나는 모둠 활동에서 모둠원들을 배려하고 협력하였다.			
4. 모둠원들의 노래를 들으며 리듬과 가락으로 노래를 불렀다.			

❻ 한 걸음 더!

이 수업에서는 제재곡을 〈도롱뇽〉으로 제시하고 있지만, 제재곡에 집중하기보다는 리듬과 가락의 훈련을 중심으로 교수·학습을 전개하는 것이 적당하다. 그리고 그 과정에서 전개 1에서는 리듬 익히기 활동, 전개 2에서는 가락 익히기 활동의 순서로 배치하여 수업을 진행한다. 이는 달크로즈 교수법에서 좋은 수업을 위해 정해 놓은 순서이다. 교사는 비교적 완성도를 높여 리듬 훈련을 마무리하고 난 후에 가락의 훈련으로 들어가기를 권한다.

3) 달크로즈 · 코다이 · 오르프 교수법 활용 교수 · 학습 유형 3

❶ 개요

영역	악기 연주하기	기능	표현하기, 연주하기, 구별하기, 놀이하기, 활용하기, 발표하기
학습 목표	제재곡 〈바둑이 방울〉을 정확한 리듬과 가락으로 악기 연주할 수 있다.		
평가 유형	■자기평가 ■상호평가 □관찰평가 ■실음평가 □포트폴리오 □기타 ( )		
교수 · 학습 자료	수업 환경	노트북, 피아노, 방음이 된 교실	
	교사 준비물	PPT 자료, 감상 음원, 리듬 막대	
	학생 준비물	편한 복장, 다양한 악기(가락악기, 선율타악기, 타악기 등)	
개발 의도	달크로즈 · 코다이 · 오르프 교수법에 의한 수업은 특정 제재에 얽매이기보다 리듬과 가락의 훈련을 중심으로 교수 · 학습을 전개하는 것이 적당하다. 따라서 음악 수업에서 대표적 영역이라고 할 수 있는 악기 연주하기 활동에서도 리듬과 가락의 훈련에 집중하여야 한다. 그리고 그 과정에서 도입에서는 달크로즈 교수법 유리드믹스의 빠르게 반응하기, 동작으로 따라 하기, 전개 1에서는 리듬 익히기 활동으로 달크로즈 교수법 유리드믹스의 모방하기와 코다이 교수법의 리듬감 향상 활동하기 등을, 전개 2에서는 가락 익히기 활동으로 오르프 교수법의 신체악기를 포함한 악기 연주하기 등의 활동을 배치한다. 정리에서는 정확한 리듬과 가락으로 자연스럽고 즐겁게 악기 연주를 할 수 있게 하였다. 특수교육의 음악 수업에서 악기 연주하기 활동을 할 경우에 타악기로 이루어지는 경우가 많은데, 이때에도 학생들에게 리듬과 가락의 지도는 세심히 이루어져야 할 것이다.		

❷ 단계별 교수·학습 활동 및 평가 계획

학습 단계	활동명	교수·학습 활동	평가 계획
도입	1. 신체로 빠르게 반응하기 2. 동작으로 따라 하기	• 교사가 피아노로 박자, 다이나믹, 빠르기, 느낌 등 제재곡에 다양한 변화를 주면서 즉흥 연주하여 그 음악적 변화를 학생들이 신체악기로 빠르게 반응할 수 있도록 지도한다. • 교사가 제재곡을 연주하면 학생들은 이를 듣고 신체로 표현하거나 신체 소리를 내어 따라 하도록 지도한다.	
전개 1 리듬 익히기	3. 모방하기 10. 리듬감 향상 활동하기	• 메아리 모방하기: 교사가 제재곡을 악기, 동작으로 리듬을 보여 주면 학생이 그것을 기억하여 그대로 따라 한다. • 연속 모방하기: 돌림 노래처럼 교사가 제재곡으로 두 마디의 리듬 치기를 먼저 연주하면 학생은 그것을 기억하여 그대로 따라 리듬 치기한다. • 리듬감 향상을 위해 리듬 응답, 리듬 이어 가기, 리듬 돌림, 리듬 채우기, 리듬 오스티나토 등을 지도한다.	• 정확한 리듬으로 신체악기나 타악기를 연주할 수 있는가?
전개 2 가락 익히기	13. 신체악기를 포함한 악기 연주하기	• 어떤 악기를 연습하기 전에 먼저 신체악기 활동이 충분히 요구된다. 이 같은 활동은 실제 악기 연주하기를 빠르고 정확하게 지도하기 위해서 필수적이다. 악기 연주하기 지도는 한 가지 악기를 집중적으로 연습할 수 있는 기회와 합주군으로 모아서 연습할 수 있는 기회를 번갈아 주며 지도한다.	• 정확한 가락으로 노래를 부를 수 있는가?
마무리	정리 평가	• 정확한 리듬과 가락으로 자연스럽고 즐겁게 악기 연주하기를 할 수 있도록 지도한다.	

❸ 교수·학습 과정안

학습 주제	리듬과 가락을 지켜 악기 연주하기		수준	초등학교 5~6학년
활동명	• 빠르게 반응하기 • 동작으로 따라 하기 • 모방하기		• 리듬감 향상 활동하기 • 신체악기를 포함한 악기 연주하기	
학습 목표	제재곡 〈바둑이 방울〉을 정확한 리듬과 가락으로 악기를 연주할 수 있다.			

학습 단계	학습 과정 (활동명)	교수·학습 활동				자료 활용 및 유의점
		교사	학생(수준, 장애 유형 등에 따른 내용 제시)			
			A	B	C	
도입	동기 유발	• 피아노로 박자, 다이나믹, 빠르기, 느낌 등 제재곡에 다양한 변화를 주면서 즉흥 연주하여 그 음악적 변화에 빠르게 반응하도록 지도한다. • 제재곡을 연주하면 학생들이 이를 듣고 신체로 표현하거나 신체 소리를 낼 수 있도록 지도한다.	• 교사의 피아노 연주를 듣고 음악적 변화를 파악하여 빠르게 반응한다. • 교사가 제재곡을 연주하면 이를 듣고 신체로 표현한다.			• 교사가 제재곡을 연주하면서 이를 듣고 신체 소리로 표현할 수 있도록 유도한다.
전개	〈활동 1〉 리듬 익히기	• 교사가 리듬 치기를 먼저 연주하면 학생은 그것을 기억하여 그대로 따라 리듬 치기를 하게 한다.	• 돌림 노래처럼 교사가 두 마디의 리듬 치기를 먼저 연주하면 학생은 그것을 기억하여 그대로 따라 리듬 치기 한다.	• 교사가 악기로 리듬을 보여 주면 학생이 그것을 기억하여 그대로 따라 한다.	• 교사가 동작으로 리듬을 보여 주면 학생이 그것을 기억하여 그대로 따라 한다.	• 리듬감 향상을 위해 리듬 응답, 리듬 이어 가기, 리듬 돌림, 리듬 채우기, 리듬 오스티나토 등을 지도한다.
	〈활동 2〉 가락 익히기	• 악기 연주하기를 지도한다.	• 한 가지 악기를 집중적으로 연습할 수 있는 기회와 합주군으로 모여서 연습할 수 있는 기회를 번갈아 갖는다.	• 합주군으로 모여서 연습한다.	• 한 가지 악기를 집중적으로 연습한다.	• 어떤 악기를 연습하기 전에 먼저 신체악기 활동이 충분히 요구된다. 이 같은 활동은 실제 악기 연주하기를 빠르고 정확하게 지도하기 위해서는 필수적이다.

| 정리 | 정리
평가 | • 정확한 리듬과 가락으로 자연스럽고 즐겁게 악기 연주하기를 할 수 있도록 지도한다. | • 정확한 리듬과 가락으로 자연스럽고 즐겁게 악기를 연주한다. | |

❹ 평가 도구

평가 목표	정확한 리듬과 가락으로 악기 연주를 할 수 있다.	
평가 영역	기악	
평가 유형	자기평가, 상호평가	
평가 내용	정확한 리듬과 가락으로 악기 연주를 할 수 있는가?	
평가 기준	잘함	정확한 리듬과 가락으로 악기 연주를 한다.
	보통	리듬이나 가락에 맞게 악기 연주를 한다.
	노력 요함	리듬과 가락이 맞지 않게 악기 연주를 한다.
평가 환류 계획	리듬과 가락은 노래 부르기에서와 마찬가지로 악기 연주하기에서도 중요한 포인트이다. 따라서 리듬과 가락에 대한 훈련은 정확한 악기 연주하기의 시작이라고 할 수 있다. 리듬과 가락의 지도에서는 리듬과 가락에 맞지 않게 노래를 부를 경우에 리듬을 우선적으로 익힌 후 가락을 붙이는 방법으로 지도하여야 할 것이고, 특히 악기의 주법 훈련에도 관심을 가져야 할 것이다.	

❺ 활동지 자료

가. 제재곡 <바둑이 방울>을 정확한 리듬과 가락으로 악기 연주하기

바둑이 방울

밝고 경쾌하게

1.달 랑 달 랑 달 랑　　달 랑 달 랑 달 랑　　바 둑 이 　방 울
2.달 랑 달 랑 달 랑　　달 랑 달 랑 달 랑　　바 둑 이 　방 울

잘 도 울 린 다　　학 교 길 에　　마 중 나 와 서
잘 도 울 린 다　　대 문 삐 걱　　열 어 주 면 은

반 갑 다 고　　꼬 리 치 며 따 라 온 다 달 랑 달 랑 달 　랑
제 가 먼 저　　달 음 질 쳐 들 어 온 다 달 랑 달 랑 달 　랑

달 랑 달 랑 달 랑　　바 둑 이 　방 울　　잘 도 울 린 다
달 랑 달 랑 달 랑　　바 둑 이 　방 울　　잘 도 울 린 다

나. 리듬 손뼉치기

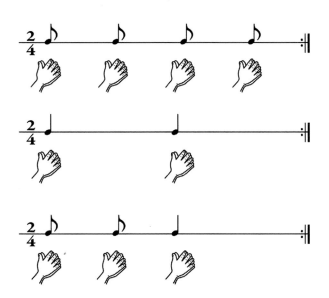

다. 계명에 따른 신체 동작

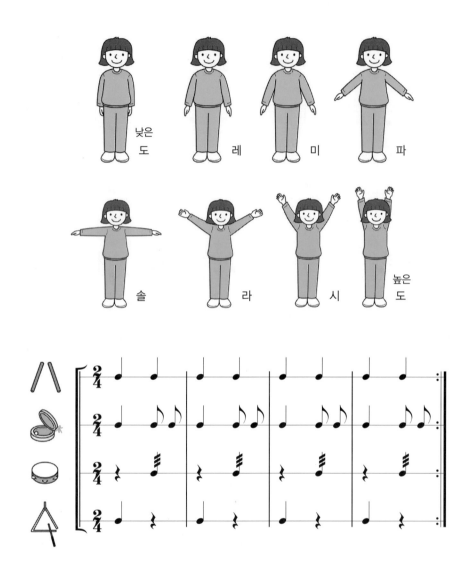

라. 동료평가와 자기평가 자료

모둠 활동 동료평가 및 자기평가

❶ 다른 모둠 친구들의 악기 연주하기를 평가해 주세요.

모둠명	리듬의 완성도			가락의 완성도			발표 태도		
							발표 태도의 진지함, 적극성, 공감		
1모둠	☺	😐	☹	☺	😐	☹	☺	😐	☹
2모둠	☺	😐	☹	☺	😐	☹	☺	😐	☹
3모둠	☺	😐	☹	☺	😐	☹	☺	😐	☹

❷ 오늘 나의 활동을 평가해 주세요.

평가 기준	☺	😐	☹
1. 나는 모둠 활동에 적극적으로 참여하였다.			
2. 나는 모둠 활동에서 나의 역할을 잘 알고 있었다.			
3. 나는 모둠 활동에서 모둠원들을 배려하고 협력하였다.			
4. 모둠원들의 악기 연주를 들으며 리듬과 가락을 지켜 악기로 연주하였다.			

❻ 한 걸음 더!

이 수업에서는 제재곡을 〈바둑이 방울〉로 제시하고 있지만, 제재곡에 집중하기보다는 다양한 악기를 활용한 리듬과 가락의 훈련이 이루어지는 교수 · 학습을 전개하는 것이 적당하다. 그리고 그 과정에서 전개 2에서의 한 가지 악기를 집중적으로 연습할 수 있는 기회와 합주군으로 모여서 연습할 수 있는 기회를 번갈아 갖는 수업을 진행한다. 악기 연주하기는, 특히 합주를 통해 음악을 배울 수 있도록 지도해야 할 것이다.

4) 달크로즈·코다이·오르프 교수법 활용 교수·학습 유형 4

❶ 개요

영역	음악 만들기	기능	표현하기, 노래 부르기, 연주하기, 탐색하기, 반응하기, 구별하기, 비교하기, 경험하기, 놀이하기, 활용하기, 발표하기
학습 목표	제재곡 〈통영 개타령〉의 리듬과 가락을 응용하여 음악을 만들 수 있다.		
평가 유형	■자기평가 ■상호평가 □관찰평가 ■실음평가 □포트폴리오 □기타 ( )		
교수·학습 자료	수업 환경	노트북, 피아노, 방음이 된 교실	
	교사 준비물	PPT 자료, 감상 음원, 리듬 막대	
	학생 준비물	편한 복장, 다양한 악기(가락악기, 선율타악기, 타악기 등)	
개발 의도	달크로즈·코다이·오르프 교수법에 의한 수업은 리듬과 가락에 관심을 갖는 수업이다. 음악 만들기 활동에서도 이를 중심으로 교수·학습을 전개하는 것이 적당하다. 달크로즈는 유리드믹스 수업과 솔페즈 수업 각각의 마무리로 즉흥 연주 수업을 채택한다. 즉흥 연주도 하나의 음악 만들기라고 할 수 있다. 즉흥 연주의 교수 방법으로 우선 제재곡을 탐색하고, 이를 바탕으로 모방하고, 숙달하고, 마침내 음악 만들기를 완성하는 순서로 수업을 진행한다면 음악 만들기 수업이 완성될 수 있을 것이다. 특수교육의 음악 수업에서 음악 만들기 활동을 할 경우, 탐색하고 모방하고 숙달하고 마침내 즉흥 연주를 만들어 낸다면, 좋은 음악 만들기 수업을 진행할 수 있을 것이다. 다만, 학생들의 상태에 맞게 각 단계별로 경중을 가려 탐색에 집중하거나 모방에 집중할 수도 있을 것이며, 숙달과 즉흥 연주에 집중할 수도 있을 것이다. 물론 이때도 역시 리듬과 가락의 지도는 세심히 이루어져야 한다.		

❷ 단계별 교수·학습 활동 및 평가 계획

학습 단계	활동명	교수·학습 활동	평가 계획
도입	1. 신체로 빠르게 반응하기	• 제재곡이 국악곡이므로 교사는 장구로 장단, 다이나믹, 빠르기, 느낌 등 제재곡에 다양한 변화를 주면서 즉흥 연주하여 그 음악적 변화를 학생들이 신체악기로 빠르게 반응할 수 있도록 지도한다.	
전개 1 리듬 익히기	3. 모방하기 5. 내청 훈련하기	• 메아리 모방하기: 교사가 제재곡을 악기, 동작으로 자진모리장단의 리듬을 보여 주면 학생이 그것을 기억하여 그대로 따라 한다. • 연속 모방하기: 돌림 노래처럼 교사가 제재곡으로 장단 치기를 먼저 연주하면 학생은 그것을 기억하여 그대로 따라 장단 치기한다. • 노래 숨기 지도법(학생이 노래를 부르다가 교사가 신호를 하면 그 노래를 마음속으로만 부르고, 교사가 다시 신호를 하면 학생이 다시 노래를 부르게 하는 지도법)이나 노래 완성 지도법(가사 없이 리듬이나 가락을 들려주고 노래를 완성하도록 하는 지도법)을 활용하여 내청 훈련하기를 지도한다.	• 내청은 교육과 훈련을 통해 소리의 내재된 질서를 머리로 파악하고 마음속으로 그 소리를 듣고 상상할 수 있는 것을 말하며, 발성할 소리를 생각하는 과정이다.
전개 2 가락 익히기	7. 악보 읽기와 쓰기 8. 즉흥 연주하기	• 악보를 보고 부르기를 지도한다. 처음에는 높이의 차가 심한 두 소리를 다루다가 점차적으로 좁은 음역의 음정을 다룬다. 가락보를 활용하여 지도한다. • 장구로 지도한다. 제재곡에서 주로 사용되는 몇 개의 음을 가지고 즉석에서 만들어 쳐 보다가 점점 복잡한 수준의 즉흥 연주에 도달하도록 지도한다. 본시에 선행학습한 리듬이나 가락을 활용하여 속도나 박자, 장단 또는 음정을 창의적으로 바꾸어 연주할 수 있도록 지도한다.	
마무리	14. 신체 움직임과 춤추기	• 즉흥 연주로 음악 만들기를 완성한 곡을 활용하여 신체 움직임과 춤추기를 지도한다. 이때의 음악은 전문적일 필요도 잘할 필요도 없다. 또한 상상력을 적용하여 빠르기의 변화를 주거나 다양하고 새로운 시도를 할 수 있도록 분위기를 조성하여 지도한다. 음악을 듣고 신체로 느끼고 춤으로 완성될 수 있도록 지도한다.	• 필요한 경우, 춤추기에 적당하도록 교사가 학생의 음악 만들기 완성곡을 노래로 부르거나 악기로 연주할 수 있다.

❸ 교수·학습 과정안

학습 주제	리듬과 가락을 응용하여 음악 만들기			수준	초등학교 5~6학년

활동명	• 신체로 빠르게 반응하기 • 모방하기 • 내청 훈련하기			• 악보 읽기와 쓰기 • 즉흥 연주하기 • 신체 움직임과 춤추기	

학습 목표	제재곡 〈통영 개타령〉의 리듬과 가락을 응용하여 음악을 만들 수 있다.				

학습 단계	학습 과정 (모듈)	교수·학습 활동				자료 활용 및 유의점
		교사	학생(수준, 장애 유형 등에 따른 내용 제시)			
			A	B	C	
도입	동기 유발	• 제재곡이 국악곡이므로 교사는 장구로 장단, 다이나믹, 빠르기, 느낌 등 제재곡에 다양한 변화를 주면서 즉흥 연주하여 그 음악적 변화를 학생들이 신체악기로 빠르게 반응할 수 있도록 지도한다.	• 교사의 장구 연주를 듣고 음악적 변화를 파악하여 빠르게 반응한다.			• 교사는 제재곡을 장구로 연주하면서 이를 듣고 학생들이 신체로 표현할 수 있도록 유도한다.
전개	〈활동 1〉 리듬 익히기	• 메아리 모방하기와 연속 모방하기를 장구로 장단 치기며 지도한다.	• 메아리 모방과 연속 모방 그리고 노래 숨기와 노래 완성하기 등 다양한 리듬의 익히기 활동을 통해 리듬을 익힌다	• 교사의 장구 장단 치기에 대해 연속 모방을 할 수 있으며, 이를 통해 리듬을 익힐 수 있다.	• 교사의 장구 장단 치기에 대해 메아리 모방을 할 수 있으며, 이를 통해 리듬을 익힐 수 있다.	• 메아리 모방하기는 교사가 제재곡을 악기, 동작으로 자진모리장단의 리듬을 보여 주면 학생이 그것을 기억하여 그대로 따라 하도록 하는 것이다. 연속 모방하기는 돌림 노래처럼 교사가 제재곡으로 장단 치기를 먼저 연주하면 학생이 그것을 기억하여 그대로 따라 장단 치기를 하도록 하는 것이다.

		• 노래 숨기 놀이나 노래 완성 놀이 지도법을 활용하여 내청 훈련하기를 지도한다.		• 노래 완성하기 놀이를 통해 리듬을 익힐 수 있다.	• 노래 숨기 놀이를 통해 리듬을 익힐 수 있다.	• 노래 숨기 놀이는 학생이 노래를 부르다가 교사가 신호를 하면 그 노래를 마음속으로만 부르고, 교사가 다시 신호를 하면 학생이 다시 노래를 부르게 하는 지도법이다. 노래 완성 놀이는 가사 없이 리듬이나 가락을 들려주고 노래를 완성하도록 하는 지도법이다.
	〈활동 2〉 가락 익히기	• 악보를 보고 부르기를 지도한다.	• 악보를 보고 부르기와 즉흥 연주하기를 복잡한 수준까지 학습한다.	• 학습을 통해 악보를 보고 부르기는 모두 가능하나 즉흥 연주하기에서는 간단한 몇 개의 음으로만 가능하다.	• 학습을 통해 악보를 보고 부르기는 모두 가능하다.	• 악보를 보고 지도할 때는 처음에는 높이의 차가 심한 두 소리를 다루다가 점차적으로 좁은 음역의 음정을 다룬다. 가락보를 활용하여 지도한다.
		• 즉흥 연주하기를 장구로 지도한다. 제재곡에서 주로 사용되는 몇 개의 음을 가지고 즉석에서 만들어 쳐 보다가 점점 복잡한 수준의 즉흥 연주에 도달하도록 지도한다.				• 본시에 선행학습한 리듬이나 가락을 활용하여 속도나 박자, 장단 또는 음정을 창의적으로 바꾸어 연주할 수 있도록 지도한다.
정리	정리 평가	• 즉흥 연주로 음악 만들기를 완성한 곡을 활용하여 신체 움직임과 춤추기를 지도한다. 또한 상상력을 적용하여 빠르기의 변화를 주거나 다양하고 새로운 시도를 할 수 있도록 분위기를 조성하여 지도한다.	• 음악 만들기로 완성한 음악을 듣고 신체로 느끼고 춤으로 완성할 수 있다.			• 가능하면, 학생이 음악을 연주하도록 지도한다. 이때의 음악은 전문적일 필요도 잘할 필요도 없다. • 필요한 경우, 춤추기에 적당하도록 교사가 학생의 음악 만들기 완성곡을 노래로 부르거나 악기로 연주할 수 있다.

❹ 평가 도구

평가 목표	리듬과 가락을 응용하여 음악 만들기를 할 수 있다.		
평가 영역	창작		
평가 유형(방법)	자기평가, 상호평가		
평가 내용	리듬과 가락을 응용하여 음악 만들기를 할 수 있는가?		
평가 기준	잘함	리듬과 가락을 응용하여 음악 만들기를 한다.	
	보통	리듬이나 가락을 응용하여 음악 만들기를 한다.	
	노력 요함	리듬을 응용하여 음악 만들기를 한다.	
평가 환류 계획	리듬과 가락은 국악에서도 중요한 학습 포인트이다. 따라서 음악 만들기의 기본 원리인 탐색, 모방, 숙달, 창작의 과정에서도 리듬과 가락의 학습은 중요하다. 국악에서의 리듬과 가락의 지도에서는 장단을 중심으로 하는 리듬의 지도가 특히 중요하며, 장단이 탐색, 모방, 숙달의 과정을 통해 충분히 학습되었을 때 가락의 지도로 이어지는 것이 적절할 것이다.		

❺ 활동지 자료

가. 제재곡 <통영 개타령>의 리듬과 가락을 응용하여 음악 만들기

나. 자진모리장단

다. 다른 동물들의 울음 소리로 바꾸어 표현하기

라. 동료평가와 자기평가 자료

모둠 활동 동료평가 및 자기평가

❶ 다른 모둠 친구들의 음악 만들기를 평가해 주세요.

모둠명	리듬의 완성도			가락의 완성도			발표 태도		
							발표 태도의 진지함, 적극성, 공감		
1모둠	☺	😐	☹	☺	😐	☹	☺	😐	☹
2모둠	☺	😐	☹	☺	😐	☹	☺	😐	☹
3모둠	☺	😐	☹	☺	😐	☹	☺	😐	☹

❷ 오늘 나의 활동을 평가해 주세요.

평가 기준	☺	😐	☹
1. 나는 모둠 활동에 적극적으로 참여하였다.			
2. 나는 모둠 활동에서 나의 역할을 잘 알고 있었다.			
3. 나는 모둠 활동에서 모둠원들을 배려하고 협력하였다.			
4. 모둠원들과 함께 완성한 음악을 들으며 즐겁게 춤을 추었다.			

---

❻ 한 걸음 더!

이 수업에서는 제재곡 〈통영 개타령〉을 제시하였다. 학생들은 제재곡을 통해 자진모리장단의 리듬을 충분히 익힌 다음 제재곡의 가락을 익히도록 하고 있으며, 이후에 음악 만들기를 완성하도록 하고 있다. 음악 만들기는 리듬에서부터 시작해 탐색하고 모방하며 숙달하는 과정을 거쳐 완성될 수 있다. 만약 음악 만들기 수업에 어려움을 겪는다면 이 과정들을 다시 세분화하여 여러 시간으로 배정해 충분히 진행할 수 있는 시간을 확보하고, 각 과정 하나하나를 목표로 설정해 수업을 진행하는 것도 좋은 팁이 될 수 있을 것이다.

5) 달크로즈·코다이·오르프 교수법 활용 교수·학습 유형 5

❶ 개요

영역	감상하기	기능	표현하기, 노래 부르기, 연주하기, 탐색하기, 반응하기, 구별하기, 비교하기, 경험하기, 놀이하기, 활용하기, 참여하기, 찾아보기, 태도 갖기, 관람하기
학습 목표	제재곡 〈대취타〉를 감상할 수 있다.		
평가 유형	■자기평가 ■상호평가 □관찰평가 ■실음평가 □포트폴리오 □기타 ( )		
교수·학습 자료	수업 환경	노트북, 피아노, 방음이 된 교실	
	교사 준비물	PPT 자료, 감상 음원, 리듬 막대	
	학생 준비물	편한 복장, 다양한 악기(가락악기, 선율타악기, 타악기 등)	
개발 의도	달크로즈·코다이·오르프 교수법에 의한 수업은 리듬과 가락에 대한 학습이 주요 내용이다. 감상하기 활동도 이를 중심으로 교수·학습을 전개한다. 그리고 여기에 화성, 형식, 셈여림, 빠르기, 음색 등을 포함한 어떤 음악인지에 대한 이해도를 더해 교수·학습을 전개한다. 이에 감상이 단순한 듣기가 아니라 분석하며 듣는 행위가 될 수 있도록 교사는 세심한 수업의 장치들을 마련하여야 한다. 감상곡에서 사용하는 악기에 대한 조사, 감상곡이 연주되는 장소와 감상곡의 역사 등이 수업의 장치라고 할 수 있을 것이다. 특수교육의 음악 수업에서 감상하기 활동을 할 경우, 단순히 듣기가 아닌 분석하며 듣는 행위가 될 수 있도록 음악의 특성에 맞는 다양한 소품을 마련하는 것도 좋은 수업 방안이 될 것이다. 예컨대, 풍선을 만지며 음악의 굴곡에 따라 풍선의 모양을 변형시켜 보게 한다든지, 줄을 당기거나 바닥에 펼쳐 음악에 맞는 모양으로 제작해 보게 하는 등의 방안이다. 물론 이때도 리듬과 가락을 구분해 감상할 수 있도록 지도하는 것이 좋다.		

❷ 단계별 교수·학습 활동 및 평가 계획

학습 단계	활동명	교수·학습 활동	평가 계획
도입	1. 신체로 빠르게 반응하기 2. 동작으로 따라 하기	• 감상 제재곡이 국악곡이므로 교사는 임의의 민요를 선택하여 장구로 박자, 다이나믹, 빠르기, 느낌 등에 다양한 변화를 주면서 즉흥 연주하여 그 음악적 변화를 학생들이 신체악기로 빠르게 반응할 수 있도록 지도한다. • 교사가 민요를 장구 장단 연주하면 학생들은 이를 듣고 신체로 표현하도록 지도한다.	

⬇

학습 단계	활동명	교수·학습 활동	평가 계획
전개 1 리듬 익히기	3. 모방하기	• 메아리 모방하기: 교사가 감상 제재곡의 일부분을 들려주면 학생이 그것을 기억하여 구음으로 따라 한다. • 연속 모방하기: 교사가 감상 제재곡의 일부분을 연속해서 들려주면 학생은 그것을 기억하여 구음으로 따라 한다.	

⬇

학습 단계	활동명	교수·학습 활동	평가 계획
전개 2 가락 익히기	6. 신체 동작하기	• 감상 제재곡을 듣고 손동작으로 음의 높낮이를 표현할 수 있도록 지도한다. 음의 높낮이 개념을 중심으로 두 손을 위, 중간, 아래로 구분시키는 연습을 하도록 지도한다.	• 양팔을 몸 옆으로 붙인 동작에서 출발해 점차적으로 만세 자세까지 팔을 펼쳐 넓은 음역을 표현할 수 있는가?

⬇

학습 단계	활동명	교수·학습 활동	평가 계획
마무리	정리 평가	• 리듬과 가락을 중심으로 즐겁게 음악을 감상할 수 있도록 지도한다.	

❸ 교수·학습 과정안

학습 주제	리듬과 가락을 분석하며 감상하기	수준	초등학교 5~6학년군
활동명	• 신체로 빠르게 반응하기 • 동작으로 따라 하기	• 모방하기 • 신체 동작하기	
학습 목표	제재곡 〈대취타〉를 감상할 수 있다.		

학습 단계	학습 과정 (모듈)	교수·학습 활동				자료 활용 및 유의점
		교사	학생(수준, 장애 유형 등에 따른 내용 제시)			
			A	B	C	
도입	동기 유발	• 장구로 장단, 다이나믹, 빠르기, 느낌 등 민요곡에 다양한 변화를 주면서 즉흥 연주하여 그 음악적 변화에 빠르게 반응하도록 지도한다. • 민요곡을 연주하면 학생들이 이를 듣고 신체로 표현할 수 있도록 지도한다.	• 교사의 장구 연주를 듣고 음악적 변화를 파악하여 빠르게 반응한다. • 교사가 민요곡을 연주하면 이를 듣고 신체로 표현한다.			• 교사가 민요곡을 연주하면서 학생들이 이를 듣고 신체 소리로도 표현할 수 있도록 유도한다.
전개	〈활동 1〉 리듬 익히기	• 교사가 감상 제재곡의 일부분을 들려주면 학생이 그것을 기억하여 구음으로 따라 하도록 한다. • 교사가 감상 제재곡의 일부분을 연속해서 들려주면 학생은 그것을 기억하여 구음으로 따라 하도록 한다.	• 감상 제재곡의 일부분을 듣고 이를 기억하여 구음으로 따라 할 수 있다. • 들은 감상 제재곡을 연속해서 구음으로 표현할 수 있다.	• 들은 감상 제재곡을 연속해서 구음으로 표현할 수 있다.	• 감상 제재곡의 일부분을 듣고 이를 기억하여 구음으로 따라 할 수 있다.	

	〈활동 2〉 가락 익히기	• 감상 제재곡을 듣고 가락선이나 손동작으로 음의 높낮이를 표현할 수 있도록 지도한다. • 음의 높낮이 개념을 중심으로 두 손을 위, 중간, 아래로 구분시키는 연습을 하도록 지도한다.	• 감상 제재곡을 듣고 가락선이나 손동작으로 음의 높낮이를 표현할 수 있다. • 감상 제재곡을 듣고 음의 높낮이에 따라 위, 중간, 아래로 구분하여 표현한다.	• 감상 제재곡을 듣고 음의 높낮이에 따라 위, 중간, 아래로 구분하여 표현한다.	• 감상 제재곡을 듣고 가락선이나 손동작으로 음의 높낮이를 표현할 수 있다.	• 양팔을 몸 옆으로 붙인 동작에서 출발해 점차적으로 만세 자세까지 팔을 펼쳐 넓은 음역을 표현할 수 있도록 지도한다.
정리	정리 평가	• 리듬과 가락을 중심으로 즐겁게 음악을 감상할 수 있도록 지도한다.	• 리듬과 가락을 중심으로 즐겁게 음악을 감상할 수 있다.		

❹ 평가 도구

평가 목표	리듬과 가락을 중심으로 감상할 수 있다.	
평가 영역	감상	
평가 유형(방법)	자기평가, 상호평가	
평가 내용	리듬과 가락을 중심으로 감상할 수 있는가?	
평가 기준	잘함	리듬과 가락을 중심으로 감상한다.
	보통	리듬이나 가락을 중심으로 감상한다.
	노력 요함	리듬이나 가락을 중심으로 음악 감상하기가 어렵다.
평가 환류 계획	리듬(장단)과 가락은 국악의 감상학습에서도 중요한 학습 포인트이다. 음악의 감상이란 리듬(장단)과 가락을 한꺼번에 들을 수밖에 없는 것이다. 하지만 리듬(장단)과 가락을 구분해서 감상을 시작하고, 리듬(장단)에 관한 학습이 충분히 이루어졌다고 판단될 때 가락으로 감상의 포인트를 옮기는 것이 감상학습의 효과를 높일 수 있는 방안이다. 구분해서 들을 때 더 잘 들리기 때문이다.	

❺ 활동지 자료

가. 제재곡 <대취타>를 리듬과 가락을 중심으로 음악 감상하기

나. 부는 악기 소개

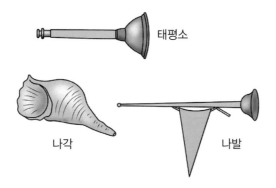

태평소

나각   나발

다. 두드리는 악기 소개

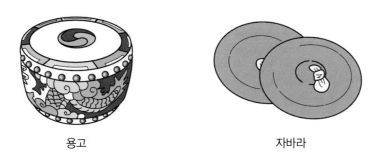

용고   자바라

라. 동료평가와 자기평가 자료

모둠 활동 동료평가 및 자기평가

❶ 다른 모둠 친구들의 음악 감상하기를 평가해 주세요.

모둠명	리듬(장단) 듣기			가락 듣기			발표 태도		
							발표 태도의 진지함, 적극성, 공감		
1모둠	☺	😐	☹	☺	😐	☹	☺	😐	☹
2모둠	☺	😐	☹	☺	😐	☹	☺	😐	☹
3모둠	☺	😐	☹	☺	😐	☹	☺	😐	☹

❷ 오늘 나의 활동을 평가해 주세요.

평가 기준	☺	😐	☹
1. 나는 모둠 활동에 적극적으로 참여하였다.			
2. 나는 모둠 활동에서 나의 역할을 잘 알고 있었다.			
3. 나는 모둠 활동에서 모둠원들을 배려하고 협력하였다.			
4. 모둠원들과 함께 리듬과 가락으로 구분하여 음악을 들었다.			

❻ 한 걸음 더!

이 수업에서는 감상 제재곡으로 〈대취타〉를 제시하였다. 부는 악기와 두드리는 악기로 편성된 대취타의 악기들의 소리를 하나씩 내 보고 이와 관련된 악곡들을 감상하는 것도 즐거운 학습이 될 것이다. 그리고 그러한 감상의 과정에서도 리듬(장단)과 가락을 구분해서 감상을 한다면, 리듬(장단)과 가락 각각의 감상으로 의외의 감상학습 효과를 높일 수 있을 것이다. 달크로즈·코다이·오르프 교수법에 의한 수업 방법도 좋은 음악 감상하기의 대안이 될 것이다.

〈 토의 주제   Q :

1. 달크로즈·코다이·오르프 각각의 교수법에서 철학과 이론적 측면에서 특징적인 요소를 하나씩 발표해 보자.
2. 달크로즈·코다이·오르프 교수법에 의한 수업에서는 활동으로서 '신체 표현'하기가 중요한데, 그 이유에 대해 노래 부르기, 악기 연주하기, 음악 만들기, 음악 감상하기 활동과 비교하여 설명해 보자.
3. 달크로즈·코다이·오르프 교수법에 의한 신체 표현하기, 노래 부르기, 악기 연주하기, 음악 만들기, 음악 감상하기 수업의 유형에서 각 수업별로 공통적인 부분과 다른 부분에 대해 설명해 보자.

🎵 참고문헌

교육부(2015). 특수교육 교육과정 기본 교육과정. 교육부 고시 제2015-81호, 284-304.

교육부(2019). 초등학교 5~6학년군 음악 가, 나 교과서. 경상대학교 국정도서편찬위원회.

국립특수교육원(2015). 2015 특수교육 교육과정 기본 교육가정 해설자료 1. 교육부 국립특수교육원.

이다경(2015). 달크로즈, 코다이, 오르프의 교수법을 이용한 리듬 수업 지도안 개발: 초등학교 3학년 중심으로. 이화여자대학교 교육대학원 석사논문.

임미경, 현경실, 조순이, 김용희, 이에스더(2010). 음악 교수법. 서울: 학지사.

장연지(2019). 달크로즈, 코다이, 오르프 교수법을 적용한 놀이 음악 지도방안 연구: 초등학교 1~2학년 대상으로. 국민대학교 교육대학원 석사논문.

8장 고든 음악학습이론 수업의 실제

양 소 영

이 장에서는 장애 학생들을 대상으로 고든의 음악학습이론 기반 음악 수업 지도 방안을 설계하고자 한다. 이를 위해 고든의 음악학습이론을 이해하고 교수·학습 방법에 관한 원리를 파악하여 실제 교육현장에서 적용할 수 있는 다양한 방법을 소개한다. 여기서는 박과 리듬, 리듬꼴, 신체 표현, 화음감, 주요 3화음 등의 학습 내용을 가르치기 위한 다양한 학습 내용의 연계와 단계별 지도 방안을 제시하고 있다.

1. 고든 음악학습이론 수업의 이해

1) 고든 음악학습이론 수업이란

고든의 음악학습이론은 오디에이션 개념을 이해하는 데서부터 시작한다. 여기서는 시각적 상상을 영어로 'imagination'이라고 부르듯이, 고든은 청각적 상상을 'audiation'이라는 새로운 용어로 제시한다(민경훈 외, 2020). 노주희(1995)는 오디에이션을 음악적 이해에 도달하는 모든 음악 사고 과정을 통칭하는 개념으로 보고 음악을 통해 '생각하는 능력'을 강조한다. 이는 교육과정에서 강조하는 '이해를 통한 수행 능력', 즉 실제 생활에 활용할 수 있는 힘을 기르고자 하는 '역량'과도 일맥상통한다. 음악의 오디에이션이 음악의 이해를 바탕으로 음악의 의미를 파악하고 형식적 구조를 받아들여 생각하는 힘을 기르는 음악 역량 함양이 주된 목적인 것과 같이, 역량은 '앎'에서 '설명'하는 단

[그림 8-1] **음악 어휘력 발달**

* 출처: Target, C. C., Bolton, B. M., Reynolds, A. M., Valerio, W. H., & Gordon, E. E. (2007).

계를 지나 생활 속에서 활용할 수 있는 힘이다.

고든은 또한 음악의 특징은 소리 조직을 파악하는 것에 있다고 하여 음악을 듣고 이해하는 청각 능력 신장에 관심을 기울이면서 언어 습득 과정과 음악학습을 비교한다. 어린아이는 모국어를 습득하는 과정에서 부모에게 단어와 패턴을 듣고 말하는 환경 속에 많이 노출될수록 빠르고 자연스럽게 모국어를 익히게 된다. 마찬가지로, 음악을 배우는 과정에서 음악을 많이 듣고 부르고 어휘에 해당하는 패턴을 자주 접하게 되면, 악보를 쓰고 읽으면서 음악을 자유롭게 사고할 수 있는 단계에 이르게 된다.

[그림 8-1]에서와 같이 듣기는 모든 단계로 나아가기 위해 토대를 이루는 기초 단계로, 이러한 과정을 거쳐 노래하고 챈트하고 신체 활동을 하게 된다. 듣기를 통한 음악 활동은 점차 학생들의 음악 어휘력을 확장시키며 읽고 쓰는 단계에까지 자연스럽게 도달하게 한다.

고든의 음악학습이론은 오디에이션을 목표로 융통성을 가진 학습 단계와 순서를 가지고 다양한 방법을 통해 학생의 음악 능력을 신장시킬 것을 강조한다. 언어 어휘력이 풍부할수록 언어학습에 쉽게 다가가는 것과 같이 음(tonal) 패턴, 리듬(rhythm) 패턴을 많이 알면 알수록 음악을 이해하는 데 기초가 된다. 이러한 패턴 어휘 능력을 기반으로 학습의 순서에 해당하는 기능학습 단계(skill learning sequence)에 따라 리듬 내용과 음, 즉 가락 내용을 학습해 나간다.

2) 고든 음악학습이론 수업의 원리

(1) 고든 음악학습이론의 교수·학습 방법

고든은 그의 음악교육 방법론에 있어 중요한 것은 왜(why), 무엇을(what), 어떠한 방법(how)으로, 그리고 언제(when) 가르치는가를 설명하면서, 가장 중요한 것이 언제이며 이는 어떠한 순서와 과정을 통하여 음악학습을 이끌어 갈 것인가에 관한 목표 도달 방법을 위한 것이라고 언급한다(양소영, 2009). 따라서 그는 음악학습이론의 내용 체계를 내용학습 단계(content learning sequence)와 기능학습 단계(skill learning sequence)로 나누고, 내용학습 단계는 다시 음(tonal)과 리듬으로, 기능학습 단계는 변별학습(Discrimination learning)과 추론학습(Inference learning)으로 나누어 내용과 과정을 체계적으로 설명하고 있다.

고든의 음악학습이론을 바탕으로 이 장의 교수·학습 과정에서 다루고자 하는 리듬과 가락 내용을 정리하면 〈표 8-1〉과 같다.

〈표 8-1〉 **음악학습 내용**

구분	리듬	가락
내용	일정박, 리듬꼴(4분음표, 8분음표),	화음감, 도와 솔, 1도 화음과 5도 화음

고든의 음악학습이론에서는 가락 내용 연계에 장·단조와 선법, 화음감, 화음의 종류나 가락 패턴 등을 학습하고 리듬에서도 다양한 박자에 해당하는 쉼표와 그에 따른 아티큘레이션, 난이도 있는 리듬 패턴이 순차적으로 나타난다.

〈표 8-1〉은 장애 학생 수준에 적절한 학습 내용을 선택하기 위해 고든의 내용학습 연계를 바탕으로 새롭게 재구성한 리듬과 가락 내용의 틀이다. 따라서 〈표 8-1〉은 이러한 내용을 토대로 특수학교 학생의 수업을 진행하는 데 있어 고려해야 할 수준이나 내용의 난이도, 적합도 등을 미리 살펴 정리한 결과이다. 단, 신체 표현과 같은 표현 활동은 리듬과 가락 수업에 동시에 활용되고 리듬 수업은 가장 기본이 되는 일정박을 시작으로 리듬꼴 또는 리듬 패턴 활동을 통해 체험하도록 한다. 가락은 가락 패턴과 화음 등 음의 어울림을 경험하고 이해하는 과정으로, 일반 학생도 어려워하는 내용일 수는 있으나 고든의 기능학습 단계에 따라 해당 순서를 밟고자 한다. 〈표 8-2〉는 이러한

내용을 바탕으로 고든의 기능학습 단계를 연계하기 위해 단계별 특징을 보다 상세하게 설명하여 제시한 표이다.

〈표 8-2〉 **고든의 기능학습 단계**

대 단계	중 단계	특징
변별학습 (기계적 학습)	① 듣기/노래 부르기 (aural-oral)	음악(패턴)을 듣고 직접 노래 부르기
	② 용어 결합 (verbal association)	음 패턴은 뺨(bum), 리듬 패턴은 빠(bah)로 노래 부르다가 계이름과 리듬 음절을 붙여 노래함(강박 Du, 약박 De)
	③ 부분적 종합 (partial synthesis)	①~②단계 통합
	④ 악보 결합 (symbolic association)	지금까지 배운 패턴을 악보와 결합
	⑤ 통합적 종합 (composite synthesis)	①~④단계 통합
추론학습 (응용학습)	⑥ 일반화 (generalization)	익숙한 패턴을 바탕으로 낯선 패턴 식별
	⑦ 창작/즉흥 연주 (creativity)	익숙한 패턴을 사용하여 새로운 음악 창작
	⑧ 이론적 이해 (theorerical understanding)	음악에 대한 체계적 이해

출처: 권덕원, 석문주, 최은식, 함희주(2006).

듣기/노래 부르기에서는 교사의 음이나 리듬 패턴을 듣고 학생이 직접 노래를 부르는 단계로, 음 패턴은 '뺨(bum)', 리듬 패턴은 '빠(bah)'로 노래 부른다. 용어 결합은 듣기/노래 부르기에서 배운 패턴들을 계이름과 리듬 음절인 Du, De 등을 붙여 패턴 간에 서로 구별을 할 수 있도록 도와주는 단계이다. 부분적 종합에서는 듣기/노래 부르기와 용어 결합 단계에서 배운 패턴들을 연결하여 조성과 박자를 인식할 수 있게 하고, 배운 패턴을 악보와 결합하며 전체를 통합하여 오디에이트하도록 가르칠 수 있다. 추론학습의 일반화는 '변별학습'에서 배운 패턴들을 기초로 낯선 패턴에 접했을 때 스스로 이해할 수 있는 능력을 기르는 단계이고, 창작/즉흥 연주는 학생이 들었던 패턴과 다른 패턴을 노래하거나 악보를 보고 그와 종류는 같으나 다른 패턴을 노래하거나 쓸 수 있으며 아예 종류가 다른 패턴을 쓰거나 읽을 수 있다(양소영, 2009). 마지막 '이론적 이해'는 지금까지 배운 활동 내용에 대해 이론적 이해가 병행되는 것으로, 박이나 박자·리듬 꼴·음표·가락 등에 대한 이론 설명이 있을 수 있다. 이러한 기능학습 단계에 따라 교실 수업을 이끌어 나가는 데 있어 고든이 제시한 학습의 3단계는 〈표 8-3〉과 같다.

〈표 8-3〉 **학습의 3단계**

단계 1	단계 2		단계 3
전체	부분		전체
교실 활동	단계별 학습 활동(패턴 수업)		교실 활동
노래하기, 챈트하기, 움직이기/ 동작하기, 악기 연주하기, 게임하기, 창작/즉흥 연주하기, 음악 읽고 쓰기, 연주하기	〈변별〉 듣기/노래 부르기, 용어 결합, 부분적 종합, 악보 결합, 통합적 종합	〈추론〉 일반화: 듣기/노래를 부르기, 용어 결합 〈창작/즉흥 연주〉 일반화: 악보 결합, 이론적 이해	노래하기, 챈트하기, 움직이기/ 동작하기, 악기 연주하기, 게임하기, 창작/즉흥 연주하기, 음악 읽고 쓰기, 연주하기

출처: Target, C. C., Bolton, B. M., Reynolds, A. M., Valerio, W. H., & Gordon, E. E. (2007).

교실 활동에서 노래하기, 챈트하기, 신체 표현 등을 통해 음악 개념을 체득하고 음악의 흐름을 전체적으로 경험하는 시간을 가졌다면, 2단계는 부분으로서의 음 패턴과 리듬 패턴 어휘 확보를 위한 단계별 학습 활동이 이루어진다. 이 단계에서 고든은 30분 수업에 약 10분 정도를 패턴 수업에 할애할 것을 권장하는데, 단계별 수업 난이도를 고려하면서 학생의 집중이 요구되기 때문이다. 마지막 3단계의 교실 활동은 1, 2단계에서 경험한 내용을 바탕으로 더욱더 수준 높은 방법으로 음악 활동에 관여할 수 있는 역량을 경험하게 된다.

(2) 고든 음악학습이론 수업의 학습 활동

〈표 8-4〉 고든 음악학습이론 수업 활동명 구분

번호		활동명*	고든의 음악학습이론	
			내용학습 단계	기능학습 단계
박	1	다양한 종류의 일정박 치기	리듬	듣기/노래 부르기
	2	음악을 들으며 자유롭게 손뼉치기		듣기/노래 부르기
	3	4분음표와 온음표 박을 쳐 보기		듣기/노래 부르기
	4	다양한 방법으로 박을 쳐 보기		듣기/노래 부르기
	5	친구와 박에 맞추어 공 전달하기		듣기/노래 부르기
	6	다양한 방법으로 공 전달하기		듣기/노래 부르기
	7	박에 맞추어 리듬 놀이하기		듣기/노래 부르기
리듬	8	리듬 챈트에 맞추어 (부르며) 손뼉치기		듣기/노래 부르기
	9	리듬 챈트에 맞추어 타악기 연주하기		듣기/노래 부르기
	10	리듬 챈트에 맞추어 이동 동작하기		듣기/노래 부르기
	11	리듬 챈트에 어울리는 동작 만들기		통합적 종합
	12	만든 동작 발표하기		통합적 종합
	13	리듬 챈트 부르며 리듬 놀이하기		듣기/노래 부르기
	14	챈트에 맞추어 리듬 동작 만들기		듣기/노래 부르기
리듬꼴	15	리듬 카드 보며 리듬꼴 읽기		용어 결합
	16	교사의 리듬 패턴 따라 부르기		용어 결합
	17	리듬 패턴 주고받기		용어 결합
	18	리듬 패턴에 어울리는 리듬 카드 찾기		악보 결합
	19	리듬 카드 따라 부르기		부분적 종합
	20	리듬 카드 보고 부르기		악보 결합
	21	리듬꼴 즉흥 연주하기		창작/즉흥 연주
	22	내가 만든 리듬 패턴 악보로 그리기		창작/즉흥 연주 이론적 이해
신체 표현	23	노래를 들으며 거울 모방하기	가락	듣기/노래 부르기
	24	노래를 들으며 자유롭게 신체 표현하기		듣기/노래 부르기
	25	다양한 방법으로 노래 부르기		듣기/노래 부르기
화음감	26	노래를 부르며 손가락 화음 기호 따라 하기		통합적 종합
	27	노래를 들으며 손가락으로 화음 기호 표시하기		용어 결합
	28	노래를 들으며 '도' '솔' 반주하기		일반화
	29	리듬을 바꾸어 '도' '솔' 반주하기		창작/즉흥 연주
	30	마음속으로 노래 부르기		부분적 종합

	31	1도 화음 가락 패턴 주고받기		부분적 종합
	32	1도 화음 가락꼴 만들기		창작/즉흥 연주 일반화
	33	노래를 들으며 1도 화음 반주하기		창작/즉흥 연주
	34	4도, 5도 화음 가락 패턴 주고받기		부분적 종합
	35	1도, 4도, 5도 화음 가락 패턴 따라 하기		부분적 종합
주요 3화음	36	5도 화음 가락꼴 만들기		창작/즉흥 연주 일반화
	37	노래를 들으며 4도, 5도 화음 반주하기		창작/즉흥 연주
	38	노래를 들으며 1도 화음과 4도, 5도 화음 반주하기		창작/즉흥 연주 일반화
	39	리듬 바꾸어 1도와 4도, 5도 화음 반주하기		창작/즉흥 연주 일반화
	40	학급 발표회하기		일반화

* 상기 활동은 장애 학생들의 학년 및 장애 정도에 따라 교수자가 자유롭게 설정하여 제시할 수 있음.

2. 고든 음악학습이론 교수·학습 방법의 실제

유형 1 다양한 일정박 치기	유형 2 리듬 챈트와 함께 리듬 놀이하기	유형 3 리듬꼴 즉흥 연주하기	유형 4 화음감 익히기	유형 5 간단한 화음 반주하기
2. 음악을 들으며 자유롭게 손뼉치기	8. 리듬 챈트에 맞추어 부르며 손뼉치기	16. 교사의 리듬 패턴 따라 부르기	23. 노래를 들으며 거울 모방하기	25. 다양한 방법으로 노래 부르기
3. 4분음표와 온음표 박을 쳐 보기	9. 리듬 챈트에 맞추어 타악기 연주하기	19. 리듬 카드 따라 부르기	24. 노래를 들으며 자유롭게 신체 표현하기	35. 1도, 4도, 5도 화음 가락 패턴 따라 하기
4. 다양한 방법으로 박을 쳐 보기	10. 리듬 챈트에 맞추어 이동 동작 하기	20. 리듬 카드 보고 부르기	25. 다양한 방법으로 노래 부르기	28. 노래를 들으며 '도' '솔' 반주하기
5. 친구와 박에 맞추어 공 전달하기	11. 리듬 챈트에 어울리는 동작 만들기	17. 리듬 패턴 주고 받기	26. 노래를 부르며 손가락 화음 기호 따라 하기	29. 리듬을 바꾸어 '도' '솔' 반주하기
6. 다양한 방법으로 공 전달하기	12. 만든 동작 발표 하기	21. 리듬꼴 즉흥 연주하기	27. 노래를 들으며 손가락으로 화음 기호 표시하기	40. 학급 발표회하기

[그림 8–2] **고든 음악학습이론 교수·학습 유형과 활동명**

1) 고든 음악학습이론 교수 · 학습 유형 1

❶ 개요

영역	표현(가창), 생활화	기능	반응하기, 참여하기, 놀이하기, 소통하기
학습 목표	노래에 맞추어 다양한 일정박을 칠 수 있다.		
평가 유형	■자기평가 ■상호평가 ■관찰평가 □실음평가 □포트폴리오 □기타 (　　　　　　　　)		
교수 · 학습 자료	수업 환경	피아노	
	교사 준비물	리듬 막대, 공	
	학생 준비물	편한 복장과 신발	
개발 의도	이 수업은 음악 안에서 규칙적으로 흐르는 일정박의 흐름을 느끼기 위해 계획된 활동이다. 교사는 장애 학생들이 노래에 맞추어 자유롭게 손뼉을 치며 음악의 흐름을 느끼고 규칙적으로 이어지는 일정박을 체험할 수 있도록 시도한다. 일정박을 경험하는 활동은 4분음표로 걷기, 제자리 뛰기, 이동하기, 손뼉치기, 공놀이하기 등 다양한 신체 동작을 시작으로 스스로 음악에 맞추어 손뼉을 칠 수 있는 단계까지 도달하는 것을 목표로 한다. 이때 교사는 학생들이 흥미를 느끼면서 4분음표 외에도 2분음표, 온음표, 8분음표 등 다양한 일정박 치기에 도전할 수 있도록 격려해 주고, 장애 수준에 따라 친구 간 도움을 주고받으며 수업을 진행할 수 있도록 배려한다. 활동별 장애 유형에 따라 수업에 어려움이 예상되기 때문에 수준별 제시된 활동을 참고하여 수업에 적용할 수 있도록 한다.		

❷ 단계별 교수·학습 활동 및 평가 계획

학습 단계	활동명	교수·학습 활동	평가 계획
도입	2. 음악을 들으며 자유롭게 손뼉치기	• 노래를 들으며 자유롭게 움직인다. • 〈가을바람〉을 들으며 자유롭게 손뼉을 친다.	• 음악을 들으며 흐름에 따라 움직일 수 있는가?
전개 1	3. 4분음표 일정박 치기 3. 온음표 일정박 치기	• 〈가을바람〉을 들으며 짝꿍과 손뼉을 친다. • 〈가을바람〉을 들으며 모둠별 손뼉을 친다. • 〈가을바람〉을 들으며 동그랗게 원으로 모여 전체 손뼉을 친다.	• 음악에 맞추어 손뼉을 칠 수 있는가?
전개 2	5. 친구와 박에 맞추어 공 전달하기 6. 다양한 방법으로 공 전달하기	• 노래를 들으며 박에 맞추어 공을 전달한다. • 노래를 들으며 교사의 신호에 따라 공을 전달한다. • 노래를 들으며 모둠이나 전체로 공을 전달한다.	• 음악을 들으며 박에 맞추어 공을 전달할 수 있는가?
마무리	1. 다양한 종류의 일정박 치기	• 노래를 부르며 일정박을 친다.	• 노래를 듣거나 부르며 일정박을 칠 수 있는가?

❸ 교수·학습 과정안

학습 주제	다양한 일정박 치기		수준	초등학교 3~4학년		
활동명	• 다양한 일정박 치기 • 음악을 들으며 자유롭게 손뼉치기 • 사분음표, 온음표 박을 쳐 보기			• 박에 맞추어 공 전달하기 • 다양한 방법으로 공 전달하기		
학습 목표	노래에 맞추어 다양한 일정박을 칠 수 있다.					

학습 단계	학습 과정 (모듈)	교수·학습 활동				자료 활용 및 유의점
		교사	학생(수준, 장애 유형 등에 따른 내용 제시)			
			A	B	C	
도입	전시 학습 / 동기 유발	• 자유로운 분위기에서 노래를 들으며 손뼉을 치도록 한다.	• 노래를 들으며 자연스럽게 손뼉을 친다.		• 노래를 들으며 분위기에 어울리게 손뼉을 친다.	• 노래에 맞추어 자연스럽게 손뼉을 칠 수 있도록 분위기를 조성한다.
전개	〈활동 1〉 박에 맞추어 손뼉치기 (듣기/ 노래를 부르기)	• 박(♩)에 맞추어 손뼉을 치도록 한다. • 박(𝅝)에 맞추어 손뼉을 치도록 한다.	• 〈가을바람〉을 들으며 4분음표 박을 쳐 본다. –친구 3~4명이 마주 보고 치기 –짝과 마주 보고 치기 • 〈가을바람〉을 들으며 온음표 박을 쳐 본다. –친구 3~4명이 한줄기차로 점프하기 –혼자서 박에 맞추어 점프하기	• 〈가을바람〉을 들으며 4분음표 박을 쳐 본다. –노래에 맞추어 자유롭게 손뼉치기 • 〈가을바람〉을 들으며 온음표 박을 쳐 본다. –짝과 팔짱 끼고 제자리에서 점프하기	• 〈가을바람〉을 들으며 4분음표 박을 쳐 본다. –노래에 맞추어 원하는 대로 움직이기 • 〈가을바람〉을 들으며 온음표 박을 쳐 본다. –노래에 맞추어 느리게 움직이기	• 박(♩)에 맞추어 손뼉을 치기 어려운 학생은 원하는 방식으로 자유롭게 손뼉치기를 한다. • 지속되는 박의 움직임을 더 어려워할 수 있어 교사는 학생의 반응을 관찰하여 다양한 방법을 생각한다.
	〈활동 2〉 박에 맞추어 공 전달하기 (듣기/ 노래를 부르기)	• 박(♩)에 맞추어 공 전달 놀이를 하게 한다.	• 노래에 맞추어 4분음표 박으로 공 전달 놀이를 한다. –짝과 마주 보고 일정박에 맞추어 공 전달하기 –친구 3~4명이 동그랗게 앉아 공 전달하기	• 노래에 맞추어 4분음표 박으로 공 전달 놀이를 한다. –짝과 마주 보고 노래에 맞추어 공 전달 놀이하기 –혼자서 노래에 맞추어 공 튕기기		• 가벼운 공을 사용하고 공놀이가 아닌 일정박 치기에 집중하도록 환경을 조성한다.

		• 박(♩)에 맞추어 공 전달 놀이를 하게 한다.	• 노래에 맞추어 온음표 박으로 공을 전달한다. ─박에 맞추어 옆 친구에게 공 전달하기 ─느린 동작으로 친구에게 공 전달하기	• 노래에 맞추어 온음표 박으로 공을 전달한다. ─느린 동작하며 공 전달 제스처하기 ─짝꿍과 노래에 맞추어 공 굴리기	• 공 전달을 어려워하는 학생은 제스처나 공굴리기 방법으로 대체하게 한다.
정리	정리 평가	• 음악에 맞추어 일정박을 치도록 한다.	• 음악을 들으며 박에 맞추어 손 뼉을 친다.	• 음악을 들으며 박에 맞추어 걷는다.	• 음악을 들으며 자연스럽게 움직인다.	• 관찰평가

❹ 평가 도구

평가 목표	노래에 맞추어 다양한 일정박을 칠 수 있다.		
평가 영역	과정 중심 평가		
평가 유형(방법)	자기평가, 상호평가, 관찰평가		
평가 내용	• 노래에 맞추어 다양한 일정박을 칠 수 있는가? • 친구와 함께 수업에 적극적으로 참여하는가?		
평가 기준	수행 방법 ╲ 기준	수업에 적극적으로 참여하여 다양한 방법으로 일정박을 칠 수 있다.	수업에 참여하여 노래에 맞추어 한두 개 일정박을 칠 수 있다.	노래에 맞추어 친구의 일정박 치기를 모방할 수 있다.
	독립 수행	○○○		○○○
	단어/언어 촉진 수행		○○○	
	신체 촉진 수행			
평가 환류 계획	평가 기준에 따른 결과를 피드백하기 (노래에 맞추어 일정박 치기가 어려운 학생은 짝과 함께 활동 기회 마련 등)		

❺ 활동지 자료

가. 수업 활동 자료

방법		내용
일정박 치기	혼자 또는 짝꿍과 치기	
	모둠별 치기	
	한줄기차로 박에 맞추어 걷기	

가을 바람

김규환 작사·작곡

조금 빠르게

살랑살랑살 랑 살랑살랑살 랑 가을바람살 랑 불어옵니 다

뱅글뱅글뱅 글 단 풍 잎 뱅글뱅글뱅 글 은 행 잎

살랑살랑살 랑 살랑살랑살 랑 가을바람살 랑 불어옵니 다 라

나. 동료평가와 자기평가 자료

모둠 활동 동료평가 및 자기평가

❶ 다른 모둠 친구들의 활동을 평가해 주세요.

모둠명	완성도 음악을 들으며 일정박 치기를 잘함			창의성 음악을 들으며 공 주고받기 방법을 찾아냄			발표 발표 태도의 진지함, 적극성, 공감		
1모둠	☺	😐	☹	☺	😐	☹	☺	😐	☹
2모둠	☺	😐	☹	☺	😐	☹	☺	😐	☹

❷ 오늘 나의 활동을 평가해 주세요.

평가 기준	☺	😐	☹
1. 나는 모둠의 수업 활동에 적극적으로 참여한다.			
2. 나는 모둠별 활동에서 나의 역할을 잘 알고 있다.			
3. 나는 모둠별 활동에서 모둠원들을 배려하고 협력한다.			
4. 나는 음악을 집중해서 들으며 일정박 치기를 잘한다.			

❻ 한 걸음 더!

이 수업은 놀이를 통해 음악의 흐름 안에서 규칙적인 박을 찾고, 일정박을 다양하게 경험하며 리듬감을 체득하도록 계획된 구성이다. 일정박 치기를 어려워하는 학생들을 위해 모둠 활동과 전체 그리고 개별 활동으로 이어지게 하여 친구의 도움으로 리듬을 바꾸어 가며 일정박을 경험할 수 있도록 도와주는 과정은 중요하다. 리듬도 4분음표와 2분음표, 온음표로 이어지고 마지막에 8분음표로 연결되어 다양한 박으로 일정박을 쳐 보게 한다. 빠른 8분음표는 학생들이 자칫 놀이 위주로 바뀔 수 있어 마지막에 경험하게 하여 산만하지 않도록 계획하는 것이 효과적이고, 온음표는 천천히 움직이면서 주변 공간에 흐르는 박의 느낌을 팬터마임 등의 신체 표현을 통해 움직임을 유도하면 즐겁게 참여할 수 있다.

이러한 움직임 수업에서는 학생들에게 신체 표현이 체육 시간의 신체 운동이 되지 않도록 주의해야 한다. 음악을 주의 깊게 듣고 음악의 흐름 안에서 박을 느끼며 이동 동작을 경험해야 함에도 불구하고 움직임에만 급급하여 음악을 소홀히 듣는 경우가 종종 발생한다. 교사는 학생들에게 음악에 집중할 것과 움직임과 음악을 연결하여 동작을 끊임없이 생각하면서 움직일 것을 지도의 중점으로 여겨야 한다.

2) 고든 음악학습이론 교수·학습 유형 2

❶ 개요

영역	표현(가창, 창작)	기능	반응하기, 참여하기, 표현하기, 탐색하기, 발표하기
학습 목표	리듬 챈트를 듣거나 노래 부르며 친구와 함께 리듬 놀이를 할 수 있다.		
평가 유형	■자기평가 ■상호평가 ■관찰평가 □실음평가 □포트폴리오 □기타 ( )		

교수·학습 자료	수업 환경	피아노, 컴퓨터
	교사 준비물	리듬 막대, 핸드북
	학생 준비물	편한 복장과 신발

개발 의도	이 수업은 리듬 챈트를 활용하여 노래 일부에서 제시하고 있는 4분음표와 8분음표로 구성된 리듬꼴을 동작을 통해 익힐 수 있도록 계획된 활동이다. 수업에 대한 동기 유발과 놀이를 통한 학습자 중심 배움 수업이 될 수 있는 리듬 챈트는 장애 학생들에게 리듬감을 체득시키고 노래의 특징을 살려 일부분을 따로 지도할 수 있는 장점이 있다. 또한 리듬 챈트는 말 리듬과 리듬 랩의 두 가지 성격을 동시에 가지고 있어 노랫말 만들기, 리듬 만들기 등 음악 수업에 다양한 방법으로 활용될 수 있는 학습 자료이다. 이 수업은 고든의 음악학습이론 중 기능학습 단계의 듣기/노래 부르기 단계에서 음악을 충분히 듣거나 부르면서 리듬을 익히고, 리듬 패턴을 점차 확장하여 부분적 결합, 리듬 카드를 보고 부르는 악보 결합, 마지막 읽고/쓰는 단계인 이론적 이해에까지 도달하는 과정으로 이루어진다.

❷ 단계별 교수·학습 활동 및 평가 계획

학습 단계	활동명	교수·학습 활동	평가 계획
도입	8. 리듬 챈트에 맞추어 (부르며) 손뼉치기	• 리듬 챈트를 부르며 노래의 일부분을 상상한다. • 리듬 챈트를 듣거나 부르며 손뼉을 친다.	• 노래 일부분의 리듬을 손뼉칠 수 있는가?
전개 1	9. 리듬 챈트에 맞추어 타악기 연주하기 10. 리듬 챈트에 맞추어 이동 동작하기	• 다 같이 리듬 챈트를 듣거나 부르며 일정 부분을 타악기 연주한다. • 다 같이 리듬 챈트를 듣거나 부르며 일정 부분 이동 동작을 한다.	• 수업에 적극적으로 참여하는가?
전개 2	11. 리듬 챈트에 어울리는 동작 만들기 12. 만든 동작 발표하기	• 모둠별로 리듬 챈트에 어울리는 동작을 만든다. • 모둠별로 만든 동작을 발표한다.	• 모둠별 상호평가
마무리	8. 리듬 챈트에 맞추어 (부르며) 노래의 일부분 손뼉치기	• 친구와 함께 리듬 챈트를 부르며 노래 일부분의 리듬을 손뼉친다.	• 관찰평가

❸ 교수 · 학습 과정안

학습 주제	리듬 챈트와 함께 리듬 놀이하기			수준	초등학교 3~6학년
활동명	• 리듬 챈트에 맞추어 손뼉치기 • 리듬 챈트에 맞추어 타악기 연주하기 • 리듬 챈트에 맞추어 이동 동작하기			• 리듬 챈트에 어울리는 동작 만들기 • 만든 동작 발표하기	
학습 목표	리듬 챈트를 듣거나 노래 부르며 친구와 함께 리듬 놀이를 할 수 있다.				

학습 단계	학습 과정 (모듈)	교수 · 학습 활동				자료 활용 및 유의점
		교사	학생(수준, 장애 유형 등에 따른 내용 제시)			
			A	B	C	
도입	전시 학습 / 동기 유발	• 리듬 챈트를 듣거나 부르며 들리는 소리를 상상하게 한다. • 리듬 챈트를 듣거나 부르며 손뼉을 치게 한다.	• 리듬 챈트를 듣거나 부르며 들리는 소리를 상상한다. • 리듬 챈트를 듣거나 부르며 손뼉치기 -챈트에 맞추어 짝과 함께 손뼉 마주치기	• 리듬 챈트를 듣거나 부르며 손뼉을 친다. -선생님이 치는 손뼉 따라 치기	• 리듬 챈트를 듣거나 부르며 노래의 일부분 손뼉치기를 한다. -선생님이나 친구와 함께 자유롭게 손뼉 마주치기	• 선생님이 반복해서 들려주는 노래의 일부분을 듣고 리듬을 쳐 보게 한다.
전개	〈활동 1〉 리듬 챈트에 맞추어 활동하기 (듣기/ 노래를 부르기)	• 리듬 챈트를 듣거나 부르며 타악기 연주를 하게 한다. • 리듬 챈트를 듣거나 부르며 이동 동작을 하게 한다.	• 리듬 챈트를 듣거나 부르며 노래의 일부분을 악기로 연주한다. -해당 리듬을 핸드북으로 쳐 보기 -해당 리듬을 탬버린으로 쳐 보기 • 리듬 챈트를 듣거나 부르며 노래 일부분의 이동 동작을 한다. -챈트를 노래하며 해당 박에 걸어가기	• 리듬 챈트를 듣거나 부르며 노래의 일부분을 악기로 연주한다. -친구와 함께 일정박 치기 • 리듬 챈트를 듣거나 부르며 노래 일부분의 이동 동작을 한다. -챈트를 들으며 해당 박에 제자리에서 점프하기 -챈트를 들으며 선생님이나 친구와 함께 걷기	• 리듬 챈트를 듣거나 부르며 노래의 일부분을 악기로 연주한다. -다 함께 자유롭게 타악기 쳐 보기 • 리듬 챈트를 들으며 이동 동작을 한다. -챈트를 들으며 분위기에 맞추어 자연스럽게 걷기	• 가능하면 해당 박에 움직일 수 있도록 안내하고 반복해서 동작해 보도록 한다.

	〈활동 2〉 리듬 챈트에 맞추어 동작 만들기 (통합적 종합)	• 리듬 챈트에 맞추어 해당 리듬의 동작을 만들게 한다. • 만든 동작을 발표하도록 한다.	• 노래의 일부분에 해당하는 리듬의 동작을 만든다. −예시 동작 시범 보이기 −각자 원하는 동작 만들어 연습하기 • 노래에 맞추어 만든 동작을 발표한다. −만든 동작 발표하기 −교사, 친구와 함께 움직임 수정하기 −수정한 동작을 연습하여 발표하기	• 교사나 친구의 동작을 따라 해 본다. −마음에 드는 동작을 이야기하기 −교사나 친구 동작을 따라 해 보기 • 해당 리듬의 동작을 따라 한다. −교사나 친구가 만든 리듬 동작을 따라 하기 −혼자서 또는 함께 연습하기	• 해당하는 리듬의 동작을 만들어 본다. −원하는 동작을 이야기하고 자유롭게 움직이기 • 해당 리듬의 동작을 자유롭게 표현한다. −친구 또는 혼자 발표해 보기	• 교사는 친구와 소통할 기회를 제공하고, 정확한 동작이 아니어도 칭찬과 격려로 자신을 표현할 수 있도록 돕는다.
정리	정리 평가	• 리듬 챈트를 듣거나 부르며 손뼉을 치게 한다.	• 챈트를 듣거나 부르며 해당 리듬의 손뼉을 친다.	• 챈트를 들으며 교사나 잘하는 친구와 함께 손뼉을 마주친다.	• 챈트를 들으며 분위기에 맞추어 움직인다.	• 관찰평가

❹ 평가 도구

평가 목표	리듬 챈트를 듣거나 노래 부르며 만든 동작을 발표할 수 있다.
평가 영역	과정 중심 평가
평가 유형(방법)	자기평가, 상호평가, 관찰평가, 구술평가
평가 내용	• 리듬 챈트를 듣거나 부르면서 노래 일부분의 리듬을 칠 수 있는가? • 리듬 챈트를 듣거나 부르면서 어울리는 동작을 만들어 발표할 수 있는가?

평가 기준	수행 방법 \ 기준	리듬 챈트를 듣거나 부르면서 노래 일부분의 리듬을 잘 치고 어울리는 동작을 만들어 발표할 수 있다.	리듬 챈트를 듣거나 부르면서 노래 일부분의 리듬을 따라 치고 어울리는 동작을 만들 수 있다.	리듬 챈트를 듣거나 부르고 동작을 만들 수 있다.
	독립 수행	○○○		○○○
	단어/언어 촉진 수행		○○○	
	신체 촉진 수행			
평가 환류 계획	평가 기준에 따른 결과를 피드백하기 (노래 일부분의 리듬을 정확히 칠 수 있도록 다양한 방법 활용하기)			

❺ 활동지 자료

가. 리듬 챈트 노래 배우기(G장조로 바꾸기)

내용
리듬 챈트 노래의 일부분으로, 4분음표와 8분음표로 된 리듬 패턴 제시

리듬 챈트
악보

나. 동료평가와 자기평가 자료

모둠 활동 동료평가 및 자기평가

❶ 다른 모둠 친구들의 음악 활동을 평가해 주세요.

모둠명	완성도			창의성			발표		
	해당 리듬꼴 손뼉치기			해당 리듬에 재미있는 동작 만들기			발표 태도의 진지함, 적극성, 공감		
1모둠	☺	😐	☹	☺	😐	☹	☺	😐	☹
2모둠	☺	😐	☹	☺	😐	☹	☺	😐	☹

❷ 오늘 나의 활동을 평가해 주세요.

평가 기준	☺	😐	☹
1. 나는 친구와 동작 만들기 활동에 적극적으로 참여한다.			
2. 나는 전체 수업 활동에 적극적으로 참여한다.			
3. 나는 모둠별 활동에서 모둠원들을 배려하고 협력한다.			
4. 리듬 챈트를 듣거나 부르며 해당 리듬을 정확히 친다.			

❻ 한 걸음 더!

리듬 챈트 활동에서 4분음표, 8분음표를 나타내는 노래의 일부분은 수업에서 다양하게 활용될 수 있다.

1. 리듬 음절(무음절)로 읽기

bah bah　　bah

2. 고든의 리듬 음절로 읽기

Du Dei　　Du

3. 동작 만들어 발표하기

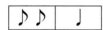

태권　　도!
우리　　집!

3) 고든 음악학습이론 교수·학습 유형 3

❶ 개요

영역	표현(가창, 기악), 감상	기능	반응하기, 표현하기, 활용하기, 경험하기, 발표하기
학습 목표	리듬 패턴을 주고받으며 리듬꼴 즉흥 연주를 할 수 있다.		
평가 유형	■자기평가 □상호평가 ■관찰평가 ■실음평가 □포트폴리오 □기타 (　　　　　　　　　)		
교수·학습 자료	수업 환경	피아노	
	교사 준비물	리듬 막대, 리듬 카드	
	학생 준비물	편한 복장과 신발	
개발 의도	이 수업은 고든의 음악학습이론에서 말하는 음악 어휘력인 '리듬 패턴'을 향상시켜 리듬꼴 즉흥 연주까지 완성하는 수업 형태로 진행된다. 교사는 지금까지 리듬 챈트를 통해 익힌 리듬꼴을 가지고 장애 학생들에게 리듬 패턴 주고받기로 음악 어휘력을 신장시키고, 이를 토대로 나만의 리듬꼴 만들기에 도전하게 한다. 리듬꼴 즉흥 연주는 이를 어려워하는 학생이 형식에 구애받지 않고 원하는 리듬꼴을 자유롭게 연주하는 형태부터 시작하여 다양한 방식으로 즉흥 연주를 시도할 수 있다. 교사는 자연스러운 분위기 마련과 칭찬, 격려를 통해 장애 학생들이 자신감을 가지고 도전할 수 있도록 도움을 주어야 한다.		

❷ 단계별 교수·학습 활동 및 평가 계획

학습 단계	활동명	교수·학습 활동	평가 계획
도입	16. 교사의 리듬 패턴 따라 부르기	• 교사의 4박 리듬 패턴을 따라 부른다. • 다 같이 또는 혼자 부른다.	• 집중하여 리듬 패턴 따라 부르기를 할 수 있는가?
⬇			
전개 1	20. 리듬 카드 보고 부르기	• 리듬 챈트의 해당 리듬을 카드로 확인한다. • 지금까지 불러 온 리듬을 리듬 카드로 확인하며 보고 부른다.	• 리듬 카드 보고 부르기를 할 수 있는가?
⬇			
전개 2	17. 리듬 패턴 주고받기 21. 리듬꼴 즉흥 연주하기	• 교사와 다양한 방식으로 리듬 패턴 주고받기를 한다. • 나만의 리듬꼴을 만들어 즉흥 연주한다.	• 관찰평가
⬇			
마무리	20. 리듬 카드 보고 부르기	• 제시하는 리듬 카드를 따라 부르거나 보고 부른다.	• 구술평가

❸ 교수·학습 과정안

학습 주제	리듬꼴 즉흥 연주하기		수준	초등학교 5~6학년, 중등	
활동명	• 리듬 패턴 따라 부르기 • 리듬 패턴으로 주고받기			• 리듬 카드 보고 부르기 • 리듬꼴 즉흥 연주하기	
학습 목표	리듬 패턴을 주고받으며 리듬꼴 즉흥 연주를 할 수 있다.				

학습 단계	학습 과정 (모듈)	교수·학습 활동				자료 활용 및 유의점
		교사	학생(수준, 장애 유형 등에 따른 내용 제시)			
			A	B	C	
도입	전시 학습 / 동기 유발	• 교사의 리듬 패턴을 따라 부르게 한다.	• 4박으로 된 교사의 리듬 패턴을 따라 부른다. –다 같이 또는 개별로 따라 부르기	• 교사의 리듬 패턴을 다 같이 따라 부른다.	• 교사가 부르는 리듬 패턴을 듣는다.	• 장애 수준에 따라 리듬 패턴 부르기 방식을 달리한다.
전개	〈활동 1〉 리듬 패턴 부르기 (악보 결합)	• 리듬 챈트에 맞추어 리듬 카드를 확인하게 한다. • 리듬 카드를 보고 부르게 한다.	• 해당 리듬을 악보로 확인한다. ♪♪ ┃ ♩ – 리듬 챈트 부르며 악보 확인하기 –친구와 함께 북이나 손뼉으로 일정박 치기 • 4박 리듬 카드를 보고 부른다. –위의 리듬을 가지고 다양한 리듬 패턴을 만들어 읽기 –제시하는 리듬 카드 보면서 bah, La로 읽기	• 4박 리듬 카드를 보고 따라 부른다. –교사와 동시에 부르기, 혼자 부르기	• 4박 리듬 카드를 따라 부른다. –교사가 불러 주는 리듬 패턴 따라 부르기	• 리듬 챈트를 부르며 악보를 보여 주면서 시각적 접근을 한다. • 두 가지 리듬을 다양한 패턴으로 만들어 학생들에게 경험시킨다.
	〈활동 2〉 리듬꼴 즉흥 연주하기 (용어 결합, 창작/ 즉흥 연주)	• 리듬 패턴 주고받기를 하게 한다.	• 배운 리듬 패턴을 상기한다. –배운 리듬 패턴 중 중 기억나는 리듬 패턴 정하기 • 기억나는 리듬 패턴을 정한다. • 리듬 패턴을 주고받는다. –교사가 일정한 리듬 패턴을 노래한 후 한 명씩 돌아가며 패턴 주고받기 교사: ♩♩♩♩ 학생: ♪♪♩♩♩	• 기억나는 리듬 패턴을 이야기한다. –교사, 친구와 함께 배운 리듬 중 기억에 남는 리듬 패턴을 이야기하기 • 같은 리듬 패턴을 주고받는다. –기억나는 리듬 패턴으로 선생님과 같은 패턴 주고받기	• 교사나 친구 패턴을 따라 해 본다. –교사나 친구의 도움으로 리듬 패턴 따라 해 보기	• 다양한 리듬 패턴 경험을 통해 자신만의 패턴을 만든다. • 리듬 패턴 주고받기에서 교사는 단순한 리듬 패턴을 주어 학생이 자신감 있게 시도할 수 있는 환경을 마련한다.

		• 리듬꼴 즉흥 연주를 하게 한다.	• 나만의 리듬꼴을 만들어 발표한다. −두 리듬 카드로 순서를 바꾸어 가며 리듬 패턴 만들기 −만든 리듬 패턴을 노래 부르거나 손뼉 치기, 악기 연주로 연습하고 발표하기	• 교사, 친구가 만든 리듬꼴을 읽는다. −교사나 친구가 만든 리듬꼴을 친구와 함께 또는 혼자 연습하고 발표하기	• 원하는 리듬꼴을 자유롭게 친다. −교사의 신호에 따라 자유롭게 리듬 치기	
정리	정리 평가	• 리듬 카드를 보고 부르게 한다.	• 제시한 리듬 카드를 보면서 읽는다.	• 교사가 불러 주는 리듬꼴을 리듬 카드를 보며 따라 부른다.	• 기억에 남는 리듬 패턴을 쳐 본다.	• 관찰평가

❹ 평가 도구

평가 목표	리듬 패턴을 주고받으며 리듬꼴 즉흥 연주를 할 수 있다.	
평가 영역	과정 중심 평가	
평가 유형	관찰평가, 구술평가, 실음평가	
평가 내용	• 알고 있는 리듬 패턴을 상기하여 서로 주고받을 수 있는가? • 나만의 리듬꼴을 만들어 연습을 통해 발표할 수 있는가?	
평가 기준	잘함	알고 있는 리듬 패턴을 상기하여 나만의 리듬꼴 만들기에 적극적으로 참여할 수 있다.
	보통	알고 있는 리듬 패턴을 상기하여 교사나 친구의 도움으로 리듬꼴 만들기를 할 수 있다.
	노력 요함	알고 있는 리듬 패턴을 목소리나 동작으로 표현할 수 있다.
평가 환류 계획	평가 기준에 따른 결과를 피드백하기 (리듬 패턴 만들기가 어려운 학생들에게 리듬 패턴 주고받기 활동을 꾸준하게 지속하기)	

❺ 활동지 자료

가. '리듬 패턴'의 예

순서	내용
리듬 패턴의 예	 bah　bah　bah　bah bah bah　bah bah　bah　bah bah　bahbah　bah　bahbah bah　bahbah　bahbah　bah bah- bah　bah bah　bah　bah
리듬 패턴 주고받기	교사: bah bah bah bah　　학생 : 〈지도상 유의점〉 • 교사 리듬 패턴은 단순하게 주기 • 학생에게 패턴을 생각할 시간 주기 • 학생을 관찰하며 어떤 리듬 패턴을 생각하고 　있는지 미리 살펴보기 • 자신감 있게 발표하기 • 리듬 막대로 일정박 쳐 주기

나. 자기평가 자료

	자기평가								

① 스스로 만든 음악을 평가해 주세요.

학생명	완성도			창의성			발표		
	리듬 패턴 주고받기			리듬꼴 즉흥 연주하기			발표 태도의 적극성		
○○○	☺	😐	☹	☺	😐	☹	☺	😐	☹
활동 소감									

❻ 한 걸음 더!

〈리듬 패턴 주고받기〉
리듬 패턴 주고받기 활동에서 교사는 단순한 리듬을 활용하여 장애 학생과 주고받기를 해야 한다. 교사가 처음부터 난이도 있는 리듬 패턴으로 학생과 문답 활동을 시작하면 학생 입장에서 어려움이 느껴져 바로 포기해 버리는 경우가 생기기 때문이다. 따라서 교사는 간단한 리듬 패턴 제시로 장애 학생이 자신감을 갖고 리듬 패턴 만들기에 집중할 수 있도록 배려해야 한다.

〈리듬꼴 즉흥 연주〉
리듬꼴 즉흥 연주는 지금까지 배운 리듬 패턴을 상기하여 그중에서 기억에 남는 리듬 패턴을 이야기해도 좋고, 제시한 두 리듬 카드의 순서를 다르게 배열하여 리듬꼴을 만들어 볼 수도 있다. '즉흥 연주'는 바로 즉흥적으로 나오는 연주 외에 학생들이 가지고 있는 경험을 토대로 내 안에 가지고 있는 기억을 상기하여 노래를 부를 수 있는 상상력까지 포괄적인 연주 형태로 보아야 한다.

4) 고든 음악학습이론 교수·학습 유형 4

❶ 개요

영역	표현(가창)		기능	표현하기, 반응하기, 경험하기, 참여하기
학습 목표	노래를 부르며 가락에 어울리는 화음 기호를 손가락으로 나타낼 수 있다.			
평가 유형	■자기평가 ■상호평가 ■관찰평가 □실음평가 □포트폴리오 □기타 ( )			
교수·학습 자료	수업 환경	피아노		
	교사 준비물	리듬 막대		
	학생 준비물	편한 복장과 신발		
개발 의도	이 수업은 장애 학생의 화음감 향상을 위해 고든이 말하는 자유연속동작(free flowing movement)을 시작으로 음악의 흐름을 느끼고 '계이름이나 마음속으로 노래 부르기' 활동을 통해 화음을 찾아보는 구성으로 이루어져 있다. 짝이나 모둠별로 서로 마주 보며 거울 모방의 움직임을 시도하여 상대방의 움직임을 따라 보고 음악을 들으며 가락의 움직임, 화음감을 파악한다. 노래를 들으며 노래 가락의 화음 기호를 손으로 표시하면서 화음감을 느끼는 데 도움을 준다. 이와 연계하여 다음 차시에서는 익힌 화음 기호를 가지고 다양한 화음 반주 만들기와 가락 만들기로 수업 난이도를 높여 가며 활동을 연계할 수 있다.			

❷ 단계별 교수·학습 활동 및 평가 계획

학습 단계	활동명	교수·학습 활동	평가 계획
도입	23. 노래 들으며 거울 모방하기	• 노래를 들으며 교사와 마주 보고 거울이 되어 따라 한다. • 짝끼리 마주 보고 거울이 되어 따라 한다.	• 집중하며 움직임을 따라 할 수 있는가?
⬇			
전개 1	24. 노래를 들으며 자유롭게 신체 표현하기	• 편안한 자세로 원하는 동작을 생각하며 움직인다. • 노래를 들으며 집중하여 자유롭게 움직인다.	• 음악의 흐름을 느끼며 움직일 수 있는가?
⬇			
전개 2	25. 다양한 방법으로 노래 부르기 27. 노래를 들으며 손가락으로 화음 기호 표시하기	• 계이름이나 마음속으로 노래를 부른다. • 교사의 손가락 화음 기호를 따라 한다.	• 계이름으로 노래를 부를 수 있는가?
⬇			
마무리	27. 노래를 들으며 손가락으로 화음 기호 표시하기	• 노래를 들으며 손가락으로 화음 기호를 표시한다.	• 손가락으로 화음 기호를 나타낼 수 있는가?

❸ 교수·학습 과정안

학습 주제	화음감 익히기		수준	고등학교 1~3학년

활동명	• 노래를 들으며 거울 모방하기 • 노래를 들으며 자유롭게 신체 표현하기	• 다양한 방법으로 노래 부르기 • 노래를 들으며 손가락 화음 기호 표시하기

학습 목표	노래를 부르며 가락에 어울리는 화음 기호를 손가락으로 나타낼 수 있다.

학습 단계	학습 과정 (모듈)	교수·학습 활동				자료 활용 및 유의점
		교사	학생(수준, 장애 유형 등에 따른 내용 제시)			
			A	B	C	
도입	전시 학습 / 동기 유발	• 노래를 들으며 동작을 모방하도록 한다.	• 친구 동작을 번갈아 따라 한다. –노래에 어울리는 움직임으로 서로 상대방의 거울이 되어 따라 하기	• 교사의 동작을 모방한다. –학생이 교사 동작을 따라 하기	• 노래에 맞추어 움직인다. –원하는 동작을 이야기하고 자유롭게 움직이기	• 거울 모방에 대해 먼저 시범을 보인다.
전개	〈활동 1〉 노래에 맞추어 움직이기 (듣기/노래를 부르기)	• 노래에 맞추어 스스로 움직이게 한다.	• 스스로 탐색해 본다. –노래에 어울리는 동작을 스스로 탐색하기 –분위기에 어울리는 동작을 스스로 해 보기	• 노래의 분위기에 맞추어 움직인다. –노래의 분위기에 맞추어 자연스럽게 움직이기	• 노래의 분위기에 맞추어 움직인다. –교사나 친구의 동작을 따라 해 보기	• 처음에는 친구와 함께하다가 자신감이 생기면 혼자 음악에 맞추어 움직이는 기회를 마련한다.
	〈활동 2〉 음악 들으며 손가락 화음 기호 나타내기 (듣기/노래를 부르기, 통합적 종합)	• 다양한 방법으로 노래를 익히게 한다.	• 계이름으로 노래를 부른다. –계이름을 들으며 가락선 표시하기 –계이름으로 부르다 교사의 신호에 맞추어 '마음속'으로 부르기	• 계이름으로 노래를 부른다. –한 부분을 정하여 친구가 불러 주는 계이름을 들으며 가락선 표시하기 –계이름으로 노래 부르기	• 가락선으로 나타낸다. –계이름으로 한 부분을 노래 불러 주면 음높이 표시하기	• 계이름을 활동 중에 자연스럽게 들으면서 은연중에 익힐 수 있도록 유도한다.

		• 손가락 화음 기호를 나타내도록 한다.	• 화음 기호를 따라 한다. −계이름으로 노래를 부르며 교사의 손가락 화음 기호 따라 하기 1141/115−4511/151− −친구들과 마주 보고 손가락 확인하며 연습하기 −친구가 불러 주는 노래에 맞추어 손가락 화음 기호 표시하기	• 화음 기호를 따라 한다. −계이름을 들으며 상대방이 하는 손가락 화음 기호 따라 하기 −노래를 들으며 부분적으로 손가락 화음 기호 나타내기 −혼자 또는 친구들과 발표하기	• 부분적 화음 기호를 따라 한다. −친구들과 마주 보며 일정 부분 손가락 화음 기호 따라 하기	• 기계적 암기가 아닌 친구들이 발표하는 모습을 반복해서 보며 자연스럽게 익힐 수 있도록 유도한다.
정리	정리 평가	• 손가락 화음 기호를 나타내도록 한다.	• 노래를 들으며 손가락 화음 기호를 나타낸다.	• 노래를 들으며 한 부분의 손가락 화음 기호를 나타낸다.	• 상대방이 하는 손가락 화음 기호를 따라 한다.	• 상호평가

❹ **평가 도구**

평가 목표	노래를 부르며 가락에 어울리는 화음 기호를 손가락으로 나타낼 수 있다.	
평가 영역	과정 중심 평가	
평가 유형(방법)	자기평가, 상호평가, 관찰평가, 구술평가	
평가 내용	• 노래를 들으며 상대방의 거울이 되어 따라 할 수 있는가? • 노래 부르며 가락에 어울리는 손가락으로 화음 기호를 나타낼 수 있는가?	
평가 기준	○	가락에 어울리는 화음 기호를 손가락으로 정확하게 나타낼 수 있다.
	●	가락에 어울리는 화음 기호를 손가락으로 나타낼 수 있다.
	△	친구가 하는 화음 기호를 손가락으로 따라 할 수 있다.
평가 환류 계획	평가 기준에 따른 결과를 피드백하기 (노래를 들으며 손가락 화음 기호를 표시하는 것이 어려운 경우, 친구를 따라서 해 보기)	

❺ 한 걸음 더!

1. 보이지 않는 가락을 손가락으로 표시하며 '보이는 화음'으로 시각화하는 이 수업에서는 장애 수준
   이나 유형에 따라 다양한 방식으로 수업을 이끌어 나갈 수 있다. 처음에는 1도 화음만 나타내기로
   활동하다가 점차 수준을 높여 가며 주요 3화음을 모두 찾아가게 한다.

   ① 손가락으로 1도 화음 나타내기
   ② 손가락으로 5도 화음 나타내기
   ③ 손가락으로 1도, 4도, 5도 화음 나타내기
   ④ 장애 수준이나 유형에 따라 1도 화음에 핸드벨 '도', 4도 화음에 '파', 5도 화음에 '솔' 연주하기

5) 고든 음악학습이론 교수·학습 유형 5

❶ 개요

영역	표현(기악, 창작)		기능	노래 부르기, 연주하기, 구별하기, 발표하기
학습 목표	노래에 맞추어 2~3개의 음을 가지고 간단한 화음 반주를 할 수 있다.			
평가 유형	■자기평가　■상호평가　■관찰평가　□실음평가　□포트폴리오 □기타 (　　　　　　　)			
교수·학습 자료	수업 환경	피아노		
	교사 준비물	리듬 막대, 터치벨, 실로폰, 리코더		
	학생 준비물	편한 복장과 신발		
개발 의도	이 수업은 화음감을 느끼기 위해 손가락 화음 기호를 연습하는 과정을 거쳐 1도와 4도, 5도 화음의 구성음을 가지고 직접 화음 반주를 해 보는 수업을 구성한다. 노래를 부르며 1도 화음에서 으뜸음인 '도'와 4도 화음의 '파', 5도 화음의 '솔'을 가지고 악기로 간단한 화음 반주를 해 본다. 또한 교사는 장애 학생들에게 고든의 가락 패턴 연습을 함께하며 화음감을 느끼게 해 주고 리듬을 바꾸어 다양한 화음 반주를 할 수 있도록 안내한다. '발표 및 평가하기'는 자신이 만든 화음 반주를 가지고 노래에 맞추어 발표하고 반성할 수 있는 시간으로, 장애 학생들이 자신의 감정을 조절하고 화음 반주에 몰입하여 곡을 완성해 나가는 과정을 통해 자신을 반성하며 성찰할 수 있는 기회를 제공한다.			

❷ 단계별 교수·학습 활동 및 평가 계획

학습 단계	활동명	교수·학습 활동	평가 계획
도입	25. 다양한 방법으로 노래 부르기	• 지난 시간에 배운 계이름으로 노래를 부른다. • 노래를 부르며 손가락 화음 기호를 나타낸다.	• 계이름으로 노래 부르기 완성도를 평가한다.
		⬇	
전개 1	35. 1도, 4도, 5도 화음 가락 패턴 따라 하기 38. 노래를 들으며 1도 화음과 4도, 5도 화음 반주하기	• 1도, 4도, 5도 화음 가락 패턴을 따라 한다. • 2분음표(♩)로 반주한다.	• 터치벨로 반주하기를 평가한다.
		⬇	
전개 2	39. 리듬 바꾸어 1도와 4도, 5도 화음 반주하기 40. 학급 발표화하기	• 4분음표로 반주한다. • 2분음표와 4분음표로 반주한다. • 발표하고 연주를 평한다.	• 연습하고 발표하기를 평가한다.
		⬇	
마무리	38. 노래를 들으며 1도 화음과 4도, 5도 화음 반주하기	• 원하는 리듬으로 반주한다.	• 어울려 함께하기를 평가한다.

❸ 교수·학습 과정안

학습 주제	간단한 화음 반주하기			수준	고등학교 1~3학년	
활동명	• 가락 패턴 따라 하기 • 가락악기로 1도 화음과 4도, 5도 화음 반주하기			• 리듬 바꾸어 1도 화음, 4도, 5도 화음 반주하기 • 학급 발표회하기		
학습 목표	노래에 맞추어 2~3개의 음으로 간단한 화음 반주를 할 수 있다.					

학습 단계	학습 과정 (모듈)	교수·학습 활동				자료 활용 및 유의점
		교사	학생(수준, 장애 유형 등에 따른 내용 제시)			
			A	B	C	
도입	전시 학습 / 동기 유발	• 계이름을 부르게 한다.	• 계이름으로 노래 부르며 손가락 화음 기호를 나타낸다.	• 노래를 들으며 손가락 화음 기호를 나타낸다.	• 계이름으로 따라 부른다.	
전개	〈활동 1〉 가락 패턴 익히기 (부분적 종합, 창작/즉흥 연주, 일반화)	• 가락 패턴 따라 하기를 하게 한다. • 가락악기로 '도' '파' '솔'을 반주하도록 한다.	• 가락 패턴을 따라 한다. −교사가 들려주는 가락 패턴 듣고 따라 하기 −1도, 4도, 5도 화음 가락 패턴 따라 하기 • '도' '파' '솔'을 반주한다. −터치벨이나 공명실로폰으로 한 음씩 맡아 반주하기 −점2분음표로 천천히 반주하기	• 가락 패턴을 따라 한다. −교사가 들려주는 1도, 5도 화음 가락 패턴 따라 하기 • '도' '솔'을 부분적으로 반주한다. −터치벨이나 실로폰으로 2~3명이 한 음씩 맡아 반주하기	• 가락 패턴을 따라 한다. −교사가 노래하는 간단한 1도 화음 가락 패턴 따라 하기 • '도'를 반주한다. −원하는 악기로 '도' 반주하기 −점2분음표로 반주하기	• 교사가 제공하는 가락 패턴은 악기로 연주하거나 노래로 불러 주어도 무방하다. • 전체로 따라 부르게 하지만 가능한 경우 혼자 부르기도 시도한다. • 잘하는 학생과 그렇지 못한 학생을 짝지어 서로 돕는 방식을 활용한다.

	〈활동 2〉 발표 및 평가하기 (부분적 종합, 창작/즉흥 연주, 일반화)	• 리듬 바꾸어 반 주하기를 하게 한다.	• 4분음표로 반주 한다. −4분음표로 천천 히 연습하기 • 점2분음표와 4 분음표로 나누 어 반주한다.	• 부분적으로 4분 음표를 반주한다. −부분을 정하여 4분음표로 연습 하기 −나누어 부분 연 습하기	• 짧은 부분을 4 분음표로 반주 한다. −부분을 정하여 연습하기 −자유롭게 연주 하며 어울리지 않는 부분 이야 기하기	• 학생이 반주할 수 있는 수준을 정하여 도전할 수 있도록 격려 한다.
		• 발표 및 평가하기 를 하게 한다.	• 발표하고 연주 평을 한다. −음악에 맞추어 모둠별 또는 개별로 발표하고 연주 소감 및 평가하기 −친구에게 고마웠던 점 주고받기			
정리	정리 평가	• 2~3개의 음으 로 간단한 반주 를 하게 한다.	• 원하는 리듬으 로 반주한다.	• 기억나는 리듬으로 반주한다. • 자유롭게 반주한다.		• 실기평가, 관찰 평가

❹ 평가 도구

평가 목표	노래에 맞추어 2~3개의 음으로 간단한 화음 반주를 할 수 있다.
평가 영역	과정 중심 평가
평가 유형(방법)	상호평가, 자기평가, 관찰평가, 실기평가, 관찰평가
평가 내용	• 교사가 들려주는 가락 패턴을 듣고 정확히 따라 노래를 부를 수 있는가? • 음악에 맞추어 1도 화음, 4도, 5도 화음으로 반주할 수 있는가?

평가 기준	수행 방법 ＼ 기준	교사가 들려주는 가락 패턴을 듣고 정확히 따 라 부르고 음악에 맞추 어 1도, 4도, 5도 화음으 로 반주를 할 수 있다.	교사가 들려주는 가락 패턴을 듣고 따라 부르 고 음악에 맞추어 1도, 5도 화음으로 반주를 할 수 있다.	교사가 들려주는 가락 패턴을 듣고 따라 부를 수 있다.
	독립 수행	○○○		○○○
	단어/언어 촉진 수행		○○○	
	신체 촉진 수행			

평가 환류 계획	평가 기준에 따른 결과를 피드백하기 (1도 화음, 4도, 5도 화음을 가지고 간단한 화음 반주 만들어 보기)

❺ 활동지 자료

가. 수업 자료

순서	내용
	가락 패턴 준비 노래(다양한 방법을 노래 부르기) 이 리 리 리 이 리 빰 빰 -1도 화음 가락 패턴 -4도 화음 가락 패턴 -5도 화음 가락 패턴

나. 동료평가와 자기평가 자료

모둠 활동 동료평가 및 자기평가

❶ 다른 모둠 친구들의 활동을 평가해 주세요.

학생명	완성도 2~3개 음으로 간단한 반주하기			창의성 리듬 바꾸어 반주하기			발표 발표 태도의 진지함, 적극성, 공감		
○○○	☺	😐	☹	☺	😐	☹	☺	😐	☹
○○○	☺	😐	☹	☺	😐	☹	☺	😐	☹
○○○	☺	😐	☹	☺	😐	☹	☺	😐	☹

❷ 오늘 나의 활동을 평가해 주세요.

평가 기준	☺	😐	☹
1. 나는 선생님이 들려주신 가락 패턴을 적극적으로 따라 부른다.			
2. 나는 간단한 화음반주 만들기 모둠별 활동에서 나의 역할을 잘 알고 활동에 참여한다.			
3. 나는 모둠별 활동에서 모둠원들을 배려하고 협력한다.			

❻ 한 걸음 더!

1. 가락 패턴

활동 자료에서 예로 든 1도 화음과 4도, 5도 화음 외에도 가락 패턴은 자유롭게 만들어 활용 가능하다. 제재곡에 나오는 가락을 불러도, 익숙한 노래의 가락을 불러도 무방하다. 교사가 학생과 패턴을 주고받을 때에는 전체와 개별을 오가며 노래 부르고, 자신 없어 하는 학생에게는 함께 또는 다 같이 노래 불러 주는 등 다양한 방법으로 접근할 수 있다.

2. 리듬 바꾸어 반주하기

화음 기호에 익숙해지고 간단한 화음 반주가 가능해지면 리듬을 바꾸어 연주할 수 있다. 교사는 2분음표나 4분음표로 시작하여 리듬을 바꾸어 연주하다가 두 리듬을 부분별로 나누어 반주하게도 한다. 또한 장애 학생들에게 선호하는 리듬을 선택하게 하여 전체 학생이 함께 연주해 보는 활동을 통해 창작 수업과 연계할 수도 있다.

〈 토의 주제   🔍 ⋮

1. 장애 형태 및 수준에 따른 리듬 수업의 단계를 알아보자.
2. 장애 형태 및 수준에 따른 가락 수업의 단계를 알아보자.
3. 다른 교수법과 비교하여 고든 교수법에서 특징적인 수업 단계는 무엇인지 생각해 보자.

🎵 **참고문헌**

권덕원, 석문주, 최은식, 함희주(2006). 음악교육의 기초. 서울: 교육과학사.

노주희(1995). '듣기'를 통한 음악교육의 세계(1). 낭만음악. 7(4).

민경훈(2020). 음악교육학 총론. 서울: 학지사.

양소영(2009). Gordon의 기능학습연계에 따른 초등학교 3학년 음악과 수업의 청각 인지 능력 신장 방안. 한국교원대학교 교육연구회. 25(1).

Taggart, C. C., Bolton, B. M., Reynolds, A. M., Valerio, W. H., & Gordon, E. E. (2007). *Jump Right In: The Misic Curriculum*. Ghicago: G.I.A. Publication, Inc.

9장 문제중심학습(PBL) 활용 수업의 실제

김 창 호

이 장에서는 장애 학생들을 대상으로 하는 음악 교과 지도에 문제중심학습을 어떻게 적용할 수 있는지를 소개하고 있다. 또한 문제중심학습에서 가장 신경을 써야 하는 음악적 문제 설계에 대해 다양한 음악 활동 영역에 대한 예시 자료를 통해 문제중심학습 활용 수업의 실제를 다루고자 한다. 이때 문제 상황에 대한 이해를 바탕으로 협력하여 문제를 해결하는 경험을 갖는 것을 목적으로 하며, 이를 통해 장애 학생들의 음악적 문제 해결력이 향상될 것을 기대한다.

1. 문제중심학습(PBL) 활용 수업의 이해

1) 문제중심학습(PBL) 활용 수업이란

문제중심학습(Problem Based Learning: PBL)이란 문제를 활용하여 학습자 중심으로 학습을 진행하는 교수·학습 방법으로(Barrows & Myers, 1993), 문제 해결을 위해 학습자들이 공동으로 방안을 논의한 후 개별학습과 협동학습을 통하여 해결 방안을 제시하는 과정에서 학습이 이루어지는 학습 방법을 말한다(Barrows, 1996).

문제중심학습(PBL)은 다음과 같은 특징을 갖는다.

- 학습 문제: 다양한 주제 및 개념을 탐색하게 하는 포괄적이면서 학습자가 실생활에서 경험할 수 있는 현실적인 문제로 학습이 시작된다. 여기에서 문제는 일정한 틀 안에 매여 단번에 해결할 수 있는 것이 아니며 다양한 해결책이 나올 수 있다.

- 학습 방법: 학습자 중심 수업으로 자기주도적 학습과 협동학습으로 진행된다.
- 평가 방식: 학습자 중심의 평가로 학생들 스스로 학생 개인·협업자 간·다른 모둠 간 이루어진다.
- 교사의 역할: 교사는 수업의 안내자·촉진자로서의 역할을 하는데, 문제 상황을 제시하고, 문제 해결 과정에서 탐구자로서 함께 관여하며, 학습을 평가한다.

2) 문제중심학습(PBL) 활용 수업의 원리

(1) 문제중심학습 활용 수업의 교수·학습 방법

문제중심학습 활용 수업은 문제 해결을 위해 학습자들의 협의를 기초로 개별학습, 협동학습을 통하여 해결 방안을 제시하는 방법으로 이루어지며, 전개 과정은 다음과 같다.

[그림 9-1] **문제중심학습 활용 수업의 전개 과정(양은실, 2002)**

특수교육에서의 문제중심학습 수업을 위해서는 장애 학생들의 인지 수준을 충분히 고려해야 하는데, 장애 학생들을 위한 문제중심학습 활용 수업의 고려 사항은 다음과 같다.

- 학생들의 인지적 수준을 고려하여 제시되는 문제가 단순하여야 한다.
- 문제 해결을 위해 여러 차시를 구성하지 않고, 하나의 문제를 여러 개의 소주제로 나누어서 단시간에 문제 해결 방안을 찾는 과정으로 구성해야 한다.
- 문제 상황을 제시할 때, 언어 능력이 부족한 학생들을 위해 그림 자료나 동영상 자료를 함께 사용한다.
- 학생의 사고를 촉진하는 과정에서 교사의 생각이나 정답을 제시하지 않도록 유의한다.

[그림 9-2] **장애 학생의 문제 해결력 증진을 위한 고려 사항(이경순 외, 2010)**

또한 장애 학생들을 대상으로 하는 경우, 문제 해결 중심학습 수업 절차도([그림 9-3] 참조)와 같이 단순화하여 제시할 필요가 있으며, 여러 차시에 걸친 문제 해결 과정을 두기보다는 2차시 이내의 단시간에 문제를 해결할 수 있도록 구성할 필요가 있다.

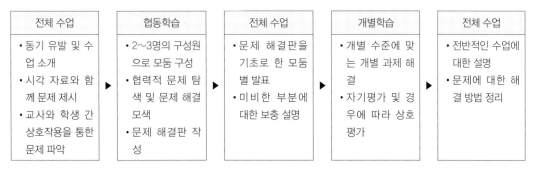

[그림 9-3] **장애 학생을 대상으로 하는 문제 해결 중심학습 수업 절차**(이경순 외, 2010, p. 25)

(2) 문제중심학습 활용 수업의 학습 활동

〈표 9-1〉 **문제중심학습 활용 수업 활동명 구분**

번호		활동명*
표현 (가창)	1	바르지 못한 자세로 가창하는 세호의 모습을 통한 문제 파악하기
	2	협동학습—바른 노래 자세 찾기
	3	세호가 겪는 문제 상황 해결하기
	4	개별 과제—바르게 노래하는 사진 찾기
	5	바른 가창 자세 개사 노래 부르기
표현 (기악)	6	북이 찢어져 합주 발표를 못하게 된 문제 상황 파악하기
	7	협동학습—다양한 악기 탐색 및 음의 길이 비교하기
	8	찢어진 북을 대체하여 문제 상황 해결하기
	9	개별 과제—상대적 긴소리/짧은소리 악기 찾기
	10	북을 대체할 만한 악기 발표하기
표현 (음악 요소)	11	민요 〈아리랑〉과 맞지 않는 장단을 연주하는 상황 파악하기
	12	협동학습—태블릿을 활용한 다양한 장단 듣기
	13	아리랑과 맞지 않는 장단을 치는 문제 상황 해결하기
	14	개별 과제—아리랑 노래를 들으며 세마치장단 치기
	15	세마치장단을 치며 아리랑 노래하기

	16	좋아하는 노래의 핸드싱크를 위한 악기 찾기 문제 상황 파악하기
감상 (음악의 특징)	17	협동학습―태블릿을 활용한 감상곡에서의 악기 찾기
	18	감상곡에 사용된 악기 찾기
	19	개별 과제―악기 소리와 악기 연결하기
	20	감상곡을 들으며 연주된 악기 이름 대기
생활화 (음악과 소통)	21	음악회 관람 예절을 지키지 않아 당황하는 사회자의 문제 파악하기
	22	협동학습―바르지 못한 관람 자세 찾기
	23	관객에게 안내할 관람 예절 발표하기
	24	개별 과제―바른 관람 예절 8쪽 미니북 만들기
	25	제작한 8쪽 미니북 발표하기

＊ 상기 활동은 장애 학생들의 학년 및 장애 정도에 따라 교수자가 조정하여 사용할 수 있으나, 문제중심학습의 중심이라고 할 수 있는 '문제 상황 파악하기' '협동학습을 통한 문제 해결' 등의 활동이 누락되지 않도록 유의한다.

2. 문제중심학습(PBL) 활용 교수·학습 방법의 실제

[그림 9-4] **문제중심학습 활용 교수·학습 유형과 활동명**

1) 문제중심학습(PBL) 활용 교수·학습 유형 1

❶ 개요

영역	표현(가창)		기능	표현하기, 구분하기, 경험하기
학습 목표	바른 자세로 노래를 부를 수 있다.			
평가 유형	■자기평가 ■상호평가 ■관찰평가 □실음평가 □포트폴리오 □기타 ( )			
교수·학습 자료	수업 환경	노트북, 방음이 된 교실		
	교사 준비물	PPT 자료, 동영상 자료		
	학생 준비물	모둠별 문제 해결판, 자기·상호 평가판		
개발 의도	문제중심학습 활동 수업 유형 1은 장기자랑에서 노래를 부르려 하는 세호가 바른 자세로 발표하지 못해 청자들이 잘 알아듣지 못하고 있는 문제 상황을 해결하는 과정을 통해 가창을 위한 바른 자세를 학습해 갈 수 있도록 구성하였다.			

❷ 단계별 교수·학습 활동 및 평가 계획

학습 단계	활동명	교수·학습 활동	평가 계획
도입	1. 문제 상황 파악하기	• 내가 잘할 수 있는 것, 친구들 앞에서 발표하고 싶은 것을 생각한다. • 시각 자료와 함께 제시되는 문제 상황을 파악한다.	• 문제 상황에 대한 교사의 질문에 적절히 대답하는가? (관찰평가)
	〈문제 상황〉 세진이 반에서 장기 자랑대회가 열렸어요. 세호는 평소에 즐겨 부르는 노래를 부르기로 했어요. 그런데 친구들 앞에서 노래하려니 부끄러웠어요. 그래서 고개를 숙이고, 몸을 비틀면서 작은 소리로 노래를 부르게 되었어요. 교실 뒷자리에 있는 세진이는 세호가 어떤 노래를 부르는지 전혀 알 수가 없었어요. 세호가 어떤 자세로 노래를 해야 친구들이 세호의 노래를 잘 들을 수 있을까요?		

⊙

| 전개 1 | 2. 협동학습을 통한 문제 해결판 작성하기 | • 2~3명의 구성원으로 모둠을 구성한다.
• 교사가 미리 준비한 여러 사진 자료를 탐색한다.
• '무엇이 문제일까?' '어떻게 해결할까요?'로 구성된 문제 해결판을 작성한다. | • 협동학습에 적극적으로 참여하는가? (관찰평가) |

⊙

| 전개 2 | 3. 문제 해결 방법 발표 및 상호평가하기 | • 각 모둠별로 바르게 노래하는 모습의 사진으로 꾸민 문제 해결판을 기초로 문제를 해결할 수 있는 방법을 발표한다.
• 바른 자세로 노래하는 방법을 설명한다.
• 평가지를 활용해 타 모둠을 평가한다. | • 선정한 가창 자세와 선정 이유가 적절한가? (관찰평가)
• 적절한 내용과 태도로 발표하는가? (동료평가) |

⊙

| 전개 3 | 4. 개별학습 과제 수행하기 | • 여러 사진 가운데 바른 자세로 노래하는 사진을 골라 표시한다. | • 탐색한 결과를 토대로 바른 가창 자세를 찾는가? |

⊙

| 마무리 | 5. 정리 활동 및 자기 평가하기 | • 바른 가창 자세로 개사한 〈머리 어깨 무릎 발〉 동요를 부른다.
• 오늘의 수업에 대해 자기평가를 한다. | • 의견을 잘 말하고, 질문에 맞게 대답했는가? 다른 친구들의 말을 잘 들었는가? 수업에 바른 자세로 적극적이었는가? (자기평가) |

❸ 교수·학습 과정안

학습 주제	바른 자세로 가창하기			수준	중학교
활동명	바른 자세로 노래해 보자.				
학습 목표	바른 자세로 노래할 수 있다.				

학습 단계	학습 과정 (모듈)	교수·학습 활동				자료 활용 및 유의점
		교사	학생(수준, 장애 유형 등에 따른 내용 제시)			
			A	B	C	
도입	동기 유발 / 문제 제시	• 문제 상황을 소개하고, 세진이 반 친구들에게 어떤 어려움이 있었는지 질문한다.	• 교사의 질문에 따라 왜 반 친구들과 선생님이 세호의 노래를 듣지 못했는지를 답한다.	• 교사의 질문에 따라 그림 속의 상황을 답한다.	• 교사의 설명을 들으며 그림 속의 상황을 파악한다.	• 문제 상황 그림 또는 동영상
전개	〈활동 1〉 협동학습 하기	• 학생 수준이 동질화되도록 모둠을 구성하고, 여러 자세 사진을 탐색한다.	• 사진 속 자세를 비교한다.	• 사진 속 자세를 취하며 노래해 보고 적정한 자세를 찾는다.	• 사진을 따라 자세를 취해 본다.	• 여러 자세가 나온 사진
	〈활동 2〉 모둠발표 하기	• 적절한 촉구를 제공하면서 모둠 활동판을 완성하도록 격려한다. • 발표 순서를 정하고 모둠별 협동학습 결과를 발표하도록 한다.	• 모둠 활동판에 활동 결과를 적는다. • 발표 시 역할을 정해 모둠 활동판의 내용을 발표한다.			• 모둠 활동판 –모둠 활동판 작성 시 교사는 학생들의 활동을 관찰하며 적절한 촉구를 제공한다.
	〈활동 3〉 개별학습 과제 수행하기	• 학생 수준별 개별학습지를 제공한다.	• 바른 가창 자세 사진을 모두 찾아 붙인다.	• 바른 가창 자세 사진을 2개 이상 찾아 붙인다.	• 교사와 함께 바른 가창 자세 사진을 찾는다.	• 개별학습지
정리	정리 평가	• 〈머리 어깨 무릎 발〉 동요를 개사한 노래를 부른다.	• 교사의 노래를 따라 부르며 학습 내용을 정리한다. • 자기평가 및 동료평가를 한다.			• 평가지 –반 학생들이 즐겨 부르는 다른 노래로 대체할 수 있다.

❹ 평가 도구

평가 목표		바른 가창 자세를 설명할 수 있다.
평가 영역		표현(가창의 바른 자세)
평가 유형		관찰평가, 수행평가, 동료평가 및 자기평가
평가 내용		바른 가창 자세에 대해 인지하고 있는가?
평가 기준	잘함	바른 가창 자세를 4개 이상 표현할 수 있다.
	보통	바른 가창 자세를 2개 이상 표현할 수 있다.
	노력 요함	바른 가창 자세를 따라 할 수 있다.
평가 환류 계획		바른 가창 자세 사진을 고르기 어려운 학생들에게는 몸으로 익힐 수 있도록 바른 자세를 취할 수 있는 기회를 많이 제공한다.

❺ 활동지 자료

가. 모둠 활동판 예시 자료

모둠 활동판

〈무엇이 문제일까요?〉

세호의 노랫소리를
선생님이나 친구들이
들을 수 없었어요.

〈어떻게 해결할까요?〉

바른 자세로 노래해요.
–여러 사진 중 바른
가창 자세 사진 붙이기

〈왜 그렇게 생각했나요?〉

바른 자세로 노래하면
노랫소리가 크게 나와요.

나. 바른 자세 개사 노래(<머리 어깨 무릎 발> 동요 개사)

어 깨만큼다리벌 리구요 어 깨와무릎은 바 르게펴주세요
손 은 뒷 짐 정면을보고 바 른자세노래해 봐 요

다. 개별학습지 예시 자료

〈잘 학습했는지 알아봅시다. ^^〉

이름: ○○○

♣ 다음의 사진 중에서 노래를 부를 때의 바른 자세를 모두 오려 붙여 봅시다.

〈노래를 부를 때의 바른 자세〉

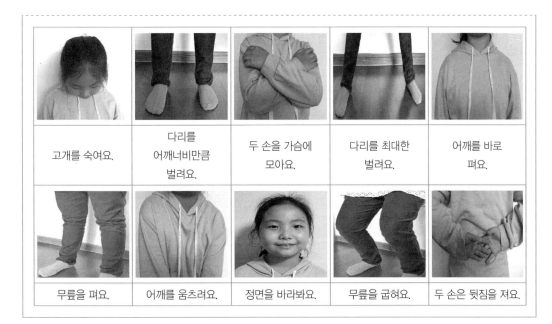

고개를 숙여요.	다리를 어깨너비만큼 벌려요.	두 손을 가슴에 모아요.	다리를 최대한 벌려요.	어깨를 바로 펴요.
무릎을 펴요.	어깨를 움츠려요.	정면을 바라봐요.	무릎을 굽혀요.	두 손은 뒷짐을 져요.

❻ 한 걸음 더!

바른 자세는 좋은 소리를 내는 데 기본 요소이다. 때문에 많은 반복 연습을 통해서 서서 또는 의자에 앉았을 때 자연스럽게 바른 자세를 유지할 수 있도록 지도하는 것이 필요하다.

〈서서 노래를 부를 때〉
• 허리를 곧게 세우고 어깨에 힘을 뺀 후 가슴을 편 상태로 선다.
• 턱을 약간 당겨 목을 펴 주고 배는 안으로 붙인다.
• 양발을 어깨너비 정도로 벌리고 선다.
• 몸의 중심을 약간 앞쪽에 둔다.

〈의자에 앉아서 노래를 부를 때〉
• 허리를 세우고 가슴을 편 상태로 의자의 등받이에 기대지 않는다.
• 발을 바닥에 평평하게 놓고 몸의 중심을 약간 앞에 둔다.

2) 문제중심학습(PBL) 활용 교수·학습 유형 2

❶ 개요

영역	표현(기악)		기능	표현하기, 구별하기, 경험하기
학습 목표	여러 가지 타악기를 탐색한 후 찢어진 큰 북을 대체할 수 있는 악기를 찾을 수 있다.			
평가 유형	■자기평가　■상호평가　■관찰평가　□실음평가　■포트폴리오 □기타 (　　　　　　　　　　　)			
교수·학습 자료	수업 환경	노트북, 방음이 된 교실		
	교사 준비물	PPT 자료, 리듬 막대, 심벌즈, 탬버린, 트라이앵글, 에그쉐이커, 나무관북, 캐스터네츠		
	학생 준비물	모둠별 문제 해결판, 자기·상호 평가판		
개발 의도	문제중심학습 활동 수업 유형 2는 문제 상황을 해결하는 과정을 통해 여러 타악기를 탐색해 보고, 타악기의 성질을 파악하여 큰 북을 대체할 수 있는 타악기를 찾아가도록 구성하였다. 이 수업을 통해서 긴 음과 짧은 음을 내는 타악기를 탐색한 후, 긴 음과 짧은 음으로 된 리듬을 연주해 보는 기회를 갖도록 할 수 있다.			

❷ 단계별 교수·학습 활동 및 평가 계획

학습 단계	모듈	교수·학습 활동	평가 계획
도입	6. 문제 상황 파악하기	• 학예회 경험을 상기한다. • 시각 자료와 함께 제시되는 문제 상황을 파악한다.	• 문제 상황에 대한 교사의 질문에 적절히 대답하는가? (관찰평가)
	〈문제 상황〉 오늘은 그동안 열심히 연습해 온 악기 연주를 모든 학교 친구들 앞에서 공연하는 학예회 날이에요. 그런데 악기를 무대로 옮기는 중에 큰북이 찢어지고 말았어요. 큰북을 치는 세진이는 너무 당황해서 울음을 터트리고 말았어요. 학교에 하나밖에 없는 큰북이었는데, 이를 어쩌죠? 큰북을 대신해서 연주할 수 있는 악기를 빨리 찾아서 세진이가 연주할 수 있도록 도와줍시다.		

⬇

학습 단계	모듈	교수·학습 활동	평가 계획
전개 1	7. 협동학습을 통한 문제 해결판 작성하기	• 2~3명의 구성원으로 모둠을 구성한다. • 교사가 미리 준비한 여러 타악기를 탐색한다. • '무엇이 문제일까?' '어떻게 해결할까요?'로 구성된 문제 해결판을 작성한다.	• 협동학습에 적극적으로 참여하는가? (관찰평가)

⬇

학습 단계	모듈	교수·학습 활동	평가 계획
전개 2	8. 문제 해결 방법 발표 및 상호평가하기	• 각 모둠별로 작성된 문제 해결판을 기초로 문제를 해결할 수 있는 방법을 발표한다. • 모둠별로 선정한 타악기 소리의 특징을 비교를 통한 소리의 길이를 중점으로 하여 설명한다. • 평가지를 활용해 타 모둠을 평가한다.	• 선정한 대체 악기와 선정 이유가 적절한가? (관찰평가) • 적절한 내용과 태도로 발표하는가? (동료평가)

⬇

학습 단계	모듈	교수·학습 활동	평가 계획
전개 3	9. 개별학습 과제 수행하기	• 협동학습 시에 탐색해 본 리듬악기 중에서 상대적으로 긴소리/짧은소리가 나는 악기를 찾는다.	• 탐색한 결과를 토대로 두 악기를 비교하여 긴소리/짧은소리 악기를 찾을 수 있는가?

⬇

학습 단계	모듈	교수·학습 활동	평가 계획
마무리	10. 정리 활동 및 자기 평가하기	• 타악기에도 각각의 음색이 있으며 긴소리/짧은소리 타악기로 구별할 수 있음을 정리한다. • 탐색했던 악기 중 북을 대신하면 좋겠다고 생각한 악기를 발표한다. • 오늘의 수업에 대해 자기평가를 한다.	• 의견을 잘 말하고, 질문에 맞게 대답했는가? 다른 친구들의 말을 잘 들었는가? 수업에 바른 자세로 적극적이었는가? (자기평가)

❸ 교수·학습 과정안

학습 주제	긴 음과 짧은 음을 리듬악기로 연주하기		수준	초등학교 5～6학년	
활동명	찢어진 북을 대신하는 악기를 찾아보자.				
학습 목표	찢어진 북을 대체할 수 있는 리듬악기를 찾을 수 있다.				

학습 단계	학습 과정 (모듈)	교수·학습 활동				자료 활용 및 유의점
		교사	학생(수준, 장애 유형 등에 따른 내용 제시)			
			A	B	C	
도입	동기 유발 / 문제 제시	• 문제 상황을 소개하고, 세진이가 겪는 어려움이 무엇인지 질문한다.	• 교사의 질문에 따라 세진이가 겪고 있는 문제가 무엇인지를 답한다.	• 교사의 질문에 따라 그림 속의 상황에 답한다.	• 교사의 질문에 따라 그림 속의 사물의 이름을 답한다.	• 문제 상황 그림 또는 동영상
전개	〈활동 1〉 협동학습 하기	• 학생 수준이 동질화되도록 모둠을 구성하고, 여러 악기를 자연스럽게 탐색할 수 있도록 안내한다.	• 리듬악기가 내는 소리의 길이나 크기를 큰북 소리와 비교하면서, 제공된 악기 중 큰북을 대신할 악기를 탐색하며 찾는다.	• 리듬악기가 내는 소리의 길이나 크기를 비교해 가며, 교사가 제공한 여러 리듬악기를 소리 내면서 큰북 소리와 비교하여 탐색한다.	• 교사가 제시한 여러 리듬악기를 소리 내면서 자유롭게 탐색한다.	• 다양한 리듬악기(리듬막대, 심벌즈, 탬버린, 트라이앵글, 에그쉐이커, 나무관북, 캐스터네츠) • 큰북소리 음원
	〈활동 2〉 모둠발표 하기	• 적절한 촉구를 제공하면서 모둠 활동판을 완성하도록 격려한다. • 발표 순서를 정하고 모둠별 협동학습 결과를 발표하도록 한다.	• 모둠 활동판에 활동 결과를 적는다. • 발표 시 역할을 정해 모둠 활동판의 내용을 발표한다.			• 모둠 활동판 –작성 시 교사는 학생들을 활동을 관찰하며 적절한 촉구를 제공한다.
	〈활동 3〉 개별학습 과제 수행하기	• 학생 수준별 개별학습지를 제공한다.	• 큰북을 대신할 수 있는 악기를 찾아 붙인다.	• 캐스터네츠보다 긴소리를 내는 악기를 찾아 붙인다.	• 그림자에 맞는 리듬악기를 붙여넣으며 캐스터네츠보다 긴소리 악기를 찾는다.	• 개별학습지
정리	정리 평가	• 찢어진 북을 어떤 악기로 대체했으며, 왜 그렇게 했는지를 질문하며 학습 내용을 정리한다.	• 찢어진 북을 대신하는 악기와 대신할 수 있었던 이유를 설명한다.	• 찢어진 북을 대신하여 어떤 악기를 사용할 수 있었는지 답한다.	• 찢어진 북을 대신하여 어떤 악기를 사용했는지 언어적 촉구를 받아 답한다.	• 평가지 –교사의 일방적인 학습 내용 정리가 아닌 질문법을 통해 학습 내용을 정리할 수 있도록 한다.
			• 자기평가 및 동료평가를 한다.			

❹ 평가 도구

평가 목표		찢어진 북을 대체할 수 있는 리듬악기를 찾을 수 있다.
평가 영역		표현(악기의 음색 비교하기)
평가 유형		관찰평가, 수행평가, 동료평가 및 자기평가
평가 내용		타악기를 탐색하여 상대적으로 긴소리/짧은소리가 나는 타악기로 분류할 수 있는가?
평가 기준	잘함	찢어진 북을 대체할 수 있는 상대적으로 긴소리가 나는 타악기를 찾을 수 있다.
	보통	두 개의 타악기 소리를 비교하여 더 긴소리가 나는 악기를 찾을 수 있다.
	노력 요함	타악기를 다양한 방법으로 연주할 수 있다.
평가 환류 계획		보충학습을 통해 타악기의 소리를 더 탐색해 보고 촉구를 받아 소리의 길이에 따라 타악기를 분류한다.

❺ 활동지 자료

가. 모둠 활동판 예시 자료

모둠 활동판

〈무엇이 문제일까요?〉

공연을 해야 하는데,
북이 찢어졌어요.

〈어떻게 해결할까요?〉

탬버린으로 대신해요.

〈왜 그렇게 생각했나요?〉

탬버린의 면을 치면 북처럼
울리는 소리가 나요.

나. 개별학습지 예시 자료

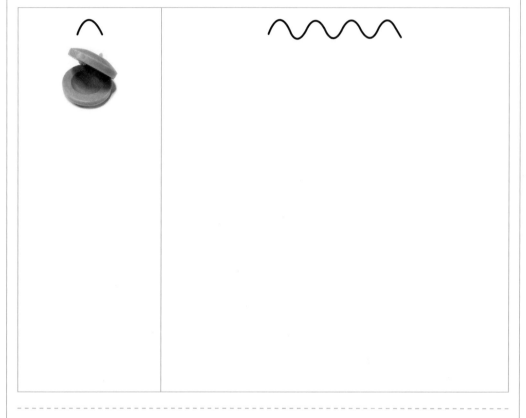

〈잘 학습했는지 알아봅시다. ^^〉

이름: ○○○

♣ 다음의 악기들 중에서 캐스터네츠보다 길게 울리는 소리를 가진 악기를 모두 오려 붙여 봅시다.

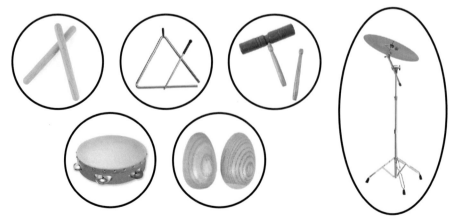

❻ 한 걸음 더!

장애 학생들이 스스로 악기 정보를 찾고 탐색하는 데에는 어려움이 있을 수 있으므로 교사가 사전에 준비한 여러 악기들을 탐색해 볼 수 있도록 한다. 학생들의 수준에 따라서 탐색할 악기의 수를 조절하도록 한다.

협동학습을 위한 모둠 구성은 학생들의 수준이 평준화되도록 구성하고, 학생들 스스로 탐색하며 문제를 해결해 나갈 수 있도록 교사는 최소한의 개입을 하며, 탐색 과정에서 시간이 많이 소요될 수 있기에 한 차시량을 80분으로 블록화하여 운영하도록 한다.

모둠 활동판 작성이나 개별학습지는 학생들의 수준을 고려하여 그림 자료를 충분히 활용하도록 한다.

〈다양한 타악기 연주 앱의 활용〉

https://play.google.com/store/apps/details?id=com.codefan.percushaker&hl=ko&gl=US

3) 문제중심학습(PBL) 활용 교수·학습 유형 3

❶ 개요

영역	표현(음악 요소)	기능	표현하기, 구분하기, 경험하기, 신체 표현하기
학습 목표	세마치장단을 신체와 악기로 표현할 수 있다.		
평가 유형	■자기평가 ■상호평가 ■관찰평가 □실음평가 □포트폴리오 □기타 ( )		
교수·학습 자료	수업 환경	노트북, 방음이 된 교실	
	교사 준비물	PPT 자료, 동영상 자료, 태블릿 PC(모둠별 1대 이상), 장구	
	학생 준비물	모둠별 문제 해결판, 자기·상호 평가판	
개발 의도	문제중심학습 활용 수업 유형 3은 여러 국악 장단을 탐색해 보고 민요 〈아리랑〉에 어울리는 장단을 찾아보는 활동을 통해서 민요에 어울리는 장단이 있음을 학생 스스로 터득해 나갈 수 있도록 구성하였다. 장단을 장구 등의 악기로 바로 연주하기보다는 신체를 이용해 연습할 수 있는 기회를 제공하여 박자감을 익힐 수 있도록 지도할 필요가 있다.		

❷ 단계별 교수·학습 활동 및 평가 계획

학습 단계	모듈	교수·학습 활동	평가 계획
도입	11. 문제 상황 파악하기	• 민요 〈아리랑〉을 부른다. • 시각 자료와 함께 제시되는 문제 상황을 파악한다.	• 문제 상황에 대한 교사의 질문에 적절히 대답하는가? (관찰평가)
	〈문제 상황〉 세진이가 민요 〈아리랑〉을 부르려고 해요. 준호가 장구를 치면서 세진이가 노래하는 것을 도와주려고 하는데, 준호의 장구 장단이 이상해서 쉽게 노래를 하지 못하고 있네요. 아리랑 노래에 어울리는 장단을 찾아서 준호에게 알려 주면 좋겠어요.		
전개 1	12. 협동학습을 통한 문제 해결판 작성하기	• 2~3명의 구성원으로 모둠을 구성한다. • 모둠별로 제공된 태블릿 PC를 활용하여 굿거리장단, 세마치장단, 자진모리장단을 들어 보고 신체로도 표현해 보며 〈아리랑〉에 어울리는 장단을 찾는다. • '무엇이 문제일까?' '어떻게 해결할까요?'로 구성된 문제 해결판을 작성한다.	• 협동학습에 적극적으로 참여하는가? (관찰평가)
전개 2	13. 문제 해결 방법 발표 및 상호평가하기	• 각 모둠별로 작성한 문제 해결판을 기초로 문제를 해결할 수 있는 방법을 발표한다. • 평가지를 활용해 타 모둠을 평가한다.	• 선정된 장단과 〈아리랑〉이 어울리는가? (관찰평가) • 적절한 내용과 태도로 발표하는가? (동료평가)
전개 3	14. 개별학습 과제 수행하기	• 〈아리랑〉 노래를 들으며 세마치장단을 친다.	• 세마치장단을 바르게 표현하는가?
마무리	15. 정리 활동 및 자기 평가하기	• 〈아리랑〉을 부르며 세마치장단을 친다. • 오늘의 수업에 대해 자기평가를 한다.	• 의견을 잘 말하고 질문에 맞게 대답했는가? 다른 친구들의 말을 잘 들었는가? 수업에 바른 자세로 적극적이었는가? (자기평가)

❸ 교수·학습 과정안

학습 주제	민요 〈아리랑〉에 어울리는 장단 치기	수준	고등학교
활동명	어울리는 장단으로 연주해 보자.		
학습 목표	〈아리랑〉에 어울리는 장단을 찾아 연주할 수 있다.		

학습 단계	학습 과정 (모듈)	교수·학습 활동				자료 활용 및 유의점
		교사	학생(수준, 장애 유형 등에 따른 내용 제시)			
			A	B	C	
도입	동기 유발 / 문제 제시	• 문제 상황을 소개하고, 노래를 부르던 세진이가 왜 당황했는지를 질문한다.	• 교사의 질문에 따라 왜 세진이가 노래를 못했는지 답한다.	• 교사의 질문에 따라 그림 속의 상황에 답한다.	• 교사의 설명을 들으며 그림 속 상황을 파악한다.	• 문제 상황 그림 또는 동영상
전개	〈활동 1〉 협동 학습하기	• 학생 수준이 동질화되도록 모둠을 구성하고, 장구로 장단을 연주하는 동영상을 태블릿 PC를 이용해 조별로 제공한다.	• 장단을 연주하는 동영상 자료를 따라 장단꼴을 신체로 연주하면서 〈아리랑〉과 어울리는지 찾는다.	• 장단 연주 동영상을 보며 신체를 이용해 장단을 표현한다.	• 모둠 동료를 따라 장단을 신체로 표현한다.	• 세마치, 굿거리, 자진모리장단을 연주하는 동영상이 담긴 태블릿 PC
	〈활동 2〉 모둠 발표하기	• 적절한 촉구를 제공하면서 모둠 활동판을 완성하도록 격려한다. • 발표 순서를 정하고 모둠별 협동학습 결과를 발표하도록 한다.	• 모둠 활동판에 활동 결과를 적는다. • 발표 시 역할을 정해 모둠 활동판의 내용을 발표한다.			• 모둠 활동판 −작성 시 교사는 학생들을 활동을 관찰하며 적절한 촉구를 제공한다.
	〈활동 3〉 개별학습 과제 수행하기	• 학생 수준별 개별 학습지를 제공한다.	• 3개의 민요와 3개의 장단을 듣고 어울리는 것끼리 연결한다.	• 2개의 민요와 2개의 장단을 듣고 어울리는 것끼리 연결한다.	• 장단과 리듬을 탐색하며 듣는다.	• 디지털학습지
정리	정리 평가	• 〈아리랑〉과 어울리는 장단이 무엇이었는지를 확인하며, 세마치장단을 함께 신체 표현하여 정리한다.	• 세마치장단을 신체로 표현하며 〈아리랑〉을 부른다.	• 약간의 도움을 받아 세마치장단을 신체로 표현한다.	• 세마치장단을 함께 신체로 표현한다	• 평가지 −교사의 일방적인 학습 내용 정리가 아닌 질문법을 통해 학습 내용을 정리할 수 있도록 한다.
			• 자기평가 및 동료평가를 한다.			

❹ 평가 도구

평가 목표		민요 〈아리랑〉에 어울리는 장단을 찾아 표현할 수 있다.
평가 영역		표현(음악의 요소)
평가 유형		관찰평가, 수행평가, 동료평가 및 자기평가
평가 내용		민요에 어울리는 장단을 찾아 표현할 수 있는가?
평가 기준	잘함	〈아리랑〉에 어울리는 장단을 찾고 장단에 맞춰 〈아리랑〉 노래를 부를 수 있다.
	보통	세마치장단을 신체를 사용해 표현할 수 있다.
	노력 요함	세마치장단을 도움받아 신체로 표현할 수 있다.
평가 환류 계획		태블릿 PC를 활용해 민요와 해당하는 장단을 많이 들려주어 자연스럽게 빠르기와 박자감을 기를 수 있도록 한다.

❺ 활동지 자료

가. 모둠 활동판 예시 자료

모둠 활동판

〈무엇이 문제일까요?〉	〈어떻게 해결할까요?〉	〈왜 그렇게 생각했나요?〉
준호가 〈아리랑〉에 어울리는 장단을 치지 못해서 세진이가 노래를 부르지 못했어요. 	우리나라의 여러 장단 중 〈아리랑〉에 어울리는 장단을 찾아요. −〈아리랑〉에 어울리는 장단 찾기	세마치장단을 연주하면서 〈아리랑〉을 부르니 박자가 딱 맞았어요.

①		①		ㅣ	○	ㅣ
덩		덩		덕	쿵	덕

나. 디지털 개별학습지 예시 자료

소리를 들어 보고 장단과 민요를 연결해 봅시다.

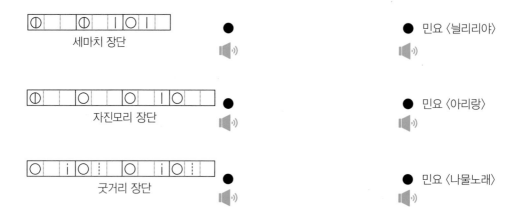

❻ 한 걸음 더!

교육부 국립특수교육원 홈페이지(https://www.nise.go.kr) 에 접속하여 회원가입 및 로그인 후, '에듀에이블' → '수업지원자료' → '디지털북(2012)' 경로로 접속하면 디지털학습지를 제작할 수 있는 PC버전 저작도구 'Ez School Book'을 내려받을 수 있으며, 저작도구의 사용 방법은 '디지털북 활용 안내' 게시판을 통해서 확인할 수 있다.

〈장구 장단〉

세마치장단—https://www.youtube.com/watch?v=E6bNKwTfdlo

자진모리장단—https://www.youtube.com/watch?v=TGOwZGl9bN8

굿거리장단—https://www.youtube.com/watch?v=wCxq0wYWVNQ

4) 문제중심학습(PBL) 활용 교수·학습 유형 4

❶ 개요

영역	감상(음악의 특징)	기능	연주하기, 탐색하기, 구별하기, 비교하기, 발표하기
학습 목표	악기 연주를 듣고 어떤 악기인지 찾을 수 있다.		
평가 유형	■자기평가　■상호평가　■관찰평가　■실음평가　□포트폴리오 □기타 (　　　　　　　　　)		
교수·학습 자료	수업 환경	노트북, 방음이 된 교실	
	교사 준비물	PPT 자료, 감상곡 음원, 스마트기기(앱 '악기 소리' '악기 소리 그림 카드')	
	학생 준비물	모둠별 문제 해결판, 자기·상호 평가판	
개발 의도	문제중심학습 활용 수업 유형 4는 악기의 음색을 탐색해 보고 감상곡에서 어떠한 악기가 사용되었는지를 찾아보는 활동으로 구성하였다. 감상곡은 현악기·관악기·건반악기 등 음색이 두드러지는 악기로 협연한 곡이 좋으며, 학생들의 수준에 따라 하나의 악기로 독주한 곡을 감상곡으로 정할 수 있다. 교실 환경에서도 다양한 악기 소리를 탐색할 수 있는 스마트기기 앱을 활용한다.		

❷ 단계별 교수 · 학습 활동 및 평가 계획

학습 단계	모듈	교수 · 학습 활동	평가 계획
도입	16. 문제 상황 파악하기	• 세호가 공연하고 싶은 곡을 듣는다. • 시각 자료와 함께 제시되는 문제 상황을 파악한다.	• 문제 상황에 대한 교사의 질문에 적절히 대답하는가? (관찰평가)
	⟨문제 상황⟩ 세호는 이번 학예회에서 악기 연주가의 연주 소리에 맞게 흉내를 내어서 자신이 악기를 연주하는 것처럼 보이는 공연을 하고 싶어 해요. 그런데 세호가 공연하고 싶은 ⟨꽃의 왈츠⟩ 음악이 어떤 악기로 연주된 것인지를 모르겠다고 하네요. 세호가 흉내 내고 싶은 곡은 어떤 악기로 연주한 것일까요?		
전개 1	17. 협동학습을 통한 문제 해결판 작성하기	• 2~3명의 구성원으로 모둠을 구성한다. • 모둠별로 제공된 태블릿 PC를 활용하여 다양한 악기 소리를 들어 본다. • '무엇이 문제일까?' '어떻게 해결할까요?'로 구성된 문제 해결판을 작성한다.	• 협동학습에 적극적으로 참여하는가? (관찰평가)
전개 2	18. 문제 해결 방법 발표 및 상호평가하기	• 각 모둠별로 작성한 문제 해결판을 기초로 문제를 해결할 수 있는 방법을 발표한다. • 평가지를 활용해 타 모둠을 평가한다.	• 감상곡 속 악기를 찾을 수 있는가? (관찰평가) • 적절한 내용과 태도로 발표하는가? (동료평가)
전개 3	19. 개별학습 과제 수행하기	• 악기 소리와 악기 이미지를 연결한다.	• 악기 소리에 맞게 악기를 연결하는가?
마무리	20. 정리 활동 및 자기 평가하기	• 감상곡을 들으며 사용된 악기의 이름을 말한다. • 오늘의 수업에 대해 자기평가를 한다.	• 의견을 잘 말하고, 질문에 맞게 대답했는가? 다른 친구들의 말을 잘 들었는가? 수업에 바른 자세로 적극적이었는가? (자기평가)

❸ 교수·학습 과정안

학습 주제	악기 소리 듣고 해당하는 악기 찾기			수준	초등학교 5~6학년
활동명	음악을 듣고 연주한 악기를 찾아보자.				
학습 목표	피아노, 플루트, 바이올린, 첼로 소리를 구분하여 찾을 수 있다.				

학습 단계	학습 과정 (활동명)	교수·학습 활동				자료 활용 및 유의점
		교사	학생(수준, 장애 유형 등에 따른 내용 제시)			
			A	B	C	
도입	동기 유발 / 문제 제시	• 문제 상황을 소개하고, 세호에게 어떤 문제가 있는지를 질문한다.	• 교사의 질문에 따라 세호가 겪는 어려움을 답한다.	• 교사의 질문에 따라 그림 속의 상황에 답한다.	• 교사의 설명을 들으며 그림 속 상황을 파악한다.	• 문제 상황 그림 또는 동영상 • 세호의 연주곡 (〈꽃의 왈츠〉–https://www.youtube.com/watch?v=PNnkMRMXuos)
전개	〈활동 1〉 협동 학습하기	• 학생 수준이 동질화되도록 모둠을 구성하고, 스마트기기 앱을 이용해 조별로 다양한 악기 소리를 듣게 한다.	• 스마트기기 앱으로 악기 소리를 들으며 감상곡 악기와 같은 악기를 찾는다.	• 스마트기기 앱을 이용하여 다양한 악기 소리를 탐색하고 비교한다.	• 스마트기기 앱을 이용하여 다양한 악기 소리를 탐색한다.	• '악기 소리' 애플리케이션이 있는 태블릿 PC
	〈활동 2〉 모둠 발표하기	• 적절한 촉구를 제공하면서 모둠 활동판을 완성하도록 격려한다. • 발표 순서를 정하고 모둠별 협동학습 결과를 발표하도록 한다.	• 모둠 활동판에 활동 결과를 적는다. • 발표 시 역할을 정해 모둠 활동판의 내용을 발표한다.			• 모둠 활동판 –교사용 컴퓨터로 활동 중에 감상곡을 계속 들을 수 있도록 한다.
	〈활동 3〉 개별학습 과제 수행하기	• 학생 수준별 개별학습지를 제공한다.	• 디지털 개별학습지에서 악기 소리와 악기를 모두 연결한다.	• 디지털 개별학습지에서 악기 소리와 악기를 2개 이상 연결한다.	• 디지털 개별학습지에서 악기 소리를 탐색한다.	• 디지털학습지
정리	정리 평가	• 문제 상황에서 제시된 곡을 다시 한번 들으며 해당하는 악기 카드를 안내한다.	• 문제 상황에서 제시된 곡을 듣고 악기 이름을 말한다. • 자기평가 및 동료평가를 한다.	• 교사가 제시하는 악기 카드를 보면서 악기 이름을 말한다.	• 교사가 제시하는 악기 카드를 보면서 제시곡을 감상한다.	• 평가지 –악기 카드가 '상' 수준인 학생들에게는 단서로 제공되지 않도록 유의한다.

❹ 평가 도구

평가 목표		피아노, 플루트, 바이올린, 첼로 소리를 듣고 해당 악기를 찾을 수 있다.
평가 영역		감상(음악의 특징)
평가 유형		관찰평가, 수행평가, 동료평가 및 자기평가
평가 내용		악기와 악기 소리를 연결할 수 있는가?
평가 기준	잘함	4가지 악기(피아노, 플루트, 바이올린, 첼로) 소리를 듣고 해당 악기의 이름을 말할 수 있다.
	보통	4가지 악기(피아노, 플루트, 바이올린, 첼로) 소리를 듣고 연주된 악기를 두 가지 이상 말할 수 있다.
	노력 요함	교사와 함께 앱을 활용하여 4가지 악기(피아노, 플루트, 바이올린, 첼로)를 연주할 수 있다.
평가 환류 계획		환경이 허락되면, 제시곡에서 연주된 악기를 실음으로 들을 수 있는 기회를 제공한다.

❺ 활동지 자료

가. 모둠 활동판 예시 자료

모둠 활동판

〈무엇이 문제일까요?〉

세호는 학예회 때 발표하고 싶은 곡이
어떤 악기로 연주된 것인지 몰라서 준비하는 데
어려움을 겪고 있었어요.

〈어떻게 해결할까요?〉

발표하고 싶은 곡 속에 있는 악기 소리를
우리가 듣고 어떤 악기인지 알려 줘요.
여러 악기 카드 중 곡 속에서 들을 수
있었던 악기 카드를 붙여요.

나. 디지털 개별학습지 예시 자료

❻ 한 걸음 더!

〈저작권 없는 음악 및 음향 효과 지원 사이트〉

- 유튜브 오디오 라이브러리: https://studio.youtube.com/channel/UCEiqvX6Y46tY8Wfa56YIcYA/music
- 프리사운드: https://freesound.org/
- 페이스북 사운드 컬렉션:

  https://business.facebook.com/creatorstudio/?tab=ct_sound_collection&collection_id=all_pages

〈CCL(Creative Commons License) 알아보기〉

- 자신의 창작물에 대하여 일정한 조건하에 다른 사람의 자유로운 이용을 허락하는 내용의 자유 이용
  라이선스

문자 표기	이용 조건
CC BY	**저작자 표시** 저작자의 이름, 저작물의 제목, 출처 등 저작자에 관한 표시를 해야 함.
CC BY-NC	**저작자 표시-비영리** 저작자를 밝히면 자유로운 이용이 가능하지만 영리 목적으로 이용할 수 없음.
CC BY-ND	**저작자 표시-변경 금지** 저작자를 밝히면 자유로운 이용이 가능하지만, 변경 없이 그대로 이용해야 함.
CC BY-SA	**저작자 표시-동일조건 변경 허락** 저작자를 밝히면 자유로운 이용이 가능하고 저작물의 변경도 가능하지만, 2차적 저작물에는 원저작물에 적용된 것과 동일한 라이선스를 적용해야 함.
CC BY-NC-SA	**저작자 표시-비영리-동일조건 변경 허락** 저작자를 밝히면 이용이 가능하며 저작물의 변경도 가능하지만, 영리 목적으로 이용할 수 없고 2차적 저작물에는 원저작물과 동일한 라이선스를 적용해야 함.
CC BY-NC-ND	**저작자 표시-비영리-동일조건 변경 허락** 저작자를 밝히면 이용이 가능하며 저작물의 변경도 가능하지만, 영리 목적으로 이용할 수 없고 2차적 저작물에는 원저작물과 동일한 라이선스를 적용해야 함.

5) 문제중심학습(PBL) 활용 교수 · 학습 유형 5

❶ 개요

영역	생활화(음악과 소통)		기능	탐색하기, 발표하기, 태도 갖기, 관람하기
학습 목표	공연 시 지켜야 할 예절을 발표할 수 있다.			
평가 유형	■자기평가 ■상호평가 ■관찰평가 □실음평가 ■포트폴리오 □기타 ( )			
교수 · 학습 자료	수업 환경	노트북, 방음이 된 교실		
	교사 준비물	PPT 자료, 여러 가지 관람 예절 관련 사진		
	학생 준비물	모둠별 문제 해결판, 자기·상호 평가판		
개발 의도	문제중심학습 활용 수업 유형 5에서는 청중들에게 어떤 관람 예절을 지켜 달라고 부탁할지를 고민하는 학예회 사회자(예설이)를 도와주면서 바른 음악회 관람 예절을 익힐 수 있도록 구성하였다. 학생들의 수준을 고려하여 여러 사진 자료 중에서 바른 관람 예절을 찾는 활동으로 진행할 수 있다.			

❷ 단계별 교수·학습 활동 및 평가 계획

학습 단계	활동명	교수·학습 활동	평가 계획
도입	21. 문제 상황 파악하기	• 시각 자료와 함께 제시되는 문제 상황을 파악한다. 〈문제 상황〉 예설이는 이번 학교 음악회에서 사회를 맡았어요. 음악회 공연을 시작하려고 하는데 관객들 때문에 소란스러워 진행하기 어려운 상황이 되었어요. 그런데 관객들에게 어떻게 해 달라고 말해야 할지를 모르겠어요. 관객들에게 어떤 점을 꼭 지켜 달라고 말하면 좋을까요?	• 문제 상황에 대한 교사의 질문에 적절히 대답하는가? (관찰평가)
전개 1	22. 협동학습을 통한 문제 해결판 작성하기	• 2~3명의 구성원으로 모둠을 구성한다. • 모둠별로 문제 상황 종이에 바르지 못한 행동을 찾는다. • 바른 관람 예절 행동 사진을 찾는다. • '무엇이 문제일까?' '어떻게 해결할까요?'로 구성된 문제 해결판을 작성한다.	• 협동학습에 적극적으로 참여하는가? (관찰평가) • 바른 관람 예절 행동 사진을 찾는가?
전개 2	23. 문제 해결 방법 발표 및 상호평가하기	• 각 모둠별로 작성한 문제 해결판을 기초로 문제를 해결할 수 있는 방법을 발표한다. • 평가지를 활용해 타 모둠을 평가한다.	• 바르지 못한 관람 예절을 바르게 고쳤는가? (관찰평가) • 적절한 내용과 태도로 발표하는가? (동료평가)
전개 3	24. 개별학습 과제 수행하기	• 바른 관람 예절 사진을 통해 8쪽 미니북을 만든다.	• 8쪽 미니북을 적절하게 구성하였는가? (포트폴리오 평가)
마무리	25. 정리 활동 및 자기평가하기	• '바른 관람 예절 미니북'을 발표한다. • 오늘의 수업에 대해 자기평가를 한다.	• 의견을 잘 말하고, 질문에 맞게 대답했는가? 다른 친구들의 말을 잘 들었는가? 수업에 바른 자세로 적극적이었는가? (자기평가)

❸ 교수·학습 과정안

학습 주제	바른 음악회 관람 자세		수준	고등학교			
활동명	바른 음악회 관람 자세를 알아보자.						
학습 목표	음악회에서 지켜야 할 바른 공연 예절 행동을 찾을 수 있다.						

학습 단계	학습 과정 (활동명)	교수·학습 활동				자료 활용 및 유의점
		교사	학생(수준, 장애 유형 등에 따른 내용 제시)			
			A	B	C	
도입	동기 유발 / 문제 제시	• 문제 상황을 소개하고, 예설이가 무엇을 고민하는지를 질문한다.	• 교사의 질문에 따라 예설이가 고민하는 점을 답한다.	• 교사의 질문에 따라 그림 속의 상황을 답한다.	• 교사의 설명을 들으며 그림 속 상황을 파악한다.	• 문제 상황 그림 또는 동영상
전개	〈활동 1〉 협동학습 하기	• 학생 수준이 동질화되도록 모둠을 구성하고, 문제 상황 사진에서의 문제점을 찾도록 한다.	• 문제 상황 이미지에서 문제점을 찾는다.	• 협동학습을 통하여 동료와 함께 문제 상황 이미지에서 문제점을 찾는다.	• 찾은 문제 행동을 찾아 표시한다.	• 문제 상황 그림
	〈활동 2〉 모둠발표 하기	• 적절한 촉구를 제공하면서 모둠 활동판을 완성하도록 격려한다. • 발표 순서를 정하고 모둠별 협동학습 결과를 발표하도록 한다.	• 모둠 활동판에 활동 결과를 적는다. • 발표 시 역할을 정해 모둠 활동판의 내용을 발표한다.			• 모둠 활동판
	〈활동 3〉 개별학습 과제 수행하기	• 학생 수준별 개별학습지를 제공한다.	• 바른 관람 예절 이미지와 이미지에 맞는 문장을 붙여 8쪽 미니북을 완성한다.	• 바른 관람 예절 이미지를 붙여 8쪽 미니북을 완성한다.	• 그림자 이미지 위에 바른 관람 예절 이미지를 붙여 8쪽 미니북을 완성한다.	• 미니북, 여러 행동 이미지 –학생들의 수준에 따라 미니북 제작 수준을 사전에 정한다.
정리	정리 평가	• 관람 예절 미니북을 발표하도록 한다. • 관람 예절 동영상을 시청하며 학습 내용을 정리하도록 한다.	• 제작한 바른 관람 예절 미니북을 친구들에게 발표한다. • 공연 관람 예절 동영상을 시청하며 학습한 내용을 정리한다. • 자기평가 및 동료평가를 한다.			• 동영상(https://www.youtube.com/watch?v=ZOoucwzCVl8)

❹ 평가 도구

평가 목표		음악회에서 지켜야 할 바른 공연 예절 행동을 찾을 수 있다.
평가 영역		생활화(음악과 소통)
평가 유형		관찰평가, 수행평가, 동료평가 및 자기평가
평가 내용		바른 관람 예절 행동을 찾을 수 있는가?
평가 기준	잘함	음악회에서 지켜야 할 바른 행동을 4개 이상 표현할 수 있다.
	보통	음악회에서 지켜야 할 바른 행동을 언어적 촉구를 통해 표현할 수 있다.
	노력 요함	신체적 촉구를 통해 음악회에서의 바르지 못한 행동을 찾을 수 있다.
평가 환류 계획		교내·외 음악회에 실제 참여하는 기회를 통해 학습한 내용을 체험적으로 확인할 수 있도록 한다.

❺ 활동지 자료

가. 모둠 활동판 예시 자료

모둠 활동판

〈무엇이 문제일까요?〉	〈어떻게 해결할까요?〉
음악회 공연을 시작하려고 하는데, 관객들 때문에 소란스러워 진행하기 어려운 상황이 되었어요. 관객들에게 바른 관람 예절을 부탁하고 싶어요.	관객들의 모습 중에서 바르지 못한 행동을 찾고, 바람직한 관람 예절을 알려 줘요.

나. 개별학습지 예시 자료

－'하' 수준 학생들의 수준을 고려하여 미니북에 미리 스케치 도안을 붙여 둔 후, 학생들에 게는 해당하는 그림을 찾아 오려 붙이도록 한다.

〈8쪽 미니북 도안 － 하 수준〉

이름: ○○○

공연이 시작하면 자리를 이 동하지 마세요.

휴대전화는 꺼 주세요.

공연장 내에서 사진을 찍으 면 안 돼요.

휴식 시간에는 관람표를 가 지고 출입하세요.

공연장 내에 음식물을 가지 고 들어오면 안 돼요.

재난 상황을 대비해 비상구 를 확인해요.

만든 날짜:

이름:

❻ 한 걸음 더!

〈8쪽 미니북 만들기〉

1. 그림이 보이게 놔 주세요.

2. 길게 반 접어 주세요.

3. 다시 펴서 짧게 반 접어 주세요.

4. 다시 펴 주세요.

5. 한쪽으로 대문접기해 주세요.

6. 대문접기해 주세요.

7. 다시 펴 주세요.

8. 다시 짧게 반을 접어 막힌 부분 쪽의 선을 가위로 잘라 주세요.

9. 자른 부분을 벌려 주세요.

10. 모양으로 만들어 주세요.

11. 책 모양으로 누르면 완성이에요.

* 동영상 자료: https://www.youtube.com/watch?v=MTkHPjbMaW8

6) 학습 목표에 따른 문제 상황의 예

(1) 표현 영역(표현과 전달)

〈학습 목표〉

◎여러 가지 타악기로 자연과 생활 주변의 소리를 즉흥적으로 표현할 수 있다.

문제 상황	세진이와 친구들은 『아기염소』 동화를 1학년 동생들에게 읽어 주려고 해요. 동화를 듣는 동생들이 좀 더 실감나게 느낄 수 있도록 바람, 비, 천둥, 구름을 사물악기로 표현하려고 해요. 어떤 악기가 바람과 비, 천둥과 구름을 잘 표현할 수 있을지 세진이와 친구들을 도와주세요.

『아기염소』

무더운 여름날 아기염소는 더위를 피해 바람이 시원하게 부는 언덕 위에 올라갔어요. 그런데 갑자기 검은 구름이 언덕으로 몰려왔어요. 그러더니 장대 같은 소나기가 쏟아지기 시작했어요. 번개도 치고 천둥소리도 크게 들렸어요. 아기염소는 너무나도 무서워서 "매~~~~~~" 하고 엄마, 아빠를 찾으며 흐느껴 울기 시작했어요…… 그렇게 울기를 한참…… 해가 반짝 다시 고개를 내밀고, 구름도 온데간데없이 사라져 버렸어요. 좋아진 날씨에 아기염소는 금세 기분이 풀려서 깡충깡충 뛰면서 집으로 돌아갔답니다.

〈학습 목표〉

◎ 다른 사람과 조화를 이루어 아름다운 발성으로 노래할 수 있다.

문제 상황	세진이는 학예회에서 친구들과 함께 노래를 부르기로 했어요. 오늘도 공연 준비를 위해 음악실에서 친구들과 연습을 하고 있는데, 세호가 어울리지 않게 큰 소리로 노래를 불러 연습하는 데 어려움을 겪고 있어요. 세호가 어떻게 노래를 불러야 연습에 방해되지 않고 예쁜 소리를 낼 수 있을까요? 

(2) 표현 영역(음악 요소)

〈학습 목표〉

◎ 빠른 음악과 느린 음악을 몸이나 타악기로 표현할 수 있다.

문제 상황	세진이는 학교 무용 동아리에 들고 싶어 해요. 무용 동아리에 들어가기 위해서는 빠른 음악과 느린 음악을 몸으로 표현하는 시험에 합격해야 하는데, 세진이가 어떻게 표현해야 할지 걱정하고 있네요. 세진이가 무용 동아리에 들어갈 수 있도록 우리가 도움을 줘 볼까요? 

<학습 목표>

◎ 큰 소리와 작은 소리를 듣고 목소리와 몸으로 반응할 수 있다.

| 문제 상황 | 세호의 할머니께서는 연세도 많으시고, 귀가 잘 들리지 않으셔서 세호는 할머니와 대화할 때 꼭 몸을 사용해야 해요. 할머니께 '큰 소리' '작은 소리'를 몸으로 표현해서 할머니가 잘 알아들으시게 하려면 어떻게 해야 할까요? 친구들이 '큰 소리' '작은 소리'에 대한 몸동작을 만들어 주세요.
 |

(3) 감상(음악의 특징)

<학습 목표>

◎ 여러 나라의 음악을 감상하며 곡의 분위기에 맞게 신체 표현을 할 수 있다.

| 문제 상황 | 세호는 학예회 발표로 친구들과 전 세계 의상 패션쇼를 준비하고 있어요. 나라는 멕시코, 아프리카 가나, 중국, 미국 하와이로 정했어요. 패션쇼를 할 때 의상과 맞게 그 나라의 음악이 나오도록 하고 싶은데, 패션쇼에 쓰일 음악을 함께 골라 주세요.
 |

(4) 감상(음악의 분위기)

<학습 목표>

◎ 음악을 듣고 다른 사람의 움직임을 따라 할 수 있다.

문제 상황	세진이는 음악에 맞춰 춤추는 자신의 모습을 거울로 보면서 더 예쁘게 춤출 수 있도록 연습을 하고 싶어 해요. 그런데 얼마 전 거울이 깨져서 그렇게 할 수가 없네요. 세진이의 거울이 되어 세진이의 모습을 따라 해 주어서 세진이가 춤 연습하는 데 도움을 줘 보세요. 

(5) 생활화(음악과 소통)

<학습 목표>

◎ 다양한 행사에 쓰이는 음악을 찾을 수 있다.

문제 상황	점심시간에 학교 방송으로 '친구들의 희망곡'을 틀어 주는 세진이가 갑자기 배가 아파서 방송을 못 하게 되었어요. 오늘 들어온 사연에 맞는 곡을 찾아서 들려주어야 하는데요. 세진이를 대신해서 '친구들의 희망곡'을 진행해 보세요. 〈사연 1〉 오늘은 우리 반 세호의 생일이에요. 생일을 축하하는 노래를 들려주세요. 〈사연 2〉 이번 주말에 담임 선생님이 결혼을 하세요. 선생님의 결혼을 축하하는 노래를 들려주세요. 〈사연 3〉 다음 주에 있는 어버이날을 맞아 엄마께 감사의 마음을 표현할 수 있는 노래를 들려주세요. 

〈학습 목표〉

◎ 학교 및 학급 발표회에서 노래를 부르거나 악기를 연주할 수 있다.

문제 상황	세진이 반에서는 다음 달에 부모님들을 초대해서 작은 공연을 보여 드리기로 했어요. 부모님들께 어떤 것들을 어떻게 보여 드리면 좋을지 공연 계획을 짜 보세요. 

(6) 생활화(음악의 쓰임)

〈학습 목표〉

◎ 춤에 쓰이는 다양한 음악을 선택할 수 있다.

문제 상황	세진이 반 담임 선생님께서 이번 소풍 때 친구들과 신나게 춤추는 시간을 가지려고 계획하시는데, 춤출 때에 어떤 노래를 준비하면 좋을지 고민하고 계시네요. 친구들과 신나게 춤을 출 수 있도록 음악을 골라 주세요. 

< **토의 주제** Q :

1. 장애 학생들에 대한 문제중심학습의 적용은 어떠한 의미를 갖는지 생각해 보자.
2. 인지 수준이 낮은 장애 학생들에게 문제중심학습을 적용하기 위해 유의해야 할 점은 무엇인지 토의해 보자.
3. 음악과의 문제 개발 시에 유의해야 할 점은 무엇이 있을지 생각해 보자.

〈부록〉 **문제중심학습(PBL)에서의 동료평가와 자기평가 자료 예시**

모둠 활동 동료평가 및 자기평가

❶ 다른 모둠 친구들의 활동을 평가해 주세요.

모둠명	발표한 내용이 적절했나요?			수업 활동에 대한 태도가 좋았나요?		
1모둠	☺	😐	☹	☺	😐	☹
2모둠	☺	😐	☹	☺	😐	☹
3모둠	☺	😐	☹	☺	😐	☹

❷ 오늘 나의 활동을 평가해 주세요.

평가 기준	☺	😐	☹
1. 나는 내 생각을 잘 말했습니까?			
2. 나는 질문에 맞게 대답했나요?			
3. 나는 다른 친구들의 말을 잘 들었나요?			
4. 나는 수업 시간에 바른 자세로 적극적으로 참여했나요?			

♫ 참고문헌

강인애(2003). PBL의 이론과 실제. 서울: 문음사.

양은실(2002). 초등학교 4학년 음악 수업의 PBL 적용. 음악교육연구 22집, 1-21.

이경순, 김주혜, 박은혜(2010). 특수교육에서 문제중심학습의 이해와 활용. 서울: 학지사.

조연순(2006). 문제중심학습의 이론과 실제. 서울: 학지사.

Barrows, H. S. (1996). Problem-Based Learning in Medicine And Beyond: A Brief Overview. In L. Wilkerson & W. Gijselaers(Eds.), *Bringing Problem-Based Learning To Higher Education: Theory And Practice*. CA : Jossey-Bass Inc.

Barrows, H. S., & Myers, A. C. (1993). *Problem-Based Learning in secondary Schools*. Unpublihsed monograph. Springfield, IL:Problem-Based Learning Institute, Lanphier High School and Southern Illinois University Medical School.

10장 플립러닝 활용 수업의 실제

여 선 희

이 장에서는 플립러닝의 개념과 기본 요소, 학습 단계를 이론적으로 고찰하고 플립러닝을 활용한 수업 연구의 타당성 및 지도안 설계 과정을 알아보고자 한다. 플립러닝 기반 음악 수업 지도 방안을 설계하여 실제 교육현장에서의 활용도를 높이기 위한 다양한 방법을 소개하고, 이를 통해 장애 학생들에게 교실 안 수업이 미래 사회에 필요한 협력과 소통을 익히는 장이 되길 기대한다.

1. 플립러닝 활용 수업의 이해

1) 플립러닝 활용 수업이란

플립러닝(Flipped learning)의 어원은 '뒤집다'라는 뜻을 지닌 'Flipped'와 '배움'을 뜻하는 'Learning'의 합성어이다. 우리 말로는 '역전학습' '거꾸로학습' '뒤집어진 학습' 등으로 번역되어 사용되고 있다. 플립러닝은 사전 영상이나 자료를 수업 전에 미리 학습하고, 본수업에서는 몰입과 비판적인 생각을 촉진하는 교수·학습 방법이다. 기존의 교육 방식을 뒤집는 수업 방식으로 학생들이 수업 전과 후에 수행하던 과제를 교실 안에서 할 수 있도록 한다. 즉, 교실 안의 수업을 교사가 온라인으로 미리 제공하여 교실 밖으로 이동시킨 것이다.

2) 플립러닝 활용 수업의 원리

(1) 플립러닝 활용 수업의 교수·학습 방법

　플립러닝 활용 수업은 교실에서 이루어졌던 전통적인 강의식 수업에서 벗어나 교사의 의도에 따라 선택 또는 개발된 학습 자료를 통한 개별 사전학습을 한다. 교실 수업에서는 교사의 안내에 따라 참여적이고 상호작용적인 방식으로 사전학습 내용을 적용하고, 문제를 해결하거나 창조적인 활동을 하는 교수·학습 방법이다.

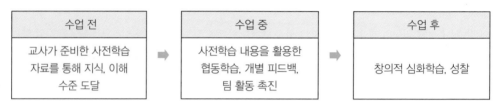

[그림 10-1] **플립러닝 구조**

* 출처: 최정빈(2018).

　특수교육에서 플립러닝 수업은 학생들이 교실 밖에서도 교사와 소통하고, 가정에서도 교실 안의 수업 내용에 관심을 가지고 참여하는 활동으로 수업을 확장하는 역할을 할 수 있다. 장애 학생들의 학습 부담을 경감시키고 수업 참여를 활성화하여 흥미와 목표를 갖고 스스로 학습에 몰입하는 경험을 갖게 하고자 플립러닝 수업을 적용하였다. 특히 원격 수업, 수업 시간 탄력적 운영 등 다양한 수업 상황이 이루어짐에 따라, 학생들과 다양한 방식으로 플립러닝 수업을 재구성할 수 있는 방안을 제안하고자 한다.

(2) 플립러닝 활용 수업의 학습 활동

〈표 10-1〉 플립러닝 활용 수업 활동명 구분

번호		활동명*
음악으로 마음 전하기	1	생일인 친구를 알고 이름 써 오기
	2	친구를 생각하며 그림 그려 오기
	3	선생님이 작성한 친구 관찰일지 읽어 보기
	4	친구의 특징을 파악하고 어울리는 음악 찾기
	5	친구에게 음악을 선물하고 악곡 선정 이유 발표하기
음악으로 그리는 세상	6	우리 반 체험학습 사진 자료 탐색하기
	7	선택한 사진 관찰하기
	8	자연의 소리와 생활 주변의 다양한 소리 음원 들어 보기
	9	사진 속 풍경에 어울리는 소리 선택하기
	10	각자 선택한 소리 풍경 발표하기
나도 연주가	11	동요와 전래 동요를 듣고 따라 부르기
	12	좋아하는 악기 소리 탐색하기
	13	악기 선택 및 연주법 익히기
	14	악기별 특징 및 음색 비교해 보기
	15	선택한 악기로 악곡에 맞추어 합주하기
	16	리듬꼴, 장단 연습하기
	17	리듬 따라 하기, 장단 릴레이하기
음악으로 쓰는 편지	18	고마운 사람에게 표현하고자 하는 의미가 바르게 나타나도록 이야기하기
	19	마음을 전달하는 문장을 사용하여 엽서 작성해 보기
	20	친구의 이야기를 듣고 주요 내용 파악하기
	21	사연에 어울리는 음악 선정하기
	22	우리 반 라디오 진행해 보기

＊ 상기 활동은 장애 학생들의 학년 및 장애 정도에 따라 교수자가 자유롭게 설정하여 제시할 수 있음.

2. 플립러닝 활용 교수·학습 방법의 실제

[그림 10-2] **플립러닝 활용 교수·학습 유형과 활동명**

1) 플립러닝 활용 교수·학습 유형 1

❶ 개요

영역	생활화	기능	표현하기, 반응하기, 구별하기, 경험하기
학습 목표	학급 친구들의 특징을 이해하고 음악으로 생일 선물을 할 수 있다.		
평가 유형	■자기평가 □상호평가 ■관찰평가 □실음평가 ■포트폴리오 □기타 ( )		
교수 · 학습 자료	수업 환경	노트북, 피아노, 방음이 된 교실	
	교사 준비물	PPT 자료, 감상 음원, 학급 친구 생일과 특징이 적힌 포트폴리오	
	학생 준비물	색연필, 도화지	
개발 의도	플립러닝 수업 유형 1은 단순한 음악 감상 시간에서 더 나아가, 학생들이 능동적으로 참여하고 친구가 좋아하는 음악을 함께 들으며 느낌을 그림과 언어로 표현할 수 있도록 구성하였다. 학급에 생일인 친구가 있는 달마다 음악 시간에 한 친구를 주제로, 생일이면 따뜻한 미역국으로 마음을 전하듯이 친구를 위해 어울리는 음악 선물을 하는 시간을 가져 보도록 구성하였다. 이 수업을 바탕으로, 음악으로 친구들과 소통하고 적극적으로 감상하며 다른 예술 영역과 연계하여 지식을 융합할 수 있도록 의도하였다. 이를 통해 음악적 감성 역량과 창의·융합 역량, 음악적 소통 역량, 자기관리 역량을 기를 수 있다.		

❷ 단계별 교수·학습 활동 및 평가 계획

학습 단계	활동명	교수·학습 활동	평가 계획
교실 밖	1. 생일인 친구를 알고 이름 써오기	• (플립러닝) 선생님이 작성한 친구 관찰일지를 읽어 온다. • 생일인 친구의 이름을 쓴다.	• 이름 쓰기(스스로 쓰기, 보고 쓰기, 이름 찾기)를 할 수 있는가?
교실 안 (전개)	2. 친구를 생각하며 그림 그려오기	• 친구의 특징을 관찰한다. • 친구의 얼굴을 그려 본다.	• 얼굴 그리기(친구의 특징 관찰하고 표정 그리기)를 할 수 있는가?
교실 안 (전개)	3. 선생님이 작성한 친구 관찰일지 읽어 보기	• 친구 관찰일지를 읽어 보고 친구를 생각해 본다. • 친구에 대해 알아본다.	• 친구의 특징 파악하기를 할 수 있는가?
교실 안 (전개)	4. 친구의 특징을 파악하고 어울리는 음악 찾기	• 친구의 특징과 그린 얼굴의 표정에 어울리는 음악을 찾아본다. • 친구가 좋아하는 것을 생각해 본다.	• 다양한 음악을 감상하고, 그 중에서 친구에게 선물하고 싶은 음악을 고를 수 있는가?
교실 안 (마무리)	5. 친구에게 음악을 선물하고 악곡 선정 이유 발표하기	• 음악을 찾아 선물하고 발표한다.	• 음악 선물 후 선정 이유를 발표할 수 있는가?

❸ 교수·학습 과정안

학습 주제	친구에게 전하는 음악 생일 선물 〈듣는 미역국〉		**수준**	초등학교 3~4학년			
활동명	음악으로 마음을 전해요.						
학습 목표	학급 친구들의 특징을 이해하고 음악 선물을 할 수 있다.						

학습 단계	학습 과정 (모듈)	교수·학습 활동				자료 활용 및 유의점
		교사	학생(수준, 장애 유형 등에 따른 내용 제시)			
			A	B	C	
도입 (수업 전, Pre class)	전시 학습 / 동기 유발	• 친구의 생일과 정보가 담긴 학습 자료를 탑재하고 안내한다.	• 생일인 친구가 누구인지 특징을 알고 스스로 이야기할 수 있다.	• 생일인 친구의 이름을 알고 친구가 좋아하는 점과 이름을 보고 쓸 수 있다.	• 생일인 친구의 특징과 이름을 알고 고를 수 있다.	• 친구의 이름과 좋아하는 점을 잘 쓸 수 있도록 따라 쓰기 자료를 탑재해도 된다.
전개 (수업 중, In class)	〈활동 1〉 친구 특징 파악하기	• 친구를 생각하며 친구 얼굴을 그리도록 안내한다.	• 친구의 얼굴 표정을 스스로 그릴 수 있다.	• 친구의 얼굴 표정을 보고 그릴 수 있다.	• 친구의 얼굴을 따라 그릴 수 있다.	• 학생의 수준을 고려하여 얼굴 모양 형태가 그려진 학습지를 제공해도 무방하다.
	〈활동 2〉 친구에게 어울리는 음악 선물하기	• 친구의 특징을 파악하고 어울리는 음악을 찾을 수 있도록 음원을 준비하여 들려준다.	• 친구를 생각하며 스스로 어울리는 음악을 선택할 수 있다	• 친구를 생각하며 선생님이 제시해 준 음악 중에서 어울리는 음악을 선택할 수 있다.	• 친구를 생각하며 선생님의 도움을 받아 음악을 선택할 수 있다.	
정리	정리 평가	• 친구에게 음악 선물을 하고 악곡 선정의 이유를 발표하게 한다.	• 음악적 요소와 친구의 특징을 연관 지어 창의적으로 표현하고 발표할 수 있다.	• 음악적 요소와 친구의 특징을 알고 표현할 수 있다.	• 음악과 친구의 특징을 표현할 수 있다.	• 발표할 때 친구의 특징과 음악적 특징과의 연관성을 가질 수 있도록 유도한다.

❹ 평가 도구

평가 목표		친구가 좋아하는 음악을 선물하고 느낌을 표현할 수 있다.
평가 영역		과정 평가
평가 유형(방법)		자기평가, 상호평가, 포트폴리오
평가 내용		음악적 요소와 친구의 특징을 연관 지어 악곡을 선정하고 창의적으로 표현할 수 있는가?
평가 기준	잘함	음악적 요소와 친구의 특징을 연관 지어 악곡을 선정하고 창의적으로 표현할 수 있다.
	보통	음악적 요소와 친구의 특징을 연관 지어 악곡을 선정하고 표현할 수 있다.
	노력 요함	음악적 요소와 친구의 특징을 알고 표현할 수 있다.
평가 환류 계획		생일인 친구에게 음악 선물하기 수업 활동을 통해 느낀 점을 이야기해 보게 한다.

❺ 활동지 자료

가. 친구 생일과 특징이 적힌 플립러닝 사전학습지 예시

우리 반 친구	생일인 친구 소개
이서준	1. 생일: 10월 9일 2. 좋아하는 음식: 생선 3. 좋아하는 사람: 누나 4. 좋아하는 과목: 국어 5. 잘하는 것: 상어 그리기 6. 싫어하는 것: 숫자 공부하기 7. 좋아하는 색깔: 파랑, 노랑 8. 좋아하는 책: 알사탕 9. 좋아하는 꽃: 민들레
서준이의 작품 활동	
서준이의 꿈 [소방관, 시인]	

나. 동료평가와 자기평가 자료

모둠 활동 동료평가 및 자기평가

❶ 생일 주인공 서준이를 위해서 우리 반 친구들이 선물한 음악을 평가해 주세요.

서준이를 위한 〈듣는 미역국〉	완성도			창의성			발표		
	친구 이름을 잘 알고 특징을 살려 악곡을 선정함			친구의 특징이 반영된 음악의 연관성, 창의적 표현			발표 태도의 진지함, 적극성, 공감		
1모둠	☺	😐	☹	☺	😐	☹	☺	😐	☹
2모둠	☺	😐	☹	☺	😐	☹	☺	😐	☹
3모둠	☺	😐	☹	☺	😐	☹	☺	😐	☹

❷ 오늘 나의 활동을 평가해 주세요.

평가 기준	☺	😐	☹
1. 나는 친구의 이름을 알고 쓸 수 있다.			
2. 나는 친구를 관찰하고 얼굴을 그릴 수 있었다.			
3. 다양한 음악을 충분히 듣고 친구에게 어울리는 음악을 선택하였다.			
4. 친구에게 어울리는 음악을 생각하며 음악 선물을 하고 이유를 말할 수 있다.			

❻ 한 걸음 더!

- 이 수업은 플립러닝 학습 1차시로 계획되었지만, 학생의 수준이나 학교 상황에 따라 2~3차시로 늘려서 진행할 수 있다.
- 평가 문항은 교실 환경과 학생의 장애 유형과 정도에 따라 교사의 재량으로 재구성하여 운영할 수 있다.
- 플립러닝 사전학습지로 활용될 자료는 교사가 충분히 관찰하고 학생들에게 흥미로운 자료로 구성한다.
- 수업 전 학습 자료는 학습지뿐 아니라 다양한 자료와 영상을 활용해도 좋다.
- 발표를 하는 시간에는 악곡 선정의 이유가 합리적이고 타당하지 않아도 정답이 정해진 것이 아니므로 발표자에게 많은 칭찬과 배려를 해 준다.
- 이 수업은 다른 교과와 연계하여 진행해도 된다.
- 이 수업으로 학생들에게 자아존중감, 성취감 및 만족감을 느낄 수 있도록 많은 격려를 해 준다.
- 그림을 그리는 도구 및 재료는 학생들이 원하는 것으로 자유롭게 선택할 수 있도록 해 준다.
- 친구의 특징을 표현하기 어려워하는 학생을 위해서 다양한 형용사 어휘나 예시를 제시해 준다.

2) 플립러닝 활용 교수 · 학습 유형 2

❶ 개요

영역	감상		기능	반응하기, 표현하기, 연주하기
학습 목표	학급 체험 활동을 다녀온 후 사진을 보고 풍경에 어울리는 소리를 찾을 수 있다.			
평가 유형	□자기평가 ■상호평가 □관찰평가 ■실음평가 □포트폴리오 □기타 ( )			
교수 · 학습 자료	수업 환경	노트북, 피아노, 다양한 악기, 방음이 된 교실		
	교사 준비물	PPT 자료, 다양한 소리 음원(자연의 소리: 물소리, 새소리, 동물 울음소리, 자동차 소리 등등), 체험학습을 다녀와서 찍은 사진 슬라이드		
	학생 준비물	선택한 사진, 어울리는 소리 음원이 담긴 태블릿		
개발 의도	플립러닝 수업 유형 2는 체험학습을 다녀온 후 교실 밖에서 경험했던 사진으로 소리 풍경을 상상하며 사진에 어울리는 소리를 찾아보기 위한 수업으로 설계되었다. 이 수업은 학생들이 스스로 사진이나 장면에 어울리는 소리를 찾아보고, 상황에 어울리는 소리를 탐색하는 활동을 통해 성취감을 갖도록 하는 데 의미가 있다. 교사가 체험학습 전에 미리 다양한 소리 풍경 소리를 수집하여 제공함으로써 학생들에게 체험학습의 효과를 극대화시키고, 나아가 음악적 감성 역량, 음악적 소통 역량, 자기관리 역량을 기를 수 있다.			

❷ 단계별 교수·학습 활동 및 평가 계획

학습 단계	활동명	교수·학습 활동	평가 계획
교실 밖	6. 우리 반 체험학습 사진 자료 탐색하기	• (플립러닝) 학생들을 위해 체험 활동 사진을 탑재한다. • (플립러닝) 학생들이 소리 풍경을 만들고 싶은 사진을 선택한다.	• 사진으로 추억을 떠올릴 수 있는가? • 사진 속 장면의 소리를 상상할 수 있는가?

⬇

교실 밖	7. 선택한 사진 관찰하기	• 상상을 유발할 수 있는 장면이나 사진을 제시하고 이야기를 만들어 본다. • 시, 동화 등 자유로운 이야기가 만들어 질 수 있도록 한다.	• 이야기 구성에 학생들이 잘 참여하는가?

⬇

교실 안 (전개)	8. 자연의 소리와 생활 주변의 다양한 소리 음원 들어 보기 9. 사진 속 풍경에 어울리는 소리 선택하기	• 이야기에 어울리는 소리를 찾아본다. • 소리를 듣고 어떤 악기로 표현하는 것이 좋을지 음색을 느껴 본다.	• 음악적인 요소와 이야기의 특징에 대해 설명해 주고 어려움을 겪는 학생에게 도움을 준다.

⬇

교실 안 (마무리)	10. 각자 선택한 소리 풍경 발표하기	• 각자 장면마다 소리의 역할을 정하고, 이야기에 어울리는 효과음을 각자의 악기로 합주해 본다.	• 역할을 고르게 나눌 수 있도록 지도한다.

❸ 교수·학습 과정안

학습 주제	음악으로 그리는 세상 〈소리 풍경〉		수준	초등학교 3~4학년	
활동명	음악으로 소리를 그려요.				
학습 목표	사진의 장면에 어울리는 소리를 찾아 발표할 수 있다.				

학습 단계	학습 과정 (모듈)	교수·학습 활동				자료 활용 및 유의점
		교사	학생(수준, 장애 유형 등에 따른 내용 제시)			
			A	B	C	
도입 (수업 전, Pre class)	전시 학습 / 동기 유발	• 체험학습을 다녀온 후 찍었던 사진들을 탑재한다. • 사진을 보며 자연의 소리나 생활 주변의 소리를 상상해 보게 한다.	• 좋아하는 사진 자료를 스스로 선택하고 추억을 떠올린다. • 자연의 소리나 생활 주변을 소리를 구별하고 몸으로 반응한다.	• 좋아하는 사진 자료를 선택하고 기억한다. • 자연의 소리나 생활 주변의 소리를 구별한다.	• 좋아하는 사진을 선택한다. • 자연의 소리나 생활 주변의 소리를 듣는다.	• 여러 가지 풍경이나 기억을 떠올릴 수 있는 다양한 자료를 탑재한다.
전개 (수업 중, In class)	〈활동 1〉 관찰하기	• 선택한 사진을 자세히 관찰하도록 안내한다.	• 사진을 자세히 관찰한다.	• 선생님의 도움을 받아 사진을 자세히 관찰한다.	• 선생님의 도움을 받아 확대되거나 설명이 포함된 사진을 관찰한다.	• 사진을 관찰하고 소리를 탐색할 때 연관성을 가질 수 있도록 지도한다.
	〈활동 2〉 추억하기	• 사진을 보고 추억을 떠올리며 기억나는 소리가 있는지 발문한다.	• 여러 가지 소리 음원을 들어 본다.			• 소리 음원 자료를 다양하게 제공한다.
	〈활동 3〉 음악찾기	• 사진 속 상황 설명이나 이야기에 어울리는 소리를 찾아보도록 한다.	• 선택한 사진을 보고 추억을 떠올리며 이와 관련지어 어울리는 효과음을 찾아본다.	• 선택한 사진을 보고 이와 관련지어 어울리는 효과음을 찾아본다.	• 선택한 사진을 보고 어울리는 효과음을 찾아본다.	
정리	정리 평가	• 사진 속 장면에 대한 설명과 함께 어울리는 자연의 소리를 넣어 발표해 보도록 한다.	• 장면에 어울리는 자연의 소리나 생활 주변의 소리를 추억과 연관 지어 창의적으로 발표한다.	• 장면에 어울리는 자연의 소리나 생활 주변의 소리를 발표한다.	• 장면에 어울리는 자연의 소리나 생활 주변의 소리를 교사의 도움을 받아 발표한다.	• 소리 음원이 잘 표현될 수 있도록 음량을 조절하여 적절한 위치에 배치해 준다.

❹ 평가 도구

평가 목표	사진의 장면에 어울리는 소리를 찾아 장면과 함께 이야기할 수 있다.	
평가 영역	과정 평가	
평가 유형(방법)	자기평가, 상호평가, 포트폴리오	
평가 내용	자연의 소리나 생활 주변의 소리를 탐색하고 어울리는 소리를 찾아 발표할 수 있는가?	
평가 기준	잘함	장면에 어울리는 자연의 소리나 생활 주변의 소리를 창의적으로 발표할 수 있다.
	보통	장면에 어울리는 자연의 소리나 생활 주변의 소리를 발표할 수 있다.
	노력 요함	장면에 어울리는 자연의 소리나 생활 주변의 소리를 찾을 수 있다.
평가 환류 계획	자연이나 생활 주변의 소리에 관심도가 높아졌는지 수업 전과 후를 비교해서 그래프로 표시해 본다.	

❺ 활동지 자료

가. 사진에 다양한 소리 음원 삽입하기

사진 자료	
음원 자료	① 아이들 웃음소리 ② 새소리 ③ 매미 소리 ④ 그네 소리, 시소 소리 효과음 ⑤ 아이들 노랫소리 ⑥ 자동차 소리 ⑦ 여러 가지 자연의 소리 ⑧ 다양한 생활 주변의 소리

나. 동료평가와 자기평가 자료

모둠 활동 동료평가 및 자기평가

❶ 다른 친구들이 발표한 내용을 평가해 주세요.

음악으로 그리는 세상 〈소리 풍경〉	완성도			창의성			발표		
	사진의 장면에 어울리는 소리를 찾아 발표함			다양한 소리를 상상하며 창의적으로 이야기함			발표 태도의 적극성		
○○○	☺	😐	☹	☺	😐	☹	☺	😐	☹
○○○	☺	😐	☹	☺	😐	☹	☺	😐	☹
○○○	☺	😐	☹	☺	😐	☹	☺	😐	☹

❷ 오늘 나의 활동을 평가해 주세요.

평가 기준	☺	😐	☹
1. 사진을 선택하고 기억을 떠올릴 수 있다.			
2. 사진 속 장면에 어울리는 소리를 선택할 수 있다.			
3. 사진 속 장면에 어울리는 소리를 찾고 이야기로 표현할 수 있다.			

❻ 한 걸음 더!

- 이 수업은 플립러닝 학습 1차시로 계획되었지만, 학생의 수준이나 학교 상황에 따라 3~4차시로 늘려서 진행할 수 있다.
- 평가 문항은 교실 환경과 학생의 장애 유형과 정도에 따라 교사의 재량으로 재구성하여 운영할 수 있다.
- 플립러닝 사진 자료는 학생들과 함께했던 교육 활동이나 체험학습 사진을 활용하여 추억을 떠올릴 수 있는 사진 자료를 탑재해 준다.
- 수업 전 학습 자료는 동영상의 화면을 캡처하거나 학생들이 그린 풍경 그림을 제시해도 좋다.
- 어울리는 소리를 찾는 과정은 정답이 정해진 것이 아니므로 발표자에게 많은 칭찬과 배려를 해 준다. 그리고 학급의 모든 학생이 수업에 참여할 수 있도록 한다.
- 이 수업은 다른 교과와 연계하여 진행해도 된다.
- 이야기에 어울리는 소리를 찾는 시간에는 다양한 음원, 소리 자료들을 준비하여 학생들이 소리와 함께 시각적으로도 느껴지도록 준비한다.
- 이 수업으로 학생들에게 자아존중감, 성취감 및 만족감을 느낄 수 있도록 많은 격려를 해 준다.
- 음원과 사진은 자유롭게 선택할 수 있도록 해 준다.

3) 플립러닝 활용 교수·학습 유형 3

❶ 개요

영역	표현		기능	탐색하기, 표현하기, 연주하기
학습 목표	음악에 맞추어 좋아하는 악기를 선택하여 합주할 수 있다.			
평가 유형	□자기평가　■상호평가　□관찰평가　■실음평가　□포트폴리오 □기타 (　　　　　　　　)			
교수·학습 자료	수업 환경	노트북, 피아노, 다양한 악기, 방음이 된 교실		
	교사 준비물	PPT 자료, 가창 음원, 악기별 소리 음원, 악기 소개 및 연주법 활동지		
	학생 준비물	색연필, 악보, 선택한 악기		
개발 의도	플립러닝 수업 유형 3은 좋아하는 악기를 선정하고 각 악기 소리를 탐색한 후, 전시학습한 가창곡에 맞추어 다양한 악기로 연주하는 기악 수업을 위한 수업으로 설계되었다. 이 수업은 학생들이 스스로 원하는 악기를 선택하고, 연습 계획을 세우고, 제재곡에 어울리는 악기의 음색을 내기 위하여 꾸준히 실력을 향상시키도록 격려하고 성취감을 갖도록 하는 데 의미가 있다. 학생들이 원하는 악기를 교사가 미리 파악하여 각 악기의 주법, 구조, 특징, 음색 등을 미리 탐색할 수 있도록 맞춤형 사전학습 자료를 만들어 제공하여 음악적 감성 역량, 음악적 소통 역량, 자기관리 역량을 기를 수 있다.			

❷ 단계별 교수·학습 활동 및 평가 계획

학습 단계	활동명	교수·학습 활동	평가 계획
교실 밖	11. 동요와 전래 동요를 듣고 따라 부르기 12. 좋아하는 악기 소리 탐색하기	• (플립러닝) 전시학습 가창곡을 다시 한번 불러 볼 수 있는 자료를 제시한다. • (플립러닝) 학생들을 위해 다양한 악기의 특징과 음색을 담은 동영상 자료를 탑재한다.	• 전시학습곡을 파악할 수 있는가? • 악기 음색을 파악할 수 있는가?
교실 밖	13. 악기 선택 및 연주법 익히기	• (플립러닝) 학생들이 원하는 악기를 고르게 하고 학생별 악기의 연주법이 담긴 각각의 자료를 제시한다.	• 악기 연주법을 익힐 수 있는가?
교실 안 (전개)	14. 악기별 특징 및 음색 비교해 보기	• 악기를 선택하고 음색을 비교한다. • 노래를 부르고 어떤 악기로 표현하는 것이 좋을지 음색을 느껴 본다.	• 악기 음색을 비교할 수 있는가?
교실 안 (마무리)	15. 선택한 악기로 악곡에 맞추어 합주하기	• 악곡에 어울리는 리듬으로 각자의 악기로 합주해 본다.	• 역할을 고르게 나눌 수 있도록 지도한다. • 각 악기별 바른 자세와 연주법을 지도한다.

❸ 교수·학습 과정안

학습 주제	나도 연주가 〈기악 합주〉		수준	초등학교 5~6학년	
활동명	음악에 맞추어 좋아하는 악기로 합주해요.				
학습 목표	음의 길이에 알맞게 좋아하는 악기를 선택하여 리듬 합주를 할 수 있다.				

학습 단계	학습 과정 (모듈)	교수·학습 활동				자료 활용 및 유의점
		교사	학생(수준, 장애 유형 등에 따른 내용 제시)			
			A	B	C	
도입 (수업 전, Pre class)	전시 학습 / 동기 유발	• 전시학습 가창곡 〈파란 가을 하늘〉을 불러 보도록 안내한다. • 좋아하는 악기를 선택하고 음색을 탐색할 수 있도록 자료를 제공한다. • 악기별 연주법 자료를 미리 안내한다.	• 노랫말의 의미를 파악하고 분위기를 살려 부른다. • 여러 가지 리듬 악기의 음색을 듣는다. • 악기별 음색을 들어 보고 좋아하는 악기를 선정해서 악기 연주법을 읽는다.	• 노래의 분위기를 살려 부른다. • 여러 가지 리듬 악기의 음색을 듣는다. • 악기별 음색을 들어 보고 좋아하는 악기를 선정해서 악기 연주법을 읽는다.	• 노래를 듣고 따라 부른다. • 여러 가지 리듬 악기의 음색을 듣는다. • 악기별 음색을 들어 보고 좋아하는 악기를 선정해서 악기 연주법을 읽는다.	• 악기별로 사진을 클릭하면 악기 소리가 나올 수 있도록 안내 자료를 구성한다.
전개 (수업 중, In class)	다 함께 노래 불러 보고 긴소리와 짧은소리 비교하기	• 〈파란 가을 하늘〉 노래를 다 같이 불러 본다. • 노래를 부를 때 교사가 박수로 일정박을 치면서 부른다. • 4분음표와 2분음표, 점2분음표에 대해 설명한다. • 음표의 길이에 따라 다른 색깔로 표시하도록 한다. • 선택한 악기에 어울리는 음의 길이를 안내한다.	• 4분음표는 박수를 한 번 치면서 부른다. • 2분음표는 박수를 두 번 치면서 부른다. • 점2분음표는 박수를 세 번 치면서 부른다. • 각자 선택한 악기가 어떤 음표를 연주할 때 적절한지를 생각해 본 후 연주한다.	• 자신이 선택한 악기가 길게 내는 음표에 어울리는지, 짧게 내는 음표에 어울리는지 이야기한다. • 선택한 리듬악기로 악보에서 연주할 부분을 표시하여 연습한다.	• 선택한 악기가 어떤 음표에 어울리는지 안내하고 이해한다. • 악보에 자신이 연주할 부분을 표시하고 일부분을 연습한다.	• 음의 길이 비교가 어려운 학생들을 위해 연주할 시기에 맞추어 악기 사진이 그려진 카드를 들어 올려 힌트를 제공한다.
정리	정리 평가	• 선택한 악기로 악곡에 맞추어 리듬 합주를 하게 한다.	• 악보를 보면서 해당 순서에 자신의 악기를 연주하여 리듬 합주를 한다.	• 선생님의 안내에 따라 자신이 선택한 악기를 가지고 악보에 맞추어 연주한다.	• 선생님의 안내에 따라 음악에 맞추어 리듬 합주를 한다.	• 음원

❹ 평가 도구

평가 목표	자신이 선택한 리듬악기로 음의 길이에 알맞게 리듬 합주를 할 수 있다.	
평가 영역	과정 평가	
평가 유형(방법)	자기평가, 상호평가	
평가 내용	짧은 음 리듬악기와 긴 음 리듬악기를 이용해 노래에 맞추어 리듬 합주를 할 수 있는가?	
평가 기준	잘함	자신이 선택한 리듬악기로 음의 길이에 맞추어 스스로 연주할 수 있다.
	보통	자신이 선택한 리듬악기로 음의 길이에 맞추어 연주할 수 있다.
	노력 요함	자신이 선택한 리듬악기로 음악에 어울리게 연주할 수 있다.
평가 환류 계획	자신이 선택한 리듬악기의 특징과 연주 방법을 이야기해 보도록 한다.	

❺ 활동지 자료

가. 플립러닝 사전학습지 예시

가창곡 예시 〈파란 가을 하늘〉	(악보: 파란 가을 하늘 / 밝고 경쾌하게 / 어효선 작사·김공선 작곡) 파란 가을 하늘 아래 / 단풍 잎을 밟으며 / 바구니 끼고서 밤을 줍네 / 가을도 밤처럼 익어가네
〈선생님 목소리〉	안녕 친구들 ^^ 지난시간에 배운 〈파란 가을 하늘〉 노래를 반복해서 불러 보세요. 이 노래에 맞추어 리듬 합주를 해 볼 거예요. 각자 어떤 리듬악기가 좋은지 악기 소개지를 읽고 마음에 드는 악기를 선택해 보세요. 그럼 내일 수업 시간에 만나요~!

악기 사진을 클릭하면 악기 소리가 나와서 음색을 비교할 수 있도록 안내 자료를 구성한다.

악기	연주법
캐스터네츠	엄지를 이음 부분에 넣고 나머지 네 개의 손가락으로 캐스터네츠의 면을 움직여 소리 내는 연주 방법이 사용되고 있다.
트라이앵글	트라이앵글의 금속 부분을 직접 손으로 잡으면 소리가 울리지 않으므로 트라이앵글을 묶은 끈을 쥐고 연주한다. 트라이앵글의 롤 혹은 트릴은 악기의 한쪽 각에 인접한 두 면을 두드려 소리 낸다.
탬버린	탬버린을 연주하는 방법은 매우 다양하다. 탬버린의 면을 손바닥으로 치기도 하고 손가락 관절로 치거나 손가락 끝으로 연주함으로써 다양한 음량을 얻을 수 있다. 무릎과 주먹 사이에 탬버린을 두고 흔들어 소리 내는 방법으로 큰 음량과 빠르고 복잡한 리듬을 표현할 수 있다.
징	풍물징은 손에 들고 서서 치는 방법과 사물놀이를 할 때 틀에 매달아 앉아서 치는 방법이 있다. 또 굿을 할 때 엎어 놓고 치는 방법, 시나위 합주 때 왼손에 들고 오른손에 채를 잡고 치는 방법이 있다.
심벌즈	양손으로 심벌즈를 잡고 연주할 때 연주자는 심벌즈를 서로 부딪쳐 소리 내며 그 음량과 울림을 조절할 수 있다. 하나의 심벌이 다른 하나의 심벌 위를 스치게 연주해 '솨이' 하는 소리를 얻는 연주 방법도 있다.
나무관복	둥근 것과 네모진 것이 있다. 크기는 대체로 20~30cm의 것이 가장 많으며, 작은 나무 채로 때려서 연주한다.
리듬 막대	윷가락같이 둥글게 깎은 한 쌍의 막대 모양의 악기로, 두 막대기를 서로 부딪쳐서 소리를 낸다.
카바사	표주박과 염주로 만든 남아메리카의 타악기로, 왼손으로 겉에 붙어 있는 구슬을 가볍게 누른 채 오른손으로 손잡이를 좌우로 비틀어 연주한다.
소고	북의 나무 자루를 왼손으로 잡고, 오른손에 나무 채를 쥐고 북의 앞뒤 면을 쳐서 소리를 내어 연주한다.

악기 소개 연주법 안내 자료

* 출처: 특수 초등 5-6 음악 지도서, 교육부.

나. 동료평가와 자기평가 자료

모둠 활동 동료평가 및 자기평가

❶ 우리 반 리듬 합주에 대한 내용을 평가해 주세요

나도 연주가 〈기악 합주〉	완성도			창의성			발표		
	음의 길이에 알맞게 리듬 합주를 함			음악에 맞추어 리듬악기를 연주함			리듬 합주 시 적극적이고 진지하게 참여함		
○○○	☺	😐	☹	☺	😐	☹	☺	😐	☹
○○○	☺	😐	☹	☺	😐	☹	☺	😐	☹
○○○	☺	😐	☹	☺	😐	☹	☺	😐	☹

❷ 오늘 나의 활동을 평가해 주세요.

평가 기준	☺	😐	☹
1. 악곡에서 긴 음과 짧은 음을 구별할 수 있는가?			
2. 음의 길이에 어울리는 악기를 선택할 수 있는가?			
3. 선택한 리듬악기로 음의 길이에 맞추어 연주할 수 있는가?			
4. 음악에 맞추어 자신의 악기로 리듬 합주를 할 수 있는가?			

❻ 한 걸음 더!

- 이 수업은 플립러닝 학습 1차시로 계획되었지만, 학생의 수준이나 학교 상황에 따라 2~3차시로 늘려서 진행할 수 있다.
- 교실 환경과 학생의 장애 유형과 정도에 따라 교사의 재량으로 재구성하여 운영할 수 있다.
- 수업 전 플립러닝 학습 자료는 악기별 음색이 비교될 수 있도록 악기 사진을 클릭하면 악기 소리가 나오도록 구성한다.
- 바른 자세와 주법으로 연주할 수 있도록 지도해 준다.
- 악보를 음의 길이에 따라 다른 색깔로 표시해서 제시해도 된다.
- 자신이 선택한 악기 이외에도 다양한 타악기를 접해 볼 수 있도록 교실에 두고 활용한다.
- 이 수업으로 학생들이 자아존중감, 성취감 및 만족감을 느낄 수 있도록 많은 격려를 해 준다.

4) 플립러닝 활용 교수·학습 유형 4

❶ 개요

영역	생활화		기능	표현하기, 감상하기, 경험하기
학습 목표	학급 행사로 〈우리 반 라디오〉에 사연을 보내고 라디오 진행을 할 수 있다.			
평가 유형	□자기평가 □상호평가 ■관찰평가 □실음평가 ■포트폴리오 □기타 ( )			
교수 · 학습 자료	수업 환경	노트북, 피아노, 방음이 된 교실		
	교사 준비물	PPT 자료, 감상 음원, 라디오 소개지, 시그널 음악 음원, 엽서		
	학생 준비물	필기구, 사연을 적은 엽서		
개발 의도	플립러닝 수업 유형 4는 음악이 사회와 문화 속에서 생각과 느낌을 소통하고 공유하게 하는 것임을 인지하고, 학급 행사 〈우리 반 라디오〉를 통해 음악의 소통을 실천해 보도록 구성하였다. 「국어와 진로」 과목과 연계하여 표현하고자 하는 의미가 바르게 나타날 수 있도록 엽서를 작성해 보고, 학교나 가정에서 자신이 해야 할 역할과 책임을 알고 실천해 보는 시간을 가져 본다.			

❷ 단계별 교수·학습 활동 및 평가 계획

학습 단계	활동명	교수·학습 활동	평가 계획
교실 밖	18. 고마운 사람에게 표현하고자 하는 의미가 바르게 나타나도록 이야기하기	• 다른 사람에게 표현하고자 하는 의미가 바르게 나타나도록 이야기해 본다. (국어과 연계 활동)	• 자신의 생각을 이야기할 수 있는가?

⬇

교실 밖	22. 우리 반 라디오 진행해 보기	• 라디오의 개념과 특성을 소개한 안내 활동지를 읽어 본다.	• 라디오에 대한 전반적 이해도를 확인한다.

⬇

교실 밖	19. 마음을 전달하는 문장을 사용하여 엽서 작성해 보기	• 자신의 생각이나 표현하고자 하는 내용을 적은 사연을 엽서로 작성해 온다.	• 짧은 손편지와 엽서 작성법을 익힌다.

⬇

교실 안 (전개)	20. 친구의 이야기를 듣고 주요 내용 파악하기 21. 사연에 어울리는 음악 선정하기	• 우리 반 라디오 오프닝 시그널 음악을 선정한다. • 친구의 사연을 듣고 어울리는 신청곡을 말해 본다. • 사연과 신청곡을 보내 본다.	• 상황에 어울리는 음악을 선정할 수 있는가? • 라디오 진행에 필요한 구성 요소를 파악할 수 있는가?

⬇

교실 안 (마무리)	22. 우리 반 라디오 진행해 보기	• 진행자(혹은 교사)가 친구들의 사연을 읽고 신청곡을 틀어 주며 우리 반 라디오를 진행한다.	• 우리 반 라디오 진행 후 느낀 점에 대해 이야기를 나눌 수 있는가?

❸ 교수 · 학습 과정안

학습 주제	음악으로 쓰는 편지 〈우리 반 라디오〉			수준	중학교 1~3학년	
활동명	〈우리 반 라디오〉					
학습 목표	학급 행사로 〈우리 반 라디오〉에 사연을 보내고 라디오 진행을 할 수 있다.					

학습 단계	학습 과정 (모듈)	교수 · 학습 활동				자료 활용 및 유의점
		교사	학생(수준, 장애 유형 등에 따른 내용 제시)			
			A	B	C	
도입 (수업 전, Pre class)	전시 학습 / 동기 유발	• 국어 활동과 연계하여 다른 사람에게 자신의 마음을 표현해 보도록 안내한다. • 라디오에 대한 소개 활동지를 탑재한다. • 마음을 전달하는 엽서 이미지를 인쇄해서 미리 제공한다.	• 다른 사람에게 표현하고자 하는 의미가 바르게 나타나도록 이야기한다. • 라디오에 대한 소개 안내문을 읽고 라디오란 무엇인지 이해한다. • 고마운 마음, 미안한 마음, 기쁨과 슬픔의 감정 등을 주제로 자신의 이야기를 엽서로 작성한다.	• 라디오의 개념을 이해하고 라디오의 특징을 파악한다. • 자신이 하고 싶은 이야기를 말하거나 간단한 문장으로 쓴다.	• 라디오의 개념을 이해한다. • 자신이 하고 싶은 이야기를 말하거나 간단한 문장으로 쓴다.	• 엽서 작성이 힘든 학생은 그림으로 표현하거나 완성형 문장 중에 자신의 생각과 가장 비슷한 것을 체크하도록 하는 안내지를 제공한다.
전개 (수업 중, In class)	〈활동 1〉 라디오 진행에 필요한 자료 준비	• 라디오의 특성과 교육적 가치를 안내한다. • 라디오 진행에 필요한 구성 요소를 설명한다: 오프닝(시그널 음악) 사연, 신청곡, 클로징 멘트 등	• 라디오를 들어본 경험을 공유한다. • 〈우리 반 라디오〉 오프닝 시그널 음악을 선정한다.	• 라디오에서 들은 소식이나 정보에 대해 말한다. 뉴스, 날씨, 음악, 세상 이야기, 책 이야기 등 경험을 이야기한다.	• 라디오가 우리 생활에 주는 고마운 점에 대해 생각한다. • 라디오 진행에 필요한 구성 요소를 이해한다.	• 시그널 음악의 예시를 소개하고 학생들이 가장 좋아하는 곡으로 선정해서 진행한다. • 신청곡 활동이 힘들다면 학생들이 좋아하거나 어울리는 곡을 추천 리스트로 만들어 고를 수 있도록 돕는다.

	〈활동 2〉 라디오 만들기	• 시그널 음악을 선정할 수 있도록 다양한 라디오 시그널 음악을 소개한다. • 친구의 엽서에 담긴 사연을 소개하고 어울리는 음악을 선정해 보도록 안내한다.	• 친구 사연을 듣고 어울리는 신청곡을 말한다. • 진행자에게 자신의 사연과 신청곡을 보낸다.	• 상황에 어울리는 음악을 선정한다. • 라디오 진행에 필요한 구성 요소를 파악한다.	• 친구의 사연에 어울리는 음악을 추천한다.	
정리	정리 평가	• 시그널 음악과 함께 오프닝 멘트, 사연 소개, 신청곡, 마무리까지 라디오를 진행하도록 한다.	• 진행자(혹은 교사)가 친구들의 사연을 읽고 신청곡을 틀어 주며 〈우리 반 라디오〉를 진행한다.	• 〈우리 반 라디오〉 진행 후 느낀 점을 이야기한다.	• 〈우리 반 라디오〉를 듣고 느낀 점을 말해 본다.	• 학생들이 진행자의 역할을 하기 힘든 경우, 교사가 라디오 진행을 하고 사연을 읽어 준다.

❹ 평가 도구

평가 목표	학급 행사로 〈우리 반 라디오〉에 사연을 보내고 라디오 진행을 할 수 있다.	
평가 영역	과정 평가	
평가 유형(방법)	자기평가, 상호평가, 포트폴리오	
평가 내용	가족 행사나 학급 행사에서 음악을 활용하는 태도를 가지는가?	
평가 기준	잘함	라디오를 이해하고 사연을 작성해서 라디오를 진행할 수 있다.
	보통	라디오를 이해하고 사연과 신청곡을 이야기할 수 있다.
	노력 요함	라디오를 이해하고 청취할 수 있다.
평가 환류 계획	가족 행사에서 음악을 활용할 수 있는 방법에 대해 생각해 보도록 한다.	

❺ 활동지 자료

가. 플립러닝 사전학습지 예시

라디오 소개	라디오의 사전적 의미는 방송국에서 일정한 시간 안에 음악·드라마·뉴스·강연 따위의 음성을 전파로 방송하여 수신 장치를 갖추고 있는 청취자들에게 듣게 하는 일 또는 그런 방송 내용을 말한다. 라디오의 특성은 청취자의 상상력을 자극하고, 기술적 어려움 없이 즉각적인 상황을 전달하는 속보성을 갖추고 있다는 것이다. 그리고 다른 활동을 하면서도 들을 수 있고, 소리를 통해 솔직하고 풍부한 감정을 전달하는 매체이다.	〈우리 반 라디오〉 안내문 • 일시: ○○○○. ○○. ○○. • 장소: 우리 반 교실 • 시간: 10분 내외 • 주제: 우리들의 마음 이야기 • 구성: 시그널-오프닝-사연과 신청곡-클로징 • 준비물: 마음이 담긴 엽서
엽서 이미지	내 마음을 담은 엽서를 작성해 보자. • 〈우리 반 라디오〉 시간 주제 예시: '위로받고 싶었던 순간은 언제인가요' '너무 기쁘고 행복했던 순간을 떠올려 보자' '축하해 주세요' 등
라디오 미리 접해 보기 (현재 방송 중인 라디오 프로그램 소개)	시간대별, 음악 장르별, 대화형, 안내형, 인터뷰형, 보도, 토론형 라디오 프로그램명을 기록하거나 링크를 소개한다.

나. 동료평가와 자기평가 자료

모둠 활동 동료평가 및 자기평가

❶ 〈우리 반 라디오〉 활동을 평가해 보세요

음악으로 쓰는 편지 〈우리 반 라디오〉	마음의 표현			라디오 진행			적극적 태도		
	자신의 마음을 잘 표현한 사연을 보냈나요?			라디오의 구성 요소를 이해하고 진행하였나요?			우리 반 라디오에 적극적으로 참여하였나요?		
○○○	☺	😐	☹	☺	😐	☹	☺	😐	☹
○○○	☺	😐	☹	☺	😐	☹	☺	😐	☹
○○○	☺	😐	☹	☺	😐	☹	☺	😐	☹

❷ 오늘 나의 활동을 평가해 주세요.

평가 기준	☺	😐	☹
1. 라디오의 특성을 잘 알고 있는가?			
2. 마음의 소리를 사연으로 잘 작성할 수 있는가?			
3. 사연에 어울리는 신청곡을 선정하였는가?			
4. 다른 친구의 이야기를 존중하고 배려하며 경청하였는가?			

❻ 한 걸음 더!

- 이 수업은 국어 교과와 연계하여 설계한 플립러닝 학습 1차시로 계획되었지만, 학생의 수준이나 학교 상황에 따라 4~5차시로 늘려서 진행할 수 있다.
- 평가 문항은 교실 환경과 학생의 장애 유형과 정도에 따라 교사의 재량으로 재구성하여 운영할 수 있다.
- 플립러닝 라디오 소개 자료는 간단명료하게 제시하는 것이 좋다.
- 수업 전 학습 자료는 학생들이 다른 교과 시간에 한 결과물을 제시해도 좋다.
- 사연을 듣고 신청곡을 선정하는 과정은 정답이 정해진 것이 아니므로 발표자에게 많은 칭찬과 배려를 해 준다. 그리고 학급의 모든 학생이 수업에 참여할 수 있도록 한다.
- 학생들이 하기 힘들 경우, 교사가 사연을 모아 직접 진행해도 된다.
- 시그널 음악과 클로징 음악은 방송에서 사용되고 있는 음원의 일부를 차용해도 되고 학생들이 좋아하는 음악의 일부를 사용해도 된다.
- 이 수업으로 학생들이 음악과 관련된 다양한 행사에 참여하고 일상생활 속에서 음악을 활용할 수 있도록 격려해 준다.

5) 플립러닝 활용 교수·학습 유형 5

❶ 개요

영역	표현		기능	탐색하기, 연주하기, 표현하기
학습 목표	세마치장단을 이해하고 사물악기로 연주할 수 있다.			
평가 유형	□자기평가 □상호평가 ■관찰평가 □실음평가 ■포트폴리오 □기타 (　　　　　　　　　)			
교수·학습 자료	수업 환경	노트북, 피아노, 방음이 된 교실		
	교사 준비물	PPT 자료, 감상 음원, 꽹과리, 북, 장구, 징		
	학생 준비물	선택한 사물악기		
개발 의도	플립러닝 수업 유형 5에서는 상대적으로 소홀해지기 쉬운 국악교육에 대한 문제를 인식하고 국악 개념을 학습하는 데 유용하도록 플립러닝 수업을 적용해 보았다. 3소박 계통인 '세마치장단'의 장단꼴을 구음을 통해 익히고, 나아가 음악에 맞추어 사물악기를 이용해 연주해 보며 국악의 신명을 느껴 보도록 하고자 구성하였다.			

❷ 단계별 교수·학습 활동 및 평가 계획

학습 단계	활동명	교수·학습 활동	평가 계획
교실 밖	13. 악기 선택 및 연주법 익히기	• 사물놀이 악기의 특징과 연주법을 익힌다.	• 사물악기의 이름과 연주법을 알 수 있는가?
		⬇	
교실 밖	14. 악기별 특징 및 음색 비교해 보기	• 악기별 음색을 비교한다.	• 사물악기의 음색을 구별할 수 있는가?
		⬇	
교실 밖	16. 리듬꼴, 장단 연습하기	• 세마치장단 구음을 익힌다. • 좋아하는 사물악기를 선택한다. • 악기별 특징과 음색 비교를 정리한다.	• 세마치장단 구음을 알 수 있는가?
		⬇	
교실 안 (전개)	17. 리듬 따라 하기, 장단 릴레이하기, 〈선생님과 따라쟁이 수업하기〉	• 장구와 북으로 선생님이 연주하는 리듬을 듣고 따라 쳐 본다. • 세마치장단을 사물악기로 연주한다. • 음악에 어울리게 사물악기로 놀아 본다.	• 사물악기로 세마치장단을 칠 수 있는가? • 악기별로 세마치장단 릴레이로 연주할 수 있는가?
		⬇	
교실 안 (마무리)	15. 선택한 악기로 악곡에 맞추어 합주하기	• 친구들과 신명 나게 사물놀이를 한다.	• 음악에 맞추어 사물악기로 세마치장단을 연주할 수 있는가?

❸ 교수·학습 과정안

학습 주제	국악으로 놀자 〈사물놀이〉		수준	중학교 1~3학년	
활동명	사물악기로 리듬 표현하기				
학습 목표	세마치장단을 이해하고 사물악기로 연주할 수 있다.				

학습 단계	학습 과정 (모듈)	교수·학습 활동				자료 활용 및 유의점
		교사	학생(수준, 장애 유형 등에 따른 내용 제시)			
			A	B	C	
도입 (수업 전, Pre class)	전시 학습 / 동기 유발	• 사물놀이 악기를 소개하고 연주법 자료를 제공한다. • 사물악기를 비교할 수 있는 음원을 안내한다.	• 사물놀이 악기의 특징과 연주법을 익힌다. • 악기별 음색을 듣고 비교한다.	• 사물놀이 악기의 특징과 연주법이 담긴 자료를 찾아본다. • 악기별 음색을 듣고 비교한다.	• 사물놀이 악기의 특징과 연주법을 찾아본다. • 악기별 음색을 듣는다.	• 플립러닝 안내 자료 • 사물악기 소개지 • 음원
전개 (수업 중, In class)	〈활동 1〉 악기 탐색	• 아리랑에 맞추어 세마치장단을 소개하고 구음 익히기 활동을 한다. • 좋아하는 사물악기를 선택하게 한다.	• 세마치장단을 구음으로 익힌다. 덩 덩 덕 쿵덕 • 좋아하는 사물악기를 스스로 선택한다.	• 세마치장단을 구음으로 한다. 덩 덩 덕 쿵덕 • 좋아하는 사물악기를 선생님의 도움을 받아 선택한다.	• 세마치장단을 구음으로 말한다. 덩 덩 덕 쿵덕 • 선생님이 제시한 악기 중에서 좋아하는 사물악기를 선택한다.	• 꽹과리, 북, 장구, 징 • 학생들이 원하는 악기를 모두 선택할 수 있도록 준비한다.
	〈활동 2〉 악기 연주	• 선생님과 세마치장단 따라쟁이 시간을 갖도록 한다. 선생님이 사물악기 중 하나로 시범을 보이면 학생들이 선생님을 따라 장단을 치게 한다. • 각자 선택한 사물악기로 세마치장단을 릴레이 연주하도록 한다. • 〈아리랑〉에 맞추어 세마치장단을 사물악기로 연주하도록 한다.	• 악기 연주법을 떠올리며 자유롭게 장단을 친다. • 선택한 악기를 들고 선생님이 연주하는 리듬을 듣고 따라 친다. • 세마치장단을 사물악기로 연주한다.	• 악기 연주법을 떠올리며 자유롭게 장단을 친다. • 장구와 북으로 선생님이 연주하는 리듬을 듣고 따라 친다. • 세마치장단을 사물악기로 연주한다.	• 악기 연주법을 떠올리며 자유롭게 장단을 친다. • 북으로 선생님이 연주하는 리듬을 듣고 따라 친다. • 음악에 어울리게 사물악기로 놀아 본다.	
정리	정리 평가	• 세마치장단을 구음으로 부르고, 음악에 맞추어 사물악기로 연주하도록 한다.	• 음악에 맞추어 사물악기로 세마치장단을 연주한다.		• 친구들과 신명 나게 사물놀이를 한다.	• 〈아리랑〉 음원 • 세마치장단에 어울리는 전래 동요 음원

❹ 평가 도구

평가 목표		세마치장단을 이해하고 사물악기로 연주할 수 있다.
평가 영역		과정 평가
평가 유형(방법)		자기평가, 상호평가, 포트폴리오
평가 내용		세마치장단을 구음으로 부르고 사물악기로 연주할 수 있는가?
평가 기준	잘함	세마치장단을 구음으로 부르고 사물악기로 연주할 수 있다.
	보통	세마치장단을 구음으로 부르고 사물악기로 기본박을 연주할 수 있다.
	노력 요함	세마치장단을 구음으로 부를 수 있다.
평가 환류 계획		세마치장단의 구음을 알고 음악에 맞추어 스스로 연주할 수 있는지 확인한다.

❺ 활동지 자료

가. 플립러닝 사전학습지 예시

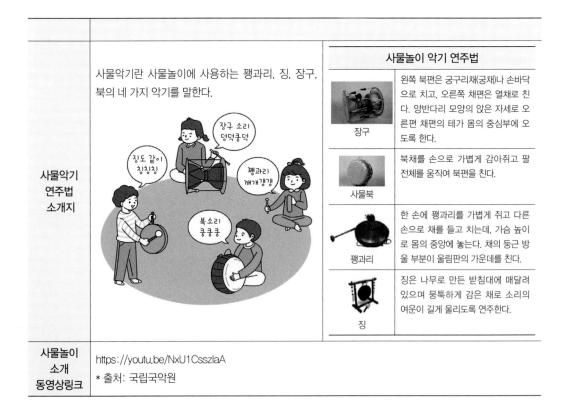

사물악기 연주법 소개지	사물악기란 사물놀이에 사용하는 꽹과리, 징, 장구, 북의 네 가지 악기를 말한다. 장구 소리 덩덕쿵덕 징도 같이 칭칭칭 꽹과리 개개갱갱 북 소리 쿵쿵쿵	**사물놀이 악기 연주법**	
		장구	왼쪽 북편은 궁구리채(궁채)나 손바닥으로 치고, 오른쪽 채편은 열채로 친다. 양반다리 모양의 앉은 자세로 오른편 채편의 테가 몸의 중심부에 오도록 한다.
		사물북	북채를 손으로 가볍게 감아쥐고 팔 전체를 움직여 북편을 친다.
		꽹과리	한 손에 꽹과리를 가볍게 쥐고 다른 손으로 채를 들고 치는데, 가슴 높이로 몸의 중앙에 놓는다. 채의 둥근 방울 부분이 울림판의 가운데를 친다.
		징	징은 나무로 만든 받침대에 매달려 있으며 뭉툭하게 감은 채로 소리의 여운이 길게 울리도록 연주한다.
사물놀이 소개 동영상링크	https://youtu.be/NxU1CsszlaA * 출처: 국립국악원		

나. 동료평가와 자기평가 자료

모둠 활동 동료평가 및 자기평가

❶ 〈우리 반 라디오〉 활동을 평가해 보세요

국악으로 놀자 〈사물놀이〉	이해력 악기의 특징과 연주법을 알고 있다.			표현력 세마치장단의 구음을 말할 수 있다.			완성도 세마치장단을 사물악기로 연주할 수 있다.		
○○○	☺	😐	☹	☺	😐	☹	☺	😐	☹
○○○	☺	😐	☹	☺	😐	☹	☺	😐	☹
○○○	☺	😐	☹	☺	😐	☹	☺	😐	☹

❷ 오늘 나의 활동을 평가해 주세요.

평가 기준	☺	😐	☹
1. 세마치장단을 구음으로 부를 수 있는가?			
2. 세마치 기본 장단을 사물악기로 연주할 수 있는가?			
3. 음악에 맞추어 세마치장단을 사물악기로 연주할 수 있는가?			

❻ 한 걸음 더!

- 이 수업은 국악 플립러닝 학습 1차시로 계획되었지만, 학생의 수준이나 학교 상황에 따라 2~3차시로 늘려서 진행할 수 있다.
- 평가 문항은 교실 환경과 학생의 장애 유형과 정도에 따라 교사의 재량으로 재구성하여 운영할 수 있다.
- 플립러닝 사물놀이 악기 소개 자료는 동영상이나 사진 자료로 제시하여 이해도를 높이는 것이 좋다.
- 장구, 북, 꽹과리, 징을 모두 연주하지 못해도 좋다. 한 악기를 선택하여 연주하게 한다.
- 교사의 장단을 따라 연주하는 따라쟁이 시간에는 한 장단을 소박으로 나누어 진행해도 된다.
- 장단 릴레이는 교사가 먼저 장단을 시작하고 순서대로 각자의 악기로 한 번씩 진행할 수 있도록 해 준다.
- 학생들이 어려워하면 교사가 기본 장단을 계속 연주하고 있어도 된다.
- 국악기에 흥미를 갖고 적극적으로 참여할 수 있도록 칭찬해 준다.
- 이 수업으로 학생들이 음악과 관련된 다양한 행사에 참여하고 일상생활 속에서 음악을 활용할 수 있도록 격려해 준다.

< **토의 주제**   Q :

1. 플립러닝을 활용한 학습의 효과에 대해 이야기해 보자.

2. 교실 밖(pre-class) 수업 전에 할 수 있는 사전 활동을 계획해 보자.

3. 플립러닝 활용 수업과 일반 수업의 장단점을 비교해 보자.

🎵 참고문헌

교육부(2019). 초등학교 5~6학년군 음악 가, 나 교과서. 경상대학교 국정도서편찬위원회.

국립특수교육원(2015). 2015 특수교육 교육과정 기본 교육과정 해설 자료 1. 교육부 국립특수교육원.

이민경(2016). 거꾸로 교실, 잠자는 아이들을 깨우는 수업의 비밀. 서울: 살림터.

이지연, 김영환, 김영배(2014). 학습자 중심 플립느러닝 수입의 적용 사례. 교육 **공학** 연구, 30(2).
        163-191.

최정빈(2018). 플립드러닝 교수설계와 수업전략. 서울: BM 성안당.

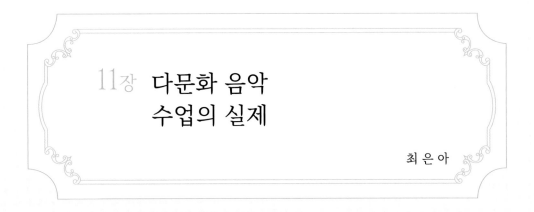

11장 다문화 음악
수업의 실제

최은아

이 장에서는 다문화 음악 수업의 개념 및 원리, 실제적인 특수교육현장에 적용한 가능한 수업 설계 및 교수·
학습 과정을 제시하였다. 다문화 음악 수업의 궁극적인 목적은 다양성에 대한 수용과 존중의 태도를 형성하
는 것에 있다. 이를 통해 특수한 조건하에 있는 학생들이 누구나 공통점과 차이점을 갖고 있다는 것을 알고
자신을 긍정적으로 수용함으로써 자존감을 고양하는 데 기여할 수 있으리라 기대한다.

1. 다문화 음악 수업의 이해

1) 다문화 음악 수업이란

다문화 음악 수업이란 여러 나라의 음악을 통해 다양한 문화의 특성을 이해하고, 서
로 다른 문화로 인한 행동이나 사고방식의 차이를 수용하고 이해할 수 있는 지식과 태
도를 갖추도록 돕는 교육을 뜻한다(Banks, 2004; Manning, 2008). 예를 들어, 거의 모든
나라에는 일노래가 있는데, 자연환경·사회환경에 따라 일의 종류가 다르지만 일을 하
는 데 흥을 돋우거나 힘을 모으는 역할을 한다는 공통점을 가지고 있다. 따라서 여러
나라의 일노래를 배우면서 공통점과 차이점을 느끼는 한편, 차이를 수용하고 이해하는
경험을 할 수 있다. 이를 위해서는 음악적 요소뿐 아니라 역사·문화·사회적 맥락을
이해하도록 돕는 것, 각 나라의 노래뿐 아니라 놀이와 춤, 악기 연주 등 다양한 활동을

직접 경험하도록 이끄는 것이 필요하다.

2) 다문화 음악 수업의 원리

(1) 다문화 음악 수업의 교수·학습 방법

다문화 음악 수업의 교수·학습 방법은 다음과 같이 세 가지 접근법으로 구분할 수 있다.

① 사회문화적 맥락 접근법
② 공통 요소 접근법
③ 통합 활동 접근법

첫째, 사회문화적 맥락 접근법은 가르치고자 하는 다문화 음악의 지리적·사회적·문화적 특징을 학습자의 수준에 맞게 선별하여 제시하고, 주어진 교육 여건에 적절한 맥락적 경험을 할 수 있도록 지도 자료를 수집하고 제작하여 지도하는 방법이다. 고학년의 경우, 사회문화적 맥락에 대한 조사학습이 선행될 수 있다.

둘째, 공통 요소 접근법은 모든 문화, 모든 양식의 음악들이 공통적으로 가지고 있는 구성 요소, 즉 음악의 리듬, 가락, 형식, 빠르기, 셈여림 등을 인지하고 이해할 수 있도록 이끄는 학습 방법이다. 이는 다문화 음악교육의 새로운 지평을 연 CMP(Contemporary Music Project)의 '종합적 음악성 함양'을 위한 세 가지 원리 중 하나로, 모든 음악의 공통 요소에 대한 기본적인 이해력은 다른 문화권 음악의 표현적 속성을 이해하고 발견하는 데 다리 역할을 할 수 있다.

셋째, 통합 활동 접근법은 음악 교과 내에서 신체 표현, 가창, 기악, 창작 및 이해 영역을 종합적으로 학습하거나 하나의 주제를 중심으로 다양한 교과를 통합하여 학습하는 것으로, 사회문화적 맥락과 공통 요소에 대한 이해가 연계되는 구체적인 학습 방법이다. 각 나라의 고유한 언어로 노래 듣거나 부르기, 놀이, 춤, 노래, 악기 연주 등의 활동을 통해 고유의 문화를 경험하고, 이를 통해 공통점과 차이점 비교하기 등의 활동이 필요하다.

특수교육에서 다문화 음악 수업은 다양한 문화의 음악을 학습하는 것뿐 아니라 같은 것과 다른 것을 이해하고 존중하고 수용하는 태도를 갖도록 하는 것에 초점을 맞추는 것이 필요하다. 서로 다른 것을 존중하고 수용하는 것은 장애를 가진 자신을 존중하고 수용하는 태도의 바탕이 된다. 따라서 다양한 음악의 공통점과 차이점을 여러 가지 활동을 통해 자연스럽게 이해하고 수용하는 경험을 제공하는 것은 장애 학생들이 자신의 정체성과 자신감을 형성하는 데 도움이 될 것이라 생각한다.

(2) 다문화 음악 수업의 학습 활동

〈표 11-1〉 **다문화 음악 수업 활동명 구분**

모듈 번호		활동명*
맥락 이해	1	다른 나라의 사회문화적 배경 알아보기
	2	다른 나라의 자연환경 알아보기
	3	노랫말에 담긴 문화적 특징 파악하기
일노래 활동	4	다른 나라의 인사말 알아보기
	5	다양한 방법으로 인사하며 노래 부르기
	6	여러 나라 인사 노래의 공통점 이해하기
	7	여러 나라 인사 노래의 차이점 이해하기
	8	일하면서 노래 부른 이유 알기
놀이 노래 활동	9	다른 나라의 놀이 알아보기
	10	다른 나라의 놀이 방법 알아보기
	11	노래 들으며 놀이하기
	12	노래 부르며 놀이하기
	13	여러 나라 놀이 노래의 공통점 이해하기
	14	여러 나라 놀이 노래의 차이점 이해하기
춤곡 활동	15	여러 나라의 춤곡 알아보기
	16	다른 나라의 춤곡 감상하기
	17	음악에 맞추어 춤추기
	18	춤곡의 쓰임 알기
자연 노래 활동	19	자연의 소리 탐색하기
	20	자연의 소리 표현하기

	21	악곡의 음악적 특징 파악하기
음악 중심 활동	22	원어로 노래 부르기
	23	우리말로 노래 부르기
	24	돌림 노래 형식으로 노래 부르기
	25	겹침 노래 형식으로 노래 부르기
	26	노랫말에 어울리는 동작으로 표현하기
	27	말 리듬으로 반주하기
	28	리듬악기로 반주하기
	29	노랫말에 어울리는 동작 만들어 발표하기
같고 다름 이해	30	다른 나라 노래를 배운 소감 나누기
	31	같은 주제로 다르게 표현된 음악을 들으며 같음과 다름 느끼기
	32	같고 다름에 대해 존중하고 수용하는 태도 갖기

＊ 상기 활동은 장애학습자들의 학년 및 장애 정도에 따라 교수자가 자유롭게 설정하여 제시할 수 있음.

2. 다문화 음악 교수·학습 방법의 실제

유형 1 인사 노래	유형 2 놀이 노래	유형 3 일노래	유형 4 자연을 표현한 노래	유형 5 같고 다름에 대한 존중과 수용
1. 다른 나라의 사회 문화적 배경 알아보기	1. 다른 나라의 사회 문화적 배경 알아보기	2. 다른 나라의 자연 환경 알아보기	2. 다른 나라의 자연 환경 알아보기	15. 여러 나라의 춤곡 알아보기
4. 다른 나라의 인사말 알아보기	21. 악곡의 음악적 특징 파악하기	3. 노랫말에 담긴 문화적 특징 파악하기	19. 자연의 소리 탐색하기	16. 다른 나라의 춤곡 감상하기
5. 다양한 방법으로 인사하며 노래 부르기	22. 원어로 노래 부르기	21. 악곡의 음악적 특징 파악하기	20. 자연의 소리 표현하기	17. 음악에 맞추어 춤추기
22. 원어로 노래 부르기	23. 우리말로 노래 부르기	23. 우리말로 노래 부르기	23. 우리말로 노래 부르기	18. 춤곡의 쓰임 알기
26. 노랫말에 어울리는 동작으로 표현하기	9. 다른 나라의 놀이 알아보기	25. 겹침 노래 형식으로 노래 부르기	26. 노랫말에 어울리는 동작으로 표현하기	31. 같은 주제로 다르게 표현된 음악을 들으며 같음과 다름 느끼기
6. 여러 나라 인사 노래의 공통점 이해하기	10. 다른 나라의 놀이 방법 알아보기	26. 노랫말에 어울리는 동작으로 표현하기	27. 말 리듬으로 반주하기	32. 같고 다름에 대해 존중하고 수용하는 태도 갖기
7. 여러 나라 인사 노래의 차이점 이해하기	11. 노래 들으며 놀이하기	29. 노랫말에 어울리는 동작 만들어 발표하기	28. 리듬악기로 반주하기	
	12. 노래 부르며 놀이하기	8. 일하면서 노래 부른 이유 알기	24. 돌림 노래 형식으로 노래 부르기	
	14. 여러 나라 놀이 노래의 차이점 이해하기		30. 다른 나라 노래를 배운 소감 나누기	

[그림 11-1] **다문화 음악 교수 · 학습 유형과 활동명**

1) 다문화 음악 교수·학습 유형 1(인사 노래)

❶ 개요

영역	표현	기능	찾아보기, 노래 부르기, 표현하기, 구별하기, 비교하기
학습 목표	여러 나라 인사말이 표현된 민요를 부르고, 다양한 방법으로 표현할 수 있다.		
평가 유형	■자기평가 ■상호평가 ■관찰평가 □실음평가 □포트폴리오 □기타 ( )		
교수·학습 자료	수업 환경	노트북, 피아노, 방음이 된 교실	
	교사 준비물	PPT 자료, 음원, 리듬악기	
	학생 준비물	편한 복장	
개발 의도	세계 여러 나라의 민요에는 각 나라의 인사를 표현한 노래가 있다. 이 단원은 다른 나라의 인사 노래를 부르면서 문화의 다양성을 수용하는 데 주안점을 두었다. 학생들은 간단한 인사말을 표현한 두 나라의 노래를 부르고 인사 동작 등 노랫말에 어울리는 동작을 표현하는 과정에서, 자연스럽게 여러 나라 인사 노래의 공통점과 차이점을 느끼고 문화적 감수성을 계발할 수 있을 것이다.		

❷ 단계별 교수·학습 활동 및 평가 계획

학습 단계	활동명	교수·학습 활동	평가 계획
도입	1. 다른 나라의 사회문화적 배경 알아보기	• 세계 지도를 보고 짐바브웨와 케냐의 위치를 파악한다. • 각 나라의 사회문화적 배경을 이해한다.	
		⬇	
전개 1	4. 다른 나라의 인사말 알아보기 12. 원어로 노래 부르기 5. 다양한 방법으로 인사하며 노래 부르기	• 짐바브웨의 인사말을 알아보고 인사를 나눈다. • 노랫말의 뜻을 알아본다. • 원어로 듣고 따라 부른다. • 원어로 전체를 부른다. • 여러 가지 인사 방법을 생각해 본다. • 다양한 방법으로 인사하며 노래를 부른다.	• 다양한 방법으로 인사하며 노래를 부를 수 있는가?
		⬇	
전개 2	4. 다른 나라의 인사말 알아보기 5. 다양한 방법으로 인사하며 노래 부르기 22. 원어로 부르기 26. 노랫말에 어울리는 동작으로 표현하기	• 케냐의 인사말을 알아보고 인사를 나눈다. • 노랫말의 뜻을 알아본다. • 다양한 방법으로 인사하며 노래를 부른다. • 원어로 듣고 따라 부른다. • 원어로 전체를 부른다. • 노랫말에 어울리는 동작을 익힌다. • 노랫말에 어울리는 동작을 표현하며 노래를 부른다.	• 노랫말에 어울리는 동작을 표현하며 노래를 부를 수 있는가?
		⬇	
마무리	6. 여러 나라 인사 노래의 공통점 이해하기 7. 여러 나라 인사 노래의 차이점 이해하기	• 케냐와 짐바브웨 인사 노래의 공통점에 대해 이야기를 나눈다. • 케냐와 짐바브웨 인사 노래의 차이점에 대해 이야기를 나눈다.	• 여러 나라 인사 노래의 공통점과 차이점에 대해 말할 수 있는가?

❸ 교수·학습 과정안

학습 주제	즐겁게 인사하기
활동명	찾아보기, 노래 부르기, 표현하기, 구별하기, 비교하기
학습 목표	여러 나라 인사말이 표현된 민요를 부르고, 다양한 방법으로 표현할 수 있다.

학습 단계	학습 과정 (모듈)	교수·학습 활동				자료 활용 및 유의점
		교사	학생(수준, 장애 유형 등에 따른 내용 제시)			
			A	B	C	
도입	동기 유발	• 아프리카 여러 민족의 인사법을 소개한다. • 세계 지도를 보며 짐바브웨와 케냐의 위치를 알려 준다.	• 아프리카 여러 민족의 인사법을 따라 한다. –남아프리카 산족: 상대의 손목을 잡는다. 동아프리카 마사이족: 어른이 아이들의 머리를 쓰다듬는다 등 • 세계 지도를 보고 짐바브웨와 케냐의 위치를 확인한다.			• 세계 지도
전개	〈활동 1〉 짐바브웨 인사 노래 배우기	• 짐바브웨의 인사말을 알려 주고 함께 인사를 나누도록 안내한다. • 노랫말의 뜻을 확인하고, 원어로 듣고 따라 부르기 방식으로 지도한다. • 여러 가지 인사 방법을 자유롭게 표현해 보고, 다양한 방법으로 인사하며 노래를 부르도록 한다.	• 짐바브웨 인사말을 알고 선생님과 친구들에게 짐바브웨 언어로 인사를 나눈다.			• 교사는 리듬악기로 노래 반주를 한다. • 리듬악기
			• 원어로 노래를 부른다.		• 노래의 일부분을 원어로 노래 부른다.	
			• 다양한 방법으로 인사하는 동작을 표현하며 노래 부른다.	• 인사하는 동작을 표현하며 노래 부른다.	• 노래를 들으며 인사하는 동작을 표현한다.	
	〈활동 2〉 케냐의 인사 노래 배우기	• 케냐의 인사말을 알아보고 함께 인사를 나누도록 한다. • 노랫말의 뜻을 확인하고, 원어로 듣고 따라 부르기 방식으로 지도한다. • 노랫말에 어울리는 동작을 표현하며 노래를 부르도록 한다. • 모둠별로 노랫말에 어울리는 동작을 발표하도록 한다.	• 케냐 인사말을 알고 선생님과 친구들에게 케냐 언어로 인사를 나눈다.	• 케냐 인사말을 알고 말한다.	• 케냐 인사말을 따라서 말한다.	• 〈활동 2〉는 다른 시간에 이어서 하거나 생략할 수 있다. • 교사는 리듬악기로 흥겹게 노래 반주를 해 준다. • 리듬악기
			• 원어로 노래를 부른다.		• 노래의 일부분을 원어로 노래 부른다.	
			• 다양한 방법으로 인사하는 동작을 표현하며 노래를 부른다.	• 인사하는 동작을 표현하며 노래를 부른다.	• 노래를 들으며 인사하는 동작을 표현한다.	
			• 모둠별로 창의적으로 노랫말에 어울리는 동작을 발표한다.	• 모둠별로 노랫말에 어울리는 동작을 발표한다.	• 교사의 도움을 받아 노랫말에 어울리는 동작을 발표한다.	

정리	정리 평가	• 케냐와 짐바브웨 인사 노래의 공통점과 차이점에 대해 이야기를 나누도록 한다.	• 케냐와 짐바브웨 인사 노래의 공통점과 차이점에 대해 이야기한다.	• 케냐와 짐바브웨 인사 노래의 공통점 또는 차이점에 대해 이야기한다.	• 교사의 도움을 받아 케냐와 짐바브웨 인사 노래의 공통점 또는 차이점에 대해 안다.	

❹ 평가 도구

평가 목표	노랫말에 어울리는 동작을 표현하며 노래를 부를 수 있다.
평가 영역	과정 평가
평가 유형(방법)	관찰평가, 자기평가, 상호평가
평가 내용	노랫말에 어울리는 동작을 표현하며 노래를 부를 수 있는가?
평가 기준	**잘함** 노랫말에 어울리는 동작을 창의적으로 표현하며 노래를 부를 수 있다.
	보통 노랫말에 어울리는 동작을 표현하며 노래를 부를 수 있다.
	노력 요함 선생님이나 친구의 도움을 받아 노랫말에 어울리는 동작을 표현하며 노래를 부를 수 있다.
평가 환류 계획	(심화) 노랫말에 어울리는 새로운 동작을 더 구성해 보도록 한다. (보충) 노랫말을 함께 확인하며 예시 동작을 보여 준다.

❺ 활동지 자료

가. 짐바브웨 / 케냐 지도

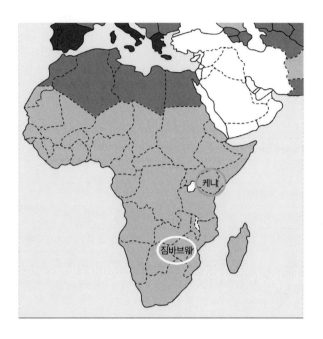

나. 〈살리 보나니〉 악보

다. 아프리카 여러 민족의 다양한 인사법

서로의 손을 만지다가 손가락으로 깍지를 만든 후 '딱' 소리를 낸다.	상대의 손목을 잡는다.	어른이 아이들의 머리를 쓰다듬는다. 남자 어른들끼리는 창을 땅에 세운 후 손을 맞잡아 인사한다.

라. <잠보 브와나> 악보

마. <잠보 브와나> 노랫말의 뜻

잠보, 잠보 브와나	안녕하세요?
하바리 가니	잘 지내세요?
은주리 사나	나는 잘 지내요.
와게니 와카리비슈아 케냐 예투	케냐에 온 것을 환영해요
하쿠나 마타타	걱정 마세요

바. 노랫말에 어울이는 동작 표현하기

1	2	3	4	1	2	3	4
잠-보			잠보	브와나		하	바리

두 손을 아래로 하고 오른쪽으로 두 박자, 왼쪽으로 두 박자를 움직인다. (* 2)

가니		은	주리	사-나			와
오른손을 올리고 인사하듯 흔든다.				왼손을 올리고 인사하듯 흔든다.			

게니		와	카리	비슈아			케냐
상대방을 향해 두 손을 내민다.				환영의 뜻으로 내민 손을 안으로 향하게 한다.			

예투		하쿠	나마	타-타			
두 손을 아래로 향하게 하고 검지로 아래를 가리킨다.				가슴 앞에서 두 손바닥을 밖으로 향하게 하고 걱정하지 말라는 뜻으로 흔든다.			

사. 동료평가와 자기평가 자료

모둠 활동 동료평가 및 자기평가

❶ 다른 모둠의 발표를 평가해 주세요.

모둠명	창의성			발표		
	노랫말에 맞추어 창의적인 동작으로 표현한다.			바른 자세와 협조적인 태도로 발표한다.		
1모둠	☺	😐	☹	☺	😐	☹
2모둠	☺	😐	☹	☺	😐	☹
3모둠	☺	😐	☹	☺	😐	☹

❷ 오늘 나의 활동을 평가해 주세요.

평가 기준	☺	😐	☹
1. 나는 인사 동작을 표현하면서 노래 불렀다.			
2. 나는 노랫말에 어울리는 동작을 표현하면서 노래 불렀다.			
3. 나는 여러 나라 인사 노래의 공통점과 차이점을 말하였다.			
4. 다른 친구의 노래와 발표를 귀 기울여 들었다.			

❻ 한 걸음 더!

이 수업은 두 나라의 인사 노래를 배우고 공통점과 차이점을 알아보는 수업으로 블록타임 2차시로 계획되었지만, 학교나 학급의 상황, 학생의 수준 등에 따라 수업 내용이나 차시를 조절할 수 있다.
다음의 사이트에서 제재곡과 관련된 활동을 참고할 수 있다.

- 살리보나니 : https://www.youtube.com/watch?v=-kqRcxm-lUE
- 잠보 : https://www.youtube.com/watch?v=WogvJEfCKpM

짐바브웨와 케냐의 인사 노래 외에 다른 나라의 인사 노래를 제재곡이나 참고곡으로 선정할 수 있다.
예) 풍가 알라피아(나이지리아): https://www.youtube.com/watch?v=8mgzhfC8NNM

2) 다문화 음악 교수·학습 유형 2(놀이 노래)

❶ 개요

영역	생활화	기능	찾아보기, 놀이하기, 참여하기, 노래 부르기, 소통하기, 표현하기, 구별하기, 비교하기
학습 목표	다른 나라의 노래를 부르며 막대 놀이를 할 수 있다.		
평가 유형	■자기평가 ■상호평가 ■관찰평가 □실음평가 □포트폴리오 □기타 ( )		
교수·학습 자료	수업 환경	노트북, 피아노, 방음이 된 교실	
	교사 준비물	PPT 자료, 음원, 리듬 막대 또는 플라스틱 튜브	
	학생 준비물	편한 복장과 신발, 악보	
개발 의도	각 나라에는 전해 내려오는 고유의 놀이가 있고, 이러한 놀이를 통해 각 나라의 문화를 경험할 수 있다. 이 단원에서는 다른 나라의 놀이를 배우고, 노래를 부르며 놀이함으로써 다른 나라의 문화를 경험하고 문화의 다양성을 수용하는 데 주안점을 두었다. 학생들은 뉴실랜드 마오리 부족의 막대 놀이 노래를 부르고 직접 놀이에 참여해 보도록 한다. 또한 필리핀의 막대 놀이에 대해 알아봄으로써, 서로 다른 나라의 막대 놀이 노래를 비교해 보고 공통점과 차이점에 대해 이야기를 나누도록 한다.		

❷ 단계별 교수·학습 활동 및 평가 계획

학습 단계	활동명	교수·학습 활동	평가 계획
도입	1. 다른 나라의 사회문화적 배경 알아보기	• 지도를 보며 뉴질랜드의 위치를 확인한다. • 마오리족에 대해 알아본다.	
전개 1	21. 악곡의 음악적 특징 파악하기	• 〈에파파 와이아리〉의 박자를 알아본다. • 〈에파파 와이아리〉를 들으며 다양한 방법으로 3박자 표현한다.	• 짝과 함께 3박자 동작을 만들어 표현하는가?
전개 2	22. 원어로 노래 부르기 23. 우리말로 노래 부르기	• 리듬에 맞추어 원어로 노랫말을 읽는다. • 원어로 노래를 부른다. • 리듬에 맞추어 우리말로 노랫말을 읽는다. • 우리말로 노래를 부른다.	• 우리말로 노래를 부를 수 있는가?
전개 2	9. 다른 나라의 놀이 알아보기 10. 다른 나라의 놀이 방법 알아보기 11. 노래 들으며 놀이하기 12. 노래 부르며 놀이하기	• 마오리족 막대 놀이의 배경을 알아본다. • 마오리족 막대 놀이의 방법을 알아본다. • 노래를 들으며 막대 놀이를 한다. • 노래를 부르며 막대 놀이를 한다.	• 노래를 부르며 놀이할 수 있는가?
마무리	13. 여러 나라 놀이 노래의 공통점 이해하기 14. 여러 나라 놀이 노래의 차이점 이해하기	• 필리핀 막대 놀이 영상을 본다. • 마오리족과 필리핀 막대 놀이 노래의 공통점과 차이점에 대해 이야기한다.	• 마오리족과 필리핀 막대 놀이 노래의 차이점과 공통점을 알 수 있는가?

❸ 교수·학습 과정안

학습 주제	노래하며 놀이하기
활동명	찾아보기, 놀이하기, 참여하기, 노래 부르기, 소통하기, 표현하기, 구별하기, 비교하기
학습 목표	다른 나라의 노래를 부르며 막대 놀이를 할 수 있다.

학습 단계	학습 과정 (모듈)	교수·학습 활동 교사	학생(수준, 장애 유형 등에 따른 내용 제시) A	B	C	자료 활용 및 유의점
도입	동기 유발	• 세계지도에서 뉴질랜드의 위치를 확인해 보도록 한다. • 마오리족에 대해 설명한다.	• 스스로 주어진 지도를 보며 뉴질랜드가 오세아니아 대륙에 있음을 확인한다. • 마오리족은 뉴질랜드의 한 부족으로, 스스로를 '땅의 사람'이라고 부름을 안다.			• 세계지도 • 마오리족 사진
전개	〈활동 1〉 다양한 방법으로 3박자 표현하기	• 제재곡을 들려주고 3박자의 셈여림을 살려 일정박을 치도록 한다. • 3박자에 맞는 동작의 예시를 보여 주고, 개인적으로 짝과 함께 또는 모둠별로 손동작과 몸동작을 만들어 표현해 보도록 한다.	• 제재곡을 들으며 3박자의 셈여림을 살려 일정박을 친다. • 개인적으로 손동작 또는 몸동작을 만들어 표현한다. • 짝과 함께 또는 모둠별로 손동작 또는 몸동작을 만들어 표현한다.	• 제재곡을 들으며 3박자의 일정박을 친다. • 교사의 동작을 따라 손동작 또는 몸동작을 표현한다. • 친구의 동작을 따라 손동작 또는 몸동작을 표현한다.	• 제재곡을 들으며 박자를 친다. • 교사의 도움을 받아 손동작 또는 몸동작을 표현한다.	• 음원 • 학생들이 3박자 동작 만드는 것을 어려워할 경우, 교사가 다양한 동작의 예시를 보여 주도록 한다.
	〈활동 2〉 원어와 우리말로 노래 부르기	• 리듬에 맞추어 원어로 노랫말을 읽은 후 노래를 부르도록 한다. • 리듬에 맞추어 우리말로 노랫말을 읽은 후 노래를 부르도록 한다.	• 리듬에 맞추어 원어로 노랫말을 읽는다. • 원어로 노래를 부른다. • 리듬에 맞추어 우리말로 노랫말을 읽는다. • 우리말로 노래를 부른다.	• 2마디씩 교사를 따라 원어로 노랫말을 읽는다. • 2마디씩 교사를 따라 원어로 노래를 부른다. • 2마디씩 교사를 따라 리듬에 맞추어 우리말로 노랫말을 읽는다. • 2마디씩 교사를 따라 우리말로 노래를 부른다.	• 교사의 도움을 받아 노래의 일부를 원어로 부른다. • 교사의 도움을 받아 노래의 일부를 우리말로 부른다.	• 원어로 부르는 것을 어려워하는 경우, 원어로는 듣기만 하고 우리말로 노래를 부르게 하거나, 일부분만 원어로 부르게 한다.

	〈활동 3〉 마오리족의 막대 놀이하며 노래 부르기	• 마오리족 막대 놀이의 배경을 설명해 준다. • 마오리 막대 놀이 영상을 보여 주고 방법을 설명해 준다.	• 마오리족의 막대 놀이를 '티티토레아'라고 하며, 눈과 귀의 협응력을 기르는 한편 전사들의 사기를 북돋우기 위해 행해진 것임을 안다.	• 마오리족의 막대 놀이를 '티티토레아'라고 함을 안다.	• 마오리족이 막대 놀이를 했음을 안다.	• 리듬 막대 또는 플라스틱 튜브를 활용한다.
		• 짝과 함께 노래를 들으며 막대 놀이를 하도록 한다. • 짝과 함께 노래를 부르며 막대 놀이를 하도록 한다.	• 막대 놀이 방법을 알고 짝과 함께 노래를 들으며 막대 놀이를 한다. • 짝과 함께 노래를 부르며 막대 놀이를 한다.	• 친구의 도움을 받아 노래를 들으며 막대 놀이를 한다. • 혼자서 노래를 부르며 막대 놀이를 한다.	• 교사의 도움을 받아 노래를 들으며 막대 놀이를 한다. • 짝의 도움을 받아 노래를 부르며 막대 놀이를 한다.	• 안전에 유의한다. • 리듬 막대나 플라스틱 튜브를 잡기 어려운 경우, 손뼉치기 활동으로 참여하도록 한다. • 학급을 두 모둠으로 나누어 한 모둠은 놀이를 하고 다른 모둠은 동료평가를 하도록 한다.
정리	정리 평가	• 필리핀 막대 놀이 영상을 보여 주고, 마오리와 필리핀 놀이 노래의 공통점과 차이점을 이야기하도록 한다.	• 마오리족과 필리핀의 놀이 노래의 공통점과 차이점을 이야기한다.	• 마오리족과 필리핀의 놀이 노래의 공통점 또는 차이점을 이야기한다.	• 교사의 도움을 받아 마오리족과 필리핀의 놀이 노래의 공통점 또는 차이점을 이야기한다.	• 놀이 노래의 공통점과 차이점을 찾기 어려운 경우, 놀이의 공통점과 차이점에 대해 이야기하도록 한다.

❹ 평가 도구

평가 목표	다른 나라의 놀이 방법을 알고, 노래를 부르며 놀이할 수 있다.	
평가 영역	과정 평가	
평가 유형(방법)	관찰평가, 자기평가, 상호평가	
평가 내용	다른 나라의 놀이 방법을 알고, 노래를 부르며 놀이할 수 있는가?	
평가 기준	**잘함**	다른 나라의 놀이 방법을 알고, 노래를 부르며 놀이할 수 있다.
	보통	다른 나라의 놀이 방법을 알고, 노래의 일부를 부르며 놀이할 수 있다.
	노력 요함	선생님이나 친구의 도움을 받아 노래를 들으며 놀이할 수 있다.
평가 환류 계획	(심화) 다양한 방식으로 놀이를 해 보도록 한다. (보충) 놀이 방법을 다시 설명해 주고, 노래를 들으며 놀이할 수 있도록 안내한다.	

❺ 활동지 자료

가. 뉴질랜드 지도

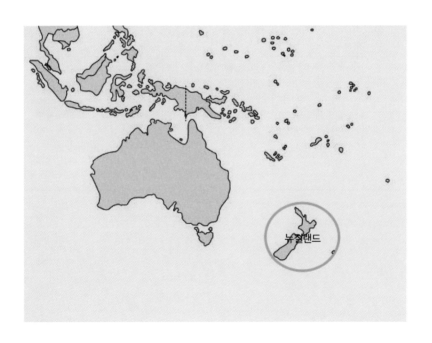

나. <에파파 와이아리> 악보

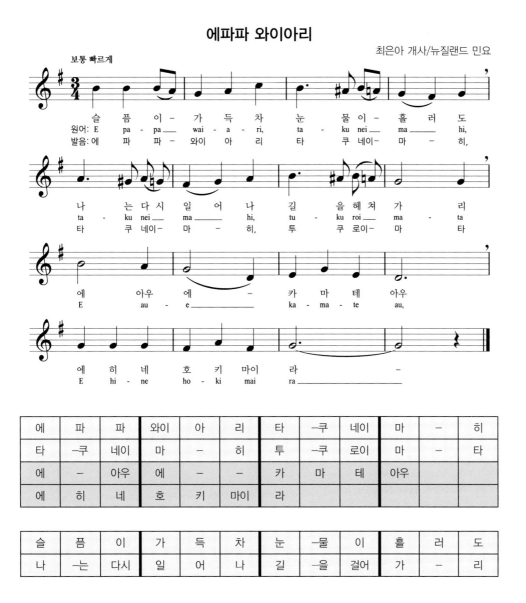

에파파 와이아리

최은아 개사/뉴질랜드 민요

에	파	파	와이	아	리	타	-쿠	네이	마	-	히
타	-쿠	네이	마	-	히	투	-쿠	로이	마	-	타
에	-	아우	에	-	-	카	마	테	아우		
에	히	네	호	키	마이	라					

슬	픔	이	가	득	차	눈	-물	이	흘	러	도
나	-는	다시	일	어	나	길	-을	걸어	가	-	리

다. 막대 놀이 활동 안내 자료

① 마오리족의 막대 놀이

② 필리핀의 막대 놀이

라. 마오리족 설명 자료

마오리족은 뉴질랜드의 원주민으로 뉴질랜드 인구의 8.8%를 차지하며, 뉴질랜드 정부는 마오리족의 전통을 존중하고 그들의 문화를 관광자원으로 발전시키고 있다. 특히 마오리족의 전통춤이 잘 알려져 있는데, 그중 전쟁 춤인 하카는 눈을 부릅뜨고 혀를 내밀며 추는 춤으로 세계적으로 유명하다.

또한 마오리족의 인사법인 홍이(Hongi)도 널리 알려져 있는데, 이는 서로 눈을 마주치며 코와 코를 맞대어 인사하는 것으로 주로 격식을 갖추어야 하는 장소에서 남자들끼리 하는 인사법이지만, 요즘은 남성과 여성, 여성과 여성끼리도 홍이를 많이 한다고 한다. 여기에서 코를 마주 대는 것은 삶의 번영을 의미하여 두 사람의 호흡이 하나로 섞여서 둘이 하나가 되는 것을 상징한다.

마. 동료평가와 자기평가 자료

모둠 활동 동료평가 및 자기평가

❶ 다른 모둠 친구들의 막대 놀이를 평가해 주세요.

모둠명	막대 놀이 방법을 알고 노래에 맞추어 놀이를 한다.			적극적이면서 협조적인 태도로 막대 놀이를 한다.		
1모둠	☺	😐	☹	☺	😐	☹
2모둠	☺	😐	☹	☺	😐	☹
3모둠	☺	😐	☹	☺	😐	☹

❷ 오늘 나의 활동을 평가해 주세요.

평가 기준	☺	😐	☹
1. 나는 3박자에 어울리는 동작 만드는 활동에 적극적으로 참여하였다.			
2. 나는 원어와 우리말로 노래 부르는 활동을 잘하였다.			
3. 나는 짝과 협력하여 막대 놀이를 하였다.			
4. 나는 서로 다른 나라의 막대 놀이 노래의 공통점과 차이점을 이야기하였다.			

❻ 한 걸음 더!

리듬 막대로 놀이를 진행하기 힘든 학생의 경우, 붐웨커 등 리듬튜브를 활용하여 즐겁게 놀이에 참여하도록 할 수 있다. 또한 손으로 막대를 잡는 것이 어려운 경우, 막대 없이 손동작으로 박자에 맞춰 참여할수 있다. 무엇보다도 막대 놀이를 할 때에는 안전에 유의하도록 지도하는 것이 필요하다.

마오리족의 막대 놀이와 필리핀 막대 놀이 방법은 다음 사이트를 참고하기 바란다. 기본 동작을 익힌 후 다양한 방법으로 놀이를 해 볼 수 있다.

- 마오리족 막대 놀이 기본 동작 https://www.youtube.com/watch?v=6Ws7fqkF1Mo
- 마오리족 막대 놀이 다양한 동작 https://www.youtube.com/watch?v=40bDRzwJs-g
- 필리핀 막대 놀이 https://www.youtube.com/watch?v=txSFgFjHjqQ

3) 다문화 음악 교수·학습 유형 3(일노래)

❶ 개요

영역	표현, 감상	기능	찾아보기, 탐색하기, 노래 부르기, 표현하기, 소통하기, 발표하기, 구별하기, 비교하기
학습 목표	일노래의 쓰임을 알고 노랫말에 어울리는 동작을 표현하며 노래를 부를 수 있다.		
평가 유형	■자기평가 ■상호평가 ■관찰평가 ■실음평가 □포트폴리오 □기타 ( )		
교수 · 학습 자료	수업 환경	노트북, 피아노, 방음이 된 교실	
	교사 준비물	PPT 자료, 여러 가지 리듬악기	
	학생 준비물	편한 복장과 신발	
개발 의도	각 나라의 민요에는 일을 하면서 부른 노래가 있으며, 이와 같은 일노래는 사회문화적 배경이나 자연환경과 밀접한 관련이 있다. 이 단원은 일노래의 쓰임을 알고 다른 나라의 일노래를 부름으로써 문화의 다양성을 수용하는 데 주안점을 두었다. 학생들은 자메이카의 자연환경을 알아보고, 자메이카에 파파야 나무가 많으며, 함께 노래를 부르며 파파야 열매를 거두었음을 안다. 또한 당김음이 많은 노래의 음악적 특징을 알고 리듬악기로 표현하는 한편, 노랫말에 담긴 뜻을 알고 노랫말에 어울리는 동작을 표현해 본다. 마지막으로, 일노래의 쓰임에 대해 각자의 생각을 나눈다.		

❷ 단계별 교수·학습 활동 및 평가 계획

학습 단계	활동명	교수·학습 활동	평가 계획
도입	2. 다른 나라의 자연환경 알아보기	• 세계지도를 보며 자메이카의 위치를 확인한다. • 자메이카의 자연환경을 알아본다.	
		⬇	
전개 1	3. 노랫말에 담긴 문화적 특징 파악하기 21. 악곡의 음악적 특징 파악하기	• 〈파파야〉의 노랫말에 담긴 문화적 특징을 파악한다. • 〈파파야〉의 음악적 특징이 당김음이 많은 것을 알고, 당김음을 리듬악기로 표현한다.	• 리듬악기로 당김음을 표현할 수 있는가?
		⬇	
전개 2	23. 우리말로 노래 부르기 25. 겹침 노래 형식으로 노래 부르기	• 우리말로 〈파파야〉 노래를 부른다. • 〈파파야〉를 겹침 노래 형식으로 부른다.	• 우리말로 〈파파야〉 노래를 부를 수 있는가?
		⬇	
전개 3	26. 노랫말에 어울리는 동작으로 표현하기 29. 노랫말에 어울리는 동작 만들어 발표하기	• 교사의 동작을 따라 표현한다. • 모둠별로 노랫말에 어울리는 동작을 만들어 표현한다. • 모둠별로 발표하고 소감을 나눈다.	• 모둠별로 노랫말에 어울리는 동작을 만들어 발표할 수 있는가?
		⬇	
마무리	8. 일하면서 노래 부른 이유 알기	• 일하면서 노래를 부른 이유에 대해 이야기한다.	• 일하면서 노래를 부른 이유를 이야기할 수 있는가?

❸ 교수·학습 과정안

학습 주제	노래하며 일하기
활동명	찾아보기, 탐색하기, 노래 부르기, 표현하기, 소통하기, 발표하기, 구별하기, 비교하기
학습 목표	일노래의 쓰임을 알고 노랫말에 어울리는 동작을 표현하며 노래를 부를 수 있다.

학습 단계	학습 과정	교수·학습 활동				자료 활용 및 유의점
		교사	학생(수준, 장애 유형 등에 따른 내용 제시)			
			A	B	C	
도입	동기 유발	• 세계지도를 제시하고 자메이카의 위치를 확인해 보도록 한다. • 자메이카의 기후에 대해 설명한다.	• 스스로 주어진 지도를 보며 자메이카의 위치를 확인한다. • 자메이카의 기후가 열대 기후이며, 열대 나무가 많음을 안다.			• 세계 지도 • 자메이카의 열대 나무 사진
전개	〈활동 1〉 제재곡의 특징 파악하기	• 노랫말을 읽고 알게 된 점에 대해 이야기하도록 한다. • 당김음과 당김음 리듬이 자메이카의 주요 리듬임을 설명한다. • 리듬악기를 제시하고 노래를 들으며 당김음 리듬을 연주하도록 한다.	• 노랫말을 읽고 어린이들도 파파야 열매 따는 것을 도왔으며, 흔들어서 열매를 거두었다는 것 등에 대해 이야기한다. • 노래를 들으며 노래에 나오는 당김음 리듬을 모두 연주한다.	• 노래를 들으며 당김음 리듬의 일부를 연주한다.	• 교사의 설명을 듣고 노랫말을 이해한다. • 교사의 도움을 받아 당김음 리듬을 연주한다.	• 여러 가지 리듬 악기 • 악기로 연주하는 것이 어려운 경우, 손뼉치기 등의 신체타악기를 활용하도록 한다.
	〈활동 2〉 우리말로 노래 부르기	• 듣고 따라 부르기를 통해 우리말로 노래 부르기를 익히도록 한다. • 화음을 느끼며 A부분과 B부분을 겹침 노래 형식으로 부르도록 한다.	• 리듬과 음정에 유의하여 〈파파야〉를 우리말로 노래 부른다. • 화음을 느끼며 A부분과 B부분을 겹침 노래 형식으로 부른다.	• 〈파파야〉를 우리말로 노래 부른다. • A 부분과 B 부분을 겹침 노래 형식으로 부른다.	• 〈파파야〉 노래의 일부를 우리말로 노래 부른다. • A 부분과 B 부분의 일부를 겹침 노래 형식으로 부른다.	• 상황에 따라 원어로 노래를 부를 수 있다. • 겹침 노래로 부르는 것을 어려워할 경우, 음원과 함께 부르거나 감상으로 대체할 수 있다.

〈활동 3〉 노랫말에 어울리는 동작 표현하며 노래 부르기	• 노랫말에 어울리는 동작을 보여주고 학생들이 따라 하도록 한다. • 모둠별로 노랫말에 어울리는 동작을 만들어 발표하도록 한다.	• 노래를 부르며 교사의 동작을 보며 따라 한다.			• 학생들이 동작 만드는 것을 어려워할 경우, 교사가 다양한 동작을 예시해 주도록 한다.
		• 모둠별로 노랫말에 어울리는 동작을 만드는 활동에 주도적으로 참여한다. • 모둠별로 만든 동작을 발표하고, 발표를 본 소감을 이야기한다.	• 모둠별로 노랫말에 어울리는 동작을 만드는 활동에 협조적으로 참여한다. • 모둠별로 만든 동작을 발표한다.	• 모둠의 친구가 만든 동작을 따라 한다. • 친구 또는 교사의 도움을 받아 모둠별로 만든 동작을 발표한다.	
정리 / 정리 평가	• 일하면서 노래 부른 이유에 대해 생각해 보고 이야기를 나누도록 한다.	• 일하면서 노래 부른 이유를 두세 가지 이야기한다: 힘이 난다, 협동이 잘 된다, 지루하지 않다 등	• 일하면서 노래 부른 이유를 한 가지 이야기한다.	• 일하면서 노래 부른 이유에 대해 이야기하는 것을 듣는다.	

❹ 평가 도구

평가 목표	겹침 노래 형식으로 노래를 부를 수 있다.	
평가 영역	과정 평가	
평가 유형(방법)	관찰평가, 자기평가, 상호평가	
평가 내용	겹침 노래 형식으로 노래를 부를 수 있는가?	
평가 기준	잘함	음정과 박자에 유의하여 겹침 노래 형식으로 노래를 부를 수 있다.
	보통	겹침 노래 형식으로 노래를 부를 수 있다.
	노력 요함	노래의 일부를 겹침 노래 형식으로 노래를 부를 수 있다.
평가 환류 계획	(심화) 겹침 노래 부르기를 어려워하는 학생들과 짝을 지어 도와주도록 한다. (보충) 겹침 노래 각 부분의 음정과 리듬을 다시 익히도록 한다.	

❺ 활동지 자료

가. 자메이카 지도

나. <파파야> 악보

다. 동료평가와 자기평가 자료

모둠 활동 동료평가 및 자기평가

❶ 친구들이 부르는 노래를 평가해 주세요.

친구 이름	완성도			창의성			발표		
	음정과 박자에 유의하며 부른다.			노래의 느낌을 잘 살려서 부른다.			바른 자세로 자신감을 갖고 노래 부른다.		
○○○	☺	😐	☹	☺	😐	☹	☺	😐	☹
○○○	☺	😐	☹	☺	😐	☹	☺	😐	☹
○○○	☺	😐	☹	☺	😐	☹	☺	😐	☹

❷ 오늘 나의 활동을 평가해 주세요.

평가 기준	☺	😐	☹
1. 나는 노랫말의 의미를 알고 노래 불렀다.			
2. 나는 당김음 리듬을 리듬악기로 표현하였다.			
3. 나는 모둠별로 노랫말에 어울리는 동작을 만드는 활동에 협조적으로 참여하였다.			
4. 일노래의 쓰임을 이해하였다.			

❻ 한 걸음 더!

일노래는 일하는 동작을 하면서 노래를 불러 봄으로써 일하면서 노래를 부른 이유에 대해 느끼고 생각해 보도록 하는 것이 중요하다. 〈파파야〉 노래 전체의 동작을 다 만드는 것이 어려운 경우에는 '흔들자' 부분만 만들어 보게 해도 괜찮다. 〈파파야〉는 겹침 노래 형식으로 표현하기 좋은데, 노래를 통해 표현하기 어려운 경우 다음과 같은 영상을 감상함으로써 겹침 노래 형식과 화음을 느껴 보도록 할 수 있다.

• 파파야: https://www.youtube.com/watch?v=8JnJyHl0WcQ

또한 상황에 따라 〈파파야〉 외에 다른 나라의 일노래를 비교하여 감상해 볼 수 있다.

• 중국 고기잡이 노래 : https://www.youtube.com/watch?v=Rf1Tz5KOOHg
• 우리나라 거문도 뱃노래: https://www.youtube.com/watch?v=0J0OaMB7uLM

4) 다문화 음악 교수 · 학습 유형 4(자연을 표현한 노래)

❶ 개요

영역	표현, 감상	기능	찾아보기, 탐색하기, 노래 부르기, 반응하기, 연주하기, 표현하기, 소통하기, 구별하기, 비교하기
학습 목표	새를 표현한 노래를 다양한 방법으로 부를 수 있다.		
평가 유형	■자기평가 ■상호평가 ■관찰평가 ■실음평가 □포트폴리오 □기타 ( )		
교수 · 학습 자료	수업 환경	노트북, 피아노, 방음이 된 교실	
	교사 준비물	PPT 자료, 음원, 여러 가지 리듬악기	
	학생 준비물	편한 복장과 신발	
개발 의도	각 나라의 민요에는 새, 나무, 꽃 등 각 나라의 자연을 표현한 노래가 있다. 이 단원은 오스트레일리아의 〈쿠카부라〉 노래를 통해 오스트레일리아의 대표적인 새인 '쿠카부라'에 대해 알고, 각 나라의 자연을 노래로 표현할 수 있음을 이해하는 것에 주안점을 두었다. 학생들은 쿠카부라에 대해 알아보고 쿠카부라의 특징을 생각하면서 노래 부르며 노랫말에 어울리는 동작을 표현해 본다. 또한 쿠카부라와 연관된 말 리듬과 리듬악기로 반주하며 노래 부르기, 돌림 노래 형식으로 노래 부르기 등 다양한 방법으로 노래를 부른다. 학생들은 자연을 표현한 다른 노래의 특징을 느끼고, 문화의 다양성을 수용하는 태도를 지닐 수 있다.		

❷ 단계별 교수·학습 활동 및 평가 계획

학습 단계	활동명	교수·학습 활동	평가 계획
도입	2. 다른 나라의 자연환경 알아보기 19. 자연의 소리 탐색하기 20. 자연의 소리 표현하기	• 지도를 통해 오스트레일리아의 위치를 확인한다. • '쿠카부라'에 대해 알아본다. • '쿠카부라'의 소리를 탐색한다. • '쿠카부라'의 소리를 표현한다.	

⬇

전개 1	23. 우리말로 노래 부르기 26. 노랫말에 어울리는 동작 표현하기	• 노랫말을 읽으며 '쿠카부라'의 특징을 찾는다. • 원어로 노래를 듣는다. • 우리말로 노래를 부른다. • 노랫말에 어울리는 동작을 표현한다.	• 〈쿠카부라〉 노래를 부를 수 있는가?

⬇

전개 2	27. 말 리듬으로 반주하기 28. 리듬악기로 반주하기	• '쿠카부라'와 관련된 단어로 말 리듬을 만든다. • 노래에 맞추어 말 리듬으로 반주한다. • 노래에 맞추어 리듬악기로 반주한다.	• 말 리듬으로 반수할 수 있는가?

⬇

전개 3	24. 돌림 노래 형식으로 노래 부르기	• 모둠을 나누어 돌림 노래 형식으로 노래를 부른다.	• 돌림 노래 형식으로 노래를 부를 수 있는가?

⬇

마무리	30. 다른 나라 노래를 배운 소감 나누기	• 〈쿠카부라〉 노래를 배운 소감을 나눈다.	

❸ 교수·학습 과정안

학습 주제	자연을 노래하기				
활동명	찾아보기, 탐색하기, 노래 부르기, 반응하기, 연주하기, 표현하기, 소통하기, 구별하기, 비교하기				
학습 목표	새를 표현한 노래를 다양한 방법으로 부를 수 있다.				

학습 단계	학습 과정 (모듈)	교수·학습 활동				자료 활용 및 유의점
		교사	학생(수준, 장애 유형 등에 따른 내용 제시)			
			A	B	C	
도입	동기 유발	• 세계지도를 보고 오스트레일리아의 위치를 확인해 보도록 한다. • 쿠카부라의 사진을 보여 주고 쿠카부라의 특징을 설명한다. • 쿠카부라 소리 음원을 들려주고 흉내 내 보도록 한다.	• 교사의 설명을 듣고 세계지도를 보고 오스트레일리아의 위치를 찾는다. • 쿠카부라가 오스트레일리아의 대표적인 새이며, 사람의 웃음소리와 비슷한 소리를 내는 새임을 안다. • 쿠카부라 소리 음원을 듣고 비슷하게 흉내 낸다.			• 세계지도 • 쿠카부라 사진 • 쿠카부라 소리 음원
전개	〈활동 1〉 우리말로 노래를 부르며, 노랫말에 어울리는 동작 표현하기	• 노랫말을 읽고 쿠카부라를 표현한 부분을 찾도록 한다. • 원어와 우리말로 부르는 노래를 들려주고, 우리말로 노래를 익히도록 한다. • 쿠카부라의 특징을 생각하며 노랫말에 어울리는 동작을 만들어 표현하도록 한다.	• 노랫말을 읽고 쿠카부라를 표현한 부분을 찾는다. • 원어와 우리말로 부르는 노래를 듣고, 우리말로 노래를 부른다. • 쿠카부라의 특징을 생각하며 노랫말에 어울리는 동작을 만들어 표현한다.	• 원어와 우리말로 부르는 노래를 듣고, 우리말로 노래의 일부를 부른다. • 노랫말에 어울리는 동작을 교사 또는 친구를 따라서 표현한다.	• 교사의 설명을 듣고 쿠카부라를 표현한 노랫말을 안다. • 원어와 우리말로 부르는 노래를 듣고, 교사의 도움을 받아 우리말로 노래의 일부를 부른다. • 노랫말의 일부에 어울리는 동작을 교사 또는 친구를 따라서 표현한다.	• 쿠카부라 소리가 사람의 웃는 소리와 비슷하다는 것이 중요한 특징임을 아는 것에 주안 점을 둔다. • 즐겁게 웃는 동작을 자유롭게 표현해 보도록 한다.

	〈활동 2〉 말 리듬과 리듬악기로 반주하기	• 쿠카부라와 관련된 단어로 2마디의 말 리듬을 익히고, 노래에 맞추어 반주하도록 한다. • 말 리듬을 리듬악기로 익히고, 노래에 맞추어 반주하도록 한다.	• 쿠카부라와 관련된 단어로 2마디의 말 리듬을 익히고, 노래에 맞추어 반주한다. • 말 리듬을 리듬악기로 익히고, 노래에 맞추어 반주한다.	• 쿠카부라와 관련된 단어로 2마디의 말 리듬을 표현한다. • 말 리듬을 리듬악기로 표현한다.	• 교사의 도움을 받아 쿠카부라와 관련된 단어로 2마디의 말 리듬을 표현한다. • 교사의 도움을 받아 말 리듬을 리듬악기로 표현한다.	• 리듬악기 • 제시한 악보 외에 다양한 말 리듬을 만들 수 있다. • 학급을 두 모둠으로 나누어 한 모둠은 리듬 반주를 하고 다른 모둠은 동료평가를 한다.
	〈활동 3〉 돌림 노래 형식으로 노래 부르기	• 〈쿠카부라〉를 돌림 노래 형식으로 부르는 영상을 보여 준다. • 모둠을 나누어 돌림 노래 형식으로 부르도록 한다.	• 〈쿠카부라〉를 돌림 노래 형식으로 부르는 영상을 본다. • 모둠을 나누어 돌림 노래 형식으로 부른다.	• 모둠을 나누어 돌림 노래 형식으로 노랫말을 리듬에 맞추어 읽는다.	• 친구들이 돌림 노래 형식으로 부르는 것을 듣는다.	• 〈쿠카부라〉를 돌림 노래 형식으로 부르는 영상 • 돌림 노래 형식으로 부를 때 소리를 너무 크게 내지 않도록 한다.
정리	정리 평가	• 〈쿠카부라〉를 통해 배운 것과 소감에 대해 이야기하도록 한다.	• 〈쿠카부라〉를 통해 배운 것과 소감에 대해 이야기한다.	• 〈쿠카부라〉를 배운 소감에 대해 이야기한다.	• 〈쿠카부라〉를 배운 소감에 대해 발표하는 것을 듣는다.	

❹ 평가 도구

평가 목표		노래에 맞추어 말 리듬으로 반주할 수 있다.
평가 영역		과정 평가
평가 유형(방법)		관찰평가, 자기평가, 상호평가
평가 내용		노래에 맞추어 말 리듬으로 반주할 수 있는가?
평가 기준	잘함	노래에 맞추어 창의적인 말 리듬으로 반주할 수 있다.
	보통	노래에 맞추어 말 리듬으로 반주할 수 있다.
	노력 요함	말 리듬으로 표현할 수 있다.
평가 환류 계획		(심화) 다양한 말 리듬을 만들어 표현해 보도록 한다. (보충) 학생의 속도에 맞추어 노래를 불러 주며 말 리듬으로 표현해 보도록 한다.

❺ 활동지 자료

가. 오스트레일리아 지도

나. '쿠카부라' 설명 자료

쿠카부라는 호주(오스트레일리아)의 국조로 알려져 있으며, 지저 귀는 소리가 사람의 웃음소리와 비슷하다고 하여 '웃음물총새'라고 불린다. 호주의 토착새로 알려져 있으며, 2000년 시드니 올림픽 때 3개의 마스코트 중 하나로 선정되었다. 지저귀는 소리가 워낙 요란 해서 시끄러울 정도라고 하지만 동전, 노래, 어린이 프로그램에 등 장하는 등 호주인들에게 많은 사랑을 받고 있음을 알 수 있다.

다. <쿠카부라> 악보

조금 빠르게

주대창 역사/오스트레일리아 민요

쿠 카 부 라 나 무 에 앉 아 있 네 수 풀 속 의 즐 거 운 왕 이 라 네
원어: Koo-ka-bur-ra sits on the old gum tree,____ Mer-ry mer-ry king of the bush is he.____
발음: 쿠 카 부 라 싯츠 온 더 올드 검 트 리 – 메 리 메 리 킹 오브더 부 시 이즈 히 –

하! 쿠 카 부 라 하! 쿠 카 부 라 항 상 즐 거 워
Laugh! Koo-ka-bur-ra, laugh! Koo-ka-bur-ra gay your life must be!
래프! 쿠 카 부 라 래프! 쿠 카 부 라 게이 유어 라이프 머스트 비!

라. 말 리듬 반주 악보

	쿠	카부	라	𝄽	쿠	카부	라	𝄽
	𝄽	하	하	𝄽	𝄽	호	호	𝄽
	𝄽	𝄽	즐거	워	𝄽	𝄽	즐거	워

마. 동료평가와 자기평가 자료

모둠 활동 동료평가 및 자기평가

❶ 친구들이 말 리듬으로 반주하는 것을 평가해 주세요.

친구 이름	완성도			창의성			발표		
	박자에 맞추어 말 리듬으로 반주한다.			창의적인 말 리듬을 만들어 표현한다.			친구들의 소리를 들으며 조화롭게 반주한다.		
	☺	☻	☹	☺	☻	☹	☺	☻	☹
	☺	☻	☹	☺	☻	☹	☺	☻	☹
	☺	☻	☹	☺	☻	☹	☺	☻	☹

❷ 오늘 나의 활동을 평가해 주세요.

평가 기준	☺	☻	☹
1. 나는 쿠카부라 소리를 탐색하고 흉내를 냈다.			
2. 나는 쿠카부라 동작을 표현하였다.			
3. 나는 말 리듬과 리듬악기로 반주하였다.			
4. 다른 친구의 소리를 들으며 돌림 노래 형식으로 노래하였다.			

❻ 한 걸음 더!

각 나라의 민요에는 자연을 표현한 노래가 있지만, 각 나라의 자연환경이 다르고 이에 따라 자연을 노래한 소재와 표현 방법이 다르다. 새·꽃·산 등은 학생들의 관심과 흥미를 유발하기에 적절한 소재이다. 특히 이 단원의 제재곡이 표현하는 오스트레일리아의 쿠카부라 새는 지저귀는 소리가 사람의 웃음소리와 같아서 소리를 탐색하고 따라서 표현해 보는 것, 새가 나는 모습, 웃는 모습 등 동작을 표현하는 것 등 학생들의 적극적인 참여를 이끌어 내기 적절하다. 다음의 사이트들은 소리를 탐색하고 신체 표현을 참조하기에 유용할 것이다.

- 쿠카부라 지저귀는 소리 https://www.youtube.com/watch?v=TqdRQxgtZtI
- 쿠카부라 동작 참조 https://www.youtube.com/watch?v=nGLSXivFqyk&list=RDnGLSXivFqyk&start_radio=1
- 〈쿠카부라〉 노래는 돌림 노래 형식으로 되어 있는데, 돌림 노래는 친구들의 소리에 귀를 기울이며 서로의 속도를 맞추어 화음을 이루어 보는 경험을 제공한다. 그러나 돌림 노래 형식으로 부르는 것이 어려울 경우, 다음과 같은 영상을 통해 감상하는 것으로 대체할 수 있다.
  - 〈쿠카부라〉 돌림 노래 https://www.youtube.com/watch?v=z7wcw4RUwro

5) 음악과 교수 · 학습 유형 5(같고 다름에 대한 존중과 수용 자세 형성)

❶ 개요

영역	감상, 생활화	기능	탐색하기, 반응하기, 경험하기, 구별하기 비교하기, 활용하기
학습 목표	여러 나라의 춤곡을 들으며 같고 다름을 존중하고 수용하는 자세를 형성한다.		
평가 유형	■자기평가 ■상호평가 ■관찰평가 □실음평가 □포트폴리오 □기타 ( )		
교수 · 학습 자료	수업 환경	노트북, 피아노, 방음이 된 교실	
	교사 준비물	PPT 자료, 음원, 기본 발동작 사진, 춤동작 사진	
	학생 준비물	편한 복장과 신발	
개발 의도	이 단원은 여러 나라의 춤곡에 대한 감상을 통해 같고 다름을 존중하고 수용하는 자세를 형성하는 것에 주안점을 둔다. 학생들은 헝가리 춤곡, 트레팍, 왈츠를 감상하면서 춤곡의 쓰임을 이해하는 한편 춤곡의 공통점과 차이점을 파악하고, 같고 다름을 존중하고 수용하는 태도를 지닐 수 있다.		

❷ 단계별 교수·학습 활동 및 평가 계획

학습 단계	활동명	교수·학습 활동	평가 계획
도입	15. 여러 나라의 춤곡 알아보기	• 음악에 맞추어 춤을 추어 본 경험에 대해 이야기를 나눈다. • 여러 나라의 춤곡에 대해 알아본다.	
전개 1	16. 다른 나라의 춤곡 감상하기 17. 음악에 맞추어 춤추기	• 〈트리치트라치 폴카〉를 감상한다. • 폴카에 대해 알아본다. • 〈트리치트라치 폴카〉 춤 영상을 감상한다. • 음악을 들으면서 춤춘다.	• 〈트리치트라치 폴카〉에 맞추어 춤출 수 있는가?
전개 2	16. 다른 나라의 춤곡 감상하기 17. 음악에 맞추어 춤추기	• 〈보케리니의 미뉴에트〉를 감상한다. • 〈미뉴에트〉에 대해 알아본다. • 〈미뉴에트〉 춤 영상을 감상한다. • 음악을 들으면서 춤춘다.	• 〈보케리니의 미뉴에트〉에 맞추어 춤출 수 있는가?
마무리	18. 춤곡의 쓰임 알기 31. 같은 주제로 다르게 표현된 음악을 들으며 같음과 다름 느끼기 32. 같고 다름에 대해 존중하고 수용하는 태도 갖기	• 춤곡의 쓰임에 대해 이해한다. • 춤곡의 공통점과 차이점에 대해 이야기한다. • 같고 다름에 대해 존중하고 수용하는 태도를 갖는다.	• 같고 다름에 대해 존중하고 수용하는 태도를 가질 수 있는가?

❸ 교수·학습 과정안

주제	서로 다른 것을 존중해요.				
활동명	탐색하기, 반응하기, 경험하기, 구별하기, 비교하기, 활용하기				
학습 목표	여러 나라의 춤곡을 들으며 같고 다름을 존중하고 수용하는 자세를 형성한다.				

학습 단계	학습 과정 (모듈)	교수·학습 활동				자료 활용 및 유의점
		교사	학생(수준, 장애 유형 등에 따른 내용 제시)			
			A	B	C	
도입	동기 유발	• 음악에 맞추어 춤을 추어 본 경험에 대해 이야기하도록 한다. • 여러 가지 춤곡에 대해 설명한다.	• 음악에 맞추어 춤을 추어 본 경험과 춤을 추었을 때의 느낌 등에 대해 이야기한다. • 춤곡의 종류가 다양하고, 폴카, 미뉴에트, 왈츠 등 다양한 춤곡이 있으며, 박자와 빠르기 등 각 춤곡의 특징이 다름을 안다.			• 춤추는 장면 사진
전개	〈활동 1〉 〈트리치트라치 폴카〉 감상하기	• 요한 슈트라우스 2세의 〈트리치트라치폴카〉를 들려준다. • 폴카에 대해 설명한다. • 〈트리치트라치 폴카〉에 맞추어 춤을 추는 영상을 보여 준다. • 폴카의 기본 동작을 알려 준다. • 〈트리치트라치 폴카〉에 맞추어 춤을 추도록 한다.	• 가볍게 몸을 움직이며 요한 슈트라우스 2세의 〈트리치트라치〉 폴카를 듣는다. • 폴카에 대해 알고, 춤을 추는 영상을 본다. • 폴카의 기본 동작을 익히고, 〈트리치트라치 폴카〉에 맞추어 춤을 춘다.	• 〈트리치트라치 폴카〉에 맞추어 자유롭게 춤을 춘다.	• 교사의 도움을 받아 〈트리치트라치 폴카〉에 맞추어 춤을 춘다.	• 음원 • 폴카/왈츠 춤동작 사진 • 폴카/왈츠 기본 발동작 사진 • 청각장애를 가진 경우, 바닥에 몸을 기대거나 풍선을 잡는 등의 방법으로 진동을 느껴 보도록 한다. • 춤의 기본 발동작을 충분히 익힌 후, 자유롭게 추도록 한다. • 학급을 두 모둠으로 나누어 한 모둠은 춤을 추고, 다른 모둠은 관람하며 동료 평가를 하도록 한다.
	〈활동 2〉 〈보케리니의 미뉴에트〉 감상하기	• 〈보케리니의 미뉴에트〉를 들려준다. • 미뉴에트에 대해 설명한다. • 〈보케리니의 미뉴에트〉에 맞추어 춤을 추는 영상을 보여 준다. • 미뉴에트의 기본 동작을 알려 준다. • 〈보케리니의 미뉴에트〉에 맞추어 춤을 추도록 한다.	• 가볍게 몸을 움직이며 〈보케리니의 미뉴에트〉를 듣는다. • 미뉴에트에 대해 알고, 〈보케리니의 미뉴에트〉에 맞추어 춤을 추는 영상을 본다. • 미뉴에트의 기본 동작을 익히고, 〈보케리니의 미뉴에트〉에 맞추어 춤을 춘다.	• 〈보케리니의 미뉴에트〉에 맞추어 자유롭게 춤을 춘다.	• 교사의 도움을 받아 〈보케리니의 미뉴에트〉에 맞추어 춤을 춘다.	

		•춤곡의 쓰임에 대해 질문한다. •같고 다름에 대해 어떤 태도를 가져야 할지에 대해 질문한다.	•춤곡의 쓰임에 대해 스스로 답한다. •춤곡이라는 것은 같지만 나라에 따라 춤추는 방법과 음악이 달라짐을 이해하고, 같고 다름에 대해 존중하고 수용하는 태도를 가져야 함을 안다.	•춤곡의 쓰임에 대해 교사의 도움을 받아 답한다. •다양한 춤곡이 있음을 이해하고, 같고 다름에 대해 존중하고 수용하는 태도를 가져야 함을 안다.	•교사의 설명을 듣고, 춤곡의 쓰임을 안다. •교사의 설명을 듣고, 같고 다름에 대해 존중하고 수용하는 태도를 가지려고 노력한다.	
정리	정리 평가					

❹ 평가 도구

평가 목표		폴카와 미뉴에트의 같은 점과 다른 점을 설명할 수 있다.
평가 영역		결과평가
평가 유형(방법)		체크리스트
평가 내용		폴카와 미뉴에트의 같은 점과 다른 점을 설명할 수 있는가?
평가 기준	잘함	춤곡의 쓰임을 알고 폴카와 미뉴에트의 같은 점과 다른 점을 설명할 수 있다.
	보통	폴카와 미뉴에트의 같은 점과 다른 점을 설명할 수 있다.
	노력 요함	폴카와 미뉴에트의 같은 점 또는 다른 점을 설명할 수 있다.
평가 환류 계획		(보충) 폴카와 미뉴에트의 춤동작을 보여 주거나 주제 음원을 다시 들려주며 같은 점과 다른 점을 천천히 생각해 보도록 한다.

❺ 활동지 자료

가. 요한 슈트라우스 2세의 <트리치트라치 폴카>

'트리치트라치'는 '수다'라는 뜻으로, 말을 빨리 하며 재잘거리는 귀부인들의 모습을 재미있게 표현한 곡이다.

나. 폴카

폴카란 19세기 초반에 시작된 체코 등 보헤미아 지방의 민속 춤곡으로, 경쾌하고 빠른 2박자로 이루어졌다.

다. 폴카의 기본 발동작과 춤동작

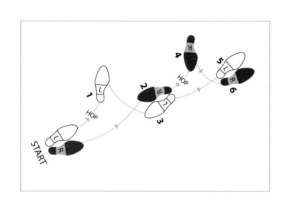

라. 보케리니의 미뉴에트

마. 미뉴에트

미뉴에트는 17~18세기 프랑스 궁정에서 유행했던 것으로, 3박자의 우아한 춤곡이다.

바. 미뉴에트 기본 발동작과 춤동작

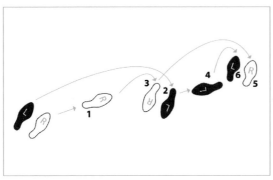

사. 자기평가 자료

자기평가

❶ 오늘 나의 활동을 평가해 주세요.

평가 기준	☺	😐	☹
1. 나는 귀 기울여 춤곡을 감상하였다.			
2. 나는 춤곡의 쓰임을 이해하였다.			
3. 나는 음악에 맞추어 자유롭게 춤을 추었다.			
4. 나는 서로 다른 나라의 춤곡을 감상하며 같고 다름을 존중하는 마음을 가졌다.			

❻ 한 걸음 더!

각 나라에는 그 나라의 고유한 춤과 춤곡이 있다. 이 단원에서는 보헤미아에서 발생한 2박자 춤곡과 프랑스의 3박자 춤곡을 감상하고 이에 따라 춤을 추면서, 춤곡은 춤을 반주하기 위해 만들어진 곡이라는 공통점이 있지만 박자나 춤동작 등은 나라마다 다르다는 것을 체감하도록 하는 것에 초점을 맞추었다. 이를 위해서는 우선 음악을 들으면서 자유롭게 춤을 춰 보고 차이점을 탐색해 본 후, 다음과 같은 영상을 보며 실제적인 춤동작이 어떻게 다른지 느껴 보는 것이 필요하겠다.

• 〈트리치트라치 폴카〉: https://www.youtube.com/watch?v=U11_VmeFZcs
• 〈보케리니의 미뉴에트〉: https://www.youtube.com/watch?v=Sc5ZNDVHa0E

이 단원에서는 춤곡을 비교하였지만, 앞서 제시한 일노래, 놀이 노래, 자연 노래 등을 비교하면서 여러 나라 음악을 통해 같고 다름을 존중하는 태도를 함양할 수 있다.

〈 토의 주제   🔍 ⋮

1. 다문화 음악 수업이 장애 학생에게 필요한 이유에 대해 토의해 보자.
2. 다문화 음악 수업 접근법에 따른 다양한 수업 활동을 탐색해 보자.

 참고문헌

김향정(2010). 다문화 음악교육을 위한 중등 교수-학습 모형 개발 및 적용 방안. 음악교육연구, 38, 203-239.

정진원, 정주연(2019). 다문화 음악교육의 성립 배경과 향후 과제. 미래음악교육연구, 4(2), 69-90.

조순이, 주대창, 강주원, 김희숙, 김은정, 이경순, 김선애, 정일재, 한승모, 채성희, 변인정(2017). 초등학교 4학년 음악교과서. 서울: 비상교육

조순이, 최은아, 김명진, 한승모, 채성희, 변인정, 김영아(2018). 초등학교 6학년 음악 교과서. 서울: 비상교육.

Banks, J. A. (2004). Multicultural education: Historical development, dimensions, and practice, in *Handbook on Multicultural Education* (2nd ed.). Jossey-Bass.

Manning, M. Lee. (2008). *Multicultural Education of Children and Adolescents* (5th ed.). Allyn & Bacon Co.

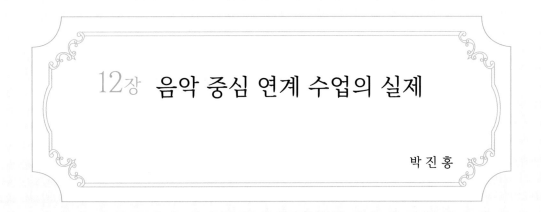

12장 **음악 중심 연계 수업의 실제**

박 진 홍

이 장에서는 음악을 중심으로 한 연계 수업의 원리와 교수·학습 방법, 수업의 실제에 관해 살펴본다. 음악 중심 연계 수업에서는 음악 내외의 다양한 요소를 관련지어 학습한다. 음악 수업에서는 음악을 중심으로 연계의 내용과 방법을 구상하며 실생활과 연계, 다른 예술과 연계, 타 교과와 연계를 비롯한 다양한 방법을 활용할 수 있다. 음악을 중심으로 한 연계 수업을 통해 학생들은 보다 즐겁게 음악 수업에 참여하여 음악을 기반으로 다양한 경험을 할 수 있을 것이다. 또한 다양한 음악 중심 연계학습의 경험은 학생들의 음악적 능력을 향상시키고 음악과 관련된 다양한 현상에 대한 통찰력을 기를 뿐만 아니라 연계한 다른 분야에 대한 학습에도 도움을 줄 수 있다.

1. 음악 중심 연계 수업의 이해

1) 음악 중심 연계 수업이란

연계(連繫)는 사람, 사물, 현상 따위가 서로 관계를 맺는 것을 의미하며(표준국어대사전, 2021), 연계를 통한 교육은 학교급 간 및 학년 간, 교과 내용 영역 간 및 단원 간의 수평적(범위) 및 수직적(계열) 연속성과 위계성을 체계적으로 제시한 정도를 의미한다(교육인적자원부, 2006). 즉, 교육과 관련된 다양한 요소를 관련지어 봄으로써 학습의 효과를 높이는 것이다.

음악은 소리를 매개로 하는 예술이다. 하지만 음악은 오랜 시간 소리라는 물리적인 현상뿐만 아니라 매우 다양한 분야와 관련을 지으며 변화와 발전을 거듭해 왔다. 더 아름답고 좋은 소리를 내기 위해 울림의 과학적 원리를 활용해 왔고, 음악에 감동하는 사람의 특징을 이해하기 위해 심리학적인 생각들도 함께해 왔다. 음악이 사회 안에서 수행하는 역할과 사회를 담고 있는 음악의 모습을 이해하고자 사회학적인 접근을 하기도 하며, 음악을 통해 문학, 미술 등의 다른 예술을 표현하고자 하기도 하였다. 연계를 통한 음악학습은 음악에 대한 이해와 동시에 관련된 다른 분야에 대한 이해를 높이는 효과적인 학습 방법이다. 이러한 맥락에서 음악 중심 연계 수업은 음악 수업을 다른 교과나 예술 분야와 함께해 나가는 것으로, 음악이 가지고 있는 다양한 특성을 활용하여 학생들이 음악 지식을 습득하는 데 도움을 주거나 심화시키고, 흥미를 불러일으켜 학습 경험을 확장(교육부, 2015)하는 것을 목표로 하고 있다.

장애 학생들은 그들이 가진 장애의 특성에 따라서 일반 학생들의 음악적 경험과는 매우 다른 제한점들을 갖는다. 예컨대, 시각장애를 가진 학생은 악보를 읽지 못해 청각을 더 많이 활용해야 하고, 청각장애를 가진 학생들은 음악이 전하는 소리의 특징을 귀로 듣지 못하기 때문에 온몸에서 느끼는 진동으로 음악을 이해해야 한다. 또 발성 기관에 문제가 있는 학생은 노래를 할 수 없어서 악기로 그 표현을 대체해야 하고, 지적장애를 겪는 학생들은 음악을 수용하고 표현하는 과정에서 복합적인 어려움을 겪게 된다.

음악 중심 연계 수업은 이러한 다양한 장애를 가진 학생들에게 보다 효과적인 음악과 음악 외적인 경험을 제공하고 학습 효과를 높일 수 있다. 실제로 장애 학생들을 대상으로 한 연구를 살펴보면, 연계 수업은 언어장애를 가진 학생들의 발화 의지를 높이고 이를 유지하는 데 효과적이었다(오혜정, 2010). 그리고 학생들의 음악적 표현, 그리기, 언어 표현 능력 등 다양한 표현 능력이 향상되기도 하며(김민주, 2015), 타인의 생각과 느낌을 공감하는 능력 또한 향상되었다는 결과를 낳기도 했다(방은영, 2019).

이렇게 장애 학생들에게 있어서 연계는 음악의 특성 때문에 생길 수 있는 한계를 다른 분야의 장점으로 보완함으로써 음악학습에 대한 흥미와 관심을 유발하고 음악에 대한 이해를 높여 줄 수 있다. 서로 다른 장애를 가진 학생들이 소통하며 상호 보완하며 학습 능력을 향상시킬 수 있으며, 이를 통해 장애를 뛰어넘어 보다 즐거운 학습 및 삶을 이어 갈 수 있는 토대를 마련할 수도 있다.

음악 활동은 타 교과와 연계함으로써 통합적으로 사고하는 능력과 다양하게 표현하는 능력을 향상시켜 주고 전반적인 학교생활에 도움을 줄 수 있다. 이와 같은 연계를 통한 음악 활동은 음악적 표현, 음악적 감수성, 음악적 소통 능력, 창의 융합 능력 등의 핵심 역량 중 음악 분야의 지식과 소양을 타 교과와 조화롭게 연계시켜 새롭고 의미 있

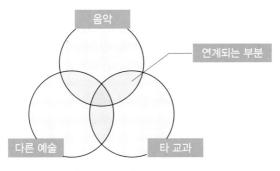

[그림 12-1] **음악 중심 연계 분야**

는 결과물을 생산해 낼 수 있는 능력인 '창의 융합 능력'을 기르는 데 기여할 수 있을 것
으로 기대된다.

2) 음악 중심 연계 수업의 원리

음악 중심의 연계 수업 원리는 크게 네 가지 관점으로 정리된다.

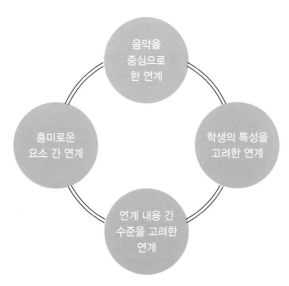

[그림 12-2] **음악 교과의 연계 원리**

(1) 음악을 중심으로 한 연계

연계를 통한 음악 수업 구성은 음악을 중심으로 이루어지도록 구성한다. 음악을 중심에 둔 연계를 원리로 규정하는 이유는 다음과 같다.

첫째, 음악 교과의 목표에 도달하기 위해서이다. 연계를 할 때, 어디에 중점을 두느냐에 따라 학습 결과는 다르게 나타날 수 있다. 각 교과의 연계는 그 교과의 목표를 충실하게 성취할 수 있는 방향으로 계획되고 운영되어야 한다. 그래야만 학생들은 해당 교과가 추구하는 지식과 정보를 습득하고, 이와 관련된 경험을 통해 높은 성취도를 보여 줄 수 있다. 이에 우리는 음악 수업에서 음악을 중심에 둠으로써 학생들에게 의미 있는 음악 경험과 음악적 성장을 통해 음악적 성취를 학생들에게 줄 수 있어야 한다.

둘째, 어느 한쪽에 치우침이 없는 다양한 학습 경험을 제공하기 위함이다. 각 교과는 저마다 고유한 특성이 있으며, 이에 대한 고른 학습은 학생들의 전인적 성장을 이루게 한다. 하지만 자칫 음악 교과를 중심에 두지 않으면 충분한 음악적 경험을 하지 못할 우려가 있다.

셋째, 음악을 바라보는 다양한 시각을 가질 수 있기 때문이다. 음악을 중심에 두었을 때와 다른 교과나 예술 분야를 중심에 두고 음악을 바라볼 때는 그 시각 차이에 의해 서로 다른 생각과 느낌을 가질 수 있다. 즉, 음악을 중심에 두었을 때 보다 다양한 관점에서 음악에 대한 창의적인 사고와 표현을 할 수 있다.

(2) 흥미로운 요소 간 연계

연계를 통한 수업은 쉽고 재미있는 요소들을 연계함으로써 학습에 대한 흥미와 관심을 높여 학습 목표에 대한 성취도를 높여 준다. 흥미는 학습자의 동기를 유발하고 유지하는 데 있어서 중요한 역할을 한다. 흥미는 정서적 흥미와 인지적 흥미로 나누어 볼 수 있는데 이 두 가지 요소는 서로 다른 뇌 영역을 활성화시키며, 이는 서로 다른 두 가지 신경학적 기제로 접근한다(김성일, 2006, p. 4). 이러한 접근은 궁극적으로 학생들의 다양한 경험 및 학습 결과를 이끌어 낼 수 있다. 따라서 정서와 인지를 모두 고려한 흥미로운 요소를 연계하여 학습에 활용하는 것이 효율적이다. 그러나 흥미로운 주제를 연계함에 있어 주의해야 할 점도 있다. 자칫 흥미에 중심을 둔 나머지 계열성이나 통일성이 없고 산만하게 되면 이는 교육적으로 의미가 없다. 이를 해결하기 위해서는 연계의 과정에서 목표를 명확히 하는 등 교육적 의도를 분명히 해야 한다(지준호, 2019).

또한 장애를 가진 학생들은 실생활과 관련된 내용을 음악과 연계할 필요가 있다. 장애의 종류나 정도에 따라 다르겠으나, 특별한 결과물을 산출해 내기보다는 일상적인 생활에서 필요한 인지 기술, 표현 능력, 소통 능력 등이 필요하다. 그래야만 교육 활동을 통해 사회생활에 적응하고 살아갈 수 있기 때문이다. 예를 들어, 음악의 높고 낮음이나 빠르기, 셈여림 등을 반복하여 신체를 표현하는 활동은 음악 요소와 개념을 이해하는 한편, 운동 능력을 향상시키고 자기표현력을 높여 줄 수 있다. 노랫말을 분석하고 노래를 부르며 여러 가지 방법으로 표현하는 활동은 음악의 즐거움을 느끼게 하고, 이와 동시에 언어 능력과 그 외 다양한 능력을 관련지어 학생들의 소통 능력을 향상시킬 수 있다.

(3) 학생의 특성을 고려한 연계

맞춤형 교육이란 개별학습자의 학업성취 수준, 심리 특성, 가정환경 등을 종합적으로 고려하여 개별학습자에게 가장 적합한 학습 경험을 제공하는 다양한 방식의 교수 지원을 의미한다. 교육의 원래 목적을 구현하기 위해서는 학생 한 명 한 명에 적합한 교육 활동이 이루어져야 한다. 하지만 하나의 목표를 두고 같은 방식으로 전체를 이끌어 가는 전통적인 수업 방식으로는 이러한 목표에 도달하기 어렵다.

학습이 제대로 이루어지기 위해서는 학생 개인의 흥미와 소질, 적성, 학업 이력과 수준, 학습의 속도가 진단되고 이에 따른 처방이 이루어져야 함에도, 학교에서는 이미 정해져 있는 교육과정에 의해 수업을 진행하고 그 결과에 대해 평가를 진행하고 있다. 이러한 문제는 학교 제도가 처음으로 도입될 때부터 지속되어 온 문제이다. 이에 대한 보완을 위해 다양한 방식으로 수업의 방식을 변화시키고자 노력해 왔으나, 교실의 수업 상황에서 학생들이 소외되는 현상은 극복되지 못한 과제로 남아 있다(정제영, 2017).

장애 학생들을 위한 교육에서는 학생들의 다양한 특성을 고려하는 것이 매우 중요한 문제다. 일반 학생들에 비해 장애 학생들은 편차가 매우 크게 나타나기 때문이다. 이에 음악 중심의 연계 활동을 구성할 때도 학생들이 가진 장애의 특성이 무엇인지, 학생들이 할 수 있는 것과 없는 것, 해야 할 것이 무엇인지를 잘 파악해야 한다. 또 장애 학생들은 복합적인 장애 증상을 보이는 경우가 많기 때문에, 하나의 수업을 구성하더라도 학생들의 특성에 따라 서로 다른 활동을 준비할 필요가 있다.

(4) 연계 내용 간 수준을 고려한 연계

앞서 언급한 내용이 학생의 특성을 고려함으로써 학생들이 받아들일 수 있는 수준을 고려하는 것이라면, 연계 내용 간 수준 고려는 관련을 맺게 되는 두 개 이상의 분야가 적정한 수준을 가지고 학생들이 수용할 수 있도록 고려해야 한다는 것이다. 이때 고려해야 할 사항은 음악과 연계하는 다른 분야의 난이도이다. 연계 분야의 수준이 학생 수준에 비해 낮을 경우, 성취도는 높으나 수업에 대한 흥미나 관심, 성취 결과가 낮게 된다. 반면, 그 수준이 학생 수준에 비해 높을 경우, 성취도, 흥미, 관심, 성취 결과가 모두 낮게 나타날 수 있다. 즉, 연계 분야의 수준이 적합하지 않으면 음악 수업의 성취도 역시 함께 낮아질 수 있다는 것이다. 이에 적당한 수준의 연계 내용과 방법을 결정하는 것이 중요한데, 이를 위해 타 교과의 교육과정을 참고함으로써 문제를 해결할 수 있다. 학생들에 해당하는 학년군별 교과들은 각각 학생들의 수준을 고려하여 설정된 학습 내용과 방법 및 성취 기준 등을 가지고 있다. 이를 활용하면 연계되는 분야의 수준을 학생에게 적절히 맞추어 설정할 수 있을 것이다.

3) 음악 중심 연계 수업의 학습 활동

음악 중심 연계 수업은 연계하는 내용에 따라 실생활 연계, 다른 예술 분야와 연계, 타 교과와 연계 등으로 구분할 수 있다.

실생활 연계는 학생들의 생활 주변에서 경험할 수 있는 다양한 음악적 현상을 떠올리고, 그것을 음악 활동의 내용으로 활용하는 것이다. 학생들은 이 활동을 통해 주변의 음악적 현상에 관심을 가지고, 음악을 생활 속에서 활용할 수 있는 능력을 기를 수 있다.

다른 예술 분야와 연계는 미술·무용·문학·연극 등의 다른 예술 분야와 관련지어 음악 수업을 하는 것이다. 인간의 사상과 감정을 표현하는 다양한 예술과의 연계를 통해 학생들은 음악에 대한 이해와 더불어 창의적인 표현 능력을 향상시킬 수 있다.

타 교과와 연계는 수학·과학·사회·도덕 등의 학교 교육과정 내의 교과에서 연계할 수 있는 교육 내용을 활용하는 것이다. 이를 통해 각 교과에 대한 학습을 효과적으로 할 수 있을 뿐만 아니라, 음악적 현상에 대해 폭넓은 시각으로 이해할 수 있는 경험을 제공할 수 있다.

〈표 12-1〉 **음악 중심 연계 수업 활동명 구분**

번호			활동명*
실생활 연계	주변의 소리	1	일상생활을 주제로 한 말 리듬 따라 부르기
		2	몸이나 주변 물건으로 다양한 소리 내기
		3	여러 가지 타악기로 자연과 생활 주변의 소리를 즉흥적으로 표현하기
		4	자연의 소리나 생활 주변의 소리를 탐색하여 발표하기
		5	다양한 소리를 듣고 그림, 몸동작, 악기로 표현하기
	음악과 놀이	6	계절에 어울리는 음악을 감상하고 분위기와 느낌을 자유롭게 표현하기
		7	가족, 친구가 좋아하는 음악을 함께 듣고 느낌을 표현하기
		8	여러 가지 놀이 동요 부르기
		9	친구들과 함께 노래를 부르며 놀이하기
		10	상황에 어울리는 음악을 찾아 듣기
	음악과 행사	11	가정과 학교의 행사에 어울리는 노래 부르기
		12	다양한 행사에 쓰이는 음악 찾기
		13	다양한 의식에 쓰이는 음악 찾기
		14	가족 행사나 학급 행사에서 음악을 활용하는 태도 갖기
다른 예술 분야와 연계	소리의 신체 표현	15	말 리듬에 어울리는 표정, 몸동작 모방하기
		16	신체로 말 리듬 표현하기
		17	몸으로 다양한 소리 표현하기
		18	큰 소리와 작은 소리를 듣고 목소리와 몸으로 반응하기
		19	2박, 4박에 맞추어 걷거나 손뼉치기
		20	음악을 듣고 다른 사람의 움직임 따라 하기
		21	빠르기나 소리의 크기에 따라 몸으로 표현하기
		22	친구들과 함께 여러 가지 소리를 듣고 몸으로 반응하기
		23	자신이 좋아하는 음악을 들으며 표정, 몸동작 등으로 반응하기
	음악과 미술	24	가족, 친구가 좋아하는 음악을 함께 듣고 느낌을 그림으로 표현하기
		25	점점 빨라지거나 점점 느려지는 음악을 듣고 그림으로 표현하기
		26	점점 커지거나 점점 작아지는 음악을 몸이나 그림으로 표현하기
		27	음의 길고 짧음을 그림으로 표현하기
		28	음의 높고 낮음을 그림으로 표현하기
		29	그림에 어울리는 음악 찾기
		30	음악이 표현하는 장면 그리기
		31	미술 작품을 표현한 음악 듣기

		32	음악을 들으며 느낌을 몸으로 표현하기
		33	춤에 쓰이는 다양한 음악 듣기
		34	음악에 맞추어 춤추기
	음악과 춤	35	2박자, 3박자, 4박자의 기본 강약을 몸으로 표현하기
		36	음악의 셈여림을 몸동작이나 그림으로 표현하기
		37	음악의 변화를 몸으로 표현하기
		38	음악을 듣고 주요 장면을 그림이나 몸동작으로 표현하기
		39	여러 나라의 음악을 감상하며 곡의 분위기에 맞게 신체 표현하기
	음악과 문학	40	음악에 어울리는 단어 찾기
		41	음악에 어울리는 문장 쓰기
		42	음악에 어울리는 시 쓰기
		43	문학 작품을 표현한 음악 듣기
타 교과와 연계	음악과 국어	44	음악을 듣고 장면이나 느낌 이야기하기
		45	노랫말을 바르게 읽고 뜻 알아보기
		46	노랫말을 읽고 장면 상상하여 표현하기
		47	노랫말을 읽고 생각이나 느낌 말하기
		48	노랫말을 듣거나 읽고 생각이나 느낌 말하기
		49	음악과 관련된 정보가 담긴 글이나 그림을 보고 생각하기
		50	음악에 대한 정보를 읽거나 듣고 음악 감상하기
		51	가족과 함께한 음악 활동 경험 발표하기
	음악과 과학	52	음의 길이를 띠로 나타내어 길이 비교하기
		53	신체, 악기, 물체를 이용하여 여러 가지 방법으로 소리 내기
		54	생활 주변의 소리를 듣고 큰 소리와 작은 소리로 구분하기
		55	생활 주변의 소리를 듣고 높은 소리와 낮은 소리로 구분하기
		56	소리의 세기 비교하기
		57	소리의 높낮이 비교하기
	음악과 사회	58	음악과 관련된 여가 활동을 알아보고 즐겨 보기
		59	인터넷을 활용하여 음악을 찾아 듣기
	음악과 수학	60	마디의 음표 수를 세어 보기
		61	여러 가지 리듬악기의 모양 탐색하기
		62	악기에서 네모, 세모, 동그라미 모양 찾기
		63	악기의 무게, 길이 측정하기
		64	여러 가지 악기의 크기, 길이, 무게 등을 비교하여 발표하기
		65	악기에서 찾은 도형으로 여러 가지 모양을 만들거나 꾸미기
		66	여러 가지 도형으로 악기 그리기

* 상기 활동은 장애 학생들의 학년 및 장애 정도에 따라 교수자가 자유롭게 설정하여 제시할 수 있음.

2. 음악 중심 연계 교수·학습 방법의 실제

유형 1 실생활 연계	유형 2 다른 예술과 연계	유형 3 다른 예술과 연계	유형 4 타 교과와 연계	유형 5 타 교과와 연계
4. 자연의 소리나 생활 주변의 소리를 탐색하여 발표하기	33. 춤에 쓰이는 다양한 음악 듣기	31. 미술 작품을 표현한 음악 듣기	4. 자연의 소리나 생활 주변의 소리를 탐색하기	61. 여러 가지 리듬 악기의 모양 탐색하기
2. 몸이나 주변 물건으로 다양한 소리를 내기	21. 빠르기나 소리의 크기에 따라 몸으로 표현하기	43. 문학 작품을 표현한 음악 듣기	5. 다양한 소리를 듣고 그림, 몸동작, 악기로 표현하기	32. 음악을 들으며 느낌을 몸으로 표현하기
3. 여러 가지 타악기로 자연과 생활 주변의 소리를 즉흥적으로 표현하기	37. 음악의 변화를 몸으로 표현하기	44. 음악을 듣고 장면이나 느낌 이야기하기	54. 생활 주변의 소리를 듣고 큰 소리와 작은 소리로 구분하기	64. 여러 가지 악기의 크기, 길이, 무게 등을 비교하여 발표하기
	26. 점점 커지거나 점점 작아지는 음악을 몸이나 그림으로 표현하기	29. 그림에 어울리는 음악 찾기	18. 큰 소리와 작은 소리를 듣고 목소리와 몸으로 반응하기	62. 악기에서 네모, 세모, 동그라미 모양 찾기
	34. 음악에 맞추어 춤추기	40. 음악에 어울리는 단어 찾기	56. 소리의 세기 비교하기	65. 악기에서 찾은 도형으로 여러 가지 모양을 만들거나 꾸미기
		41. 음악에 어울리는 문장 쓰기		66. 여러 가지 도형으로 악기 그리기
		42. 음악에 어울리는 시 쓰기		
		38. 음악을 듣고 주요 장면을 그림이나 몸동작으로 표현하기		

[그림 12–3] **음악 중심 연계 교수·학습 유형과 활동명**

1) 실생활 연계 교수·학습 유형

❶ 개요

영역	표현		기능	탐색하기, 표현하기
학습 목표	자연과 생활 주변의 소리를 탐색하여 여러 가지 타악기로 즉흥 표현할 수 있다.			
평가 유형	□자기평가 ■상호평가 ■관찰평가 □실음평가 □포트폴리오 □기타 ( )			
교수·학습 자료	수업 환경	음악실		
	교사 준비물	생활 주변의 소리 음원, 여러 가지 타악기, 자연 및 생활에 관한 그림 또는 사진		
	학생 준비물	여러 가지 타악기 및 생활 악기, 음악 교과서, 필기도구		
개발 의도	우리 삶은 다양한 소리로 가득 채워져 있다. 각각의 소리는 제각기 서로 다른 특징을 가지고 있으며, 여러 가지 소리가 모여 삶이라는 음악 작품을 만든다. 이에 이번 수업은 학생들의 삶 속에서 경험할 수 있는 다양한 소리를 탐색하고, 여러 가지 타악기로 즉흥 표현을 해 보도록 구성하였다. 학생들은 생활 주변 또는 자연 속에서 들을 수 있는 소리의 특징을 알아보고, 이를 여러 가지 방법으로 표현하는 활동을 통해 음의 길고 짧음, 높고 낮음, 셈여림 등의 음악 요소와 개념을 자연스럽게 학습할 수 있을 것이다. 또 주변의 다양한 소리에 대한 관심을 높이는 한편, 청각적 정보를 통해 창의적으로 사고하고 표현하는 경험을 하게 될 것이다. 뿐만 아니라 생활 속 다양한 소리들이 음악의 재료가 될 수 있으며, 항상 자신의 삶과 음악이 밀접한 관계를 가지고 있음을 느낄 수 있다.			

❷ 단계별 교수·학습 활동 및 평가 계획

학습 단계	활동명	교수·학습 활동	평가 계획
도입	4. 자연의 소리나 생활 주변의 소리를 탐색하여 발표하기	• 자연 속에서 소리를 들어 본 경험을 이야기한다.	
전개 1	2. 몸이나 주변 물건으로 다양한 소리 내기	• 몸의 여러 부분을 다양한 방법으로 치거나 비벼서 소리를 낸다. • 여러 가지 타악기를 활용하여 소리 내는 방법을 탐색한다.	• 소리 내는 방법을 탐색하고 표현할 수 있는가?
전개 2	4. 자연의 소리나 생활 주변의 소리를 탐색하여 발표하기	• 자연에 관한 그림을 보고 소리를 탐색한다. • 생활 속에서 들리는 여러 가지 소리를 이야기한다.	• 생활 속에서 들을 수 있는 소리를 이야기할 수 있는가?
전개 3	3. 여러 가지 타악기로 자연과 생활 주변의 소리를 즉흥적으로 표현하기	• 장면에서 떠오르는 소리를 즉흥적으로 표현한다.	• 장면을 보고 떠오르는 소리를 표현할 수 있는가?
마무리	3. 여러 가지 타악기로 자연과 생활 주변의 소리를 즉흥적으로 표현하기	• 주변의 소리 표현을 발표한다. • 활동 소감을 이야기한다.	• 주변의 소리를 여러 가지 방법으로 표현할 수 있는가?

❸ 교수·학습 과정안

학습 주제	실생활 연계하기		수준		
활동명	자연과 생활 주변의 소리를 표현하기				
학습 목표	자연과 생활 주변의 소리를 탐색하여 여러 가지 타악기로 즉흥 표현할 수 있다.				

학습 단계	학습 과정 (모듈)	교수·학습 활동				자료 활용 및 유의점
		교사	학생(수준, 장애 유형 등에 따른 내용 제시)			
			A	B	C	
도입	동기 유발	• 동화 『자연의 소리』를 들려준다. –동화 내용 중에 어떤 소리가 있는가? –소리를 흉내 내어 보자. • 자연에서 들어 본 소리에 관해 질문한다.	• 동화를 듣고, 동화 내용에 나타나는 여러 가지 소리를 탐색하고 흉내 내어 본다. –동화의 내용 속에 어떤 소리가 있는지 발표하기 –동화에서 찾은 소리를 흉내 내어 보기 • 자연에서 소리를 들었던 경험을 다양하게 발표한다. –자연을 주제로 한 그림이나 사진을 보고 자신의 경험을 떠올리기 –소리와 관련된 경험을 이야기하거나 들어 본 소리를 흉내 내어 보기			• 동화 『자연의 소리』 • 흉내 내는 말을 적극적으로 활용하여 학생들이 소리를 쉽게 알아차릴 수 있게 한다. • 자연을 주제로 한 그림이나 사진
전개	〈활동 1〉 몸이나 주변 물건으로 다양한 소리 내기	• 몸의 여러 부분을 다양한 방법으로 치거나 비벼서 소리를 내어 보도록 한다. • 여러 가지 타악기를 활용하여 소리 내는 방법을 탐색하도록 한다.	• 몸의 여러 부분을 활용하여 다양하게 소리를 내어 본다. –교사의 시범에 따라 몸의 여러 부분을 치거나 비비면서 소리를 내어 보기 –스스로 몸의 여러 부분을 활용하여 소리를 탐색하기 • 여러 가지 타악기를 활용하여 소리 내는 방법을 탐색한다. –타악기를 손이나 채로 문질러 보며 소리 내어 보기 –타악기를 여러 가지 종류의 채를 활용하여 소리 내어 보기 –타악기를 창의적으로 소리 내어 보기			• 학생들이 소리 내는 다양한 방법을 탐색하도록 한다. • 여러 가지 타악기
	〈활동 2〉 자연의 소리나 생활 주변의 소리 탐색하기	• 자연에 관한 그림을 보고 소리를 찾아 이야기하게 한다. • 생활 속에서 들리는 여러 가지 소리를 이야기하게 한다.	• 그림을 보고 상상할 수 있는 여러 가지 소리를 찾아 표현한다. –상상할 수 있는 소리의 종류를 말하기 –상상할 수 있는 소리를 흉내 내기 • 학생들의 생활 주변에서 들을 수 있는 소리를 떠올려 발표하기 –생활 주변 소리의 종류를 말하기 –생활 주변 소리를 흉내 내기			• 자연 관련 그림 • 생활 관련 그림

	〈활동 3〉 타악기로 자연과 생활 주변의 소리를 즉흥 표현하기	• 장면에서 떠오르는 소리를 즉흥적으로 표현하도록 한다. −자연이나 생활 관련 그림 또는 사진을 보고 즉흥 표현한다. −장애 유형이나 흥미를 고려하여 여러 가지 타악기, 신체, 음성, 그림, 문자 등으로 즉흥 표현한다.	• 장면을 보고 떠오르는 소리를 여러 가지 타악기, 목소리를 활용하여 즉흥 표현한다.	• 장면을 보고 떠오르는 소리를 여러 가지 신체를 활용하여 즉흥 표현한다.	• 장면을 보고 떠오르는 소리를 여러 가지 그림이나 문자를 활용하여 즉흥 표현한다.	• 자연 관련 그림 • 생활 관련 그림 • 즉흥 표현에 대해 허용적인 분위기를 형성하고 칭찬과 격려를 아끼지 않는다.
정리	정리 평가	• 주변의 소리를 자유롭게 표현해 본 소감을 발표하게 한다. • 차시를 예고한다.	• 자연과 생활 속에서 들을 수 있는 여러 가지 소리를 자유롭게 표현해 본 소감을 자유롭게 발표한다. −활동에 대한 생각이나 느낌을 발표하기 −가장 재미있었던 표현을 이야기하거나 흉내 내기			• 평가지를 활용한다.

❹ 평가 도구

평가 목표		자연과 생활 주변의 소리를 탐색하여 여러 가지 타악기로 즉흥 표현할 수 있다.
평가 영역		음악 만들기, 즉흥 연주하기
평가 유형(방법)		교사 관찰평가, 수행평가, 자기평가, 상호평가
평가 내용		여러 가지 타악기로 자연과 생활 주변의 소리를 즉흥적으로 표현할 수 있는가?
평가 기준	잘함	자연이나 생활 주변에서 들을 수 있는 소리를 여러 가지 타악기를 활용하여 탐색하고 즉흥 표현할 수 있다.
	보통	자연 또는 생활 주변에서 들을 수 있는 소리를 여러 가지 타악기로 표현할 수 있다.
	노력 요함	자연이나 생활 주변의 소리를 찾아 타악기로 표현하는 활동에 즐겁게 참여할 수 있다.
평가 환류 계획		(보충) 자연이나 생활 주변에서 들을 수 있는 소리의 종류를 동영상이나 음원 자료를 통해 여러 번 들어 보고 타악기를 이용하여 비슷하게 흉내 내어 보는 활동을 반복적으로 한다. (심화) 자연이나 생활 주변에서 들을 수 있는 여러 가지 소리와 그 소리의 특징을 이야기해 보도록 한다.

❺ 활동지 자료

가. 사진 속 자연에서 들을 수 있는 소리를 여러 가지 타악기로 표현해 보자.

들을 수 있는 소리	표현할 악기	표현 방법
예) 계곡의 물소리	탬버린	잘게 흔들어서 표현한다.

나. 그림에서 들을 수 있는 소리를 여러 가지 타악기로 표현해 보자.

들을 수 있는 소리	표현할 악기	표현 방법

다. 동료평가와 자기평가 자료

모둠 활동 동료평가 및 자기평가

❶ 친구들의 발표를 보고 평가해 주세요.

친구이름	자연이나 그림에서 들을 수 있는 소리를 타악기로 잘 표현했나요?			즐겁게 활동에 참여하였나요?		
○○○	☺	😐	☹	☺	😐	☹
○○○	☺	😐	☹	☺	😐	☹
○○○	☺	😐	☹	☺	😐	☹

❷ 오늘 나의 활동을 평가해 주세요.

자연이니 그림에서 들을 수 있는 소리를 타악기로 잘 표현했나요?			즐겁게 활동에 참여하였나요?		
☺	😐	☹	☺	😐	☹

❸ 소리를 여러 가지 타악기로 표현해 본 느낌을 여러 개의 동그라미 안에 색으로 표현해 보세요.

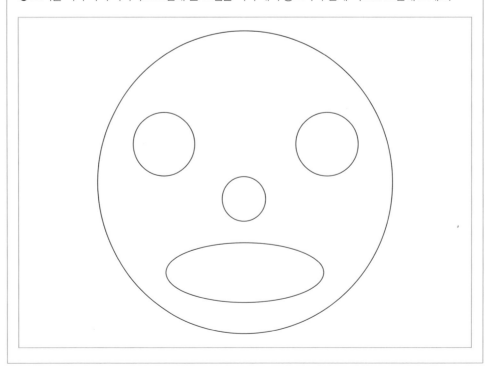

❻ 한 걸음 더!

학생들의 생활과 밀접하게 관련지어 학습하기 위해 각 학생들이 집에 가지고 있는 개인 사진을 활용할 수 있다. 학생들이 직접 경험했고 친숙한 가족사진이기 때문에 흥미와 관심을 높이고 다른 학생들의 수업 참여도를 높일 수도 있다.

이 수업에서는 다양한 타악기를 활용하게 된다. 주변의 소리를 즉흥적으로 표현하는 것이 중심 활동이기 때문에 악기를 연주하는 바른 자세와 주법은 다루지 않지만 학생들의 성취도가 높고 속도가 빠르다면 악기별 바른 자세와 주법을 익혀 보는 것도 좋다.

〈참고 사이트〉

- https://www.youtube.com/watch?v=MN024H_CC8Y
- https://www.youtube.com/watch?v=pvLc040mumk
- https://www.youtube.com/watch?v=iilOOZv3Ycs

2) 다른 예술 분야와 연계 교수 · 학습 유형 1

❶ 개요

영역	표현		기능	경험하기, 소통하기, 반응하기, 표현하기, 구별하기
학습 목표	음악의 특징을 생각하며 자유롭게 춤을 출 수 있다.			
평가 유형	■자기평가 ■상호평가 ■관찰평가 □실음평가 □포트폴리오 □기타 ( )			
교수 · 학습 자료	수업 환경	음악실		
	교사 준비물	반주 악기, 제재곡 음원, 학습지		
	학생 준비물	편안한 복장, 음악 교과서, 필기도구		
개발 의도	음악은 다양한 예술 장르와 연계하여 변화하고 발전해 왔다. 미술 작품을 음악으로 표현하기도 하고, 반대로 음악의 느낌을 그림으로 나타내기도 한다. 음악에 맞추어 춤을 추기도 하고, 문학 작품의 분위기를 음악으로 표현하는가 하면, 음악을 문학 작품의 소재로 활용하기도 한다. 이 제재에서는 음악과 미술, 무용을 연계하였다. 춤을 소재로 한 미술 작품을 보면서 음악, 미술, 무용이 서로 다른 예술이 아니라 관련성을 가지고 있음을 알게 하였다. 또한 다양한 음악적 특징에 어울리는 신체 표현을 통해 춤을 추게 함으로써 음악 요소와 개념, 음악에 대한 느낌을 효과적으로 학습하게 하였다. 이 제재의 학습을 통하여 다양한 신체 활동을 통한 표현 능력을 향상시키고, 건강한 몸과 정신을 기르는 데 도움을 줄 수 있을 것이다.			

❷ 단계별 교수·학습 활동 및 평가 계획

학습 단계	활동명	교수·학습 활동	평가 계획
도입	33. 춤에 쓰이는 다양한 음악 듣기 29. 그림에 어울리는 음악 찾기	• 여러 가지 춤과 음악을 짧게 감상한다. • 그림을 보고 음악에 맞추어 춤을 추고 있는 모습을 살펴본다. • 음악에 맞추어 춤을 춰 본 경험을 이야기한다.	
		⬇	
전개 1	21. 빠르기나 소리의 크기에 따라 몸으로 표현하기	• 음악의 빠르기를 몸으로 표현한다. • 소리의 크고 작음을 몸으로 표현한다.	• 소리의 빠르기와 크고 작음의 특징을 몸으로 표현할 수 있는가?
		⬇	
전개 2	25. 점점 빨라지거나 점점 느려지는 음악을 듣고 신체 표현하기 26. 점점 커지거나 점점 작아지는 음악을 몸이나 그림으로 표현하기	• 음악을 들으며 점점 빨라지거나 점점 느려지는 부분을 찾는다. • 점점 빨라지거나 점점 느려지는 음악의 특징을 몸으로 표현한다. • 음악을 들으며 점점 커지거나 점점 작아지는 부분을 찾는다. • 점점 커지거나 점점 작아지는 음악을 몸으로 표현한다.	• 소리의 변화를 느끼고 몸으로 표현할 수 있는가?
		⬇	
전개 3	34. 음악에 맞추어 춤추기	• 교사의 시범에 따라 음악에 맞추어 춤춘다. • 음악의 특징을 생각하며 자유롭게 춤춘다.	• 음악의 특징에 맞추어 춤을 출 수 있는가?
		⬇	
마무리	34. 음악에 맞추어 춤추기	• 음악에 맞추어 자유롭게 춤춘다. • 소감을 발표한다.	

❸ 교수·학습 과정안

학습 주제	다른 예술 분야와 연계하기		수준		
활동명	〈봄의 소리 왈츠〉에 맞추어 춤추기				
학습 목표	음악의 특징을 생각하며 자유롭게 춤을 출 수 있다.				

학습 단계	학습 과정 (모듈)	교수·학습 활동				자료 활용 및 유의점
		교사	학생(수준, 장애 유형 등에 따른 내용 제시)			
			A	B	C	
도입	동기 유발	•음악에 맞추어 춤을 추는 그림을 보고 무엇을 하고 있는지 묻는다. •음악에 맞추어 춤을 춰 본 경험에 관해 질문한다.	•그림 속 사람들이 음악에 맞추어 춤을 추고 있음을 이야기한다. •춤을 춰 본 경험을 이야기한다. –어떤 음악에 맞춰 춤을 추었는지 이야기하기 –추었던 춤을 재현해 보기 –음악에 맞춰 춤을 춰 본 경험 중 떠오르는 것(사람, 장면, 본 것, 생각한 것 등)을 자유롭게 이야기하기			•학습지 •음원
전개	〈활동 1〉 음악을 듣고 동작 따라 하기	•학습 자료를 참고하여 〈봄의 소리 왈츠〉에 관해 설명한다. •음악에 맞추어 표현하도록 한다. –박자에 맞추어 걸으며 음악의 특징을 느껴보도록 한다. –음악의 빠르기에 따라 몸의 움직임을 다르게 한다. –소리의 크고 작음에 따라 움직임을 다르게 한다.	•〈봄의 소리 왈츠〉에 대해 듣고 주요 내용을 파악한다. –요한 슈트라우스 2세 작곡 –3박자의 춤곡 –왈츠는 오스트리아의 전통 춤곡 – 봄의 정경을 느낄 수 있음 •음악을 들으며 박자와 빠르기, 소리의 크기 등에 맞추어 걸어 본다.	•보행이 힘든 학생은 박자와 빠르기, 소리의 크기 등에 맞추어 손뼉을 치거나 막대로 책상을 친다. 또 여러 가지 리듬악기로 칠 수 있다.	•보행과 박자 치기가 어려운 학생은 박자, 빠르기, 소리의 크기 등에 따라 소리를 내어 볼 수 있다.	•학습 자료 •음원 •장애 유형 및 학생의 특징에 따라 적합한 활동을 하도록 한다.

	〈활동 2〉 음악을 듣고 신체 표현하기	• 음악에서 점점 빨라지는 부분과 점점 느려지는 부분을 알려 준다.	• 교사의 안내에 따라 점점 빨라지는 부분과 점점 느려지는 부분을 파악한다.			• 음원
		• 점점 빨라지거나 점점 느려지는 음악에 따라 신체 표현을 달리하여 표현하는 시범을 보인다.	• 교사의 안내에 따라 빠르기의 변화에 어울리는 신체 표현을 한다.	• 빠르기의 변화에 따라 리듬악기, 막대, 손뼉치기 등을 활용하여 표현한다.	• 신체 표현이 힘든 경우, 빠르기의 변화를 목소리로 표현한다.	
		• 음악을 들려주며 소리가 점점 커지거나 점점 작아지는 부분을 알려 준다.	• 교사의 안내에 따라 점점 커지는 부분과 점점 작아지는 부분을 파악한다.			
		• 점점 커지거나 점점 작아지는 음악에 따라 신체 표현을 달리하여 보여 준다.	• 셈여림의 변화에 어울리는 신체 표현을 따라 하거나 창의적으로 표현한다.	• 여러 가지 리듬악기, 막대, 손뼉치기 등을 이용하여 셈여림의 변화를 표현한다.	• 신체 표현이나 리듬 치기가 어려운 경우, 셈여림의 변화를 목소리로 나타낸다.	
	〈활동 3〉 음악에 맞추어 춤추기	• 음악의 특징에 맞추어 춤을 추는 모습을 영상 또는 시범으로 보여 준다.	• 교사의 시범에 따라 음악의 특징을 생각하며 춤을 춘다.	• 교사의 시범을 보고 따라 하기 힘든 경우, 교사의 손을 잡고 함께 춤을 춘다.	• 몸 전체를 활용하기 힘든 경우, 교사와 함께 손을 잡고 상체를 흔들며 춤을 춘다.	• 음원 • 춤 영상
		• 음악의 특징에 따라 자유롭게 춤을 추도록 안내한다.	• 박자, 빠르기, 셈여림 등의 음악적 특징에 따라 자유롭게 춤을 춘다.			• 학생들의 자유로운 표현에 칭찬과 격려를 아끼지 않는다.
정리	정리 평가	• 자유롭게 춤을 발표하도록 한다. • 소감을 발표하도록 한다. • 차시를 예고한다.	• 학생 자신의 상황에 맞추어 음악의 특징 또는 느낌에 따라 자유롭게 춤을 발표한다. • 음악에 맞추어 춤을 춘 소감을 발표한다.			• 음원

❹ 평가 도구

평가 목표	음악의 특징을 생각하며 자유롭게 춤을 출 수 있다.	
평가 영역	신체 표현하기	
평가 유형(방법)	교사 관찰평가, 자기평가, 상호평가	
평가 내용	음악의 빠르기, 크기의 변화에 어울리는 동작을 춤으로 표현할 수 있는가?	
평가 기준	잘함	음악의 빠르기 변화와 소리의 크기 변화를 구별하고 그 차이를 어울리는 춤동작으로 표현할 수 있다.
	보통	음악의 빠르기 변화나 소리의 크기 변화가 주는 느낌을 신체 동작으로 표현할 수 있다.
	노력 요함	음악을 듣고 즐겁게 춤을 출 수 있다.
평가 환류 계획	(보충) 음악의 특징을 교사의 시범에 따라 반복적으로 춤을 추면서 자연스럽게 개념을 체득할 수 있도록 한다. (심화) 음악을 들으며 춤을 추면서 들었던 생각이나 느낌을 다른 친구와 언어적으로 소통하며 공유하도록 한다.	

❺ 활동지 자료

가. 그림에 나온 사람들은 무엇을 하고 있는 것일까요?

그림 속에 있는 사람들은 (ㅊ)을 (ㅊㄱ) 있다.

나. 춤을 춰 본 경험을 이야기해 보자.

언제	
어디서	
누구와	
어떤 춤을	
생각이나 느낌	

다. 동료평가와 자기평가 자료

모둠 활동 동료평가 및 자기평가

❶ 친구들의 춤을 감상하고 평가해 주세요.

친구이름	음악에 어울리는 동작으로 춤을 추었나요?			음악을 듣고 춤을 추는 활동에 즐겁게 참여하였나요?		
○○○	☺	😐	☹	☺	😐	☹
○○○	☺	😐	☹	☺	😐	☹
○○○	☺	😐	☹	☺	😐	☹

❷ 오늘 나의 활동을 평가해 주세요.

음악에 어울리는 동작으로 춤을 추었나요?			음악을 듣고 춤을 추는 활동에 즐겁게 참여하였나요?		
☺	😐	☹	☺	😐	☹

❸ 음악에 맞추어 춤을 추는 내 모습을 그림으로 그려 보세요.

❻ 한 걸음 더!

음악 요소와 개념을 학습하기 위한 방법으로 춤을 활용하기 위해서는 음악이 가진 특징을 어떻게 몸동작으로 나타내는지 알아야 한다. 효과적으로 음악의 특징을 신체 표현하는 방법을 지도하기 위해서는 달크로즈의 유리드믹스를 살펴볼 필요가 있다. 유리드믹스(Eurythmics)는 스위스 출신의 교사이자 작곡가인 달크로즈(Dalcroze, E. J.)가 창안한 교수법으로, 음악의 특징을 조화로운 신체 동작으로 표현하는 방법이다. 학생들은 유리드믹스 활동을 통해 음악 요소와 개념에 대한 이해뿐만 아니라 신체를 활용한 표현 능력을 향상시킬 수 있다.

〈참고 사이트〉

• The Longy Dalcroze Summer Institute

  https://www.youtube.com/watch?v=cUlTkrWwvNQ&list=PLkKMZsJaqytvh-fdXhgwl8yq3j39kRZjE

• Dalcroze Eurhythmics Stopping-Starting Quick Reaction with Greg Ristow

  https://www.youtube.com/watch?v=zsROX7pQdZM&list=PLkKMZsJaqytvh-fdXhgwl8yq3j39kRZjE&index=2

3) 다른 예술 분야와 연계 교수·학습 유형 2

❶ 개요

영역	감상		기능	반응하기, 놀이하기, 탐색하기, 표현하기
학습 목표	자연의 모습을 표현한 음악을 듣고 여러 가지 방법으로 표현할 수 있다.			
평가 유형	■자기평가 ■상호평가 ■관찰평가 □실음평가 □포트폴리오 □기타 ( )			
교수·학습 자료	수업 환경	음악실		
	교사 준비물	PPT 자료, 제재곡 음원, 16절 도화지, 색연필, 크레파스, 학습지		
	학생 준비물	편안한 복장, 음악 교과서, 필기도구		
개발 의도	표제음악은 음악 외적인 다양한 대상을 음악으로 표현한 것을 말한다. 예컨대, 생상스가 작곡한 〈동물의 사육제〉는 사자, 캥거루, 닭, 백조, 코끼리 등 다양한 동물의 모습을 음악으로 표현하였으며, 무소르그스키의 〈전람회의 그림〉은 친구였던 하르트만의 작품 〈전람회〉를 보고 그림 작품들을 음악으로 나타낸 것이다. 비발디의 〈사계〉는 봄, 여름, 가을, 겨울을 묘사하는 시를 음악에 담고 있다. 그리고 이 제재의 악곡인 〈숲〉은 황병기가 작곡한 작품으로, 4가지 숲의 풍경을 가야금 독주곡으로 표현하였다. 이처럼 음악은 다양한 예술 작품을 소리로 표현할 수 있으며, 예술 작품 또한 음악의 특징을 그 예술만의 기법으로 나타낼 수 있다. 이 제재는 숲을 표현한 음악을 듣고 그것을 다른 예술의 형태로 표현해 보는 경험을 통해 학생들이 표제 음악에 흥미와 관심을 가지고 즐겁게 감상할 수 있도록 구성하였다. 학생들이 학습 과정에서 문학과 미술에 관심을 가지고 음악과의 관계에 대해서 이해하는 계기가 될 것으로 기대한다.			

❷ 단계별 교수·학습 활동 및 평가 계획

학습 단계	모듈	교수·학습 활동	평가 계획
도입	31. 미술 작품을 표현한 음악 듣기 43. 문학 작품을 표현한 음악 듣기	• 미술 작품과 그 미술 작품을 표현한 음악을 감상한다. • 시와 그 시를 표현한 음악을 감상한다.	
		⬇	
전개 1	31. 미술 작품을 표현한 음악 듣기 43. 문학 작품을 표현한 음악 듣기	• 음악을 듣고 시와 그림을 음악으로 표현할 수 있음을 안다.	
		⬇	
전개 2	44. 음악을 듣고 장면이나 느낌 이야기하기 29. 그림에 어울리는 음악 찾기	• 황병기의 〈숲〉을 감상하고 떠오르는 장면이나 느낌을 이야기한다. • 제재곡을 듣고 어울리는 장면을 찾는다.	• 제재곡을 듣고 어울리는 장면을 찾을 수 있는가?
		⬇	
전개 3	40. 음악에 어울리는 단어 찾기 41. 음악에 어울리는 문장 쓰기 42. 음악에 어울리는 시 쓰기 38. 음악을 듣고 주요 장면을 그림이나 몸동작으로 표현하기	• 〈숲〉 중 〈뻐꾸기〉를 듣고 떠오르는 장면이나 느낌을 그림으로 그린다. • 〈숲〉 중 〈비〉를 듣고 떠오르는 장면이나 느낌을 시로 표현한다.	• 음악을 듣고 그림이나 시로 표현할 수 있는가?
		⬇	
마무리		• 배운 것에 대해 발표한다. • 활동 소감을 발표한다. • 평가한다.	

❸ 교수·학습 과정안

학습 주제	다른 예술 분야와 연계하기	수준	
활동명	음악을 듣고 여러 가지 방법으로 표현하기		
학습 목표	자연의 모습을 표현한 음악을 듣고 여러 가지 방법으로 표현할 수 있다.		

학습 단계	학습 과정 (모듈)	교수·학습 활동				자료 활용 및 유의점
		교사	학생(수준, 장애 유형 등에 따른 내용 제시)			
			A	B	C	
도입	동기 유발	• 그림을 음악으로 표현한 작품과 시를 음악으로 표현한 작품을 감상한다.	• 마스네의 〈그림 같은 풍경〉 중 〈만종〉과 밀레의 〈만종〉을 감상하기 • 비발디의 〈사계〉 중 〈봄의 소네트〉를 듣고, 음악의 일부 감상하기			• 음원 • 활동지 –〈리모주 시장〉 그림 –〈봄의 소네트〉
전개	〈활동 1〉 다른 예술을 표현한 음악 감상하기	• 마스네의 〈만종〉에 대해 설명한다. • 비발디의 〈사계〉 중 〈봄〉에 대해 설명한다.	• 마스네의 〈만종〉에 대해 알아본다. –그림을 음악으로 표현할 수 있음을 알기 –그림과 음악 감상하기 –모음곡 〈그림 같은 풍경〉 중 한 작품임을 알기 • 〈봄〉에 대해 알아본다. –봄을 묘사한 시를 음악으로 나타낸 것임을 알기 –〈봄의 소네트〉를 읽거나 들어 보기			• 음원 • 〈만종〉그림 • 〈봄의 소네트〉 • 음악과 다른 예술이 서로를 표현할 수 있음을 이해하게 한다.
	〈활동 2〉 제재곡 듣고 알맞은 장면 찾기	• 황병기의 〈숲〉 중 일부분을 들려준다. • 음악을 듣고 알맞은 음악과 연결하도록 한다.	• 숲의 정경을 음악으로 표현한 음악임을 안다. • 황병기의 〈숲〉 중 〈녹음〉〈뻐꾸기〉〈비〉〈달빛〉의 일부를 감상한다.			• 음원 • 〈숲〉의 각 장면을 표현한 그림
			• 제재곡을 다시 한 번 감상하고 음악과 어울리는 장면을 고른다. • 어울리는 장면이라고 생각하는 이유를 발표한다.	• 제재곡을 다시 한번 감상하고 음악과 어울리는 장면을 고른다.	• 들려주는 음악이 무엇을 표현한 음악인지 알고 감상한다.	
	〈활동 3〉 음악의 느낌을 다른 예술로 표현하기	• 〈숲〉 중 〈뻐꾸기〉를 감상하고 장면이나 느낌을 다양하게 표현하도록 한다.	• 음악을 듣고 학생의 상황에 맞게 느낌을 다양한 방법(몸, 악기, 그림, 목소리, 글 등)으로 표현한다. –학생별로 표현 방법을 선택하기 –음악의 느낌을 표현할 수 있는 준비 및 연습 시간을 가지기 –차례로 돌아가며 음악의 느낌을 발표하기			• 음원 • 자유롭게 자신의 생각이나 느낌을 표현할 수 있도록 허용적인 분위기를 조성하고 칭찬과 격려를 아끼지 않는다.

| 정리 | 정리 및 평가 | • 배운 것을 발표하게 한다.
• 생각하거나 느낀 점을 이야기하게 한다.
• 학습 활동을 스스로 평가하게 한다. | • 다른 예술을 음악으로, 음악을 다른 예술로 표현할 수 있음을 이야기한다.
• 활동하면서 생각하거나 느낀 점을 자유롭게 이야기한다.
• 평가지에 자신의 활동과 친구들의 활동을 평가한다. | • 음원
• 평가지 |

❹ 평가 도구

평가 목표	자연의 모습을 표현한 음악을 듣고 여러 가지 방법으로 표현할 수 있다.	
평가 영역	표현하기	
평가 유형(방법)	교사 관찰평가, 자기평가, 상호평가	
평가 내용	음악을 듣고 떠오르는 장면, 생각이나 느낌 등을 다른 예술의 형태로 표현할 수 있는가?	
평가 기준	잘함	음악을 듣고 떠오르는 장면, 생각이나 느낌 등을 자유롭게 다른 여러 예술의 형태로 표현할 수 있다.
	보통	음악을 듣고 떠오르는 장면, 생각이나 느낌 등을 다른 예술의 형태로 표현할 수 있다.
	노력 요함	음악을 듣고 떠오르는 장면, 생각이나 느낌을 즐겁게 표현할 수 있다.
평가 환류 계획	(보충) 시나 그림을 음악으로 또는 음악을 시나 그림으로 표현할 수 있음을 여러 작품 감상을 통해 알 수 있게 한다. (심화) 생활 속에서 보는 여러 장면이나 재미있는 이야기 등의 느낌을 자유롭게 음악으로 표현해 보도록 한다.	

❺ 활동지 자료

가. 마스네의 <아름다운 풍경> 중 <만종>

나. 비발디의 <사계> 중 <봄>의 시

> 따뜻한 봄이 왔다.
> 새들은 즐겁게 아침을 노래하고 시냇물은 부드럽게 속삭이며 흐른다.
> 갑자기 하늘에 검은 구름이 몰려와
> 번개가 소란을 피운다.
> 어느덧 구름은 걷히고
> 다시 아늑한 봄의 분위기 속에
> 노래가 시작된다.
>
> 파란 목장에는 따뜻한 봄볕을 받으며
> 목동들이 졸고 있다.
> 한가하고 나른한 풍경이다.
>
> 아름다운 물의 요정이 나타나
> 양치기가 부르는 피리소리에 맞춰
> 해맑은 봄 하늘 아래에서 즐겁게 춤춘다.

다. 선생님이 들려주시는 음악에 어울리는 그림을 찾아 선을 그어 보자.

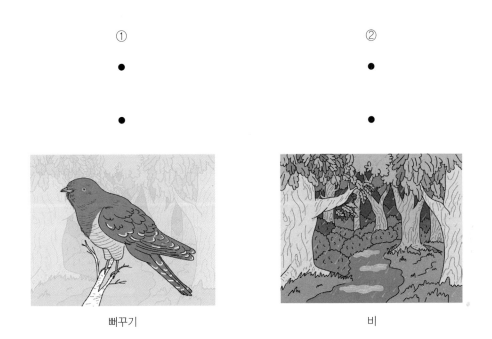

① ●

② ●

●

●

뻐꾸기

비

라. 선생님이 들려주시는 <뻐꾸기>를 감상하고 어울리는 낱말을 이야기해 보자.

맑다			

마. 선생님이 들려주시는 <비>를 감상하고 생각나는 것을 문장으로 써 보자.

예) 비가 내려 시원하다.

바. 선생님이 들려주시는 <비>를 감상하고 어울리는 짧은 시를 써 보자.

예) 　　　　숲속에 비가 내립니다. 　　나무에도 개울에도 바위에도 　　내 뺨에 떨어지는 빗방울이 　　　　　참 시원하다.	

사. 선생님이 들려주시는 <뻐꾸기>를 감상하고 장면이나 느낌을 그림이나 몸동작으로 표현해 보자.

아. 동료평가와 자기평가 자료

모둠 활동 동료평가 및 자기평가

❶ 오늘 나의 활동을 평가해 주세요.

자연을 표현한 음악을 듣고 여러 가지 방법으로 표현할 수 있었나요?			음악을 듣고 표현하는 활동에 즐겁게 참여하였나요?		
☺	😐	☹	☺	😐	☹

❷ 다른 친구의 여러 가지 표현을 보고 평가해 주세요.

친구 이름	음악을 어떻게 표현하였나요? 친구가 표현한 방법에 ○하세요.					음악에 어울리는 동작으로 춤을 추었나요?		
○○○	단어	문장	시	그림	몸동작	☺	😐	☹
○○○	단어	문장	시	그림	몸동작	☺	😐	☹
○○○	단어	문장	시	그림	몸동작	☺	😐	☹

❻ 한 걸음 더!

〈악곡 해설〉

• 〈만종〉: 이 작품은 프랑스의 작곡가 마스네가 1874년 파리에서 선보인 관현악 모음곡 〈그림 같은 풍경〉 중 세 번째 곡이다. 이 곡은 밀레가 〈만종〉을 그리도록 영감을 주었다고 한다. 한 문헌에 따르면 마스네가 프랑스의 사실주의 화가 쿠베르의 〈만종〉을 보고 이 곡을 썼으며, 그것이 밀레에게 이어져 다시 그림으로 그리게 되었다고도 한다.

• 〈사계〉: 비발디가 1725년에 작곡한 바이올린 협주곡으로, 원래는 열두 곡이 포함된 〈화성과 창의의 시도〉의 일부분이다. 사계절을 묘사하는 시(소네트)를 음악으로 표현하고 있으며, 따로 분리되어 연주되면서 〈사계〉라는 이름이 붙었다.

• 〈숲〉: 가야금 명인 황병기가 1963년 작곡한 이 작품은 가야금으로 작곡된 현대음악이다. 하지만 곡이 일반적인 현대음악처럼 어렵고 불편하지는 않다. 모두 4개의 부분으로 이루어져 있으며, 각각 〈녹음〉 〈뻐꾸기〉 〈비〉 〈달빛〉 이라는 제목이 붙어 있는 표제음악이다.

4) 타 교과 연계 유형 1

❶ 개요

영역	표현		기능	구별하기, 비교하기, 표현하기
학습 목표	노래의 셈여림을 비교하여 여러 가지 방법으로 표현할 수 있다.			
평가 유형	■자기평가 ■상호평가 ■관찰평가 □실음평가 □포트폴리오 □기타 ( )			
교수 · 학습 자료	수업 환경	음악실		
	교사 준비물	PPT 자료, 제재곡 음원, 여러 가지 리듬악기, 학습지		
	학생 준비물	편안한 복장, 음악 교과서, 필기도구		
개발 의도	소리의 크고 작음은 물리적인 현상으로 우리 생활 속에서 늘 느낄 수 있는 것이다. 또한 음악이 다양한 변화를 가지고 아름다움을 가질 수 있게 하는 요소이기도 하다. 그래서 소리의 크고 작음을 탐색하고 구별하여 표현하는 것은 음악적인 활동인 동시에 기초적인 과학 탐구 활동이다. 이 제재에서 학생들은 제재곡 〈리듬악기 노래〉를 듣고 부르며 리듬을 연주하게 된다. 또 4/4박자가 가진 셈여림을 익히고, 각 악기가 내는 크고 작은 소리를 듣고 구별한다. 그리고 구별한 소리의 크기를 다양한 방법으로 표현한다. 이 과정에서 학생들은 소리가 가진 다양한 특징 중 크고 작음, 즉 셈여림을 몸으로 느끼고 개념을 이해하여 표현할 수 있을 것이다. 이는 곧 소리의 음악적 원리와 과학적 원리를 함께 이해하는 계기가 될 것으로 기대한다.			

❷ 단계별 교수·학습 활동 및 평가 계획

학습 단계	활동명	교수·학습 활동	평가 계획
도입	4. 자연의 소리나 생활 주변의 소리를 탐색하여 발표하기 5. 다양한 소리를 듣고 그림, 몸동작, 악기로 표현하기	• 생활 속에서 들을 수 있는 여러 가지 소리를 듣는다. • 소리를 여러 가지 방법으로 흉내 낸다.	

⬇

전개 1	54. 생활 주변의 소리를 듣고 큰 소리와 작은 소리로 구분하기 18. 큰 소리와 작은 소리를 듣고 목소리와 몸으로 반응하기	• 생활 속에서 들을 수 있는 소리를 큰 소리와 작은 소리로 구분한다. • 리듬악기로 연주하는 큰 소리와 작은 소리를 구분하여 몸으로 표현하며 셈여림의 개념을 이해한다.	• 소리를 듣고 큰 소리와 작은 소리를 구별할 수 있는가?

⬇

전개 2	56. 소리의 세기 비교하기	• 노랫말을 따라 읽는다. • 4/4박자의 셈여림을 익히고 비교한다. • 제재곡을 듣고 따라 부른다. • 노래에 맞추어 4/4박자의 셈여림을 리듬악기로 친다.	• 셈여림의 차이를 리듬악기로 표현할 수 있는가?

⬇

전개 3	56. 소리의 세기 비교하기	• 노래의 셈여림에 맞추어 신체를 표현한다. • 간단한 오스티나토 리듬을 강약을 살려 치며 리듬을 반주한다.	• 셈여림의 특징을 몸으로 표현할 수 있는가?

⬇

마무리	56. 소리의 세기 비교하기	• 제재곡을 부른다. • 셈여림을 살려 리듬을 반주한다. • 큰 소리와 작은 소리를 구별하여 말한다.	• 관찰평가

❸ 교수·학습 과정안

학습 주제	타 교과 연계하기		수준		
활동명	셈여림을 비교하여 여러 가지 방법으로 표현하기				
학습 목표	노래의 셈여림을 비교하여 여러 가지 방법으로 표현할 수 있다.				

학습 단계	학습 과정 (모듈)	교수·학습 활동				자료 활용 및 유의점
		교사	학생(수준, 장애 유형 등에 따른 내용 제시)			
			A	B	C	
도입	동기 유발	• 생활 속에서 들을 수 있는 여러 가지 소리를 들려준다. • 들리는 소리를 여러 가지 방법으로 흉내 내도록 한다.	• 자동차 소리, 빗소리, 알람 소리, 청소기 돌리는 소리 등 여러 가지 소리를 듣고 어떤 소리인지 이야기한다. • 앞에서 들었던 생활 속에서 들을 수 있는 여러 가지 소리를 흉내 내어 본다.			• 음원
전개	〈활동 1〉 셈여림의 개념 이해하기	• 생활 속에서 들을 수 있는 여러 가지 소리를 들려주고 큰 소리와 작은 소리로 구분하게 한다.	• 생활 주변의 여러 가지 소리를 듣고 큰 소리와 작은 소리를 구분하여 발표한다.	• 생활 주변의 여러 가지 소리를 듣고 큰 소리와 작은 소리를 신체 표현이나 그림으로 구별하여 나타낸다.	• 생활 주변의 여러 가지 소리를 듣고 큰 소리와 작은 소리를 목소리로 따라 표현한다.	• 생활 속에서 들을 수 있는 여러 가지 소리들을 자유롭게 탐색하고 친구들과 공유하게 한다.
		• 여러 가지 리듬악기로 큰 소리와 작은 소리를 들려주고 구별하게 한다.	• 리듬악기 소리를 큰 소리와 작은 소리로 구분하여 발표한다.	• 리듬악기 소리를 들으며 큰 소리와 작은 소리로 구분하여 신체 표현하거나 그림으로 나타낸다.	• 리듬악기 소리의 크기를 목소리로 따라 표현한다.	• 탬버린, 캐스터네츠, 에그쉐이커 등의 리듬악기
		• 손뼉이나 리듬악기를 활용하여 4/4박자의 셈여림을 지도한다.	• 손뼉이나 리듬악기로 셈여림을 치며 개념을 이해한다. – 교사가 크게 치는 리듬을 듣고 따라 치기 – 교사가 작게 치는 리듬을 듣고 따라 치기 – 교사의 시범에 따라 크고 작게 셈여림을 달리하는 것을 보고 따라 치기 – 셈여림을 충분히 몸으로 느낄 수 있도록 반복하여 실시하기			• 4/4박자의 셈여림 그림 악보 • 학습 과정에서 셈여림이라는 개념을 반복하여 사용함으로써 학생들이 셈여림의 개념에 익숙해지고 이해하도록 한다.

	〈활동 2〉 노래 익히고 셈여림에 맞추어 리듬 치기	• 〈리듬악기 노래〉 의 노랫말을 익 히게 한다.	• 〈리듬악기 노래〉의 노랫말을 따라 익힌다. ─교사가 읽어 주는 노랫말을 듣기 ─교사의 설명에 따라 노랫말의 장면을 상상해 보기 ─노랫말과 관련된 자신의 경험을 이야기하거나 다른 방법으 　로 표현하기 ─교사를 따라 노랫말을 반복하여 읽으며 익히기	• 리듬악기
		• 가락을 익히게 한다.	• 따라 부르기로 가락을 익힌다. ─2마디 단위로 교사를 따라 부르며 가락을 익히기 ─4마디를 이어서 노래를 부르기 ─제재곡 전체를 이어 부르기	
		• 4/4박자의 셈여 림을 리듬악기로 치면서 노래에 리 듬 반주를 하도록 한다.	• 노래의 셈여림을 표현한다. ─4/4박자 셈여림을 손뼉으로 치거나 입으로 따라 하기 ─4/4박자 셈여림을 반복하여 치기 ─4/4박자 셈여림을 입, 신체, 리듬악기 등을 활용하여 반복적 　으로 표현하면서 제재곡의 리듬 반주를 하기	
	〈활동 3〉 셈여림에 알맞은 신체 표현하기	• 제재곡의 셈여림 에 어울리는 신 체 표현을 하게 한다.	• 악보에 제시된 셈여림을 보고 어울리는 신체 표현을 한다. ─교사의 시범에 따라 큰 소리와 작은 소리에 어울리는 신체 　표현하기 ─큰 소리와 작은 소리에 어울리는 신체 표현을 스스로 생각하 　여 표현하기 ─노래에서 큰 소리와 작은 소리로 표현하는 부분을 파악하기 ─제재곡을 들으며 셈여림에 어울리는 신체 표현하기	• 음원
정리	정리 평가	• 제재곡의 셈여림 을 여러 가지 방 법으로 표현해 보도록 한다. • 공부한 소감을 발표하게 한다. • 차시를 예고한다.	• 제재곡을 듣거나 부르며 셈여림을 여러 가지 방법으로 표현 한다. ─목소리, 박수, 리듬악기 등으로 소리를 내어 표현하거나 셈여 　림에 어울리는 신체 표현하기 • 공부한 소감을 발표하기	• 리듬악기 • 음원 • 오스티나토의 개념 은 설명하지 않고 셈여림의 개념에 집중하도록 한다.

❹ 평가 도구

평가 목표	셈여림을 비교하여 표현할 수 있다.	
평가 영역	악기 연주하기, 표현하기	
평가 유형(방법)	교사 관찰평가, 자기평가, 상호평가	
평가 내용	노래의 셈여림을 비교하여 여러 가지 방법으로 표현할 수 있는가?	
평가 기준	잘함	큰 소리와 작은 소리를 구별하고 4/4박자의 셈여림을 연주할 수 있다. 셈여림을 살려 노래하거나 악기로 연주하는 활동에 즐겁게 참여하였다.
	보통	큰 소리와 작은 소리를 구별하여 자유롭게 표현할 수 있다. 셈여림을 살려 표현하는 활동에 즐겁게 참여하였다.
	노력 요함	큰 소리와 작은 소리에 반응하여 움직일 수 있다. 셈여림을 살려 표현하는 활동에 참여하였다.
평가 환류 계획	(보충) 생활 주변에는 크기가 서로 다른 많은 소리들이 있음을 알게 하고, 주변의 소리에 관심을 갖게 한다. (심화) 소리 나는 것은 과학적 현상임을 알게 하고, 소리의 크기를 다르게 하는 방법에 관심을 가지도록 한다.	

❺ 활동지 자료

가. 생활 주변에서 들을 수 있는 여러 가지 소리를 듣고 큰 소리와 작은 소리를 구별해 보자.

나. 제재곡 악보

다. 자기평가 자료

자기평가

❶ 선생님이 들려주시는 소리를 듣고 큰 소리인지 작은 소리인지 ○표해 주세요.

	악기	큰 소리	작은 소리
1	탬버린		
2	작은북		
3	리듬 막대		

❷ 오늘 나의 활동을 평가해 주세요.

평가 내용	얼마나 잘했는지 스스로 평가해 보세요.		
큰 소리와 작은 소리를 구별하여 노래할 수 있나요?	☺	😐	☹
4/4박자의 셈여림을 손뼉이나 리듬악기로 표현할 수 있나요?	☺	😐	☹
활동에 즐겁게 열심히 참여하였나요?	☺	😐	☹

❻ 한 걸음 더!

〈셈여림(Dynamic)〉

셈여림은 리듬, 가락, 음정, 형식, 음색, 화성 등과 함께 음악을 구성하는 요소 중 하나이다. 음악에서 소리의 세기를 나타내는 말로 음악이 생명력을 가지는 데 매우 중요한 역할을 하며, 다음과 같은 기호로 나타낸다.

표기	읽기	뜻
PP	피아니시모	매우 여리게
P	피아노	여리게
mp	메조 피아노	조금 여리게
mf	메조 포르테	조금 세게
f	포르테	세게
ff	포르티시모	매우 세게
<	크레센도	점점 세게
>	데크레센도	점점 여리게

5) 타 교과 연계 유형 2

❶ 개요

영역	감상		기능	구별하기, 비교하기, 표현하기
학습 목표	풍물놀이를 감상하고 악기의 모양을 관찰 및 탐색하여 표현할 수 있다.			
평가 유형	■자기평가 ■상호평가 ■관찰평가 □실음평가 □포트폴리오 □기타 (　　　　　　　　　)			
교수 · 학습 자료	수업 환경	음악실		
	교사 준비물	PPT 자료, 풍물놀이 영상, 풍물놀이 악기 음원, 학습지		
	학생 준비물	편안한 복장, 음악 교과서, 필기도구		
개발 의도	우리 조상들은 예로부터 마을의 크고 작은 의식이나 농사의 풍년 등을 기원하기 위해 여러 가지 대형을 만들면서 다양한 국악기로 연주하는 풍물놀이를 즐겼다. 경쾌하고 신나는 풍물놀이의 장단과 사람들의 움직임을 감상하면서 전통 음악의 흥겨움을 느낄 수 있다. 풍물놀이에는 꽹과리, 북, 장구, 징, 태평소 등의 악기를 사용하는데, 각 악기들은 다른 소리의 특징을 가진다. 뿐만 아니라 악기마다 독특한 모양을 가지고 있으며, 바라보는 위치에 따라 네모, 세모, 동그라미 모양을 찾을 수 있어 수학 교과와 연계할 수 있다. 이에 이 제재에서는 흥겨운 풍물놀이를 감상하며 다양한 악기의 소리를 구별하여 반응하도록 구성함과 동시에, 악기나 사람들의 대형에서 볼 수 있는 여러 가지 모양의 특징에 대해서도 학습할 수 있도록 하였다.			

❷ 단계별 교수·학습 활동 및 평가 계획

학습 단계	활동명	교수·학습 활동	평가 계획
도입	61. 여러 가지 리듬악기의 모양 탐색하기	• 탬버린, 트라이앵글, 캐스터네츠, 북 등의 리듬 악기를 보고 악기의 모양을 탐색한다.	

⬇

학습 단계	활동명	교수·학습 활동	평가 계획
전개 1	32. 음악을 들으며 느낌을 몸으로 표현하기	• 풍물놀이에 대해 알아본다. • 풍물놀이를 감상한다. • 풍물놀이를 감상하며 대형에 맞추어 걷는다.	• 풍물놀이를 들으며 즐겁게 걷거나 신체 표현을 할 수 있는가?

⬇

| 전개 2 | 64. 여러 가지 악기의 크기, 길이, 무게 등을 비교하여 발표하기
62. 악기에서 네모, 세모, 동그라미 모양 찾기 | • 풍물놀이에 사용되는 악기의 특징을 알아본다.
• 풍물놀이 악기에서 모양을 찾는다.
• 풍물놀이 대형에서 네모, 세모, 동그라미 모양을 찾는다. | • 풍물놀이 악기에서 네모, 세모, 동그라미를 찾을 수 있는가? |

⬇

| 전개 3 | 65. 악기에서 찾은 도형으로 여러 가지 모양을 만들거나 꾸미기
66. 여러 가지 도형으로 악기 그리기 | • 풍물놀이 악기에서 찾은 도형으로 여러 가지 모양을 꾸민다.
• 네모, 세모, 동그라미 모양으로 악기를 그린다. | • 여러 가지 도형으로 모양을 꾸미거나 악기를 그릴 수 있는가? |

⬇

| 마무리 | | • 꾸미기 활동 결과를 감상한다.
• 배운 내용을 발표한다.
• 차시를 예고한다. | |

❸ 교수·학습 과정안

학습 주제	타 교과 연계하기		수준	
활동명	풍물놀이 악기에서 여러 가지 모양을 찾아 꾸미기			
학습 목표	풍물놀이를 감상하고 악기의 모양을 관찰 및 탐색하여 표현할 수 있다.			

학습 단계	학습 과정 (모듈)	교수 · 학습 활동				자료 활용 및 유의점
		교사	학생(수준, 장애 유형 등에 따른 내용 제시)			
			A	B	C	
도입	동기 유발	• 여러 가지 리듬악기를 보여 주고 모양을 탐색하게 한다.	• 네모, 세모, 동그라미 모양의 여러 가지 물건들을 이야기한다. • 탬버린, 트라이앵글, 캐스터네츠, 북 등의 리듬악기를 보고 악기의 모양이 어떠한지 자유롭게 이야기한다.			• 탬버린, 트라이앵글, 캐스터네츠, 북 등의 리듬악기
전개	〈활동 1〉	• 풍물놀이에 대해 안내한다.	• 풍물놀이에 대해 듣고 살펴본다. −풍물놀이의 유래 −풍물놀이의 쓰임 −풍물놀이에 사용되는 악기 −풍물놀이를 하는 사람, 보는 사람들이 생각하거나 느끼는 것 이야기해 보기			• 활동지 • 풍물놀이 악기 사진 • 풍물놀이 영상 • 풍물놀이 대형 그림
		• 풍물놀이를 들려 주고 느낌을 표현하게 한다.	• 풍물놀이를 감상하며 대형에 맞추어 걷는다. −걸으면서 느낌을 몸으로 자유롭게 표현한다.	• 풍물놀이 대형을 그림으로 그리면서 감상한다. −풍물놀이의 느낌을 어울리는 색으로 표현한다.	• 풍물놀이를 감상하고 느낌을 이야기한다.	
	〈활동 2〉	• 풍물놀이 악기의 모양을 탐색하게 한다.	• 여러 가지 풍물놀이 악기를 살펴보고 동그라미, 세모, 네모 모양을 구분한다. −꽹과리, 북, 징의 모양이 동그라미 모양이라는 것을 알기 −태평소의 동팔랑은 세모 모양과 비슷하다는 것을 알기 −장구를 정면에서 보면 네모 모양임을 알기			• 풍물놀이 악기 사진 또는 그림
		• 풍물놀이 악기의 모양에 여러 가지 모양을 그리거나 모양에 맞추어 걷도록 한다.	• 풍물놀이를 감상하며 꽹과리, 북, 장구, 징, 태평소 등의 악기 모양에 맞추어 사진 위에 크레파스나 색연필을 이용하여 세모, 네모, 동그라미를 그린다. • 풍물놀이를 감상하며 꽹과리, 북, 장구, 징, 태평소 등의 악기 모양에 맞추어 걸어 본다.			• 네모, 세모, 동그라미 카드
	〈활동 3〉	• 풍물놀이 악기에서 찾은 모양으로 여러 가지 모양을 만들거나 꾸미도록 한다.	• 풍물놀이를 감상하며 풍물놀이 악기에서 찾은 네모, 세모, 동그라미 등의 모양으로 자유롭게 여러 가지 모양을 만들거나 꾸민다. −네모, 세모, 동그라미 모양으로 구상작품을 그리기 −네모, 세모, 동그라미 블록으로 모양을 만들기 −네모, 세모, 동그라미 모양으로 알고 있는 다른 사물 또는 사람을 표현하기			• 학습지 • 색연필 또는 크레파스

| 정리 | 정리
평가 | • 학생들의 꾸미기 작품을 함께 공유하도록 한다.
• 배운 내용을 발표하게 한다.
• 차시를 예고한다. | • 다른 학생들이 표현한 것을 감상하고 평가한다.

• 풍물놀이와 여러 가지 악기의 모양에 대해 이야기한다.
• 공부한 내용이나 소감을 자유롭게 이야기한다. | • 평가학습지 |

❹ 평가 도구

평가 목표	풍물놀이를 감상하고 악기의 모양을 관찰 및 탐색하여 표현할 수 있다.
평가 영역	감상하기, 표현하기
평가 유형(방법)	교사 관찰평가, 자기평가, 상호평가
평가 내용	풍물놀이를 감상하고 악기의 모양을 관찰 및 탐색하여 표현할 수 있는가?

평가 기준	잘함	풍물놀이에 사용되는 악기의 음색을 구별하고, 악기나 풍물놀이 대형에서 네모, 세모, 동그라미 등의 모양을 찾아 여러 가지 모양을 꾸미거나 만들 수 있다.
	보통	풍물놀이에 사용되는 악기의 음색이 다름을 알고, 악기의 모양이나 풍물놀이 대형에 네모, 세모, 동그라미 등의 모양을 찾을 수 있음을 안다.
	노력 요함	풍물놀이를 감상하며 느낌을 자유롭게 표현하고, 네모, 세모, 동그라미 등의 모양을 그릴 수 있다.

평가 환류 계획	(보충) 교실 바닥에 네모, 세모, 동그라미 모양을 그려 놓고 반복적으로 음악을 들으며 걷고, 그 과정에서 여러 가지 모양을 자연스럽게 학습할 수 있도록 한다. (심화) 풍물놀이에 사용되는 악기뿐만 아니라 다양한 악기들이나 주변 물건에서 네모, 세모, 동그라미를 찾아보며 악기의 특징에 관심을 가지도록 한다.

❺ 활동지 자료

가. 여러 가지 리듬악기에서 찾을 수 있는 모양을 짝지어 보자.

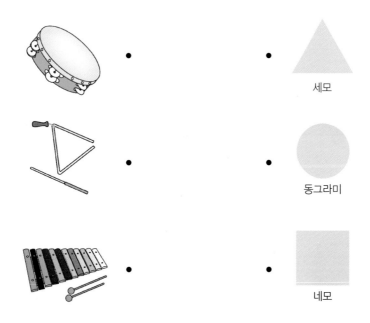

나. 풍물놀이와 풍물놀이에 사용되는 악기를 알아보고 이름을 따라 써 보자.

　풍물놀이는 여러 명이 꽹과리, 장구, 북, 징의 네 가지 악기(사물)와 태평소, 소고 등의 악기를 연주하며 몸동작을 하고 대형을 따라 움직이는 흥겨운 놀이이다.

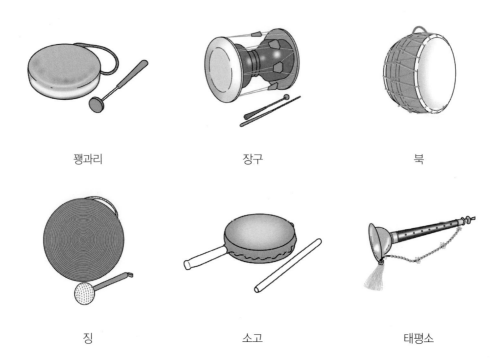

꽹과리	장구	북

징	소고	태평소

다. 풍물놀이 대형을 알아보고, 음악을 감상하며 대형에 맞추어 걸어 보자.

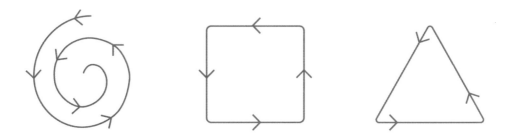

라. 풍물놀이 대형이 어떤 모양을 닮았는지 써 보자.

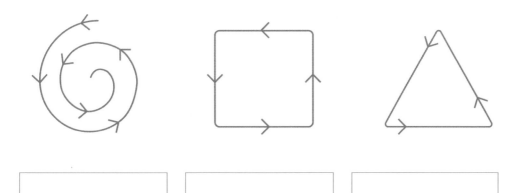

마. 풍물놀이에 사용되는 악기의 모양을 보고 네모, 세모, 동그라미 모양을 찾아보자.

바. 풍물놀이에서 찾은 도형으로 여러 가지 모양을 꾸며 보자.

사. 네모, 세모, 동그라미를 활용하여 내가 그리고 싶은 악기를 그려 보자.

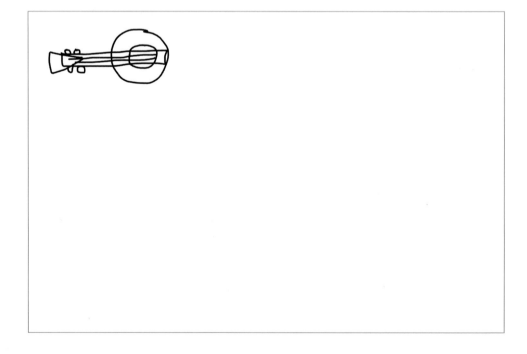

아. 동료평가와 자기평가 자료

모둠 활동 동료평가 및 자기평가

❶ 친구들이 여러 가지 모양으로 모양 꾸미기한 것을 보고 평가해 주세요.

	친구 이름	악기와 닮은 모양을 잘 찾았나요?			네모, 세모, 동그라미를 활용하여 꾸미거나 그림을 잘 그렸나요?		
1		☺	😐	☹	☺	😐	☹
2		☺	😐	☹	☺	😐	☹
3		☺	😐	☹	☺	😐	☹

❷ 오늘 나의 활동을 평가해 주세요.

평가 내용	얼마나 잘했는지 스스로 평가해 보세요.		
풍물놀이에 사용된 악기의 이름을 알 수 있나요?	☺	😐	☹
악기에서 네모, 세모, 동그라미 모양을 찾을 수 있나요?	☺	😐	☹
네모, 세모, 동그라미를 활용하여 꾸미거나 그림을 그릴 수 있나요?	☺	😐	☹
활동에 즐겁게 열심히 참여하였나요?	☺	😐	☹

❻ 한 걸음 더!

〈풍물놀이〉

풍물놀이 혹은 풍물굿[간단히 풍물(風物)]이란 꽹과리, 장구, 북, 징의 네 가지 악기(사물)와 나발, 태평소, 소고(버꾸라고도 함) 등의 악기를 기본 구성으로 하여 악기 연주와 몸동작 그리고 행렬을 지어 다채로운 집단적 움직임을 보여 주는 진풀이 등을 모두 가리키는 말이다. 대표적인 풍물놀이로는 숙달된 풍물패가 세시놀이가 집중되는 정초에 넓은 마당에서 펼치는 대중적 공연인 〈판굿〉을 꼽을 수 있다. 대중적 공연으로 펼치는 〈판굿〉 등은 풍물놀이라는 명칭도 어울리지만, 일반적으로 '풍물을 치는 행위'를 하는 용어로는 〈풍물굿〉이 더 적합하다.

전통적으로 한국 농촌의 보편적인 놀이였던 풍물굿은 전국적으로 분포하고 있으나, 특히 중부 지방 이남에 많이 분포한다. 풍물굿은 모내기나 논매기 등의 농사일의 능률을 올리기 위한 농악으로 사용되었을 뿐 아니라, 정초의 지신밟기를 비롯한 세시의례와 단오·백중·추석 등의 명절에 세시놀이 음악으로도 많이 사용되었으며, 〈경기도당굿〉이나 〈동해안별신굿〉 같은 무속에서 춤이나 노래의 반주음악으로도 사용되었다.

* 출처: https://ko.wikipedia.org/wiki/%ED%92%8D%EB%AC%BC%EB%86%80%EC%9D%B4
　　　https://commons.wikimedia.org/wiki/File:Korean_music-Nongak-03.jpg

• 풍물놀이 동영상 감상
https://www.youtube.com/watch?v=rJ9t5xp_ibk

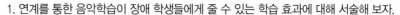

> **< 토의 주제**   Q :
>
> 1. 연계를 통한 음악학습이 장애 학생들에게 줄 수 있는 학습 효과에 대해 서술해 보자.
> 2. 연계를 통한 음악학습을 설계할 때 고려해야 할 원리를 써 보자.
> 3. 연계 유형에 따른 학습 활동의 예를 제시해 보자.

♫ 참고문헌

김민주(2015). 전래 동요와 연계한 미술 활동이 유아의 그리기표상 능력, 언어 능력, 음악 표현 능력에 미치는 영향. 한국유아교육학회 정기학술발표논문집, 541.

김성일(2006). 학습 과정에서 흥미와 동기 발생 과정의 인지신경심리학적기제. 한국과학재단 특정기초지원연구 보고서.

남지영(2013). 초등학교 음악 중심 융합프로그램 개발 및 적용 가능성 탐색. 음악교육공학, 17, 63-79.

방은영(2019). 그림책 연계 음악 감상 활동이 유아의 조망수용 능력에 미치는 영향. 예술교육연구, 17-2, 23-41.

손혜연(2013). 음악과 타 교과와의 주제 중심 통합 수업을 위한 지도방안. 한양대학교 교육대학원 석사학위논문.

여아름(2019). 음악동화를 활용한 유아음악교육의 효과적 지도 방법: 만 4세를 대상으로. 충남대학교 교육대학원 석사학위논문.

오혜정(2010). 음악과 미술의 통합적 활동 중심중재를 통한 언어발달장애 아동의 자발화 향상에 대한 사례연구. 특수교육재활과학연구, 49-4, 73-93.

이지영(2020). 국어과 독서 단원 '한 학기 한 권'을 연계한 음악극 통합 수업 지도방안. 경희대학교 교육대학원 석사학위논문.

정제영(2017). 학생 중심의 맞춤형 교육이 이뤄지는 '미래교육'. 행복한 교육 2017년 1월호(검색일: 2021년 1월 2일). 교육부. https://happyedu.moe.go.kr/happy/bbs/selectHappyArticleImg.do?nttId=7073&bbsId=BBSMSTR_000000000191

지준호(2019). '흥미' 또는 '관심' 위주 경험이 위험한 이유. 에듀인 뉴스(검색일: 2021년 1월 1일) https://www.eduinnews.co.kr/news/articleView.html?idxno=12106

찾아보기

저자 소개

| **조대현**(Dae Hyun Cho)

독일 Hochschule für Musik Würzburg(뷔르츠부르크음악대학교) 철학박사(Dr. phil.)

전) 백석예술대학교 유아교육과 조교수

현) 경상국립대학교 사범대학 음악교육과 교수

　　한국음악교육학회 부회장, 편집위원

　　한국예술교육학회 편집위원장

〈저서〉

융합적 사고에 기초한 음악교육의 이해(학지사, 2019)

특수학교 초등 5~6학년 '음악'(공저, 미래엔, 2019)

장애학생을 위한 음악교육의 이론과 실제(공저, 학지사, 2020)

| **김창호**(Chang Ho Kim)

부산대학교 특수교육학박사 수료

현) 부산 문현초등학교 교사

　　부산대학교 특수교육과 강사

　　인제대학교 특수교육과 겸임교수

〈저서〉

특수학교 선택중심교육과정 '직업준비'(공저, 미래엔, 2018)

특수학교 초등 5~6학년 '음악'(공저, 미래엔, 2019)

특수교육대상학생 진로탄력성 프로그램 '진로탄탄'(공저, 한국청소년정책연구원, 2019)

장애학생 교과연계 교수학습 보완자료 '소프트웨어와 함께 놀자'(공저, 국립특수교육원, 2019)

| **박진홍**(Jin-hong Park)

경성대학교 음악학박사

현) 동래초등학교 교사

　　경상국립대학교, 부산교육대학교, 경성대학교 강사

　　한국음악교육학회 이사

　　한국음악교육공학회 감사

<저서>

천재화가 구출작전(다숲, 2016)

만파식적과 시간여행(다숲, 2018)

특수학교 초등 5~6학년 '음악'(공저, 미래엔, 2019)

| 신연서(Yeon-seo shin)

대구대학교 문학박사

전) 창원대학교, 평택대학교 강사

현) 나사렛대학교 특수교육학부 객원교수

　　건양대학교 특수교육학과 강사

　　한국시각장애교육재활학회 이사

<논문>

코로나 19시대의 일반학교 시각장애 교사의 교직경험 연구(공동, 시각장애연구 제 37권 제1호)

시각장애학생의 음악학습동기연구:인지적,환경적 변인의 인과관계 중심으로(특수교육재활과학

연구 제56권 제3호)

| 양소영(Soh-yeong Yang)

한국교원대학교 교육학박사

전) 서울신용산초등학교 교사

현) 서울교육대학교 음악교육전공 교수

　　한국음악교육학회 이사

　　미래음악교육학회 이사

<저서>

배우며 가르치는 초등음악교육(공저, 어가, 2022)

음악,미술 개념사전(공저, 아울북, 2010)

특수학교 초등 3~4학년 '음악'(공저, 미래엔, 2018)

| 여선희(Seon-hui Yeo)

경상국립대학교 음악교육학 석사

전) 창원과학고등학교 교사

현) 동진중학교 교사

<저서>

특수학교 초등 5~6학년 '음악'(공저, 미래엔, 2019)

| 윤관기(Gwan Ki Yun)

미국 Arizona State University(애리조나주립대학교) 철학박사(Ph.D.)

현) 광주교육대학교 음악교육과 교수
    한국음악교육학회 이사
    한국예술교육학회 이사
    한국음악교육공학회 이사

〈저서〉
배우며 가르치는 초등음악교육(공저 어가, 2022)
음악교육학개론(공저 어가, 2022)
특수학교 초등 5~6학년 '음악'(공저, 미래엔, 2019)

| 윤성원(Sungwon Yoon)

경성대학교 음악학박사

전) 경성대학교 음악학부 초빙교수
현) 경상국립대학교, 부산대학교, 부산교육대학교, 진주교육대학교 강사
    한국음악교육공학회 부회장
    한국음악교육학회 이사
    한국음악응용학회 편집위원장

〈저서〉
음악교육론(위드북, 2019)
특수학교 초등 5~6학년 '음악'(공저, 교육부, 2019)
초등학교 음악 3~4학년(공저, 미래엔, 2011)
초등학교 음악 5~6학년(공저, 미래엔, 2011)
중학교 음악(공저, 미래엔, 2011)

| 이정대(Jeongdae Lee)

중앙대학교 음악교육학 석사

전) 경북대학교 음악학부 겸임교수
    계명대학교 교육대학원 겸임교수
현) 대구과학기술고등학교 교사

〈저서〉
특수학교 초등 5~6학년 '음악'(공저, 미래엔, 2019)

| 임은정(Eun-Jung Lim)

미국 Kent State University(켄트주립대학교) 철학박사(Ph.D.)

전) 경희대학교 교육대학원 음악교육전공 객원교수

현) 제주대학교 교육대학 음악교육전공 교수

  한국음악교육학회 이사

  한국예술교육학회 이사

〈저서〉

4.0 평생학습 시대의 문화예술교육론(공저, 어가, 2020)

음악교육 연구방법의 이해(공저, 학지사, 2018)

| 최유리(Yu-ri Choi)

경인교육대학교 음악교육학박사

현) 서울명일초등학교 교사

〈저서〉

특수학교 초등 5~6학년 '음악'(공저, 미래엔, 2019)

| 최은아(Euna Choi)

한국교원대학교 음악교육학 박사

전) 서울신미림초등학교 수석교사

현) 전주교육대학교 음악교육학과 교수

  한국음악교육학회 부회장

〈저서 · 역서〉

배우며 가르치는 초등음악교육(공저, 어가, 2022)

개념 기반 교육과정 및 평가의 이론과 실제(공저, 박영사, 2021)

미래를 향한 새로운 음악교육(공역, 학지사, 2020)

특수학교 초등 5~6학년 '음악'(공저, 미래엔, 2019)

KOMCA 승인필

특수학교 음악 교수·학습 방법의 실제
The Practice of Music Teaching and Learning
Methods in Special School

2023년 2월 10일 1판 1쇄 인쇄
2023년 2월 20일 1판 1쇄 발행

지은이 • 조대현 · 김창호 · 박진홍 · 신연서 · 양소영 · 여선희
　　　　윤관기 · 윤성원 · 이정대 · 임은정 · 최유리 · 최은아
펴낸이 • 김진환
펴낸곳 • ㈜학지사

　　　　04031 서울특별시 마포구 양화로 15길 20 마인드월드빌딩
대표전화 • 02-330-5114　　팩스 • 02-324-2345
등록번호 • 제313-2006-000265호

홈페이지 • http://www.hakjisa.co.kr
페이스북 • https://www.facebook.com/hakjisabook

ISBN 978-89-997-2795-5　93370

정가 25,000원

출판미디어기업 **학지사**

간호보건의학출판 **학지사메디컬** www.hakjisamd.co.kr
심리검사연구소 **인싸이트** www.inpsyt.co.kr
학술논문서비스 **뉴논문** www.newnonmun.com
교육연수원 **카운피아** www.counpia.com